国家双高“铁道机车专业群”系列活页工作手册式立体化教材
——铁道车辆技术专业

车辆制动装置
（含实训手册）

主 编◎李西安 王亦军 葛 磊

西南交通大学出版社
·成 都·

图书在版编目（CIP）数据

车辆制动装置：含实训手册. 1，车辆制动装置 / 李西安，王亦军，葛磊主编. —成都：西南交通大学出版社，2022.8（2025.1 重印）
ISBN 978-7-5643-8733-4

Ⅰ. ①车… Ⅱ. ①李… ②王… ③葛… Ⅲ. ①铁路车辆 - 车辆制动 - 制动装置 - 高等职业教育 - 教材 Ⅳ. ①U270.35

中国版本图书馆 CIP 数据核字（2022）第 104019 号

Cheliang Zhidong Zhuangzhi (Han Shixun Shouce)

车辆制动装置（含实训手册）

主　编／李西安　王亦军　葛　磊

责任编辑／王　旻
特邀编辑／孟苏成
封面设计／何东琳设计工作室

西南交通大学出版社出版发行
（四川省成都市金牛区二环路北一段 111 号西南交通大学创新大厦 21 楼　610031）
发行部电话：028-87600564　028-87600533
网址：http：//www.xnjdcbs.com
印刷：四川玖艺呈现印刷有限公司

成品尺寸　185 mm × 260 mm
总印张　26
总字数　645 千
版次　2022 年 8 月第 1 版
印次　2025 年 1 月第 2 次

书号　ISBN 978-7-5643-8733-4
套价　68.00 元

课件咨询电话：028-81435775
图书如有印装质量问题　本社负责退换

前言

随着铁路建设的高速发展，大量现代化的新技术、新设备、新工艺已用于铁道车辆行业，这对铁道车辆检修运用部门提出了更高要求，铁道车辆专业相关人员必须不断学习铁路行业新标准，按标作业，精检细修，以适应铁路运输高速重载的发展战略目标。

本教材根据铁道车辆专业人才培养目标并结合教学改革的要求，采用“项目导向、任务驱动”的职业教育理念，通过岗位职业能力分析，提出每一项目的学习目标，使学生在学习之前能够清楚岗位的职业要求。教材的编写采取教师与企业职教专家共同参与研讨教材内容的方式，将教学过程和企业的生产过程紧密结合，校企共建共同规划车辆制动系统课程。项目一通过经典故障案例引出制动的重要性，项目二通过企业生产案例引出货车制动系统知识，项目三通过企业生产案例引出客车制动系统知识，项目四通过制动机性能试验验证企业安全生产。本课程实作知识部分采用灵活方便的活页式教材配合项目化教材互溶式教学，将抽象问题简明化，便于自学者理解和掌握，凸显出学生是教学的主体。根据教学内容及培训要求，本套教材适用于教学学时 56 ~ 96。高职教学、中职教育和企业顶岗教育均可选学相关内容。

本教材在编写过程中，得到了郑州铁路职业技术学院“双高”建设专业群的支持，郑州铁路职业技术学院车辆工程学院为该系列教材的编与投入了大量的人力、物力及财力，中国铁路郑州局集团有限公司（以下简称郑州局）车辆段、郑州局北车辆段、郑州局焦作车辆段的职教专家、工程师等直接参与了编写和审稿工作，在此一并表示感谢。

本教材由郑州铁路职业技术学院李西安、王亦军和郑州局车辆段葛磊主编，具体分工为：郑州铁路职业技术学院李西安编写项目一、项目四中任务一，郑州铁路职业技术学院王亦军编写项目二中任务二，郑州局北车辆段程园龙编写项目二中的任务四，郑州局北车辆段马大健编写项目二中的任务一，郑州局焦作车辆段吕艳明编写项目二中的任务三，郑州铁路职业技术学院张龙华编写项目二中的任务六、七，郑州局车辆段王天顺编写项目二中的任务五，郑州局车辆段葛磊编写项目三中的任务八、九，郑州局车辆段张志辉编写项目三中的任务十、十一，郑州局车辆段张震宇编写项目三中的任务七，辽宁铁道职业技术学院宋少文编写项目三中的任务六，郑州铁路职业技术学院智雷勇编写项目三中的任务二、四，郑州局车辆段张凯编写项目三中的任务五，郑州局车辆段姚斌编写项目三中的任务一、三，郑州局北车辆段田小龙编写项目四中的任务二。

由于翻译和编写及审校水平所限，加之编写时间仓促，书中难免有疏漏和不当之处，恳请读者给予批评指正，提出宝贵意见。

编　者

2022 年 8 月

数字资源目录

序号	资源名称	资源类型	页码
1	制动力与区间速度关系	视频	11
2	摩擦制动	动画	11
3	直通空气制动机	直通空气制动机（动画）; 直通空气制动机的结构、特点（视频 2）	12
4	自动空气制动机的结构、特点	视频（2）	12
5	三通阀工作原理	动画	14
6	再生制动	动画	15
7	二压力机构	视频（3）	17
8	三压力机构	三压力机构　视频（5） 三压力机构阀　视频	17
9	ST-600 结构组成	动画	81
10	ST-600 作用原理	动画	84
11	货车脱轨自动制动装置结构	视频	94
12	货车脱轨自动制动装置分解、组装	视频	97
13	120 型控制阀作用原理	动画（3）	102
14	120 型控制阀主阀结构组成	动画（5）	106
15	120 型控制阀半自动缓解阀结构组成	动画	115
16	120 型控制阀紧急阀结构组成	动画	118
17	充气缓解位	动画（5）	120
18	减速充气缓解位	动画	123
19	减压制动位	动画（6）	125
20	紧急制动位	动画	128
21	半自动缓解阀工作原理	动画（2）	130
22	SP2 型单元制动缸的结构、原理和故障	视频（8）	173
23	104 型分配阀作用原理	动画（3）	182
24	104 型分配阀结构组成	视频	185
25	充气缓解位	动画（3）	198

续表

序号	资源名称	资源类型	页码
26	减压制动位	动画（7）	201
27	制动保压位	动画	204
28	紧急制动位	动画	206
29	104 型电空制动机的结构组成	视频	210
30	104 型电空制动机原理	视频	213
31	F8 型分配阀构造组成	视频	216
32	充气缓解作用	动画（4）	222
33	常用制动作用	动画（2）	224
34	制动保压作用	动画	226
35	阶段缓解保压作用	动画	229
36	紧急制动作用	动画	229
37	F8 型电空制动机	F8 型电空制动机结构组成 视频 F8 型电空制动机原理 视频	233
38	U5A 空重车自动调整阀的结构及原理	视频（7）	245
39	防滑器的结构组成	视频	256
40	防滑器的工作原理	视频	261
41	防滑器故障维修	视频	261
42	高度调整阀的构造及原理	动画（1）、视频（3）	273
43	差压阀结构及原理	视频（4）	277

目录

项目一　车辆制动系统性认识……1
任务一　制动机发展史……3
任务二　车辆制动装置的概念及分类……9
任务三　制动基础理论……16
任务四　车辆制动机主要附件……28
项目二　货车制动机……41
任务一　货车基础制动装置……43
任务二　货车人力制动机……66
任务三　制动缸活塞行程调整……75
任务四　ST 型双向闸瓦间隙自动闸调整器……78
任务五　货车脱轨自动制动装置……93
任务六　120 型控制阀……99
任务七　空重车自动调整装置……139
项目三　客车制动机……164
任务一　基础制动装置……166
任务二　人力制动机……177
任务三　104 型分配阀构造和作用性能……180
任务四　104 型电空制动机……210
任务五　F8 型分配阀……215
任务六　F8 型电空制动机……233
任务七　空重车自动调整装置……243
任务八　防滑检测装置……253
任务九　制动监测系统……264
任务十　高度调整阀/差压阀……272
项目四　制动机性能试验……281
任务一　单车制动性能试验……282
任务二　列车制动性能试验……298
参考文献……324

项目一　车辆制动系统性认识

思政课堂

2021 年 12 月 3 日，“一带一路”标志性工程中老铁路正式开通运营，钢铁巨龙飞驰在中老友谊之路上，这对中国铁路昆明局集团有限公司昆明北车辆段检车员陈向华来说，是一件特别值得骄傲的事。早在 2021 年 10 月，他便接到为中老铁路挑选试运行货运车辆的紧急任务。作为该段技能大师工作室负责人，陈向华带领团队制作了 18 类、270 余件车辆检修专用工具送到老挝，并针对热轴调查处置、空气制动故障、钩缓故障等制作了“车辆救援房”所需全套工具，为中老铁路货运列车日常检修和沿途应急处置提供保障。

2004 年时，工作 13 年的陈向华完成了 28.8 万辆铁路货车的安全检修，发现 9 000 多个安全隐患，解决 2 000 多个典型故障，成为这个段唯一实现连续“十年无漏检”的金牌检车员。陈向华的工作室先后完成了科技创新项目 42 项，完成车辆空气制动故障调查处理等技术革新改造 128 项次，取得两项国家实用新型专利。这些科研成果不仅为企业发展提供了不竭动力，更使得队伍得到了锻炼、技能得到了提升。

在日常工作中，陈向华始终严格要求自己，干一行钻一行，为确保行车安全贡献力量。车辆检修是一个复杂的系统工程，多年的现场实践经验让他认识到，要想把车辆检查到位、提高检修质量，除了练就过硬本领外，还需要掌握实用、管用的工作方法，即把繁琐的检修作业分解为简单易学的口诀步骤。通过交流探讨、摸索尝试，他吃透了货车构造和运用检修规程，梳理出车辆六大部位、156 个必检点，优化成“二十三步”作业流程图并推广运用，不仅提升了作业效率，而且大幅提高了故障发现率，开启了一条由掌握标准向创造标准转变的创新之路。

2021 新时代 · 铁路榜样——陈向华回顾 30 多年的工作经历，沉甸甸的荣誉背后更多的是责任和压力。他说：“其实我也没干什么惊天动地的事情，也就是本本分分地干好了自己的工作。凭我个人是不可能有这么大的进步的。虽然荣誉是颁发给我个人的，我觉得应该是（属于）整个集体。”

项目导入

1988 年 6 月 27 日，一列双编组（8 节车厢）的 Z5300 列车从默伦经科贝伊埃松前往里昂车站，由于晚点，新城圣乔治以北的几个停靠站都被临时取消，列车从那里直达巴黎（如同夏季列车时刻表上所写，但并非人人都晓得）。到了绿景苑站，有一位前往学校接孩子的女乘客见列车不停，担心误点，便拉下了车内的紧急制动手闸，列车被迫停下，该乘客随即下车离站。

列车停下后司机将处于制动锁定状态下的列车进行复位操作，而由于 Z5300 列车各种型号的不一致性，使司机在进行复位操作时犯下错误，关闭了车头和车厢之间空气压缩制动阀的电路开关（就在复位扳手的旁边），结果锁定状态当然无法解除。司机心想，锁定状态仍未解除应该是系统内气压过高引起的（Z5300 偶尔遇到的问题），于是在车长的帮助下，司机把后面 7 节车厢的制动压缩空气全部放光，相当于解除了全车 7/8 的制动力。当司机回到驾驶室以后，仪表盘上显示当前压力值为正常值，不过他忽略了一点：这个仪表盘上的压力值仅代表车头的制动压缩空气压。之前空气压缩制动阀的电路已被关闭，相当于后面 7 节车厢已经和车头隔绝开来。这样，这辆压缩空气制动已经失效的列车重新起动，直接开往里昂车站，不再停靠沿途其他车站，以免再额外增加通勤时间。

当列车到达离里昂车站前 2 km 处的减速信号灯时，司机发现刹车失灵。由于情况紧急，司机没有想方设法去使用驾驶室的电阻器刹车，而是立即通知了里昂车站的控制室，但没有说清楚是哪一辆列车，发生了什么故障，结果中央控制室当然没法弄清楚是哪一辆车出了问题。然后，这位肇事司机启动了车内警报器，结果附近 10 km 内所有信号灯接到警报后转为红灯，附近 10 km 内列车随之停驶，那些列车司机则询问控制室到底发生了什么情况，控制室再度呼叫肇事列车司机，但他已经和乘客躲到车尾去避难了。车站转辙器也进入人工紧急状态，糟糕的是，这种转辙器在紧急状态下会停止工作，之前的预设自动转辙程序全部失效，最终导致失控的列车错误驶入西面已经被另一班晚点列车占用的轨道。更致命的是，列车进站之前要经过一个坡度为 4.3%的下坡，由于制动失效，列车进站时速已达 70 km，而月台上的那班列车由于晚点已经满载，特别是正对来车方向的第一节车厢，司机来不及疏散乘客，只好紧急广播把他们转移到车厢尾部。几秒钟之后失控的列车猛烈地撞击过来，把晚点的那班列车向路轨尽头撞出 30 m 远，由于路轨尽头是个死胡同，没有足够的缓冲余地，第一节车厢就这样被撞成碎片。

安全大如天，制动无小事，作为铁路车辆系统安全技术员、车辆检车员、职工教育员，担负行车安全和检修责任，通过本教材的学习，对车辆制动系统你将会有全新的认识，犹如站在巨人的肩上向前迈出一小步。

知识目标

（1）了解车辆制动机的发展史；

（2）熟知制动机的分类及特点；

（3）掌握制动机主要附件及维护。

能力目标

（1）整体认识车辆制动系统；

（2）根据企业案例能关联到制动相关知识点；

（3）熟记《铁路技术管理规程》（以下简称《技规》）车辆篇要求。

任务一　制动机发展史

任务描述

回顾新中国创立以来我国铁路机车车辆制动技术的发展变化，介绍了货运列车、提速旅客客车、重载货运列车、高速列车制动技术的自主研发情况及关键技术、性能参数，分析了制动技术在我国铁路发展过程中所起到的重要作用。

任务目标

1. 知识目标

（1）客车空气制动机的发展史；

（2）货车空气制动机的发展史。

2. 能力目标

熟知制动机更新换代的技术创新。

3. 职业素养目标

（1）安全第一、预防为主、严规细操；

（2）协作意识、环保意识、节约意识。

知识储备

1825 年 9 月 27 日，在英国的斯多克顿至达林顿之间建成了世界上第一条铁路，世界上第一列由蒸汽机车牵引的列车开始运营。当时所使用的制动机是人力制动机，即手制动机。当运行中需要制动时，由设置在列车上的若干名制动员根据司机所给信号操纵每一节车上的手制动机来完成制动。可见，人力制动不仅使工作在较恶劣环境中的制动员的劳动强度增大，更主要的是大大降低了列车中各车辆制动的同时性，从而造成严重的制动冲击，影响列车制动效果。

1869 年，美国工程师乔治·韦斯汀豪斯发明了世界上第一台空气制动机——直通式空气制动机。直通式空气制动机属于气动装置，并且由司机单独操纵，所以与人力制动机相比，大大提高了列车制动的同时性，减小了制动冲击，改善了列车的制动效果。但是，由于直通式空气制动机自身的工作机理，使其在运用过程中存在着致命的弱点——当列车分离时，列车将失去制动作用。

1872 年，乔治·韦斯汀豪斯在直通式空气制动机的基础上，研制出了一种新型的空气制动机——自动空气制动机。自动空气制动机克服了直通式空气制动机的致命弱点，从而在铁路运输中得到了广泛的应用，直到科技高度发展的今天，世界各国铁路运输的列车所使用的空气制动机，其工作原理均源于自动空气制动机。

一、客车空气制动机

（一）LN 型空气制动机

LN 型空气制动机如图 1-1-1 所示，由 L 型或 GL3 型三通阀 13，N 型制动缸 12，副风缸 3，附加风缸 5，缓解阀 1，紧急制动阀 7，压力表 9，远心集尘器 14，截断塞门 15，折角塞门 11、17，制动软管连接器 10 等组成。该型空气制动机的组成特点是，设有一个较大的附加风缸 5，其容积是副风缸容积的 2.5 倍，以备阶段缓解和紧急制动增压时使用。阶段缓解时副风缸可实现迅速再充气，有利于施行连续制动。紧急制动时可实现制动缸的增压作用，保证旅客列车安全运行。

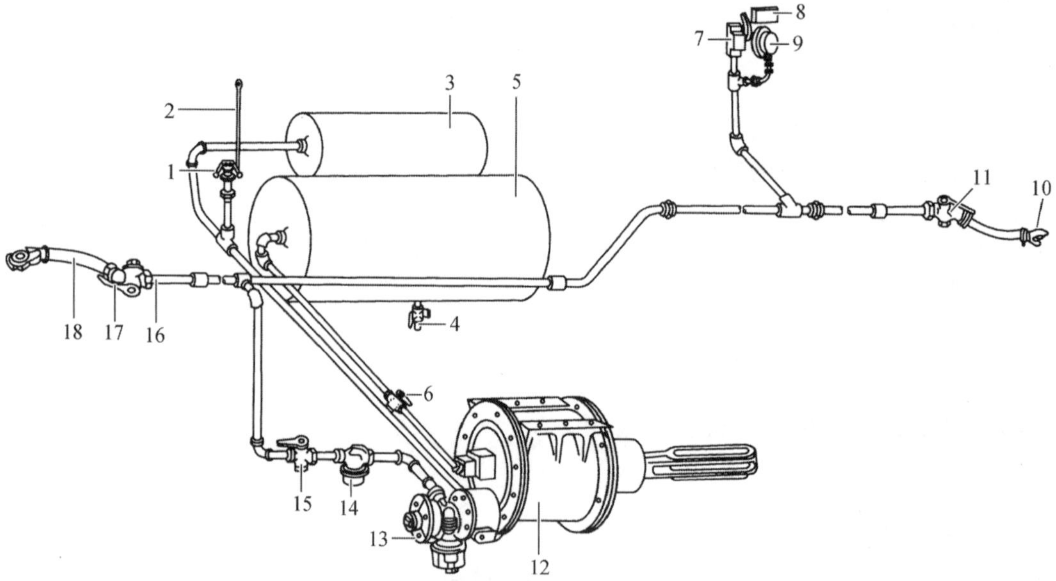

1—缓解阀；2—缓解阀拉杆；3—副风缸；4—排水塞门；5—附加风缸；6—附加风缸截断塞门；7—紧急制动阀；8—“危险请勿动”牌；9—压力表；10、18—制动软管连接器；11、17—折角塞门；12—制动缸；13—三通阀；14—远心集尘器；15—截断塞门；16—补助管。

图 1-1-1 LN 型空气制动机

（二）104 型空气制动机

104 型空气制动机是以我国自行设计制造的 104 型分配阀而命名的，该空气制动机是以 104 型分配阀和压力风缸、制动缸为主配套组成的自动式空气制动机。104 型分配阀结构组成如图 1-1-2 所示，它由 104 型分配阀 6、容积为 11 L 的压力风缸 8、副风缸 7、制动缸 1、截断塞门 4、远心集尘器 5、制动缸排气塞门 9 和制动管等零部件组成。104 型分配阀 6 由中间体、主阀、紧急阀 3 部分组成，中间体分别与副风缸、制动缸、压力风缸、制动管相连接。104 型分配阀内的活塞采用了橡胶模板结构，减少了阻力，减少了漏泄现象的发生。

（三）104 型电空制动机

104 型电空制动机的结构型式是在 104 型空气制动机的基础上设计而成的，主要是增设了电磁阀安装座，并将其安装在 104 型制动机的主阀和中间体之间，原主阀与中间体的相关气路依旧相通。104 型电空制动机还增加了一个容积为 40 L 的缓解风缸，用来加快制动管的增压速度，使各车辆迅速处于缓解状态。104 型电空制动机主要由制动管、制动软管连接器、远心集尘器、截断塞门、104 型分配阀（包括主阀、中间体、紧急阀）、电磁阀安装座、压力风缸、副风缸、缓解风缸、制动缸、缓解显示器等组成，其结构组成如图 1-1-3 所示。在电磁阀安装座上依次装有保压电磁阀、制动电磁阀、缓解电磁阀。

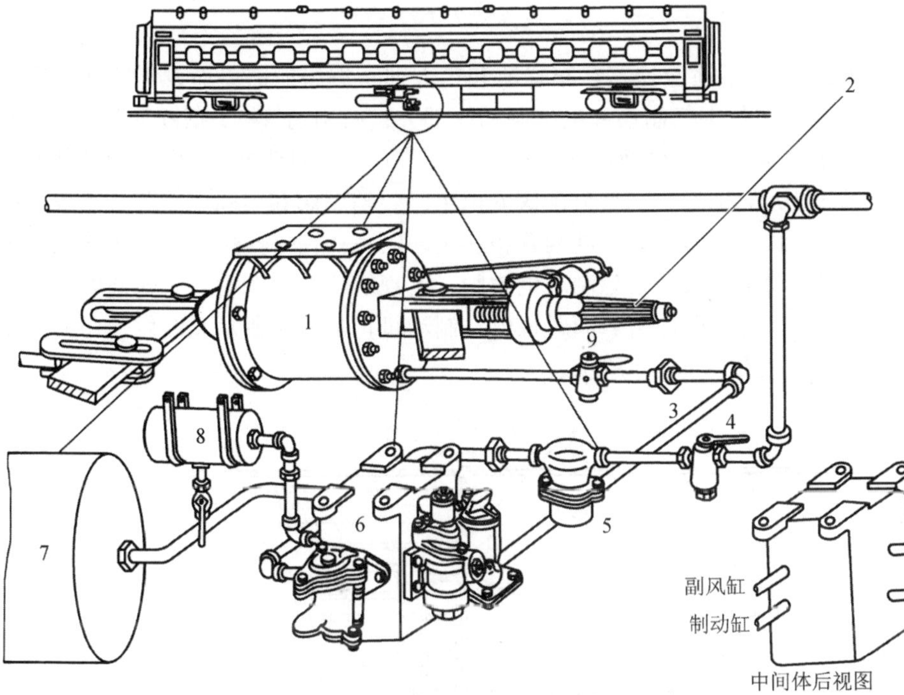

1—制动缸；2—闸瓦间隙自动调整器；3—制动缸管；4—截断塞门；5—远心集尘器；6—104 型分配阀；7—副风缸；8—压力风缸；9—制动缸排气塞门。

图 1-1-2 104 型空气制动机

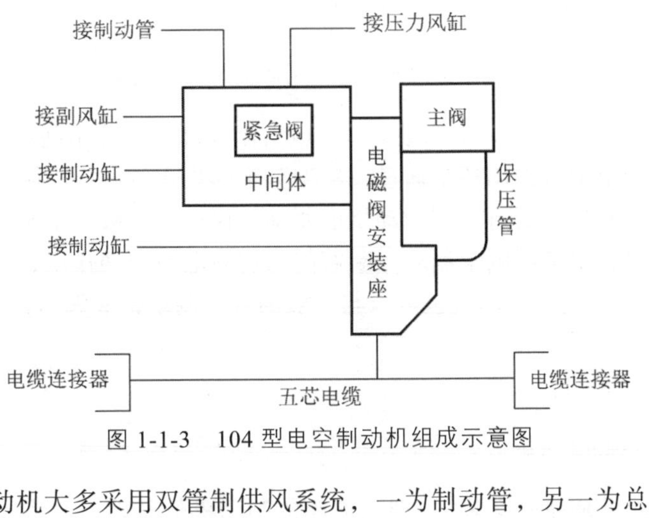

图 1-1-3 104 型电空制动机组成示意图

104 型电空制动机大多采用双管制供风系统，一为制动管，另一为总风管，制动主管与总风主管的直径均为 25 mm。在正常运用中，空气弹簧、气动冲水便器、污物箱等设备用风由总风管供给，车辆制动系统用风由制动管供给。在车辆两侧设有制动/缓解显示器，它可以将车辆制动机所处的工作状态清楚地显示给站检及列检人员。车辆缓解时显示绿色，并显示“缓解”字样，制动时显示红色，并有“制动”字样。车上一位端设有紧急制动阀和制动管与总风管风表。在车辆中部附近还设有从车上和车下都能操纵的缓解装置。制动用风管全部采用不锈钢管，所有管件材质均为不锈钢，所有风缸内部均做了磷化防锈处理。

（四）F8 型电空制动机

F8 型电空制动机是为了适应铁路客车提速和扩大列车编组的需要而设计的新型客车制动机。F8 型电空制动机包括空气制动和电空制动两部分，由制动管 1、截断塞门 2、远心集尘器 3、副风缸 4、压力风缸 5、F8 型分配阀 6、缓解塞门 7、制动缸 8、电空制动截断塞门 9（4 个）和电空阀箱 10 等组成。F8 型分配阀 6 由主阀、辅助阀和中间体 3 部分组成，中间体分别与副风缸、制动缸、压力风缸、制动管相连接。F8 型电空制动机在电空阀箱 10 内装有缓解电磁阀、常用制动电磁阀和紧急制动电磁阀，实现了快速列车中各车辆同时制动同时缓解的性能，避免了列车的纵向冲击。同时该电空制动机也加速了制动和缓解作用的发生。F8 型电空制动机结构组成如图 1-1-4 所示。

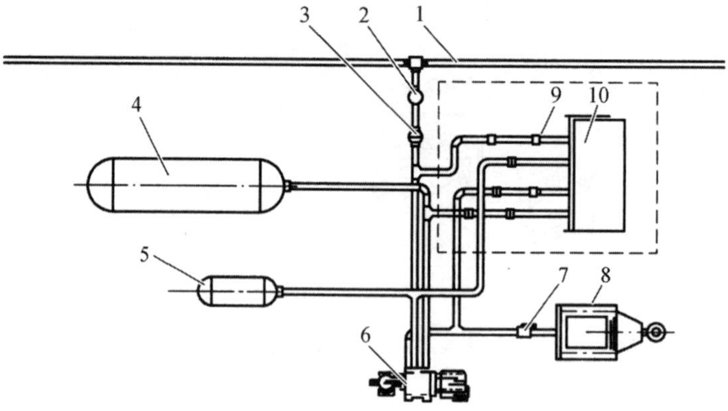

1—制动管；2—截断塞门；3—集尘器；4—副风缸；5—压力风缸；6—F8 型分配阀；7—缓解塞门；8—制动缸；9—电空制动截断塞门；10—电空阀箱。

图 1-1-4　F8 型电空制动机的组成简图

F8 电空制动机采用自动式电空制动方式。电空制动部分只控制制动管的充气和减压，制动机的制动、保压和缓解等作用还是通过 F8 型分配阀来实现的。实际上空气制动部分就是独立的 F8 型客车制动机，具有客车制动机的制动、保压、缓解等基本性能。因此，当电空制动部分发生故障时，可关闭电空制动截断塞门，切断电空制动作用，成为独立的空气制动作用系统。同样，F8 型电空制动机也可以与一般的客车制动机混编运行。

二、货车空气制动机

（一）GK 型空气制动机

GK 型空气制动机是在原安装 K_2 型三通阀的制动机的基础上改造而成的，使用在载重 50 t 及其以上的大型货车上。“G”是汉语拼音“改”字的第一个字母，K 表示 K 型三通阀，

“GK”就是改造 K 型制动机的意思。该空气制动机是以 GK 型三通阀为主的货车用自动式空气制动机，并具有两级制动力的手动空重车调整装置。

GK 型空气制动机如图 1-1-5 所示。GK 型空气制动机由制动软管连接器 12、制动主管 1、制动支管、截断塞门 6、远心集尘器 4、GK 型三通阀 3、副风缸 11、制动缸 2 等组成。其组成特点是：使用能与直径 356 mm 制动缸配套使用的 GK 型副风缸，并设置空重车调整装置（包括降压气室 9、空重车转换塞门 7、安全阀 8、空重车指示牌及调整手把 5 等）。GK 型空气制动机现已被列为淘汰型空气制动机，但由于全路货车装备其数量多，在使用中还需逐步淘汰。

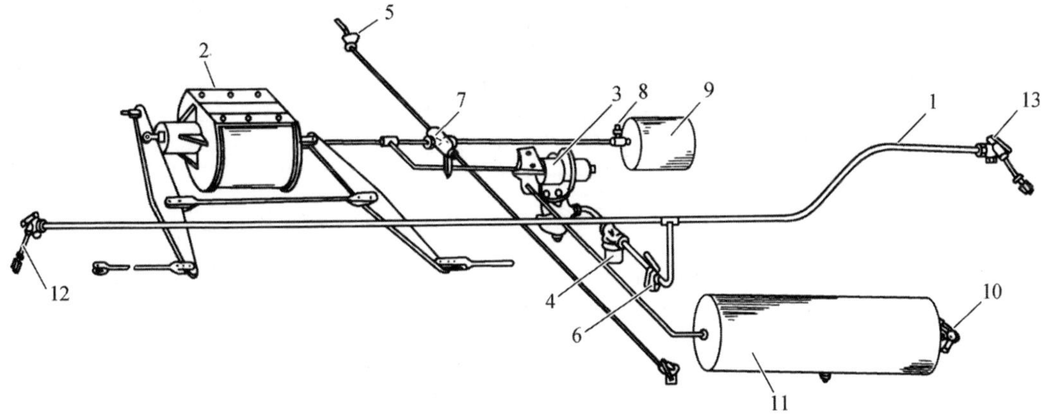

1—制动主管；2—制动缸；3—GK 型三通阀；4—远心集尘器；5—空重车指示牌及调整手把；6—截断塞门；7—空重车转换塞门；8—安全阀；9—降压气室；10—缓解阀；11—副风缸；12—制动软管连接器；13—折角塞门。

图 1-1-5　GK 型空气制动机

由于货车载重能力的提高，空重车重量相差很大，因此要求闸瓦压力能随着车辆载重状态加以改变。为了使车辆在不同载重的状态下具有不同的闸瓦压力，GK 型空气制动机安装了手动二级空重车调整装置。

空重车调整装置的调整方法：当车辆每轴平均载重未满 6 t 时，将空重车调整手把置于空车位；当车辆每轴平均载重在 6 t 及其以上时，将空重车调整手把置于重车。这种手动调整空重车制动力的装置结构虽然简单，但需要根据车辆总重依靠人工进行调整，实际运用不方便，易造成漏调、误调。

（二）103 型空气制动机

103 型空气制动机是以我国自行设计制造的 103 型货车分配阀命名的，如图 1-1-6 所示。103 型空气制动机由制动软管连接器、制动主管、制动支管，截断塞门 3、远心集尘器 4、103 型分配阀 5、副风缸 7、制动缸 1、压力风缸 9、缓解阀 8 等组成。其组成特点是以 103 型分配阀 5 代替了旧型制动机中的三通阀，设有一个容积为 11 L 的压力风缸 9，分配阀本身设有空重车调整部，其调整装置是通过伸向车体两侧的杠杆和手柄配套使用的，扳动手柄即可调整为空车位或重车位。103 型空气制动机其他部件与旧型制动机基本相同。由于 103 型分配阀通用于各种大小型号的副风缸和制动缸，所以，103 型空气制动机可以根据车辆载重吨位的大小来选配制动缸和副风缸。目前，103 型空气制动机主要安装在载重 50 t 以上的货物车辆上，使用直径为 356 mm 的制动缸，选用副风缸容积为 100 L。

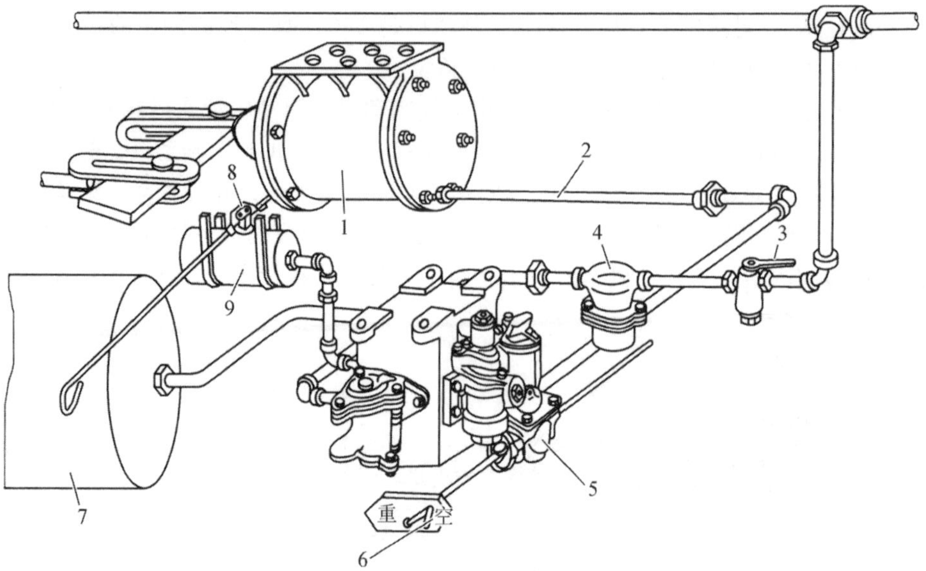

1—制动缸；2—制动缸管；3—截断塞门；4—远心集尘器；5—103 型分配阀；6—空重车指示牌及调整手把；7—副风缸；8—缓解阀；9—压力风缸。

图 1-1-6　103 型空气制动机

（三）120 型空气制动机

鉴于现有的 GK 型空气制动机和 103 型空气型制动机均已不能适应重载列车的要求，铁道部科学研究院和眉山车辆工厂共同研制出了 120 型空气制动机。

120 型空气制动机由制动管 4、制动支管 7、截断塞门和远心集尘器组合装置 6（也有分成两个独立部件的）、120 型控制阀 8、副风缸 10、加速缓解风缸 5、制动缸 13，空重车自动调整装置（包括传感阀 16、限压阀 9 和降压气室 17）、折角塞门 3 和 11、制动软管 2 和 12 等零部件组成，如图 1-1-7 所示。

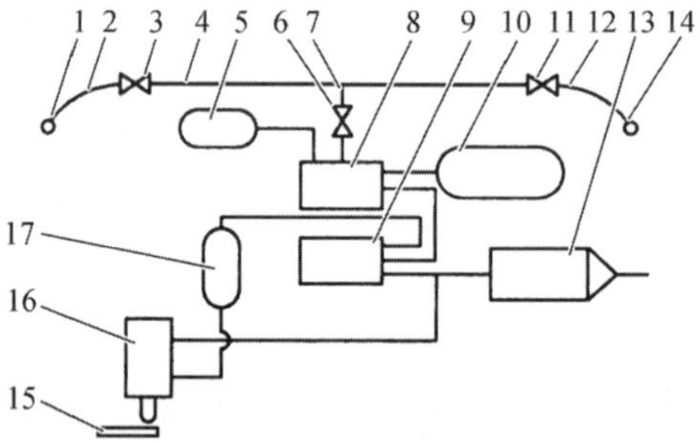

1、14—制动软管连接器；2、12—制动软管；3、11—折角塞门；4—制动管；5—加速缓解风缸；6—截断塞门和远心集尘器组合装置；7—制动支管；8—120 型控制阀；9—限压阀；10—副风缸；13—抽动缸；15—挡铁；16—传感阀；17—降压器室。

图 1-1-7　120 型空气制动机组成简图

120 型空气制动机设置了加速缓解阀和加速缓解风缸。在列车缓解时，加速缓解阀动作，制动机产生制动管局部增压作用，从而加快了制动管的充气速度，提高了列车的缓解波速。120 型制动机还设置了半自动缓解阀，它是靠人工拉动该缓解阀的手柄后，就可以使制动缸的压缩空气直接排入大气，达到制动机缓解的目的。使用时在拉动半自动缓解阀手柄约 3 ~ 5 s

听到制动缸的排气声后，即可松开手柄，制动缸的压缩空气会自动排尽，不需要长时间拉着手柄或在手柄处夹放木楔。

为了保证空、重货车制动率趋于一致，在 120 型制动机上安装了 TWG-1 系列或 KZW-4G 系列空重车自动调整装置，可根据车辆实际装载重量自动调整制动缸的压力，保持与载重相适应的车辆制动力。当车辆载重不同摇枕挠度变化时，挡铁位置不同，传感阀据此将一部分制动缸压缩空气分流进入降压气室，并控制调整阀的输入与输出之比，从而使制动缸压力随车辆载重而无级地、成比例地变化，实现空重车自动无级调整。空重车自动调整装置在调整阀上装有空重车显示牌，当 KZW-4G 型空重车显示牌翻起时显示重车位，表面为白色；落下显示牌为空车位，表面为红色。

任务二　车辆制动装置的概念及分类

任务描述

本节课以制动机的概念和分类为任务驱动，分组讨论，分层次教学，重视学员职业素质的培养，配合主型客车、货车实物制动机系统和 3D 视频动画，理论和实践相融合，制作一个制动基本知识教学课件，使学生达到学以致用的目的。假如你是一位制动教育工作者，通过本节知识的学习将为学员打开制动大门，使学员深入浅出理解制动机的概念和制动机的使用特点。

任务目标

1. 知识目标

（1）制动的基本概念；

（2）制动机的分类及原理。

2. 能力目标

将制动机的基本知识引入到企业生产运用中，加深制动系统理解。

3. 职业素养目标

（1）安全第一、预防为主、严规细操；

（2）协作意识、环保意识、节约意识。

知识储备

一、制动基本概念

制动就是刹车。车辆制动是指人为地将力施加于机车车辆，使运动中的机车车辆减速（含防止加速）至停止运动，或使静止的机车车辆保持其静止状态的过程。这里的“力”就是制动力。这种作用为制动作用。解除制动作用的过程为缓解。

制动过程实质上就是能量转化的过程。机车车辆上必须装设制动功率足够大的制动装置，以实现对列车有控制地进行减速、在预定的时间及指定的地点停车、在非常情况下的紧急停车。同时．机车车辆具有性能良好的大功率制动装置，是提高列车运行速度、提高铁路通过能力的有力保障。

车辆制动装置：是指安装在机车车辆上实现制动作用的，由相关零、部件所组成的一整套机构。它通常包括：空气制动机、基础制动装置、人力制动机。

空气制动机是指利用压缩空气作为制动动力来源，以制动主管的空气压力变化来控制分配阀产生动作，进而实现制动和缓解作用的装置。它包括从制动软管连接器至制动缸间的所有制动部件。在客车制动装置中，空气制动机受司机直接控制。

人力制动机是指利用人力作为制动原动力，通过转动手轮或手把，代替压缩空气作用于制动缸活塞的推力，进而实现制动作用的装置。只有在不能使用空气制动机的情况下才使用人力制动机．如调车作业、车辆停放在坡道等。

基础制动装置通常是指从制动缸活塞推杆到闸瓦间所使用的一系列杠杆、拉杆、制动梁等各种零部件所组成的机械装置。其作用是把作用在制动缸活塞上的压缩空气推力增大适当倍数后，平均地传递给各块闸瓦（片）。

制动距离：从机车的自动制动阀置于制动位起，到列车停车，列车所走过的距离称为制动距离。制动距离愈短，列车的安全系数就愈大。《铁路主要技术政策》规定：列车紧急制动距离按不同情况分别不超过：

旅客列车　120 km/h，800 m
160 km/h，1 400 m
200 km/h，2 000 m
250 km/h，2 700 m
300 km/h，3 700 m
350 km/h．4 8 00 m

货物列车　90 km/h，800 m
120 km/h，1 100 m
（25 t 轴重 120 km/h，货物列车，1 400 m）
160 km/h，1 400 m

二、制动在铁路运输中的作用

制动装置对于铁路运输的意义可通过下例来理解：

如图 1-2-1 所示，列车运行于甲、乙两站之间。列车由甲站发车，行驶了 s_0 距离加速至 v_1，s_0 为起动加速距离，其长短决定于机车牵引功率的大小。若需要列车在乙站停车，制动功率较大的 A 列车，开始施行制动的地点可在距乙站较近的 a 点处，其制动距离为 s_1。若另一 B 列车的制动功率较小，则需提前于 b 点开始施行制动，制动距离为 s_2。因而 B 列车减少了高速行驶的时间，于是，B 列车的技术速度低于 A 列车。若另有 C 列车没有制动装置（或制动装置失效），仅靠自然的阻力使之停车，则该列车必须在距乙站更远的 c 点开始惰行，它的惰行距离为 s_3。显然，C 列车的技术速度更低。为了保障行车安全，在《技规》中规定：列车在限制下坡道上的紧急制动距离，例如货车以 90 km/h 速度运行时规定为 800 m。假如上例中的 s_1 等于 800 m，则对于 B、C 列车在此区间的运行速度，必须分别限制为 v_2 和 v_3。这样，就降低了列车的区间运行速度，降低了铁路的通过能力。

所以，制动装置的重要作用在于：一方面是使列车在任何情况下减速、防止加速或停车，确保行车安全；另一方面也是提高列车的运行速度，提高牵引重量，即提高铁路运输能力的重要前提条件。衡量一个国家的铁路运输水平，首先要看能制造多大牵引功率的机车，但牵引与制动是互相促进和制约的，无先进的制动技术就没有现代化的铁路运输。

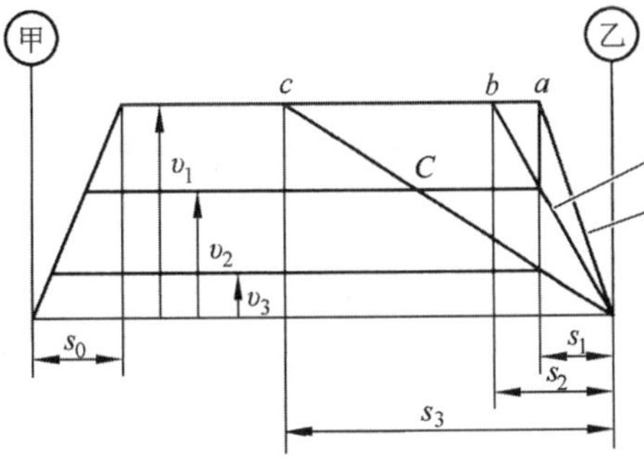

制动力与
区间速度关系

图 1-2-1　制动力、区间速度与制动距离的关系

三、车辆制动机的种类

车辆制动机是实现将列车运行过程中巨大的动能转化为其他形式的能量，从而使列车减速或停车的一种装置。目前我国应用最为广泛的是摩擦制动方式，即闸瓦压车轮踏面或闸片压制动盘产生摩擦力，通过车轮踏面与钢轨之间的作用，从而产生制动力。摩擦制动是将列车的动能转化为热能散发于大气中，从而达到制动的目的。车辆制动机有以下几种：

（一）手（人力）制动机

以人力作为动力来源，用人力来操纵实现制动和缓解作用的制动机叫手（人力）制动机。手（人力）制动机结构简单，不受动力的限制，任何时候都可使用，但制动力小。目前只作为辅助制动装置，一般仅用于原地制动或在调车作业中使用。

摩擦制动

（二）真空制动机

以大气压力作为动力来源，用对空气抽真空的程度（真空度）来操纵制动和缓解的制动机叫真空制动机。真空制动机，其压力最高只能达到 1.01×10^5 Pa，制动力小；气密性要求高。要增大制动力只能通过扩大制动缸的直径或者提高制动倍率来实现。这样，不仅增加了车辆自重，调整制动缸活塞行程的工作量将大量增加，而且列车编组长度也受到限制。我国只在部分援外车辆上安装这种制动机。如 20 世纪 70 年代我国援助坦桑尼亚—赞比亚的铁路车辆安装的为真空制动机。

（三）空气制动机

空气制动机是以压缩空气为动力来源，用空气压力的变化速度来操纵的制动机。我国机车车辆上均安装空气制动机。

空气制动机根据不同的作用原理又可分为直通空气制动机和自动空气制动机。

直通空气制动机

1. 直通空气制动机

直通空气制动机基本组成形式如图 1-2-2 所示，由制造压力空气的空气压缩机 1，储存压力空气的总风缸 2，操纵列车制动机作用的制动阀 4，贯通全列车的制动管 5 和将空气压力转换为机械推力的制动缸 8 等组成。

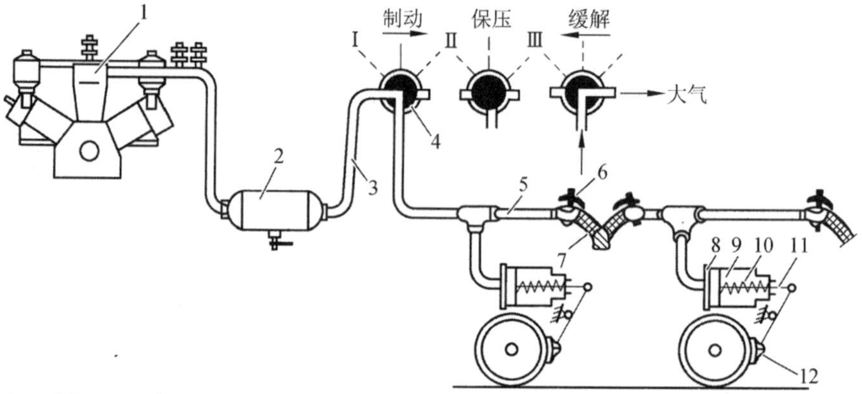

1—空气压缩机；2—总风缸；3—总风缸管；4—制动阀；5—制动管；6—折角塞门；7—制动软管；8—制动缸；9—制动缸活塞；10—制动缸缓解弹簧；11—制动缸活塞杆；12—闸瓦。

图 1-2-2　直通空气制动机原理图

作用原理：制动阀手把有制动、保压和缓解 3 个作用位。制动阀手把置Ⅰ位（制动位）时，总风缸的压力空气经制动阀、制动管进入各车辆的制动缸，使制动缸活塞杆推出，闸瓦压紧车轮，列车产生制动作用；制动阀手把移至Ⅱ位（保压位）时，总风缸、制动管和大气之间的通路均被遮断，制动缸和制动管保持压力不变；制动阀手把移至Ⅲ位（缓解位）时，制动管及所有制动缸压力空气经制动阀排气口排出，制动缸活塞被缓解弹簧推回，闸瓦离开车轮踏面，列车制动状态得到缓解。

直通空气制动机的特点：构造简单，用制动阀可直接调节制动缸压力，具有阶段制动和阶段缓解作用性能，对于很短的列车，操作方便灵活。但不适用于较长列车。因为，其一，机车上总风缸无法储存供应较长列车各车辆制动机制动时制动缸所需压力空气；其二，制动和缓解时各车辆制动缸的压力空气都要由机车上的总风缸供给和机车上的制动阀排气口排出，所以，制动时距离机车近的制动缸充气早、增压快，距离机车远的制动缸充气晚、增压慢；缓解时距离机车近的制动缸排气早、缓解快，距离机车远的制动缸排气晚、缓解慢。造成列车前后部车辆的制动和缓解作用一致性差，列车纵向冲动大。特别在当列车发生车钩分离事故时，整个列车就失去制动控制。

自动空气制动机的结构、特点

2. 自动空气制动机

自动空气制动机在每辆车上增加了三通阀（分配阀或控制阀）及副风

缸。副风缸在缓解位储存好本辆制动机制动时所需的压力空气，制动时，各制动缸的压力空气就近取自本车的副风缸；缓解时，各制动缸的压力空气经本车的三通阀排气口排出。因而列车前后部各车辆的制动作用和缓解作用的产生过程均较快，一致性比较好，可有效地缩短制动距离，减小列车的纵向冲击力，适用于编组较长的列车，现在我国车辆上均采用的是自动空气制动机，如图 1-2-3 所示。自动空气制动机的特点：制动管减压时制动，增压时缓解。当列车发生车钩分离事故或拉动紧急制动阀时，制动管即减压，全列车均能够自动产生制动作用而停车。

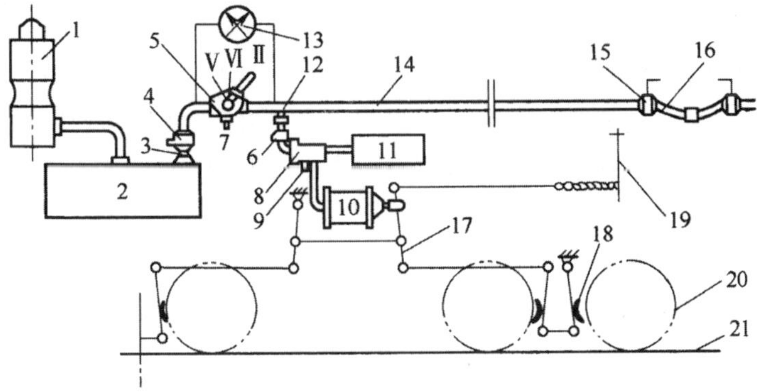

1—空气压缩机；2—总风缸；3—总风缸管；4—给风阀；5—自动制动阀；6—远心集尘器；7—制动阀排气口；8—三通阀（分配阀或控制阀）；9—三通阀（分配阀或控制阀）排气口；10—制动缸；11—副风缸；12—截断塞门；13—双针压力表；14—制动管；15—折角塞门；16—制动软管；17—基础制动装置；18—闸瓦；19—手制动装置；20—车轮；21—钢轨。

图 1-2-3 列车空气制动系统的组成

空气压缩机 1 和总风缸 2：是列车空气制动装置的动力源系统。空气压缩机制造 800 ~ 900 kPa 的压力空气；总风缸用来储存空气压缩机制造的压力空气，供全列车制动系统使用；给风阀 4：将总风缸的压力空气调整至规定压力后，经自动制动阀充入制动管；自动制动阀 5：是操纵列车空气制动系统的部件。通过它向制动管充入压力空气或将制动管压力空气排向大气，以操纵列车制动系统产生不同的作用；制动管 14：是贯通全列车的空气导管。通过它向列车中各车辆的制动装置输送压力空气，并通过自动制动阀控制制动管内压力空气的压力变化来实现操纵列车各车辆制动机产生相应的作用；三通阀（分配阀或控制阀）8：三通阀（分配阀或控制阀）是车辆空气制动装置的主要部件（在机车上也有分配阀），它和制动管连通，根据制动管空气压力的变化情况，产生相应的作用位置，从而控制向副风缸充入压力空气的同时把制动缸内压力空气排向大气实现制动机缓解作用或者将副风缸内压力空气充入制动缸产生制动机的制动作用；副风缸 11：缓解位储存压力空气，作为制动时制动缸的动力源；制动缸 10：制动时，用来把副风缸送来的空气压力变为机械推力；基础制动装置 17：制动时，将制动缸活塞推力放大若干倍并传递到闸瓦，使闸瓦压紧车轮产生制动作用，缓解时，依靠其自重使闸瓦离开车轮实现制动机的缓解作用；闸瓦 18、车轮 20 和钢轨 21：是制动时的能量转换部分，是实现制动作用的三大要素。制动时，闸瓦压紧转动着的车轮踏面后，闸瓦与车轮间的摩擦力借助钢轨，钢轨在与车轮接触点上产生与列车运行方向相反（与钢轨平行）的反作用力即制动力。

三通阀（分配阀或控制阀）属二压力机构阀，是自动空气制动机的关键部件。现以三通阀为例介绍二压力机构阀的作用原理。

三通阀与制动管、副风缸和制动缸相通。三通阀内有一个气密性良好的主活塞和带孔道的滑阀及节制阀。主活塞外侧通制动管，内侧通副风缸。当制动管内压缩空气的压力发生增或减变化时，主活塞两侧产生压力差（制动管与副风缸的空气压力差），当克服移动阻力后，推动主活塞带动滑阀、节制阀移动，形成不同的作用位置，实现以下各种作用。

1）充气、缓解作用（见图 1-2-4）

当操纵自动制动阀使总风缸的压力空气向制动管充气时，三通阀内主活塞外侧压力增高，主活塞被推动，连同滑阀、节制阀向内移动，开放了充气沟 i，制动管的压力空气经充气气路进入副风缸储存起来（其压力最后可达到与制动管规定压力相等），准备制动时使用。同时，滑阀移动后将制动缸和三通阀排气口连通，若制动缸内有压力空气，则经排气口排入大气。这就实现了制动机充气及缓解作用。

三通阀工作原理

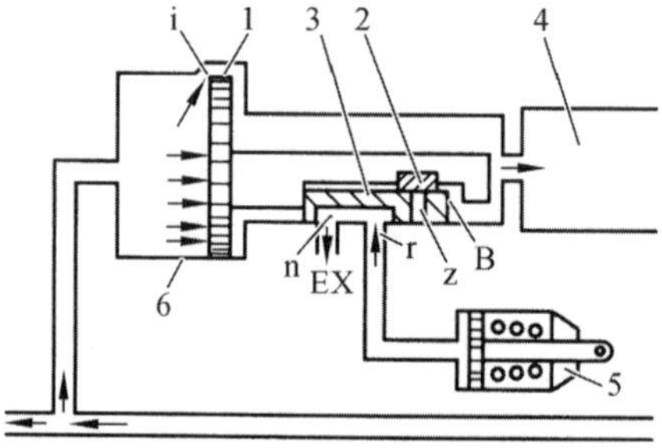

1—主活塞及主活塞杆；2—节制阀；3—滑阀；4—副风缸；5—制动缸；6—三通阀（分配阀或控制阀）；
i—充气沟；B—间隙；z—滑阀制动孔；r—滑阀座制动缸孔；n—滑阀缓解联络槽；EX—排气口。

图 1-2-4　充气缓解位作用原理

2）制动作用（见图 1-2-5）

当操纵自动制动阀使制动管内压缩空气排入大气时，三通阀主活塞外侧压力下降，主活塞被副风缸压力推动，连同节制阀、滑阀向外移动，移动到滑阀与滑阀座上的孔路将副风缸和制动缸连通时，副风缸内压缩空气经滑阀上的制动孔 z 与滑阀座上制动缸孔 r 进入制动缸，实现制动机的制动作用。

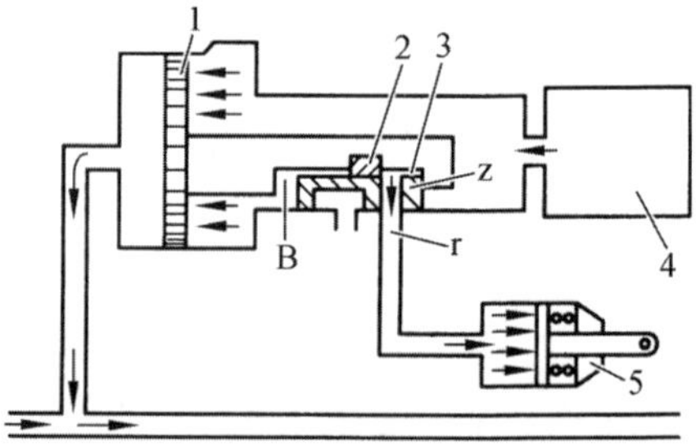

图 1-2-5　制动位作用原理
（图注同图 1-2-4）

3）制动保压作用（见图 1-2-6）

制动后，当制动管停止向外排气，由于三通阀仍处在制动位置，所以副风缸内压力空气通过滑阀与滑阀座上的孔路继续充入制动缸，副风缸（滑阀室）的压力继续下降，当降到稍低于制动管压力时，主活塞带动节制阀向内移动间隙 B 距离（滑阀未动），节制阀将滑阀上的副风缸与制动缸通路遮断（滑阀制动孔被节制阀盖住），停止了副风缸向制动缸充气，制动缸内压力不再上升，也不减少，即形成制动保压作用。

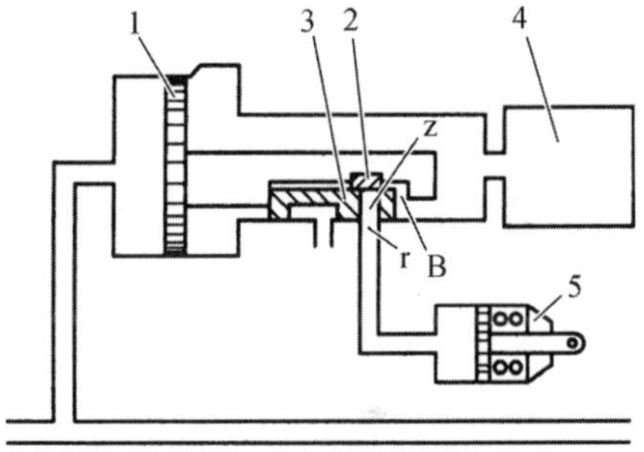

图 1-2-6　制动保压位作用原理（图注同图 1-2-4）

（四）电空制动机

电空制动机是以压力空气作为原动力，利用电控系统电信号通过电磁阀来操纵的制动机。机车上有电控制动系统设备，每一辆车的空气制动装置配套有电控电磁阀箱。机车上的司乘人员分别操纵电控制动系统设备的制动或缓解等作用的按钮，电信号同时控制每一辆车电控电磁阀箱的相应的电磁阀动作，实现其制动装置产生相应的作用。为防止电控系统发生故障时，列车失去制动控制，现今的电空制动机仍保留着压力空气操纵装置，以备在电控系统发生故障时，能自动地转为压力空气操纵。这种制动机的主要优点是全列车能迅速发生制动和缓解作用，列车前后部制动机动作一致性较好，列车纵向冲动小，制动距离短，适用于高速、重载列车。

（五）轨道电磁制动机

在每一个转向架上设有可起落的电磁铁，司机操纵制动时，将悬挂在转向架上导电后起磁感应的电磁铁放下压紧钢轨，使它与钢轨发生摩擦而产生制动力。在高速旅客列车上与空气制动机并用。其优点是制动力不受轮轨间的黏着系数限制，避免车轮滑行，但重量较大，增加了车辆的自重并加速了钢轨的磨耗。

（六）线性涡流制动

在每一个转向架上设有可起落的电磁铁，司机操纵制动时，将悬挂在转向架上导电后起磁感应的电磁铁放下距离轨面上方几毫米处，利用它和钢轨的相对运动使钢轨表面产生感应电磁涡流，从而产生阻力并使钢轨发热，变列车动能为热能，由钢轨和电磁铁将热量逸散于大气。

（七）再生制动

列车制动时，使电力机车或用电力牵引的摩托车组的牵引电动机转变为发电机，将运行中的列车动能通过发电机转变为电能反馈回电网（供电网范围内的其他列车牵引使用），使列车的动能转变为可利用电能的制动方式。

再生制动

（八）电阻制动

电力机车、用电力传动的内燃机车、摩托车组或地下铁道车辆。制动时，变牵引电动机为发电机，将运行中的列车动能通过发电机转变为电能消耗于电阻，用以控制速度。其优点是效率高，不会发生长时间抱死车轮的现象，高速时制动力大，但低速时它的效率就减低，并且一般列车（除动力分散性的城市轨道交通车辆）带电动机的车辆比率不大，故受到一定限制，平常均与空气制动机同时配合使用。

任务三　制动基础理论

任务描述

在铁路运输中，机车车辆是编组成列车运行的，制动管又细又长，空气又是弹性物质，司机在车头撂闸制动，空气在制动管中的传播具有延迟性，造成车辆制动前后一致性差，纵向冲击大，只有学懂车辆制动系统理论，才能更好地操纵使用好制动机。假如你是制动专家，制动力的大小直接关系到行车安全和高速重载的发展，制动理论知识的学习将为你解答制动设计系统朦胧的面纱。

任务目标

1. 知识目标

（1）会计算分析制动缸压力和制动倍率；

（2）掌握制动管最小有效减压量的确定原则，会确定分析制动管最小有效减压量；

（3）掌握制动管最大有效减压量的确定原则，会确定分析制动管最大有效减压量。

2. 能力目标

（1）理解制动管减压量和制动力的关系；

（2）区分直接作用式和间接作用式制动缸压力计算。

3. 职业素养目标

（1）安全第一、预防为主、严规细操；

（2）协作意识、环保意识、节约意识。

知识储备

一、制动名词术语

（一）压力与压强

理论上，压力与压强是两个不同的物理量。压力是指物体间的相互作用力，其单位为牛顿（N）；而压强则是指单位面积上所受力的大小，其单位为帕（Pa，N/m^2）。

在空气管路系统中，人们习惯将“压强”称为“压力”，但其含义不变，只是名称的更换。例如，制动管“压力”为 500 kPa，实际上指制动管“压强”为 500 kPa。

（二）绝对压力及表压力

由物理学可知，大气对地球表面作用着一定压力，这一压力称为大气压。人们定义 760 mm

高水银柱的压力为一个标准大气压，一般以 1 atm 计量，换算成国际单位制为 101.333 3 kPa。工程上为计算方便，一般取 100 kPa。

绝对压力是指压力空气的实际压力。若气体未压缩而呈自由状态，其绝对压力即为大气压力，若处于绝对真空状态，则其绝对压力为零。

表压力是指压力表指示的压力值。由于一般压力表只指示高于大气压力数值（真空压力表则例外），所以绝对压力与表压力的差值为大气压力值。

可见，绝对压力等于表压力与大气压之和。

二压力机构　　三压力机构

（三）二压力机构及三压力机构制动机

凡是根据两种压力之间的变化来控制三通阀或分配阀的主活塞动作，以实现制动、缓解与保压作用的制动机，称为二压力机构制动机。如，GK 型三通阀主活塞两侧的压力空气分别来自制动管与副风缸；109 型分配阀的主阀活塞两侧的压力空气分别来自制动管和工作风缸。这种制动机只具有一次缓解性能，而不具备阶段缓解性能。即当制动管充风至高于副风缸或工作风缸一定压力时，就推动三通阀（或分配阀）主活塞至充气缓解状态，直至实现制动机的完全缓解为止。

为适应铁路运输发展的需要，制动机应具备阶段缓解性能与自动补风性能。因此，目前对分配阀进行了改造，即在主活塞上除保留制动管与工作风缸的作用外，另增加制动缸压力的作用。这种根据 3 种压力之间的变化来控制分配阀的主活塞动作，以实现制动、缓解与保压作用的制动机，称为三压力机构制动机。如国产的 JZ-7 型、美国生产的 26-L 型制动机均为三压力机构制动机。

有时为了满足二压力机构制动机与三压力机构制动机混编的需要（前者缓解较后者快），通常在三压力机构制动机上加装转换装置，以实现二、三压力机构制动机的转换。例如 JZ-7 型和 26-L 型制动机均属二、三压力可调式制动机。各种压力机构制动机的作用示意图如图 1-3-1、1-3-2 和 1-3-3 所示。

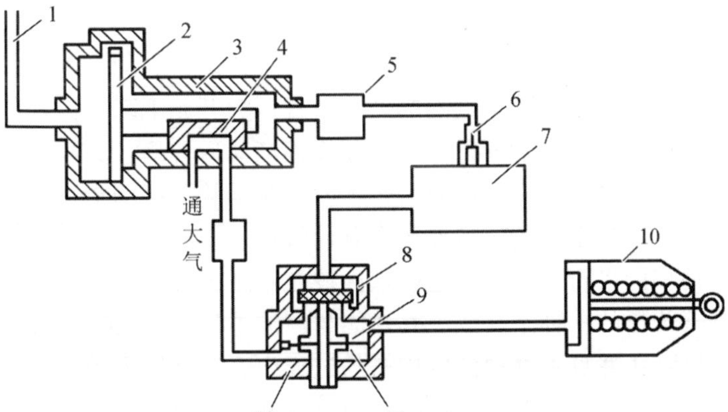

1—制动管；2—主活塞；3—分配阀；4—滑阀；5—工作风缸；6—止回阀；7—副风缸；8—均衡阀；9—均衡活塞；10—制动缸；11—容积室；12—中继阀。

图 1-3-1　二压力机构分配阀作用示意图

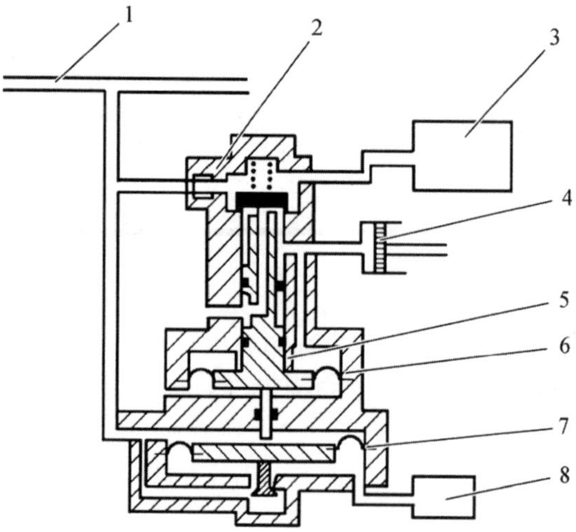

1—制动管；2—分配阀；3—副风缸；4—制动缸；
5—缩孔；6—小膜板；7—大膜板；
8—工作风缸。

图 1-3-2　三压力机构分配阀作用示意图

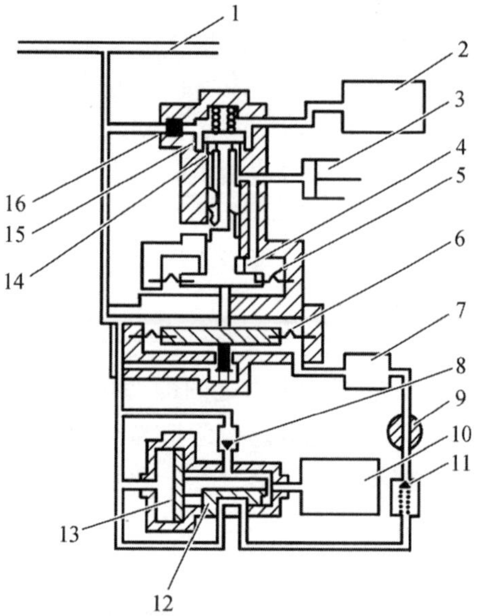

1—制动管；2—副风缸；3—制动缸；4—弹簧；5—小活塞；
6—大活塞；7—定压风缸；8—充气止回阀；9—转换塞门；
10—工作风缸；11—止回阀；12—滑阀；13—活塞；
14—排风阀口；15—进排风阀；16—止回阀。

图 1-3-3　二、三压力可调式分配阀作用示意图

（四）空气波和空气波速

1. 空气波

制动管有两种功能：一是向列车制动系统充风（包括漏泄时的补风）；二是通过充风或排风，引起制动管空气压力的增减，从而控制全列车制动机的动作。在铁路运输中，由于机车车辆是编组成列车运行的，制动管又细又长，空气又是个弹性的物质。所以，当司机在列车前端控制制动管充风或排风时，并不是全列车制动管立即同时、同步地增压或减压。以施行制动为例，首先是列车前端制动阀附近的制动管空气压力开始下降，使其原有的压力平衡遭到破坏。然后，这一压降沿着制动管以一定的速度逐渐向后传播，直到列车尾端制动管封闭处的压力也开始下降。当这一压降由前向后传播时，制动管前端的空气压力继续下降，新的压降也不断向后传播。这种空气的压力波动沿制动管长度方向由前向后传播所形成的波，称为空气波。它的传播如同投石于湖中引起的水面波纹不断向外扩散一样，也是一种机械波。不过，它是沿制动管传播的一种空气波，其性能与声波等其他空气波相似。

在列车前端排风减压并且不断地向后传播的过程中，制动管内的压力空气不断地膨胀，它的压能不断地转化为动能。因此，它不断地由后向前连续流动，经由制动阀排气口排向大气。显然，气体的连续流动与压降的传播不是一回事。压降的传播（空气波）属于一种振动波，它按振动的规律在媒介质中进行传播；空气在管内的连续流动则不是一种波，而是媒介质的一种连续运动，故周围（如管壁）阻力对它的影响很大。另外，在减压时气流方向与压降的传播方向是相反的（充风增压时空气波传播方向与气流方向虽然相同，但也不是一回事）。

由于空气波在传播过程中能量有损失，所以空气波动强度实际上是逐渐减弱的，就如投石于湖中激起的水波在向外扩展中逐渐减弱一样，因此制动管的减压速度也是越往后越低。

2. 空气波速

通常，以物理量“空气波速”来衡量空气波传播的快慢，所谓空气波速是指空气波的传播速度。可用下列公式计算

$$v_{kb}=\frac{L_{kb}}{t_{kb}}$$

式中　v_{kb}——空气波速（m/s）；

L_{kb}——空气波传播的距离（m）；

t_{kb}——空气波传播的时间（s）。

一般地，空气波速为 330 m/s 左右。

目前，要想大幅度提高空气波速，使列车前后部的制动管减压速度达到最大限度的一致性，采用电气控制的电空制动机是一个有效的途径。

（五）制动管减压量与减压速度

制动管减压量为列车管减压前后的压力差。

空气波传到列车中任一分配阀后，该阀主活塞外侧（制动管一侧）即开始减压。但是，要使主活塞动作，还必须使主活塞两侧形成一定的压力差，而且压力差要累积到大于主活塞的移动阻力，主活塞才能移到制动位，才能沟通作为风源的副风缸压力空气进入制动缸的通路，从而实现制动作用。此压力差的建立取决于制动管的减压速度。减压速度大，压力差建立就快，反之就慢。如果减压速度过低，由于副风缸压力空气经充气通路逆流入制动管，主活塞两侧的压力差就建立不起来，阀就不能产生动作。

在列车中各车辆的分配阀处的减压速度，受到距排风口的远近、制动管长度、车辆制动支管的长度及主活塞外侧容积、制动阀排气方式和制动管定压等许多因素影响。

（六）制动波和制动波速

1. 制动波

如前所述，当司机施行制动时，由于空气波的存在，列车中各制动机的制动作用并不是全列车立即同时、同步地发生，而是有一个陆续发生的过程。在理想情况下，制动作用沿列车长度方向由前向后逐次发生，这种制动作用沿列车长度方向由前向后逐次传播的现象，人们把它叫作“制动波”。

实际上，由于各制动机的结构、性能和状态的影响，制动作用有时就不是完全由前向后逐次发生，而是存在某种“跳越”现象。即，列车中某车辆或某几辆车的制动作用可能比其后的车辆发生得还要晚。这说明，制动波并不是一种波，只是习惯上那么叫罢了。

2. 制动波速

衡量制动波传播速度的物理量，称为制动波速。一般以“m/s”为计量单位。

制动波速 w_{zb} 通过试验由下式求得

$$w_{zb}=\frac{L_{zb}}{t_{zb}}=L_{zb}/(t_{kb}+t_{d})$$

式中 w_{zb}——制动波速（m/s）；

L_{zb}——制动波传播距离（一般以制动管长度计算，m）；

t_{zb}——制动波传播时间（从开始减压至最后一台制动机开始动作时为止，s）；

t_{kb}——空气波传播时间（s）；

t_{d}——制动机动作时间（s）；

由于制动波的传播速度受到空气波传播快慢、三通阀（分配阀）动作灵敏性及制动机性能好坏等因素的限制，所以，制动波速总比空气波速要小。

制动波速是综合评定制动机性能的重要指标。制动波速越高，表明列车前、后部制动作用的同时性越好，有利于减轻制动时的纵向动力作用和缩短制动距离；同时制动波速越高，则制动作用的传播长度可更大些，即能适应长大列车的要求。目前我国性能较好的制动机，紧急制动波速可达 250 m/s 以上，一般在 150 ~ 280 m/s；常用制动波速可达 225 m/s 以上，常用制动波速一般在 60 ~ 255 m/s。

近年来，有关部门研制了新型车辆制动机和机车制动机。各种阀类采用橡胶膜板活塞、柱塞结构，使其气密性好，灵敏度高，动作时间短，从而使制动机性能更加优越，适应了客观要求。但仍需研究如何进一步提高制动波速，以适应高速、重载列车发展的需要。

（七）缓解波和缓解波速

与制动波和制动波速相似，当司机操纵制动机进行缓解时，缓解作用沿制动管长度方向由前向后逐次传播的现象，称为缓解波。其传播的速度称为缓解波速。

同样，缓解波速也受到空气波传播快慢、三通阀（分配阀）动作灵敏性及制动机性能好坏等因素的影响，所以，如何提高缓解波速也成为亟待解决的问题之一。目前，国产 120 型控制阀的缓解波速已达到 150 m/s。

（八）制动机的稳定性、安定性与灵敏度

1. 稳定性

当制动管减压速率低于某一数值范围时，制动机将不发生制动作用的性能，称为制动机的稳定性。也就是说，要使制动机可靠地产生制动作用，除了要有一定的制动管减压量外，还需要一定的减压速率，两者缺一不可。其数值范围因各型制动机而不同。我国规定：制动管减压速率或漏泄小于 20 kPa/min。

2. 安定性

常用制动时不发生紧急制动作用的性能，称为制动机的安定性。即当制动管减压速率为 10 ~ 40 kPa/s 时，紧急阀不应动作。

3. 灵敏度

当制动管减压速率达到一定数值范围时，制动机必须产生制动作用的性能，称为制动机的灵敏度。一般地，常用制动灵敏度为 10 ~ 40 kPa/s；紧急制动灵敏度为 70 kPa/s。

上述三者之间相互联系，在同一制动机上必须协调一致，保证三者之间有明显的隔离区间，否则将使制动机无法正常工作。

二、制动缸压力的计算

（一）空气制动机的工作过程

空气制动机的工作过程是利用压力空气的压力与容积的变化关系来实现的。如果空气制动机的型号一定，那么空气的压力与容积之间保持着一定的关系。

根据热工学的推论认为，克拉贝隆理想气体状态方程

$$PV = GRT$$

式中 P——气体的压力（Pa，N/m^2）；

V——气体的容积（m^3）；

T——气体的温度（K）；

G——气体的摩尔数（mol）；

R——普适气体恒量，$R = 8.31$ J/（mol·K）。

该公式同样适用于实际气体。气体的变化又分为绝热、等温、等压以及多变等变化过程。

在空气制动机的工作过程中，一方面，虽然空气压缩机产生的压力空气具有一定的温度，但压力空气须经散热管进入总风缸，并且总风缸又置于大气之中，所以当总风缸向制动管及各风缸充入压力空气时，压力空气都已经过充分冷却，使其温度与外界接近于相等。另一方面，在制动过程中，随着制动管减压速度的不同，副风缸向制动缸（或工作风缸向容积室）充风速度也不相同，致使气体因动能的变化而造成气体温度的波动和压力的波动。但待风缸的压力稳定后，其气体温度与大气温度也接近于相等（有关试验资料表明，制动机工作过程受到温度的影响约为 1 °C），同时，在制动机中存在着各种漏泄和间隙，对计算精确度也有影响。所以，为简化计算起见，可以忽略温度变化对计算结果的影响，即把压力与容积的变化过程看作是等温变化过程。根据波义耳-马略特定律，空气压力与容积之间的关系为

$$PV = \text{常量}$$

式中 P——压力空气的压力（绝对压力，Pa，N/m^2）；

V——压力空气的容积（m^3）。

即

$$P_1V_1 = P_2V_2$$

上式说明压力空气的绝对压力与体积的乘积为常量，即等温过程变化前与变化后，其压力与体积乘积相等。

（二）制动缸压力的计算

常用制动过程中，分析制动机制动管、副风缸和制动缸之间的变化关系时，应考虑下列因素：

（1）当制动管的减压量非常小时，三通阀的充气沟作为制动管与副风缸的连通通路并未被主活塞切断时，制动管与副风缸的空气压力是平衡的。

（2）制动时，进入制动缸的空气量等于副风缸排出的空气量，而副风缸减压后的压力与制动管压力相平衡。

（3）在制动计算中，副风缸与制动缸的容积之比选取 3.25∶1（即 $V_f : V_z = 3.25 : 1$。该比值并不是副风缸和制动缸的实际比值，而是考虑到各空气通路所占有的容积和漏泄量诸因素后的换算比值）。

下面，以副风缸内的压力空气为研究对象，根据波义耳-马略特定律列方程式

$$P_0' V_f = (P_0' - r) V_f + P_1' V_z$$

化简得

$$P_1' = \frac{V_f}{V_z} \times r \tag{1-3-1}$$

或

$$P_1 = P_1 = \frac{V_f}{V_z} \times r - 100 \tag{1-3-2}$$

式中 V_f——副风缸容积（m^3）；

V_z——制动缸容积（m^3）；

P_0——列车管定压、绝对压力（kPa）；

P_1'——制动缸压力，绝对压力（kPa）；

P_1——制动缸压力，表压力（kPa）；

r——制动管减压量（kPa）。

式（1-3-1）或（1-3-2）说明制动缸压力与副风缸和制动缸的容积之比以及制动管的减压量有关。当副风缸与制动缸的容积比值一定时，制动缸的压力正比于制动管的减压量 r 值，所以司机操纵列车时，通常是通过控制制动管减压量 r 值来控制列车制动力的大小。

下面，我们具体讨论 GK 型车辆制动机和使用 104 型分配阀制动缸压力的计算问题。

1. GK 型车辆制动机

对于 GK 型车辆制动机，其副风缸与制动缸的容积比为 $\frac{V_f}{V_z} = 3.25$，则有

$$P_1 = 3.25r - 100 \text{（kPa）} \tag{1-3-3}$$

可见，制动管减压量 r 值取不同值时，便可得到相应的制动缸压力。

【例 1-1】 设制动管减压量为 50、100 和 140 kPa 时，制动缸压力分别是多少？

解：（1）$r = 50$ kPa 时，$P_1 = 3.25 \times 50 - 100 = 62.5$（kPa）

（2）$r = 100$ kPa 时，$P_1 = 3.25 \times 100 - 100 = 225$（kPa）

（3）$r = 140$ kPa 时，$P_1 = 3.25 \times 140 - 100 = 355$（kPa）

2. 104 型分配阀

104 型分配阀属于二压力机构分配阀，制动缸的压力取决于容积室的压力，而容积室的压力则与制动管定压、制动管减压量、容积室的大小及工作风缸容积等有关。按照其作用原理，根据波义耳-马略特定律，经必要的参数修正得到下式

$$P_1 = P_r = 2.6r \tag{1-3-4}$$

式中 P_1——制动缸表压力（kPa）；

P_r——容积室表压力（kPa）;

r——制动管减压量（kPa）;

2.6——修正比例系数。

可见，制动缸压力与制动管减压量成正比。

【例 1-2】 设制动管减压量为 50 kPa、70 kPa、140 kPa 时，制动缸压力分别是多少？

解：（1）$r = 50$ kPa 时，$P_1 = 2.6 \times 50 = 130$（kPa）

（2）$r = 70$ kPa 时，$P_1 = 2.6 \times 70 = 182$（kPa）

（3）$r = 140$ kPa 时，$P_1 = 2.6 \times 140 = 364$（kPa）

综上所述，制动缸压力正比于制动管减压量，产生一个制动管减压量，就有一个制动缸压力值与其对应。但是，实际工作过程中，制动缸压力受有效制动作用的限制，因此，制动管减压量范围也就受到了相应的有效减压量的限制。

三、制动倍率

（一）制动倍率

所谓制动倍率，是指制动缸活塞推力，经杠杆系统转换为闸瓦压力时所扩大的倍数，即

$$\beta = \frac{\sum K}{P_r}$$

式中 β——制动倍率；

$\sum K$——一辆车按理论计算的闸瓦总压力（N）;

P_r——制动缸活塞推力（N），其值为

$$P_r = P_z \cdot \frac{\pi d^2}{4}$$

其中 P_z——制动缸空气压力（Pa）;

d——制动缸直径（m）。

制动倍率可以通过传动杠杆的尺寸比进行计算。通常为使各轴闸瓦压力分配均匀，制动缸前杠杆与制动缸后杠杆的圆销孔距的比值设置相等，即 $l_1：l_2$=$1_5：l_6$，而转向架各杠杆的对应尺寸设置也相等，如图 1-3-4 所示。

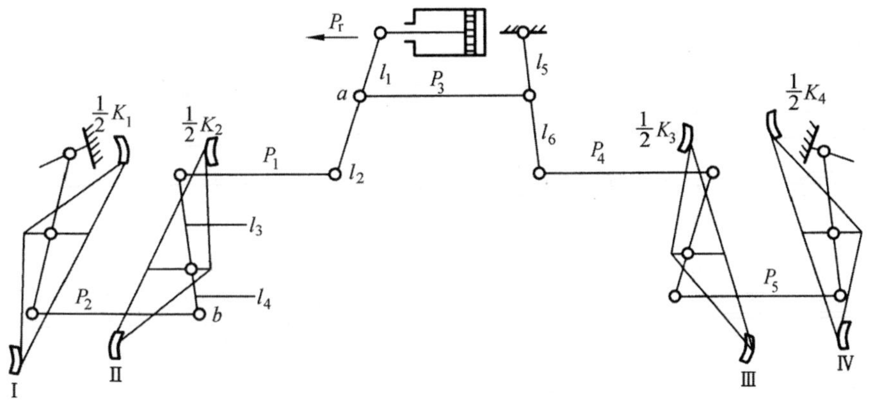

图 1-3-4 制动倍率计算简图

根据图 1-3-4，各轴制动倍率计算如下：

1. 第Ⅱ轴制动倍率 β_2

制动缸活塞推力传达到第Ⅱ位轴闸瓦，经过制动缸前杠杆和一位转向架的制动杠杆两个杠杆，其制动倍率计算如下：

由于 $P_r \times l_1 = P_1 \times l_2$（以 a 为支点）

所以 $P_1 = P_r \cdot \dfrac{l_1}{l_2}$

又由于 $P_1(l_3 + l_4) = K_2 \cdot l_4$

所以 $K_2 = P_1 \cdot \dfrac{l_3 + l_4}{l_4} = P_r \cdot \dfrac{l_1}{l_2} \cdot \dfrac{l_3 + l_4}{l_4}$

令 $\beta_2 = \dfrac{K_2}{P_r}$

则 $\beta_2 = \dfrac{K_2}{P_r} = \dfrac{l_1}{l_2} \cdot \dfrac{l_3 + l_4}{l_4}$

作用于第Ⅱ位制动梁的闸瓦压力为

$$K_2 = P_r + \beta_2$$

计算说明从制动缸到第Ⅱ轴闸瓦的制动倍率，等于作用力传递所经过的传动杠杆的主动力臂乘积与从动臂乘积的比值。因此，同理可以求出其他各轴的制动倍率。

K_1、K_2、K_3、K_4 分别为Ⅰ位、Ⅱ位、Ⅲ位、Ⅳ位制动梁两块闸瓦的压力。

2. 第Ⅰ轴制动倍率 β_1

制动缸活塞推力传达到第 1 位轴闸瓦，经过制动缸前杠杆，一位转向架的制动杠杆和固定杠杆 3 个杠杆，其制动倍率为

$$\beta_1 = \frac{l_1}{l_2} \cdot \frac{l_3}{l_4} \cdot \frac{l_3 + l_4}{l_3} = \frac{l_1}{l_2} \cdot \frac{l_3 + l_4}{l_4}$$

作用于第 1 位制动梁的闸瓦压力为

$$K_1 = P_r + \beta_1$$

3. 第Ⅲ轴制动倍率 β_3

制动缸活塞推力传达到第Ⅲ轴闸瓦，经过制动缸前杠杆，制动缸后杠杆和二位转向架的制动杠杆等 3 个杠杆，其制动倍率为

$$\beta_3 = \frac{l_1 + l_2}{l_2} \cdot \frac{l_5}{l_5 + l_6} \cdot \frac{l_3 + l_4}{l_4}$$

因为 $\dfrac{l_1}{l} = \dfrac{l_5}{l_6}$

所以 $\dfrac{l_6}{l_5} = \dfrac{l_1}{l_2}, \dfrac{l_5 + l_6}{l_5} = \dfrac{l_1 + l_2}{l_2}$

将 $\dfrac{l_5}{l_5+l_6}=\dfrac{l_1}{l_1+l_2}$ 代入上式得

$$\beta_3=\frac{l_1}{l_2}\cdot\frac{l_3+l_4}{l_4}$$

作用于第Ⅲ位制动梁的闸瓦压力为

$$K_3=P_{\mathrm{r}}\times\beta_3$$

4. 第Ⅳ轴制动倍率 β_4

制动缸活塞推力传达到Ⅳ轴闸瓦，经过制动缸前杠杆，制动缸后杠杆，二位转向架的制动杠杆和固定杠杆等 4 个杠杆，其制动倍率为

$$\beta_4=\frac{l_1+l_2}{l_2}\cdot\frac{l_5}{l_5+l_6}\cdot\frac{l_3}{l_4}\cdot\frac{l_3+l_4}{l_3}=\frac{l_1}{l_2}\cdot\frac{l_3+l_4}{l_4}$$

作用于Ⅳ位制动梁的闸瓦压力为

$$K_4=P_{\mathrm{r}}\cdot\beta_4$$

从上述计算结果可知，各轴的制动倍率相等，即 $\beta_1=\beta_2=\beta_3=\beta_4$，每一轴的制动倍率都等于制动缸杠杆对上拉杆传力的倍率 $\dfrac{l_1}{l_2}$ 与转向架制动杠杆向中部制动梁传力的倍率 $\dfrac{l_3+l_4}{l_4}$ 的乘积。

5. 全车制动倍率

如果不计闸瓦悬挂的影响，则一辆车的制动倍率为

$$\beta=\frac{\sum K}{P_{\mathrm{r}}}=\frac{K_1+K_2+K_3+K_4}{P_{\mathrm{r}}}=\beta_1+\beta_2+\beta_3+\beta_4=4\cdot\frac{l_1(l_3+l_4)}{l_2\cdot l_4}$$

制动倍率是基础制动装置的重要特性，制动倍率的大小与制动缸活塞行程及闸瓦与车轮之间的间隙（闸瓦间隙）大小无关，仅与基础制动装置各杠杆的孔距尺寸有关。选择制动倍率应适中，制动倍率过小，要保证足够的闸瓦压力，必须考虑提高制动管定压，或增大制动缸直径，则会造成空气制动系统耐压强度及漏泄严重的问题，或者增大制动缸直径带来不便安装布置的困难；制动倍率过大，又会带来闸瓦磨耗，引起制动缸活塞行程显著伸长，影响制动效果，检修工作量大的问题。我国客货车的制动倍率，一般客车在 7 ~ 9，货车在 8 ~ 10。

（二）基础制动装置的制动效率

在制动过程中，由于基础制动装置中的各杠杆、拉杆销接处的摩擦，制动缸缓解弹簧和制动梁缓解弹簧的抵抗作用，制动缸活塞与制动缸壁的摩擦等，使得作用在各闸瓦上的实际压力值小于理论计算出来的闸瓦压力值。实际闸瓦压力值与理论闸瓦压力值的比值称为制动效率，一般用 η 表示，即

$$\eta=\frac{\text{全车实际闸瓦压力}}{\text{制动缸活塞推力}\times\text{制动倍率}}$$

制动效率的大小，与各杠杆和拉杆的结构型式、销套连接的多少、制动缸的直径大小，以及制动装置保养的好坏，气候条件等都有着直接的关系。同时，在车辆处于静止和运转的不同状态时，对制动效率 η 值也有较大影响。

目前，根据我国的具体情况，在计算闸瓦压力时，制动效率的取值如下：在运行时，紧急制动客车取 0.85，货车取 0.90；在停车时，制动效率大为降低，只有 0.70 左右。

四、制动管最小及最大有效减压量确定

（一）制动管最小有效减压量

根据理论分析，由式 $P_1=\dfrac{V_f}{V_z}\cdot r-100$ 可知，制动管不论减压多少，制动缸均应得到相应的压力，但在实际上是有差异的。

无论何种类型的机车制动机，都以控制全列车实现制动、缓解与保压为目的，而只有全列车的闸瓦均压紧车轮，才有效地产生了制动作用。实际工作表明，制动缸充风后将制动缸活塞推出使闸瓦压紧车轮的过程中，需要克服制动缸弹簧对活塞的背压及相关的摩擦阻力，因此制动缸存在最小有效制动缸压力，那么相对应地存在一个制动管最小有效减压量（简称制动管最小有效减压量）r_{min} 值。下面，以 GK 型车辆制动机为例，介绍最小有效减压量 r_{min} 的确定方法。

实践表明，只有制动缸压力达到 35 kPa 以上时，才足以克服制动缸弹簧对活塞的背压以及各种摩擦等阻力，产生有效的制动作用。则有

$$P_{1\,min}=35\text{（kPa）}$$

将 $P_{1\,min}$ 值代入式 $P_1=3.25r-100$ 中可得

$$P_{1\,min}=3.25r_{min}-100$$

所以

$$r_{min}=41.5\text{（kPa）}$$

以上计算结果说明：当制动管减压量小于 41.5 kPa 时，GK 型车辆制动机不足以产生有效制动。工作实践中，制动管最小有效减压量的确定，还要考虑其他因素的影响，例如，制动管减压值在车列中不是完全一致的，车列越长其尾部制动管减压值比首部越小，因此要求制动管减压量不能过低，避免后部车列无制动作用，以影响行车安全。一般地，单机时，最小有效减压量选取 40 kPa；牵引列车时，最小有效减压量选取 50 kPa；牵引 60 辆以上时，最小有效减压量选取 70 kPa。例如 DK-1 型电空制动机，在设计初制动时，考虑到最初制动管减压量的要求，制动管定压为 500 kPa 时，制动管最小有效减压量选取 36 kPa；制动管定压为 600 kPa 时，制动管最小有效减压量选取 56 kPa。

（二）制动管最大有效减压量

由式 $P_1=\dfrac{V_f}{V_z}\times r-100$ 可知，制动缸压力随制动管减压量的增加而正比例增加。但当制动管

减压量增大到（即制动管压力降到）一定程度时，副风缸与制动缸的压力将达到平衡状态，此时若制动管继续减压，制动缸压力也不会上升，因此，制动缸存在制动缸最大压力 P_{1max} 值，而相应于制动缸最大压力 P_{1max} 值的制动管减压量则被称为制动管最大有效减压量 r_{max} 值。

1. 直接式 GK 型车辆制动机制动管最大有效减压量的确定

以副风缸内的压力空气为研究对象，根据波义耳-马略特定律列方程

$$P_0'V_f = P_{1max}'(V_f + V_z)$$

所以 $$P_{1max}' = V_f \times P_0'/(V_f + V_z) \quad 或 \quad P_{1max}' = V_f \times P_0'/(V_f + V_z)$$

式中 P_0'——列车管定压，绝对压力（kPa）;

P_{1max}'——制动后制动缸与副风缸的平衡压力，绝对压力（kPa）;

P_{1max}——制动后制动缸与副风缸的平衡压力，表压力（kPa）

V_f——副风缸的容积（m^3）;

V_z——制动缸的容积（m^3）;

将 $\dfrac{V_f}{V_z} = 3.25$ 代入上式得

$$P_{1max}' = 0.765P_0' \quad 或 \quad P_{1max}' = 0.765P_0' - 100$$

（1）取制动管定压为 500 kPa（表压力）时

$$P_{1max}' = 0.765 \times (500 + 100) = 459 \text{（kPa）}$$

即 $$P_{1max} = 0.765 \times (500 + 100) - 100 = 359 \approx 360 \text{（kPa）}$$

将 $P_{1max} \approx 360$ 代入式 $P_1 = 3.25r - 100$ 中得

$$r_{max} = (360 + 100)/3.25 \approx 140 \text{（kPa）}$$

（2）取制动管定压为 600 kPa（表压力）时

$$P_{1max}' = 0.765 \times (600 + 100) = 535.5 \text{（kPa）}$$

即 $$P_{1max} = 0.765 \times (600 + 100) - 100 = 435.5 \approx 436 \text{（kPa）}$$

将 $P_{1max} \approx 436$ 代入式 $P_1 = 3.25r - 100$ 中得

$$r_{max} = (436 + 100)/3.25 \approx 170 \text{（kPa）}$$

2. 间接式制动管最大有效减压量的确定

以工作风缸内的压力空气为研究对象，根据波义耳-马略特定律列方程

$$P_0'V_g + 100V_r' = P_{rmax}'(V_g + V_r)$$

可得 $$P_{rmax}' = (P_0'V_g + 100V_r')/(V_g + V_r) \quad 或 \quad P_{rmax} = (P_0'V_g + 100V_r')/(V_g + V_r) - 100$$

式中 P_0'——列车管定压（即制动前工作风缸压力），绝对压力（kPa）;

P_{rmax}'——制动后工作风缸与容积室（即制动缸）压力，绝对压力（kPa）;

P_{rmax}——制动后工作风缸与容积室（即制动缸）压力，表压力（kPa）;

V_g——工作风缸容积（m^3）；

V_r'——制动前容积室容积（m^3）；

V_r——制动后容积室容积（m^3）。

$$
\begin{aligned}
P'_{r\max} &= \frac{2.6}{2.6+1}P'_0 + 100 \times \frac{1}{2.6+1} \\
&= 0.722P'_{r\max} + 27.8 \text{ (kPa)} \\
P'_{r\max} &= P'_0 - 100 = 0.722P_{r\max} + 27.8 - 100 \\
&= 0.722(P'_0 + 100) - 72.2 \\
&= 0.722P_0 \text{ (kPa)}
\end{aligned}
$$

（1）取制动管定压为 500 kPa（表压力）时

$$P_{1\max} = P_{r\max} = 0.722 \times 500 \approx 360 \text{（kPa）}$$

将 $P_{1\max} = P_{r\max} \approx 360$ 代入式 $P_1 = P_r = 2.6r$ 中得

$$r_{\max} = 360/2.6 \approx 140 \text{（kPa）}$$

（2）取制动管定压为 600 kPa（表压力）时

$$P_{1\max} = P_{r\max} = 0.722 \times 600 \approx 430 \text{（kPa）}$$

将 $P_{1\max} = P_{r\max} \approx 430$ 代入式 $P_1 = P_r = 2.6r$ 中得

$$r_{\max} = 430/2.6 \approx 170 \text{（kPa）}$$

可见，由于制动管的定压不同，其制动管最大有效减压量也不同。当制动管压力为 500 kPa 或 600 kPa 时，则其制动管最大有效减压量分别为 140 kPa 或 170 kPa。制动管减压量超过制动管最大有效减压量时即为过量减压，一般情况下应尽量避免，因损失压力空气而未能使制动力增加，并将延长充风时间，带来安全隐患。

综上所述，尽管制动缸压力正比于制动管减压量，但却是在一定范围内成立。实际工作过程中，制动缸压力受有效制动作用的限制，因而，制动管的减压量范围也就受到了相应的制动管最小、最大有效减压量的限制。

任务四　车辆制动机主要附件

任务描述

××××年 4 月 4 日 0 时 40 分××线×××次司机汇报：列车不保压，1 时 00 分扣停××站 6 道，经检查机后 31 位车辆 C_{70}×××制动主管法兰处漏风，3 时 05 分列检通知甩车，4 时 29 分甩车完毕后开车，影响本列。根据《铁路交通事故调查处理规则》第十五条规定，构成铁路交通一般 D21 事故。假如你是一名货车检车员，行车途中出现故障，列车是否继续前行，本节制动附件知识将为你解答故障处理流程和安全行车标准。

任务目标

1. 知识目标

（1）熟知列车主要附件的结构和功能；
（2）掌握制动机主要附件检修。

2. 能力目标

（1）熟知车辆《技规》篇，运用中按规则维修；
（2）具备检车员应急故障处理能力。

3. 职业素养目标

（1）安全第一、预防为主、严规细操；
（2）协作意识、环保意识、节约意识。

知识储备

一、制动软管连接器

（一）制动软管连接器的构造

制动软管连接器是由制动软管及软管连接器等组成，它的用途是连接相邻各车辆的制动主管，能在列车通过曲线或各车辆间距变化时，不妨碍压缩空气的畅通，其构造如图 1-4-1 所示。

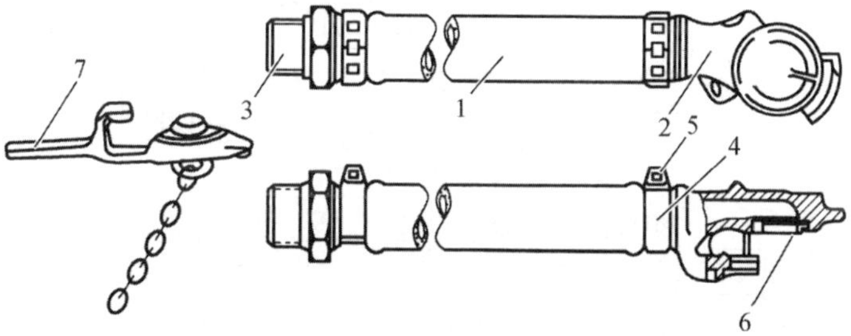

1—软管；2—软管连接器；3—软管接头；4—卡子；5—螺栓和螺母；6—垫圈；7—防尘堵。

图 1-4-1　制动软管连接器

制动软管的一端装有软管连接器，另一端装有软管接头，与折角塞门连接，软管连接器和软管接头都是用卡子和螺栓与制动软管紧固在一起。制动软管的长度以 560 mm 为标准，公差不得超过 ± 10 mm，内径一般是 35 mm，外径是 52 ~ 54 mm。为保持两根软管的连接器互相连接后严密不漏，在连接器内嵌入一个软管垫圈 1，如图 1-4-2 所示。

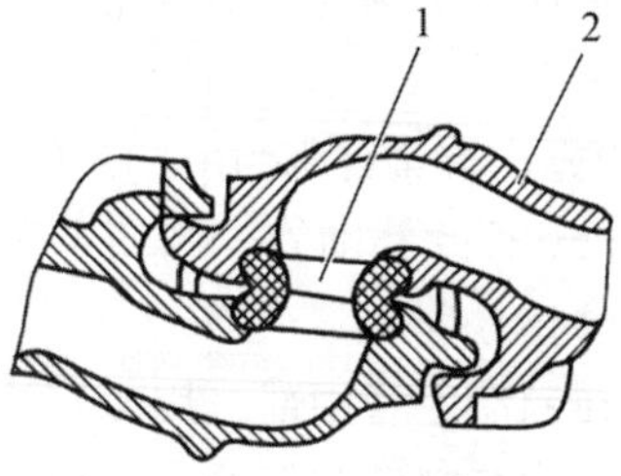

1—垫圈；2—软管连接器。

图 1-4-2　两根制动软管连接器连接状态

（二）制动软管连接器的风、水压试验

制动软管组装后以及车辆施行厂修、段修、辅修时，都必须按下列规定进行风、水压试验，合格后才准使用。

1. 风压漏泄试验

软管风压漏泄试验在特制的水槽中进行，软管内充入 600 ~ 700 kPa 的风压，保持 5 min 不发生下列情况之一者为合格：

（1）软管外围局部凸起，或周围膨胀有显著差异者。

（2）软管破裂或接头部分漏泄（但在软管表面或边缘发生小气泡，逐渐减少，并在 10 min 内即消失者不算漏泄，可以使用）。

2. 水压试验

软管在风压试验后，再进行水压强度试验，即在软管内充以 1 000 kPa 的水压保持 2 min 不发生下列情况之一者为合格：

（1）软管外径膨胀超过原型 8 mm。

（2）软管外径局部凸起以及局部膨胀有显著差异者。

（3）软管破损、漏水。

3. 风、水压试验标记

经过风压和水压试验合格的软管，应按 TBl—77 用白磁漆在中央部顺连接器方向涂打试验标记，如图 1-4-3 所示。

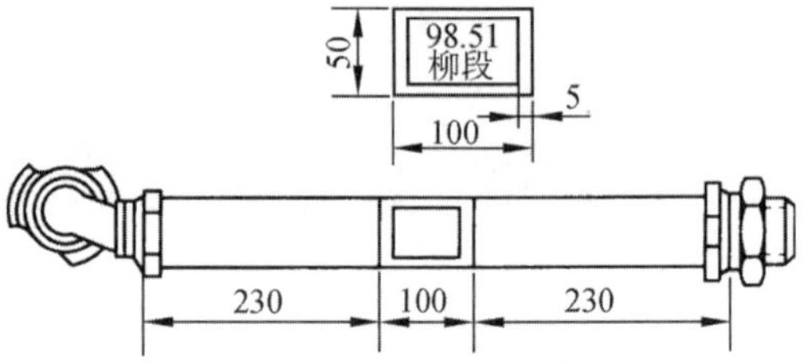

图 1-4-3　制动软管连接器的试验标记

二、制动管

制动管的用途是贯通车辆制动系统的压缩空气通路。通常包括制动主管和制动支管等。

贯通全车辆的制动管路称为制动主管。货车制动主管的直径为 32 mm；客车制动主管的直径为 25 mm，都是用钢管制成。制动主管的中央部分制成弯曲状，伸延到车辆两端梁的右侧，稍露出端梁外部。由于使用中制动主管两端腐蚀较多，为了便于修换，在两端各安装 250 ~ 300 mm 长的补助管。制动主管必须用卡子和螺栓并加弹簧垫圈固定在车底架上，以防因振动而磨伤。

在制动主管中部，用 T 形三通接头接出一根制动支管，与三通阀或分配阀等部件连接。

客货车制动支管的直径均为 25 mm。对车辆制动主、支管连接最好采用法兰连接，以保证主、支管的强度。在改装时，法兰体焊接位置要端正，两法兰面要平行，防止漏气。法兰

密封橡胶垫应防止老化、过薄，避免制动主、支管漏泄压缩空气。法兰体变形、裂纹时更换，密封垫圈须更换新品；组装后各螺栓不得松动。

三、折角塞门

折角塞门安装在制动主管的两端，用以开通或关闭主管与软管之间的通路，以便于关闭空气通路和安全摘挂机车、车辆。球芯式折角塞门的构造作用分述如下，其构造如图 1-4-4 所示。

球芯式折角塞门由塞门体 1、塞门芯 2、密封垫圈 3、塞门芯轴 8、手把 4、套口 6、盖 13 和密封圈等组成。塞门芯为 45 钢制成外径为 55 mm 的圆球，表面镀铬并抛光，上面开一个 $\Phi32.5$ mm 的贯通孔，通孔面积为锥芯式的 1. 21 倍，而且和制动管同为圆形通径，这样便减少了空气流通阻力。为保证塞门良好的气密性，球形塞门芯的两侧各设一个耐油耐寒并具有自润滑性能的橡胶密封垫圈，与球芯的接触面也为球面，形成两个半球形橡胶密封垫圈，包住一个球芯的结构。由于橡胶密封垫圈具有一定预压量，利用其弹性可补偿因温度变化所造成的球芯塞门与橡胶密封垫圈胀缩不同的差别，故其密封性能良好，不会向任何方向窜风而造成漏泄。此外，为防止塞门向上窜风，在塞门芯轴与塞门芯轴套之间及塞门芯轴套与塞门体之间，分别装有 $\Phi20$ mm 和 $\Phi35$ mm 的 O 形密封圈。在塞门体与塞门盖之间也装有 $\Phi75$ mm 的 O 形密封圈。

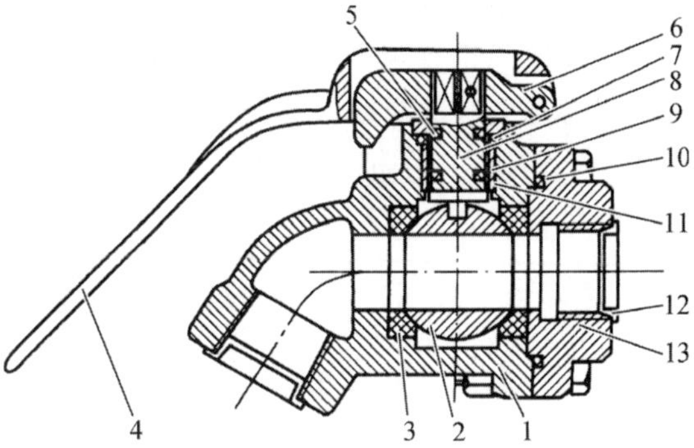

1—塞门体；2—球形塞门芯；3—密封垫圈；4—手把；5、7、9、10—O 形密封圈；6—套口；8—塞门芯轴；11—塞门芯轴套；12—防尘堵；13—盖。

图 1-4-4　球芯式折角塞门

球芯折角塞门的手把，也有开通与关闭两个作用位置，当手把置于与塞门体成水平位置时，为开通位置，在这位置球芯塞门芯的圆形通孔完全连通制动主管与制动软管，使压缩空气有较好的通过面积。当手把置于与塞门体成垂直方向的位置时，塞门芯的球面正好堵住了制动主管与制动软管的通路，成关闭位置。

段修时，球芯折角塞门须经风压作用试验，不良时，须分解检查 O 形密封圈，橡胶密封垫圈、球形塞门芯等部件。组装时应将各零部件清洗干净，涂抹适量的硅脂，并按规定进行漏泄及作用试验。

四、截断塞门

截断塞门安装在制动支管上远心集尘器的前方，当列车中的车辆因装载货物的特殊情况或列车检修作业需要停止该车辆制动机的作用时，关闭该车的截断塞门，切断车辆制动机与制动主管的压缩空气通路，同时排出副风缸和制动缸的压缩空气，使制动机缓解，以便于检修人员的安全操作。

列车中关闭截断塞门的车辆称为“制动关门车”，简称“关门车”。

《技规》第 202 条对制动关门车有如下规定：货物列车中因装载的货物规定需停止制动作用的车辆，自动制动机临时发生故障的车辆，准许关闭截断塞门（简称关门车），但主要列检所所在站编组始发的列车中，不得有制动故障关门车。编入列车的关门车数不超过现车总辆数的 6%（尾数不足一辆按四舍五入计算）时，可不计算每百吨列车重量的换算闸瓦压力，不填发制动效能证明书；超过 6%时，按规定计算每百吨列车重量的换算闸瓦压力，并填发制动效能证明书交与司机。关门车不得挂于机车后部三辆车之内；在列车中连续编挂不得超过两辆；列车最后一辆不得为关门车；列车最后二、三辆不得连续关门。旅客列车不准编挂关门车。在运行途中如遇自动制动机临时故障，在停车时间内不能修复时，准许有一辆关门车，但列车最后一辆不得为关门车。

截断塞门也有两种不同的结构形式，一种为锥芯独立式，一种为球芯组合式。

锥芯独立式截断塞门的构造与锥芯折角塞门的构造基本相同，仅外形及尺寸有所区别，如图 1-4-5 所示。手把与制动支管平行时为开通位置；手把与制动支管垂直时为关闭位置。

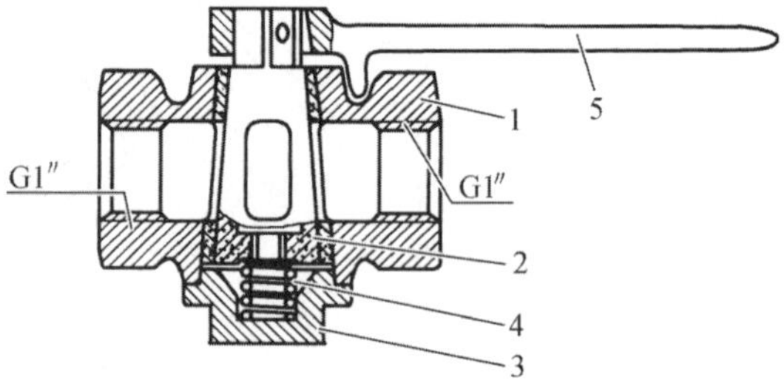

1—体；2—塞门芯；3—盖；4—弹簧；5—手把。

图 1-4-5　锥芯独立式截断塞门

球芯组合式截断塞门，就是球芯截断塞门与远心集尘器组合成一体。其塞门部分与球芯折角塞门基本相同，只是外形及尺寸有所差异，如图 1-4-6 所示。塞门芯用 45 钢制成，直径为 45 mm 的圆球，表面镀铬抛光，球芯的通孔直径为 25.5 mm，球芯通孔面积为锥形的 1.18 倍，且和制动支管同为圆形直径，减少了空气流动的阻力。为防止漏泄，在塞门芯轴上套装两个密封圈，在塞门芯轴套的丝扣根部、塞门体与远心集尘器体的连接处各装有一个密封圈。

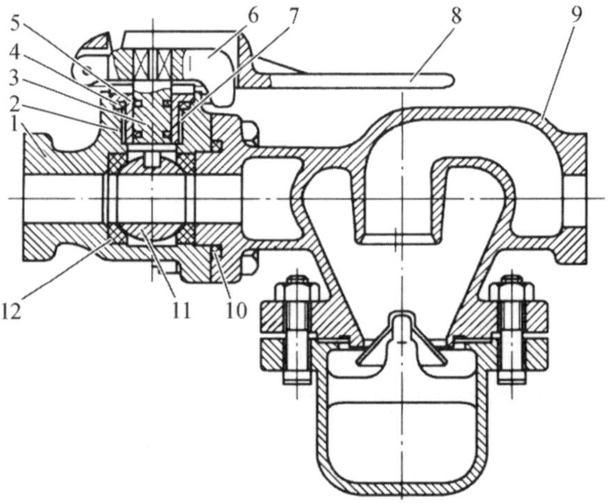

1—塞门体；2—塞门芯轴套；3—塞门芯轴；4、5、7、10—密封圈；6—套口；8—手把；9—远心集尘器；11—塞门芯；12—防尘堵；12—密封垫圈。

图 1-4-6　球芯组合式截断塞门

五、风　缸

（一）副风缸

副风缸是储存供制动缸用的压缩空气的容器。在制动时，通过三通阀或分配阀的动作，将其压缩空气送入制动缸，产生制动作用。

1. 货车用副风缸

货车用副风缸常见的有 GK 型、103 型。GK 型副风缸是用钢板焊制成的，容积为 59 L，两端有管接头，分别安装连通管及缓解阀，中央部下方还有一个装排水堵的管接头，用来安装排水堵，如图 1-4-7 所示。

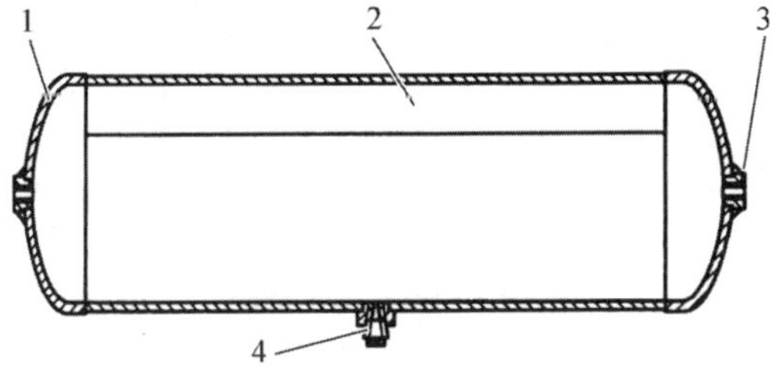

1—端盖；2—缸体；3—管接头；4—排水堵。

图 1-4-7　GK 型副风缸

103 型空气制动机所使用的副风缸，其容积的大小，是根据制动缸尺寸的大小来选配的，当制动缸的直径为 356 mm 时，副风缸的容积为 100 L。它的结构与 GK 型副风缸相似，但只在一端有螺孔，用以安装连通管。120 型空气制动机所使用的副风缸容积有 40 L 和 60 L 两种，分别与 254 mm 和 356 mm 制动缸相配，其结构也与 CK 型相似。

2. 客车用副风缸

客车用副风缸容积较大，也是用钢板焊接而成，如图 1-4-8 所示。两端各设有一螺孔，以备从任意一端和三通阀或分配阀连通。中央部下方也设有一个螺孔，用来安装排水塞门。使用排水塞门可排除副风缸内的凝结水，也可兼作缓解阀用，其构造如图 1-4-9 所示。排水塞门与截断塞门的组成基本相同，仅外形较小，其手把的开闭位置与截断塞门相反，即手把与管路平行时为关闭位，垂直时为开通位。

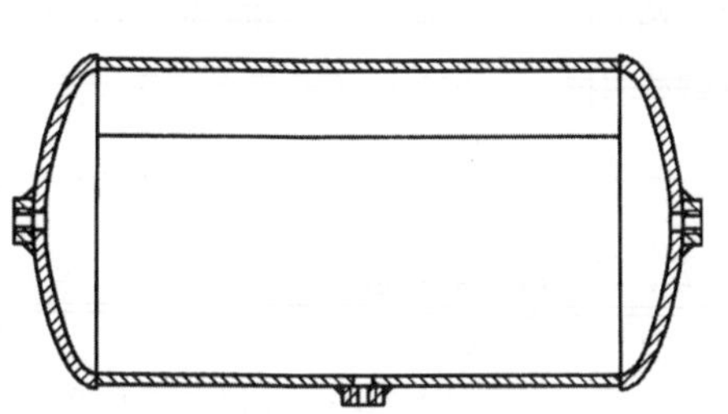

图 1-4-8　客车用副风缸或附加风缸

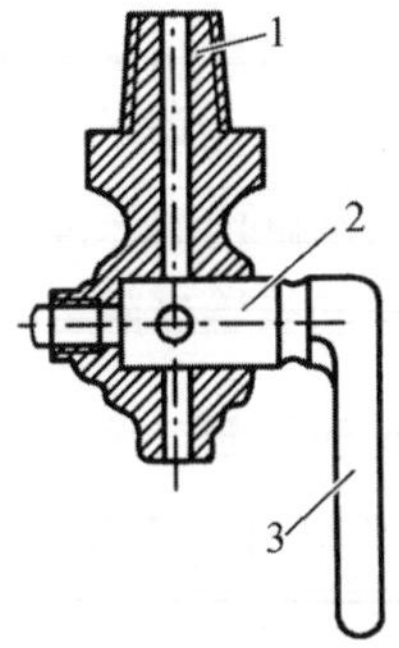

1—体；2—塞门芯；3—手把。

图 1-4-9　排水塞门

104 型制动机所使用的副风缸，其形状也和 GK 型相似，其容积有 120 L 和 180 L 两种，分别与直径 356 mm 和直径 406 mm 的制动缸相配。

（二）降压气室

降压气室用于 GK 型空气制动机。它是靠空重车转换塞门与制动缸连通，空车时用以扩大制动缸容积来降低制动缸压力的容器，其构造如图 1-4-10 所示。它用钢板焊接而成，一端设有安装连通管的管接头，中央部设有安装排水堵的管接头。有的降压气室在排水堵接头的对称位置上还有一个螺孔，用以安装空车安全阀，降压气室的容积为 17 L。

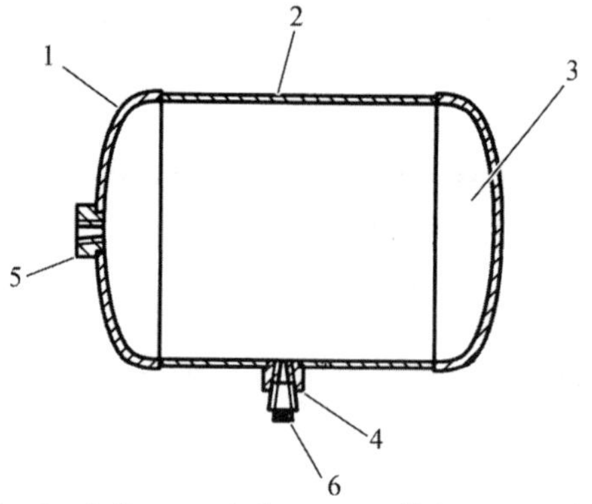

1—前盖；2—缸体；3—后盖；4、5—管接头；6—排风堵。

图 1-4-10　降压气室

（三）压力风缸

压力风缸是 103 型、104 型分配阀平时储存在压缩空气作为容积室制动时的压力源，并在充气时通过充气部控制副风缸的充气速度。它用钢板焊制而成，端部设安装连通管的接头，中部有安装缓解阀的管接头，其容积为 11 L。各风缸、降压气室须进行 900 kPa 的水压试验，裂纹时焊修，腐蚀深度超限时更换；各螺堵须分解，清除内部积水和尘砂；焊修后，各风缸须重新进行 900 kPa 的水压试验，保持 3 min 不得漏泄。

六、制动缸

制动缸是将压缩空气的压力转换为机械推力的部件。制动时，通过三通阀或分配阀的作用，制动缸接受副风缸送来的压缩空气，将制动缸活塞向外推出，变空气压力为机械推力，从而使基础制动装置动作，最后使闸瓦压紧车轮，产生制动作用。

缓解时，制动缸内的压缩空气经三通阀或分配阀排向大气，制动缸缓解弹簧使制动缸活塞复位，基础制动装置也随之复位，实现制动缸缓解作用。

（一）N 型制动缸

客车用 N 型制动缸是由前盖、后盖、缸体、活塞、活塞杆及缓解弹簧等组成。N 型制动缸后盖上设有闸瓦间隙自动调整器的杠杆托，下部铸有三通安装座。

在制动缸体内壁靠后盖端上部设有一条漏风沟（75 mm × 3 mm × 1.5 mm），以防止因三通阀的故障轻微漏泄而引起自然制动。漏风沟长度应比制动缸活塞厚度稍大一些，过长将浪费压缩空气并影响制动效果；过短则不起漏风作用，不能防止自然制动。

（二）密封式制动缸

上述制动缸的结构都比较陈旧，特别是前端没有防尘装置，容易吸入灰尘，影响皮碗的使用寿命并降低气密性。当制动缸漏泄严重时，将造成列车制动力衰减，影响行车安全，在长大下坡道上运行时，问题尤为严重。密封式制动缸的结构如图 1-4-11 所示。

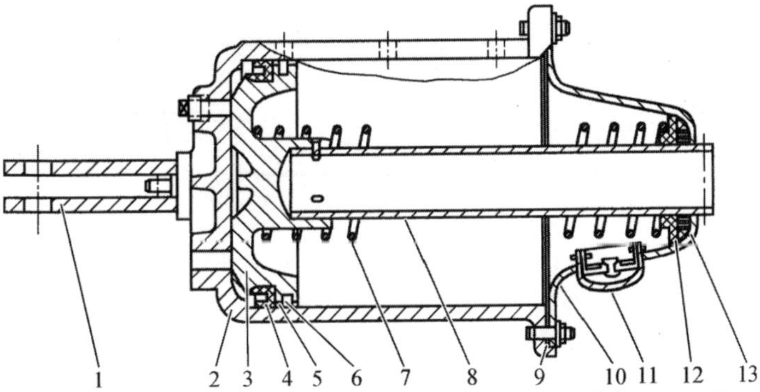

1—制动缸后杠杆托；2—缸体；3—活塞；4—Y 形自封式皮碗；5—润滑套；6—毡托；7—缓解弹簧；8—活塞杆；9—前盖垫；10—前盖；11—滤尘器；12—弹簧座；13—滤尘套。

图 1-4-11　密封式制动缸（一体式压型前盖）

密封式制动缸和 N 型制动缸的区别是：制动缸缸体与后盖铸成一体（也有分开的）可提高气密性，Y 型自封式皮碗、润滑套、毡托、前盖设有滤尘器、滤尘套，取消了漏风沟。

为此，我国近年已研制推广使用一种密封式制动缸，由制动缸后杠杆托、缸体、活塞、Y 型自封式皮碗、润滑套、毡托、缓解弹簧、活塞杆、前盖垫、前盖、滤尘器、弹簧座、滤尘套组成。制动缸缸体与后盖铸成一体（也有分开的）可提高气密性；缸体内壁的粗糙度要求达到 $R_a = 08$ μm，以减轻皮碗的磨损；前盖用钢板压型，质量仅为铸铁前盖的一半；前盖与活塞杆配合处加装毛毡滤尘套，并在前盖下方设滤尘器，使缓解时吸入缸体内的空气经过过滤，以保持缸内清洁；在活塞的整个圆周上开有两条槽，分别套装 Y 型皮碗和润滑套，润滑套和毡托组成润滑环，以保证皮碗与缸体间的润滑状态良好，并在活塞移动过程中起清扫作用；皮碗采用 Y 型自封式皮碗，目的是在制动过程中，靠空气压力的作用起自封作用，以保证良好的气密性，同时也方便检修。

目前货车用的制动缸有普通型、密封式和旋压密封式制动缸。

普通型制动缸：由制动缸体、制动缸盖、活塞、活塞杆及缓解弹簧等组成。普通式制动缸在制动缸后盖进风口处的缸壁的顶端设有长 75 mm、宽 3 mm、深 1.5 mm 的漏风沟，当制动管有轻微漏泄或制动阀有故障时可避免产生自然制动。

密封式制动缸：目前有 254 mm × 254 mm 和 356 mm × 254 mm 两种规格。

254 mm × 254 mm 规格的制动缸的缸体结构有一体式和分开式，一体式是把制动缸后盖与缸体铸造在一起，制动缸前盖则有铸铁件和钢板压型件两种。密封式制动缸在前盖与活塞杆之间装有滤尘套（铸铁前盖为滤尘器），其结构如图 1-4-12 所示。

旋压密封式制动缸：称压型密封式制动缸，主要由缸座组成、缸体组成、前盖组成、活塞等部件组成，如图 1-4-13 所示。目前有 254 mm × 254 mm 和 356 mm × 254 mm 两种规格。

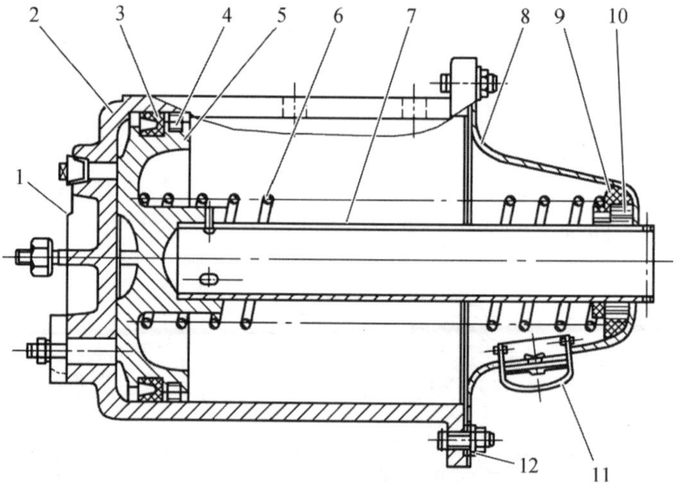

1—后盖；2—缸体；3—皮碗；4—润滑套；5—活塞；6—缓解弹簧；7—活塞杆；8—前盖；9—弹簧座；10—前盖滤尘套；11—滤尘器组成；12—前盖垫。

图 1-4-12　密封一体式制动缸

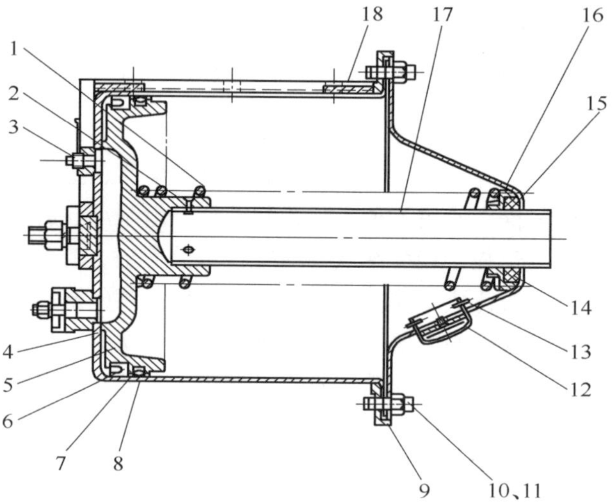

1—缓解弹簧；2—铆钉；3—螺堵；4—缸体组成；5—活塞；6—Y 形皮碗；7—毡托组成；8—润滑套前盖；9—前衬垫；10—T 形螺栓；11—螺母；12—滤尘器组成；13—销；14—前盖滤尘套组成；15—前盖组成；16—弹簧座；17—活塞杆；18—缸座组成。

图 1-4-13　旋压密封式制动缸

七、缓解阀

缓解阀是用于排出副风缸或压力风缸内压缩空气，使车辆制动机产生缓解作用的部件。一般安装在副风缸或压力风缸上，其构造如图 1-4-14 所示，它由阀上体 2、阀下体 6、阀 4、弹簧 5、缓解杆 1、阀垫 3 等组成。

在缓解杆的两侧各安装有直径为 10 mm 的铁棒作拉杆，并延至车体的两侧。拉动任意一侧的拉杆，都可使阀在缓解杆的作用下离开阀座，副风缸或压力风缸内的压缩空气便经过此阀口排向大气；当松开拉杆时，阀在弹簧的弹力作用下关闭阀口，停止排气。

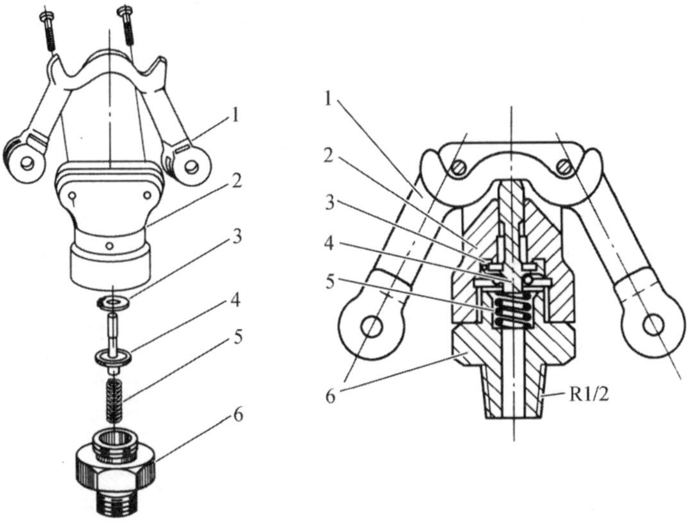

1—缓解杆；2—阀上体；3—阀垫；4—阀；5—弹簧；6—阀下体。

图 1-4-14　缓解阀

缓解阀有时由于阀与阀座有夹杂物或胶垫破损、弹簧衰弱、折损等原因，造成漏气；也有时由于排气孔堵塞、缓解杆折损以及阀杆顶部磨损等原因而产生不排气的故障。发现上述故障应及时修换。

八、紧急制动阀

紧急制动阀又称“车长阀”，安装在客车和货车特种车的车厢内，用红线绳铅封，紧急制动阀排风口须与墙板平行，在其附近的墙上须涂打或安装“危险请勿动”警示牌。它的用途是当列车在运行中遇有危及行车和人身安全等紧急情况时，由运转车长或有关乘务人员拉动此阀，使列车产生紧急制动作用，迅速停车，以保证行车安全。

（一）紧急制动阀的构造及作用

紧急制动阀由阀体 1、手把 2、偏心轴 3、阀杆 4、阀 5、阀垫 6、阀座 7 等组成，如图 1-4-15 所示。其手把有直形和弯形两种。阀体上有排气孔，阀座下端与制动支管连接。平时手把处于上方位置，偏心轴在下方位置，阀与阀座密贴，遮断排气通路。使用时，拉动手把，偏心轴向上移动，带动阀上移，使之离开阀座，制动管内的压缩空气便经过阀与阀座间隙排向大气，使列车制动机发生紧急制动作用。如将手把向上移恢复原

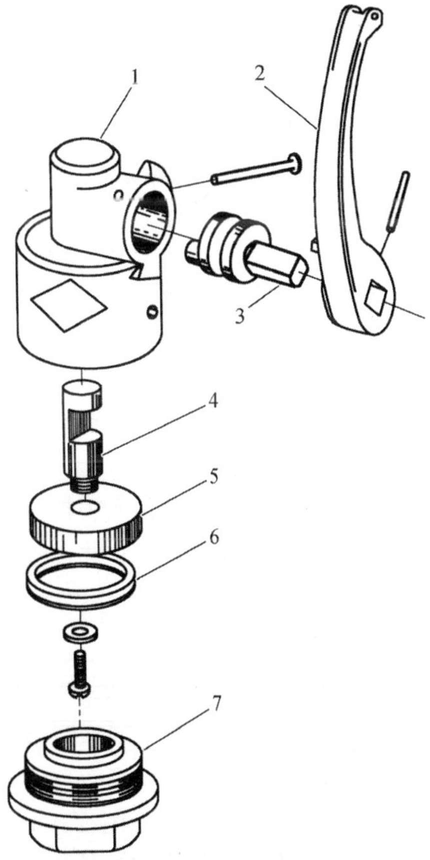

1—阀体；2—手把；3—偏心轴；4—阀杆；5—阀；6—阀垫；7—阀座。

图 1-4-15　紧急制动阀的构造

位，则偏心轴向下方移动，恢复关闭位置，停止排气。紧急制动阀的作用如图 1-4-16 和图 1-4-17 所示。

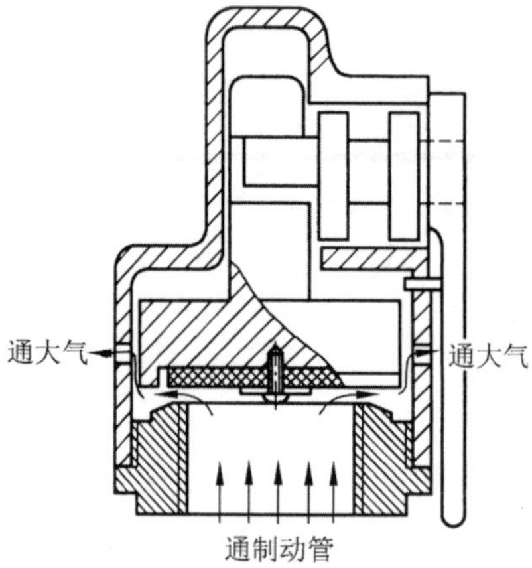

图 1-4-16　紧急制动阀的排风位

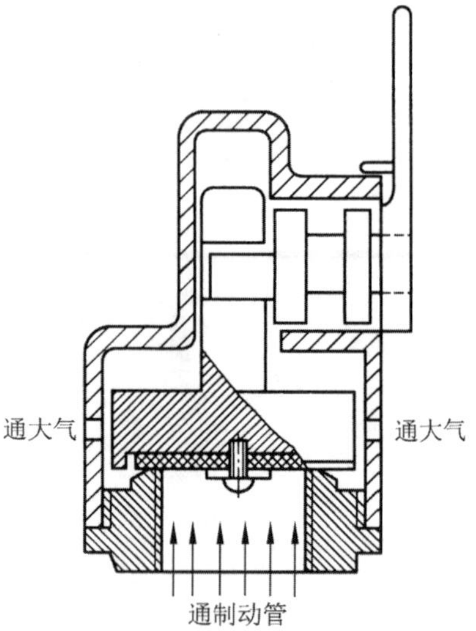

图 1-4-17　紧急制动阀的停止排气位

（二）紧急制动阀的使用时机

《技规》第 271 条规定，在列车运行中，发现下列危及行车和人身安全情形时，运转车长应使用紧急制动阀停车。

（1）车辆燃轴或重要部件损坏时。

（2）列车发生火灾。

（3）有人从列车上坠落或线路上有人死伤时（快速旅客列车不危及本列车运行安全时除外）。

（4）其他危及行车和人身安全必须紧急停车时。

使用车辆紧急制动阀时，不必先行破封，立即将阀手把向全开位置拉动，直到全开为止，不得停顿和关闭。若为弹簧手把时，列车停车前，不得松手。在长大下坡道上，必须先看压力表，如压力表指针已由定压下降 100 kPa，不得再行使用紧急制动阀。

九、压力表

压力表简称“风表”，安装在客车车厢内紧急制动阀支管上，供列车乘务人员观察制动管内空气的压力。压力表分为单针或双针两种，车辆制动装置使用的是单针压力表。双针压力表可以指示两个不同部位的空气压力，一般用在机车和制动机试验设备上。

单针压力表的构造如图 1-4-18 所示。表内装有一根弯成环状的弹性扁铜管 8，它的截面类似一个椭圆，椭圆的长轴和环面垂直，短轴和环面平行。铜管自由的一端 *a* 是封闭的，固定的一端 *b* 与要测的容器相连通。*a* 端通过连杆 5、杠杆 7、扇形齿轮 4、圆形齿轮 9、游丝 2 等装置和指针 3 相连接。如果所测的气体压力正好等于大气压力，扁钢管壁内外所受压力相等，整个扁铜管所受合力等于零，扁铜管自由端的位置不变，指针指着零点。当压缩空气进入扁铜管时，由于管的内壁各处所受的压力大于外壁所受的压力，又由于接近于环心的半个管壁的总面积小于外圈的半个管壁的总面积，所以扁铜管受到一个沿半径向外的合力，它促使管环半径扩张，也就是要使管环伸直一些。因为扁铜管 *b* 端固定不能移动，*a* 端就要向外移动，同时带动连杆、杠杆及扇形齿轮转动，扇形齿轮拨动中央轴上的圆齿轮转动，指针则上升。进入扁铜管的空气压力越大扁铜管向外移动量也越大，指针上升值就越高。通过指针指示表盘上的刻度和字码可以读出压缩空气的压力大小。当指针指向 100 kPa 时，表示管内压力比大气压力高出 100 kPa，以此类推。当空气压力降低时，扁铜管因弹性作用向里收拢，指针则下降。为消除齿轮间的间隙误差，使指针恢复原位，在中央转轴上装有一盘游丝。

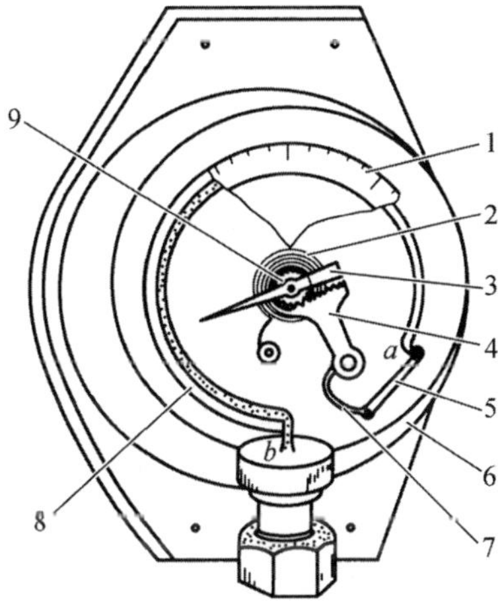

1—表盘；2—游丝；3—指针；4—扇形齿轮；5—连杆；6—表框；
7—杠杆；8—扁铜管；9—圆形齿轮。

图 1-4-18　压力表的构造

双针压力表的构造基本上与单针压力表相同，只是比单针压力表多一套扁铜管、连杆、杠杆、扇形齿轮等装置。车辆制动装置所用的空气压力表的精度是 1.5 级，表示当量程为 100 kPa 压力时，绝对误差为 ± 1.5 kPa。

单元习题

1. 总结客车、货车制动机发展史。
2. 试解释制动、缓解、制动机、制动距离及制动波速的概念及意义。
3. 车辆制动装置有哪些种类？我国广泛使用的铁道车辆制动机是哪一种？
4. 画简图解释车辆制动机的基本作用原理。
5. 制动缸压力计算。
6. 制动倍率计算。
7. 列车管最大、最小有效减压量计算。
8. 制动软管连接器有何用途？它由哪些配件组成？

9. 球芯折角塞门由哪些配件组成？

10. 试述远心集尘器的构造和作用原理。

11. 制动缸的用途是什么？一般由哪些零部件组成？

12. 什么是制动关门车？《铁路技术管理规程》对制动关门车有哪些规定？

13.《铁路技术管理规程》对紧急制动阀的使用有哪些规定？

项目二　货车制动机

思政课堂

一名最基层的铁路工人，如今成为万里挑一的“全国铁路技术能手”，2013 年，石勇被铁路总公司聘为了制动阀故障处置的专家组成员，2014 年，太原铁路局更以他的名字授牌命名了“石勇创新工作室”。

1982 年，石勇来到了太原北车辆段，高中刚毕业的他成为一名内制动钳工，经过十年的磨砺，他学到了扎实的理论基础和实践能力。2009 年，石勇开始担任太原北车辆段太北修配车间内制动班组工长的职务，通过勤奋学习，刻苦钻研，石勇成了“能工巧匠”，单位授予他“最美北辆人”的评语，再难的制动阀检修故障在他的手中都会“手到病除”，石勇成了真正的“大师”。

当前，在中国铁路运行的 C62、C63、C64、C70、C80 型货车及棚车、平板车辆，均采用的是 120 型空气制动阀（特种车、低速车型除外），作为货车车辆基础制动装置的“心脏”，120 型制动阀内有大大小小 117 个零部件，如果制动阀中有一个零部件被堵塞，都会导致发生“心肌梗塞”，影响列车的运行或停车，严重时还有可能造成车轮踏面擦伤、拉断车钩，发生列车分离。

石勇每天的工作就是对 120 型制动阀进行拆洗、检修、组装，保证研磨出的配件贴合紧密，组装后的制动阀在打开时能够正常工作，关闭时实现风压“零漏泄”。刻苦钻研的石勇成为段里技术超群的“维修大师”，他先后完成各类技术改造项目多达 16 项。荣获“全国知识型职工优秀个人”“全路技术能手”“太原铁路局高技能拔尖人才”“全国铁路火车头奖章获得者”等一系列称号。

据统计，石勇供职太原北车辆段 32 年来，利用修旧利废、创新改造，节约修车成本费用 78 万元人民币，累计为企业创效 265 万元。

宝剑锋从磨砺出，梅花香自苦寒来。石勇一路走来，可谓风雨兼程，他能够获得众多荣誉，绝不是偶然。荣誉的背后，是他努力拼搏的汗水和永不懈怠的意志，更是他干一行、爱一行，学一行、精一行，在适应工作岗位的变化中始终保持“先进”本色，争当学习型职工标兵、争当复合型技能人才，“内外兼修”、主动引领，才能拥有这般“得天独厚”的条件，绽放出熠熠星光。

项目导入

故障概况：××××年 10 月 6 日 12 时 40 分，××局××线×××次列车（编组 18 辆，

××机务段 HXD3 型×××号机车，××机务段值乘）××北场 13 道技检时列检汇报：尾部 1 位车辆（车号：NX70A×××）漏风，需做关门处理，15 时 12 分加挂三辆车后开车（图定 11 时 05 分到，11 时 56 分开，实际 12 时 08 分到，15 时 12 分开），构成铁路货车车辆行车设备故障 G2。原因为 120 控制阀漏风，列×××车辆段全部责任。

车务调查情况：××××年 10 月 6 日 11 时 44 分，××车站值班员通知列检值班员，“×××次开进 13 道技检往西开”；12 时 04 分×××次到达；12 时 40 分，×××次技检试风时列检汇报：尾前 1 位车辆（车号：NX70A×××）漏风，需做关门处理；车站值班员立即汇报列车调度员、通知值班干部，通知总调，12 时 40 分，车站调度员接车站值班员通知，×××次××北场 13 道列检通知尾部 1 位漏风抓紧联系处理，车站调度员及时与铁路局军调联系；13 时 10 分，车站调度员接铁路局军调通知尾部需加挂 3 辆车，车站调度员立即汇报列车调度员，14 时 30 分，×××次加挂 3 辆空平板车作业完毕，车站调度员将车号 NX70A×××在编组内标记为关门车，并通知车站值班员，车站值班员接到车站调度员通知后立即通知列检重新看车试风，15 时 11 分，列检汇报试风完毕。15 时 12 分，车站值班员开放×××次 13 道出站信号开车。

机务调查情况：××××年 10 月 6 日，××局××线×××场×××次军运列车（××机务段配属 HXD3 型×××号机车，××机务段，编组 18 辆、总重 1 240 t、计长 26.6），12 时 27 分××北场 13 道与车辆连挂妥当，配合列检对车辆进行试风作业，13 时 58 分车站通知司机摘车，14 时 58 分按照车站指示重新与车辆连挂妥当，15 时 12 分新乡北场开车。

车辆调查情况：10 月 6 日 12 时 40 分，××车辆段调度值班员×××接到××运用车间值班员×××汇报：×××次列车（编组 18 辆）12 时 27 分开始试风，12 时 35 分检车员×××发现尾部一位 NX70A×××车辆感度保压试验时制动机不产生制动作用、120 阀漏泄。接到×××列检汇报后，×××立即向路局车辆调度×××汇报，同时通知值班段领导、相关科室负责人以及安排运用车间列检人员进行处置。

现场调查情况：经现场检查 NX70A×××车辆配件齐全，人力制动机无紧固，基础制动装置无卡滞，闸瓦不过限。该车 120 阀漏泄，需要关闭截断塞门，14 时 30 分，××车站在尾部加挂 3 辆车，关闭该车截断塞门，排净副风缸余风，用铁丝捆绑拉风杆后放行。待卸空回送后送检修车间进一步鉴定。

最近一次列检人工作业情况：6 日 11 时 44 分，××车站值班员通知××列检值班员：××次（编组 18 辆）军运列车进 13 道中转作业。列车 12 时 04 分到达，××列检作业场一班一组 12 时 10 分开始作业，12 时 25 分技检作业完毕，12 时 27 分开始试风，12 时 35 分检车员×××发现尾部一位 NX70A×××车辆感度保压试验时制动机不产生制动作用、120 阀漏泄。14 时 30 分，××车站在尾部加挂 3 辆车后，关闭该车截断塞门。14 时 58 分重新连挂机车后开始试风，15 时 11 分试风作业结束，试风作业其他车辆制动、缓解正常，试风曲线合格，于 15 时 12 分开车。沿途运行安全监控系统监控和监测情况查询 TADS、TPDS、TFDS 均未通过监测站。查询 THDS 轨迹：沿途各红外探测站均预报正常。

假如你是一位运用专职和教育工作者，如何培养员工的爱岗敬业和职业素养，关系到铁路行业高技能人才可持续发展战略。精准定位学员将来从事的职业，实现课堂情境与现场情境互换升级，以项目导入，任务驱动为目标，案例教学贯通职业能力提升全过程，当学员项目学习结束之时，则应具备货车检车员应急处理故障能力和制动钳工故障分析能力。

知识目标

（1）掌握基础制动装置结构、原理及检修；
（2）掌握货车人力制动机；
（3）120 型控制阀的结构、原理及检修；
（4）KZW 型空重车自动调整装置的结构、原理及检修；
（5）TWG 型空重车自动调整装置的结构、原理及检修；
（6）熟知防脱轨装置的结构及检修。

能力目标

（1）手工画出或计算机辅助画出货车制动系统；
（2）处理 120 型控制阀、KZW 型和 TWG 型空重车调整装置故障；
（3）会写制动故障分析报告。

任务一　货车基础制动装置

任务描述

××××年 2 月 1 日 2 时 35 分，××局××线接红外线调度通知：×××次（××机务段 HXD1 型 1728/1727 号并值乘）列车机后第 36 位 C80E×××车辆运行方向左侧第 2 位轴强热，3 时 18 分到达××南站，6 时 37 分将该车辆甩下，6 时 59 分开车。影响本列，构成行车设备故障 G2 车辆故障。按照段修检查标准，对各部及配件外观检查：

车辆闸瓦与踏面接触部位均呈菱形分布，即 2、3、5、8 位闸瓦均偏向轮辋外侧，1、4、6、7 位闸瓦均靠向轮缘根部；上拉杆与柔性支点销帽存在接触痕迹；制动梁均存在严重偏移，滑块端部与侧架滑槽存在单侧抗磨，另一端滑块端部与侧架滑槽无接触痕迹。假如你是一名货车检车员，故障破坏程度是否超越规章要求，关系到事故等级和责任，通过本节制动知识学习将为你解读事故的动态演变。

任务目标

1. 知识目标

（1）了解基础制动装置的基本结构及各部分的主要作用；
（2）理解单侧闸瓦式基础制动装置的工作原理；
（3）理解双侧闸瓦式基础制动装置的工作原理。
（4）熟知 BAB、DAB 集成制动装置的结构及工作原理。

2. 能力目标

（1）具备列检作业场制动检查、试风能力；

（2）具备货车检车员岗位能力，处理基础制动故障能力。

3. 职业素养目标

（1）安全第一、预防为主、严规细操。

（2）协作意识、环保意识、节约意识。

知识储备

基础制动装置是最终产生制动作用的装置，它与空气制动机及人力制动机相连形成整套车辆制动装置，是由制动缸活塞杆至闸瓦间所包含的一整套杠杆拉杆、制动梁、闸瓦所组成的力的传动装置。它利用杠杆原理，把空气制动机的制动缸活塞推力或人力制动机所产生的拉力，经过各杠杆拉杆的作用，扩大适当倍数后再传到闸瓦上，使闸瓦压紧车轮踏面而产生制动作用。

一、货车基础制动的特点

基础制动装置的结构形式有只在车轮的一侧（内挡）设有闸瓦的单侧闸瓦式和在车轮的两侧均设有闸瓦的双侧闸瓦式。目前我国除部分特种货车外的绝大多数货车均采用单侧闸瓦式基础制动装置。优点是这种结构形式构造简单，节约材料，便于检查和修理。缺点是因制动时车轮只受一侧的闸瓦压力作用，在制动初速较高或长大坡道地区时，容易造成闸瓦熔化，使制动力的提高受到限制。

二、四轴货车单闸瓦式基础制动装置

四轴货车单闸瓦式基础制动装置的构造与零部件名称如图 2-1-1 所示，其作用过程如图 2-1-2 所示（箭头表示制动时各杆件的移动方向）。四轴货车单闸瓦式基础制动装置在制动机制动和缓解作用时，各组成部件的动作如下：

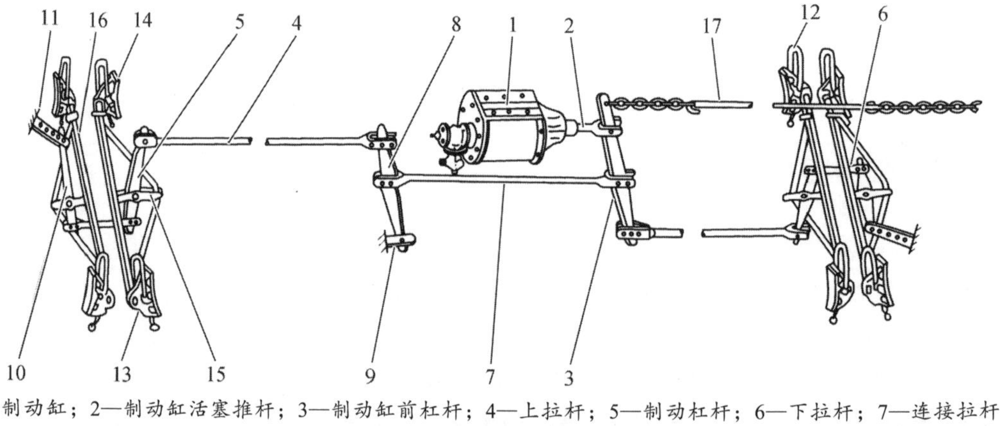

1—制动缸；2—制动缸活塞推杆；3—制动缸前杠杆；4—上拉杆；5—制动杠杆；6—下拉杆；7—连接拉杆；8—制动缸后杠杆；9—制动缸后杠杆托；10—固定杠杆；11—固定杠杆支点；12—闸瓦托吊；13—闸瓦托；14—闸瓦；15—制动梁支柱；16—制动梁；17—手制动拉杆。

图 2-1-1 四轴货车单闸瓦式基础制动装置布置图

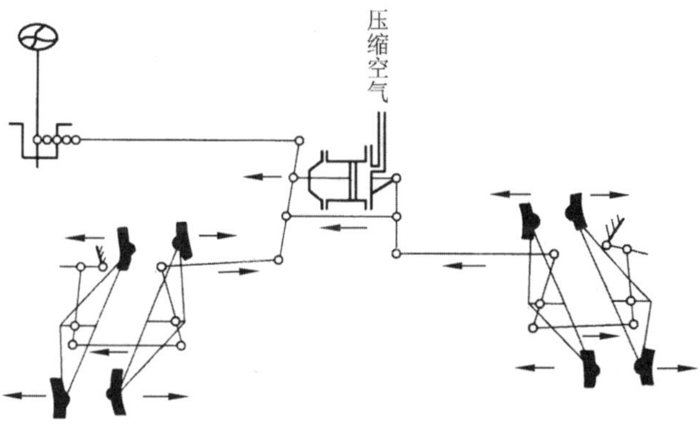

图 2-1-2　一般货车单闸瓦式基础制动装置作用示意图

制动机制动时，压力空气进入制动缸 1，推动制动缸活塞，制动缸活塞杆随之伸出，推动活塞推杆 2，带动制动缸前杠杆 3。此时制动缸前杠杆一边以其中部圆销为支点牵动上拉杆 4，同时又以与上拉杆连接的圆销为支点带动中部连接拉杆 7，连接拉杆则以制动缸后杠 9 为支点牵动二位上拉杆，因此一、二位上拉杆同时都向车辆中部移动。上拉杆的移动，再将力传至两个转向架的制动杠杆 5，在制动杠杆的下端，圆销孔与下拉杆 6 销接，而两端的固定杠杆 10 上端的支点为固定销接，不能移动，只能转动。当运动传至 5、10 时，带动制动梁 16，使各对闸瓦压紧车轮。制动缸内压缩空气所产生的制动缸活塞推力经以上各拉杆和杠杆传达到各对闸瓦，压紧车轮产生制动作用。

制动机缓解时，制动缸内的压力空气排出，制动缸活塞在其缓解弹簧作用下被推回到原位，活塞杆缩回制动缸内，各拉杆、杠杆、制动梁等也在制动梁重力的作用下，恢复到原位，闸瓦离开车轮，产生缓解作用。

当使用手制动机时，在手制动机链卷绕在制动轴后，手制动拉杆直接拉动制动缸前杠杆的一端，从此以后的动作和空气制动机的制动缸活塞推出的作用相同，只是手制动拉力比制动缸活塞推力要小得多。

三、基础制动装置的主要部件

（一）制动缸活塞杆和推杆

货车用制动缸活塞杆是由钢管制成的中空筒形圆杆，用圆钉铆固在制动缸活塞座上，中间插入推杆，两者没有固定结合装置。制动时，随着活塞向外移动，推动制动缸杠杆产生制动作用。缓解时，在缓解弹簧的作用下，筒形活塞杆连同制动缸活塞恢复原状，推杆便失去推力，在制动梁的自重作用下，闸瓦离开车轮，并带动推杆缩回到筒形活塞杆内。当使用手制动机时，推杆从筒形活塞杆内拉出，不会带动制动缸活塞一起移动，可以减少阻力。由于推杆和制动缸活塞没有固定的结合装置，并且两者之间有相当的间隙，故当制动缸活塞与制动缸活塞推杆移动方向不一致时，也不会产生别劲。同时在列车队中清洗制动缸时，取出活塞也很方便。货车制动缸活塞杆和推杆的结构如图 2-1-3 所示。

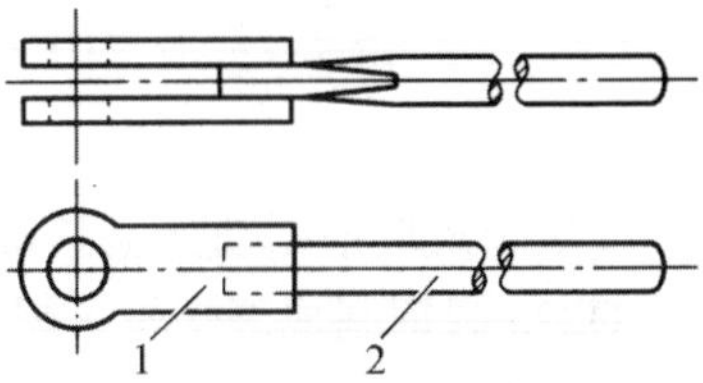

1—推杆头；2—推杆体。

图 2-1-3　货车制动缸活塞推杆

（二）杠　杆

杠杆是基础制动装置中用于传递和扩大制动缸活塞推力的主要配件。客货车所采用的各种杠杆，根据安装位置和作用的不同，其名称也不同。但从形状上来看大体相同，如图 2-1-4 所示。杠杆中部因受力较大，故其断面尺寸较大，两端稍窄，构成鱼腹形。

杠杆的种类从形式上主要有下列几种：

（1）有 4 个圆销孔的四孔杠杆，多用于制动缸前杠杆，如图 2-1-4 中（a）所示。

（2）有 3 个圆销孔，但孔距不相等的三孔杠杆，多用于固定杠杆、制动杠杆、移动杠杆、制动缸后杠杆等，如图 2-1-4 中（b）所示。

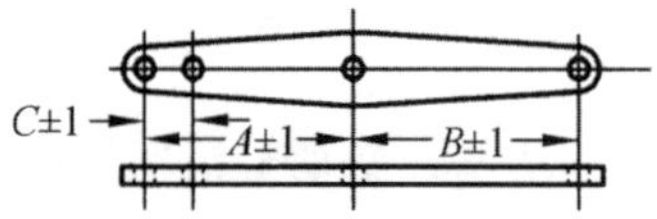

（a）四孔杠杆（制动杠杆）

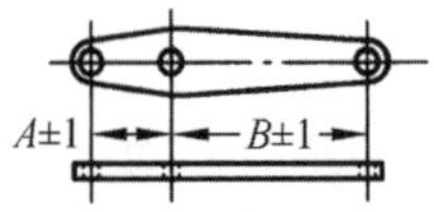

（b）孔距不相等的三孔杠杆

图 2-1-4　各形杠杆图

（三）制动梁

1. 货车制动梁

货车制动梁的种类较多，有 T 形制动梁、弓形制动梁和滑槽式制动梁等。T 形制动梁和弓形制动梁由于结构和强度等方面存在较大的缺点，现在基本上已经淘汰。滑槽式制动梁由槽形钢、弓形杆、支柱、闸瓦托、下拉杆安全吊、安全链等组成。滑槽式制动梁在闸瓦托上设有端轴，而在转向架的侧架上设有滑槽，将端轴置于滑槽内，以代替闸瓦托吊的作用。这种制动梁在转 8A、转 6A 及转 9 等型式的转向架上采用。根据端轴结构的不同，滑槽式制动梁分为滑块式和滚轴式两种。

滑块式滑槽制动梁如图 2-1-5 所示。端轴为一矩形截面的磨耗板，制动梁支柱通过车轴中心线与水平面成 9°角，左右两个闸瓦托上下不对称，端部磨耗板与制动梁平面成 9°角，闸瓦托内侧加焊有挡箍。这种制动梁由于磨耗板与滑槽之间的摩擦阻力过大，不能使制动梁在缓解时迅速恢复原位，因而有增加列车起动阻力的缺点。

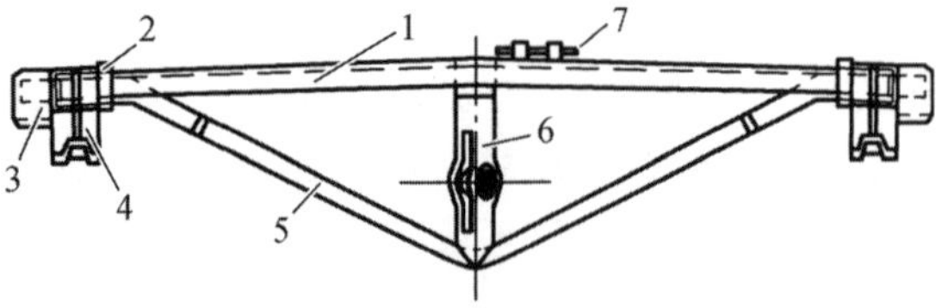

1—梁体；2—内挡箍；3—滑块；4—闸瓦托；5—弓形杆；6—支柱；7—下拉杆安全吊。

图 2-1-5　滑块式滑槽制动梁

滚轴式滑槽制动梁就是将端轴滑块改为滚子，以减小摩擦阻力。最初设计端轴用ϕ29 mm 的 Q275 圆钢制成滚子轴，焊接固定在闸瓦托的座上，后因强度不足，改为ϕ36 mm 的圆钢。滚子采用材质 Q235 的无缝钢管（ϕ54 mm × 38 mm × 8 mm 或ϕ54 mm × 40 mm × 7 mm），其长度为 70 mm，在闸瓦托与滚子间加焊ϕ60 mm × 38 mm × 8 mm 的挡圈。

为克服槽钢梁体滑槽式制动梁的不足，提高制动梁的疲劳强度和使用可靠性，我国相继研制了 L-A（B）、L-C 型滑槽式制动梁，如图 2-1-6、图 2-1-7 所示。其与槽钢制动梁可完全互换，可用于转 8A、转 8G、转 K1、转 K2、2D 轴控制型、2E 低动力作用等各型转向架。

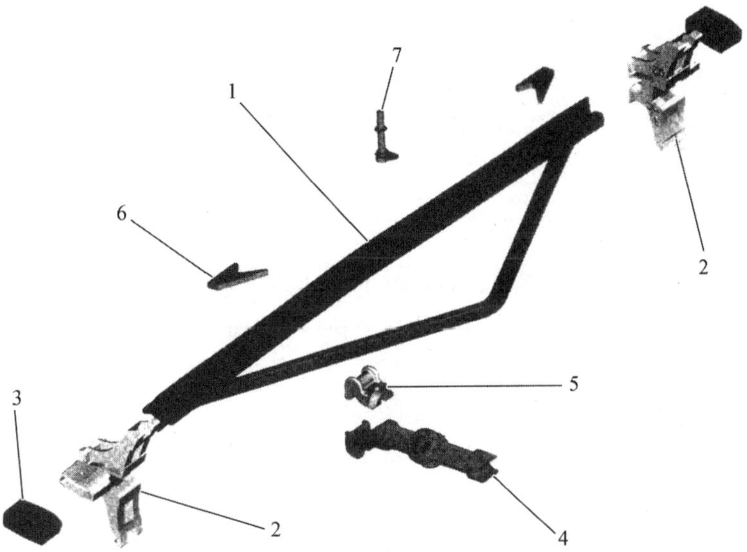

1—制动梁；2—闸瓦托；3—磨耗套；4—支柱；5—夹扣；6—筋板；7—螺栓。

图 2-1-6　L-A（B）型制动梁

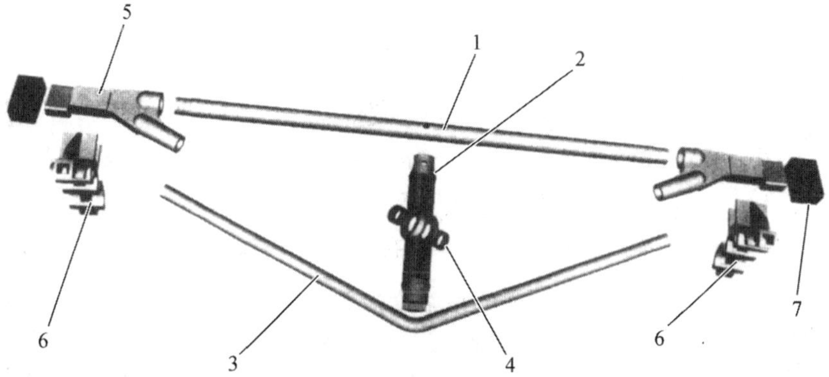

1—撑杆；2—支柱；3—弓形杆；4—衬套；5—制动梁端头；6—闸瓦托；7—滑块磨耗板。

图 2-1-7　L—C 型制动梁

L-A（B）型制动梁的主要特点如下：

（1）采用了模块化的组合式结构，整个制动梁由几个部件组装在一起构成。

（2）制动梁架为一种特殊形状截面的异型钢材经切分、拉制而形成的弓形梁。

（3）支柱前端的 U 形接口支撑在制动梁架的前杆部分，支柱后端和夹扣均有 U 形接口，两者共同夹持在制动梁架的后杆部分。

（4）制动梁架采用压力装配方式装入闸瓦托的止孔内。

（5）制动梁为滑快式结构，滑快在闸瓦托上铸出。

（6）采用非金属滑快磨耗板。锻造工艺制动梁为 L-A 型，扎制工艺制动梁为 L-B 型。

L-C 型制动梁主要有以下特点：

（1）滑块与制动梁端头连成一体，用优质钢整体模锻制出，滑块上套有磨耗套。

（2）支柱为优质钢的模锻件，与弓形杆、撑杆结合部改为卡装。

（3）弓形杆为扎制的优质圆钢，撑杆为扎制无缝钢管。

（4）制动梁端头与弓形杆采用了过盈套装新结构。

我国货车制动梁，除少数车型外，制动梁支柱都制成 40°倾斜的。因此同一转向架的 2 根制动梁分为左右两种形式，不能换位使用。其区别的方法是，面向制动梁背侧顺手插入斜口，左手能顺插者为左制动梁，右手能顺插者为右制动梁。

（四）闸瓦托和闸瓦托吊

在基础制动装置中，除合理地确定各杠杆的尺寸外，还要合理地布置闸瓦的悬挂位置，这直接影响制动效果和列车的运行安全。闸瓦悬挂应当保证以下两点：

（1）在同一个车轮上，前后两块闸瓦的闸瓦压力应尽量相等；而且同一块闸瓦在车轮回转方向不同时，其闸瓦压力（径向）应尽量保持不变。

（2）施行缓解作用时，闸瓦能以自身的重量而自动离开车轮；在运行中遇有振动时，闸瓦也不会碰靠车轮。

闸瓦托为安装闸瓦的支承件。货车的闸瓦托直接安装在制动梁端部，也可视为制动梁的附件之一。货车闸瓦托的构造如图 2-1-8 所示，大致可分为：弓行制动梁用闸瓦托（吊槽在闸瓦托的中部）、T 形制动梁用闸瓦托（吊槽在上部）、滑槽式制动梁用闸瓦托（不设吊槽，原吊槽位置改为端轴座孔，用以安装端轴）。

闸瓦托用铸钢制成，闸瓦托与闸瓦的接触面之弧度为 R451 mm，中部两支承面必须与闸瓦接触。闸瓦向闸瓦托上安装时，将闸瓦的鼻子嵌入闸瓦托的两支承面中间，闸瓦插销由上向下插入，穿过闸瓦与闸瓦托的插销座，使闸瓦能在闸瓦托上保持定位。当闸瓦磨耗到限时，拔出闸瓦销即可将闸瓦取下，再装上新闸瓦，装拆都比较方便。

现在只有少数货车还使用长方形闸瓦托吊，大多数货车使用滑槽式制动梁，已不用闸瓦托吊。

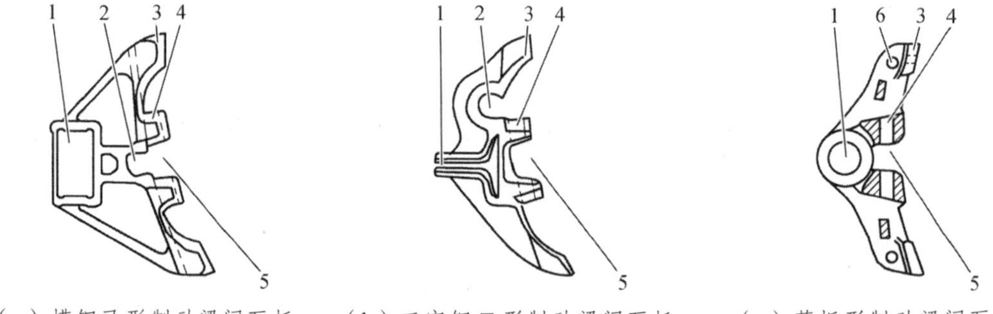

（a）槽钢弓形制动梁闸瓦托　（b）工字钢 T 形制动梁闸瓦托　（c）菱板形制动梁闸瓦托

1—安装座；2—吊槽；3—四爪；4—闸瓦插销孔；5—闸瓦鼻子安装座；6—调整弹簧销孔。

图 2-1-8　闸瓦托

（五）安全装置

基础制动装置中的制动梁与下拉杆，如果发生脱落，最易造成列车脱轨和颠覆的重大事故，所以必须设置安全装置。货车制动梁装有安全链，防止制动梁脱落。货车制动梁上左右各安装一条安全链，上端分别用螺栓挂装在摇枕的两侧，下端铆接固定在制动梁上，安全链一般留有 200 mm 的松余量。为防止下拉杆的脱落，在制动梁的梁体上装有长方形安全吊，下拉杆从中穿过，如图 2-1-9 所示。

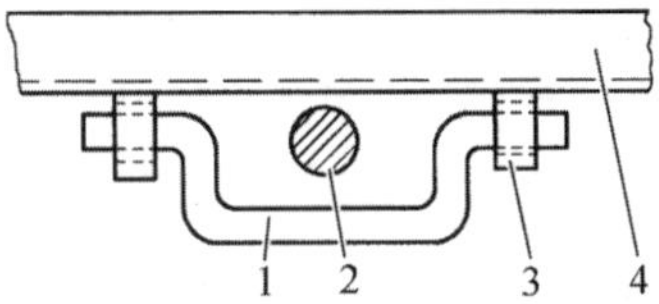

1—下拉杆安全吊；2—下拉杆；3—下拉杆安全吊座；4—弹簧托板或制动梁体。

图 2-1-9 下拉杆安全吊

（六）闸　瓦

闸瓦是指制动时，压紧在车轮踏面上以产生制动作用的制动块。车轮上使用的闸瓦可分为铸铁闸瓦和合成闸瓦。

在铸铁闸瓦中，又可分为中磷铸铁闸瓦和高磷铸铁闸瓦。在合成闸瓦中，按其基本成分，可分为合成树脂闸瓦和石棉橡胶闸瓦；按其摩擦系数高低，又可分为高摩擦系数合成闸瓦和低摩擦系数合成闸瓦（简称高摩合成闸瓦和低摩合成闸瓦）。中磷铸铁闸瓦、高磷铸铁闸瓦和低摩合成闸瓦，称为通用闸瓦，可互换使用（不用改变基础制动装置的结构）。

1. 铸铁闸瓦

高磷铸铁闸瓦与中磷铸铁闸瓦比较，主要是提高了含磷量。中磷铸铁闸瓦的含磷量为 0.7% ~ 1.0%，高磷铸铁闸瓦的含磷量为 10%以上。高磷铸铁闸瓦的耐磨性比中磷铸铁闸瓦高 1 倍左右。运用实践表明，高磷闸瓦的使用寿命，约为中磷闸瓦的 2.5 倍以上。高磷闸瓦还有一个优点，就是制动时火花少。铸铁闸瓦的摩擦系数是随含磷量的增加而增大，故高磷闸瓦的摩擦系数大于中磷闸瓦。但含磷量过高，将增加闸瓦的脆性。试验证明，当含磷量超过 1.0%时，闸瓦如不加钢背，便有裂损的可能，所以高磷闸瓦需采用钢背补强。中磷闸瓦和高磷闸瓦的基本形式如图 2-1-10 所示。闸瓦的厚度为 45 mm，内圆弧半径为 440 mm，可适用于车轮直径为 840 mm 的货车车轮及 915 mm 的客车车轮。

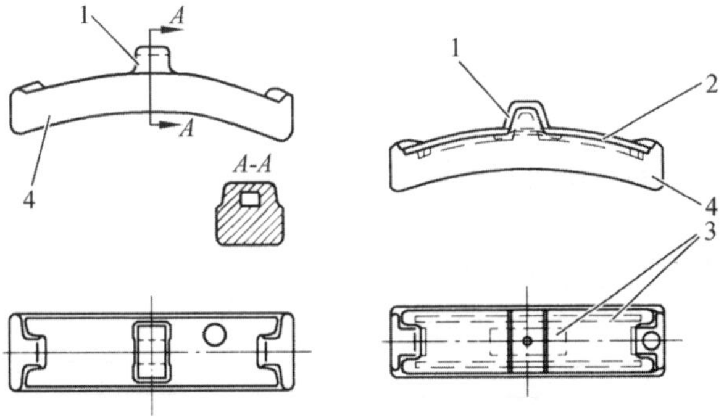

（a）中磷闸瓦　　　（b）高磷闸瓦

1—瓦鼻；2—钢背；3—加强筋；4—瓦体。

图 2-1-10 铸铁闸瓦

2. 合成闸瓦

合成闸瓦是以树脂、石棉、石墨、铁粉、硫酸钡等材料为主热压而成的闸瓦。高摩合成闸瓦的型号有 424 型、824 型、803 型和 120K 型；低摩合成闸瓦有 183 B 型和 4-2H 型。

（1）合成闸瓦的结构。

合成闸瓦由于其材料本身强度小，必须在其背部衬压一块钢板（钢背）来增加它的抗压强度。整个合成闸瓦由钢背和摩擦体两部分组成，如图 2-1-11 所示。钢背内侧开有槽或孔，以提高摩擦体与钢背的结合强度。低摩合成闸瓦钢背两端的中间部分制成凸起的挡块，两侧低平，以便与闸瓦托的四爪相结合，钢背外侧中部装有用钢板焊制成的闸瓦鼻子，其外形和中磷铸铁闸瓦相同。因高摩合成闸瓦的摩擦系数大，故不能与通用闸瓦互换使用。为了防止混淆，将高摩合成闸瓦钢背两端的中间制成低平，两侧凸起，正好与低摩合成闸瓦相反，钢背内侧还焊有加强筋，以增加钢背的刚度。为了增加散热面积和避免闸瓦裂损、脱落，合成闸瓦摩擦体的中部压成一条或两条散热槽。

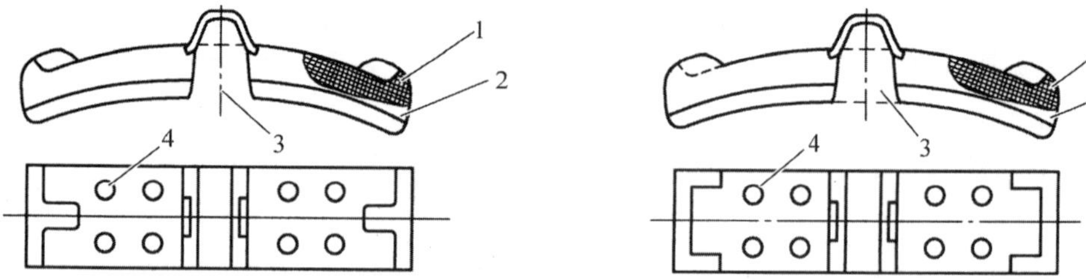

（a）低摩合成闸瓦　　（b）高摩合成闸瓦

1—钢背；2—摩擦体；3—散热槽；4—冲孔。

图 2-1-11　合成闸瓦

（2）合成闸瓦在使用中的注意事项。

① 使用合成闸瓦的车辆，制动缸活塞行程尽可能调至上限，特别不可调得太短，以免因制动力过强而擦伤车轮。

② 合成闸瓦的散热性较铸铁闸瓦差，使用中要注意检查车轮是否发生异状，有无热裂纹扩展至横裂纹的情况。

③ 合成闸瓦材料较脆，严禁用锤猛敲，搬运时要防止摔坏。

④ 合成闸瓦鼻子容易变形，列检发现时要妥善处理，不可用虎钳夹闸瓦鼻子的换装方法。

四、BAB 型转向架集成制动装置

BAB 型转向架集成制动装置可以分为两种类型，其中适应 915 mm 轮径的 BAB 型转向架集成制动装置型号为 BAB-1 型，适应 840 mm 轮径的 BAB 型转向架集成制动装置型号为 BAB-2 型。

（一）标记方法

BAB 型转向架集成制动装置标记方法如图 2-1-12 所示。

标记示例：制动缸直径 254 mm、制动倍率 5.3、闸调器调整能力 280 mm、适用轮径 915 mm 的 BAB 型集成制动装置。

标记为：BAB-1 型集成制动装置（254 × 5.3 × 280 × 915），BAB-1 型集成制动装置（254 × 5.3 × 280 × 915）（带手制动）。

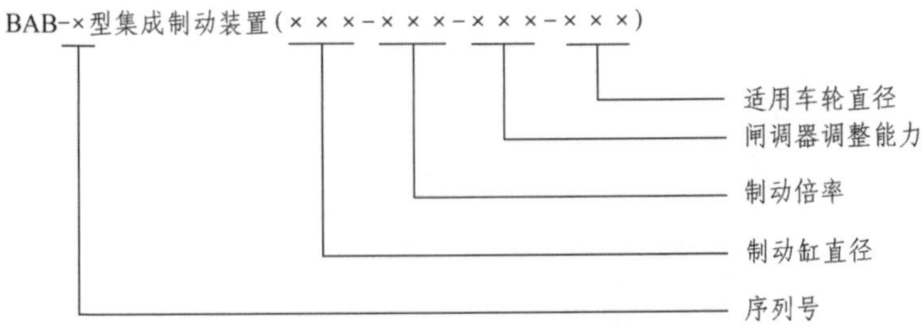

图 2-1-12　BAB-×型集成制动装置标记方法

标记示例：制动缸直径 203 mm、制动倍率 4.6、闸调器调整能力 280 mm、适用轮径 840 mm 的 BAB 型集成制动装置。

标记为：BAB-2 型集成制动装置（203×4.6×280×840），BAB-2 型集成制动装置（203×4.6×280×840）（带手制动）。

（二）结构形式

每辆车有两台转向架，每台转向架各有一套 BAB 型转向架集成制动装置，其中 1 位端转向架带有手制动杠杆，连接手制动机拉杆制动缸通过 DN20 编织护套软管与车体 DN20 制动缸管路连接。BAB 型转向架集成制动装置主要包括制动缸、闸调器、制动梁、推杆、制动杠杆等，如图 2-1-13 所示。

图 2-1-13　BAB 型转向架集成制动装置

车辆制动时，如图 2-1-14 所示，BAB 型转向架集成制动装置制动力的传递过程为：制动缸推出力→制动缸侧杠杆→前制动梁→闸调器→非制动缸侧杠杆→后制动梁→推杆→制动缸座→前制动梁。

BAB-1 型与 BAB-2 型的区别：

（1）适用轮径不同：BAB-1 型适用 915 轮径；BAB-2 型适用 840 轮径。

（2）1 位端手制动杠杆结构不同：如图 2-1-15 所示，BAB-1 型 1 位端为分体式手制动杠杆，BAB-2 型 1 位端为一体式手制动杠杆。

图 2-1-14　BAB 型转向架集成制动装置制动力的传递

（a）BAB-1 型

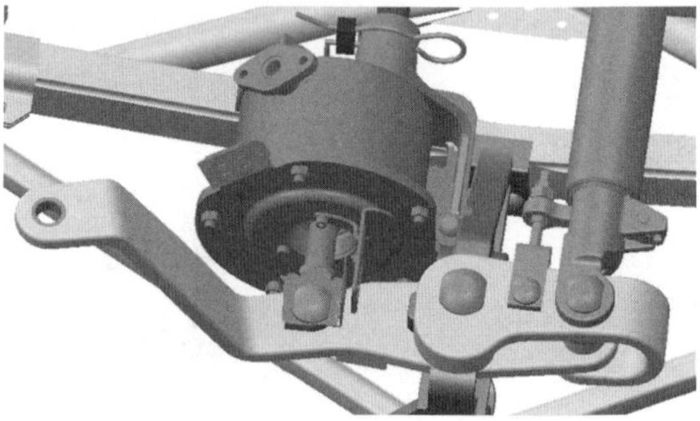

（b）BAB-2 型

图 2-1-15　BAB 型转向架集成制动装置手制动杠杆

（3）闸调器与 J 型杠杆之间垫块不同：如图 2-1-16 所示，BAB-1 型没有垫块，BAB-2 型有垫块，前后各一个，共两个。

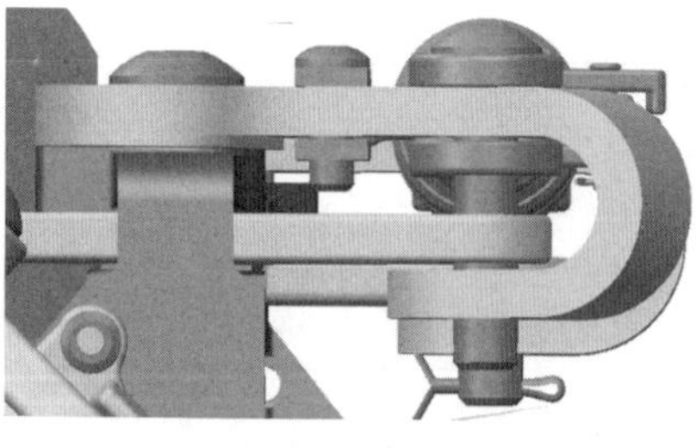

（a）BAB-1 型

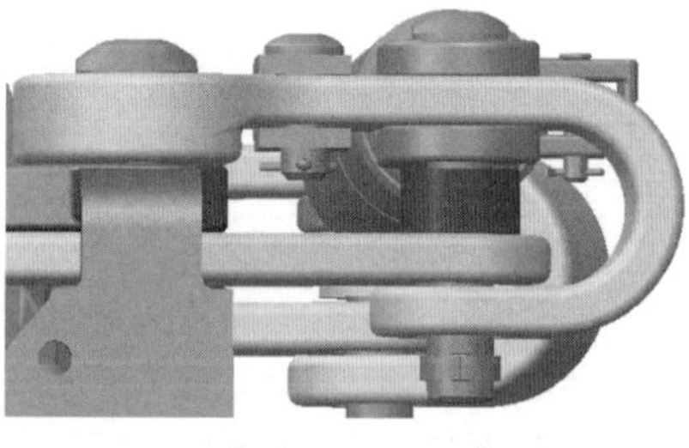

（b）BAB-2 型

图 2-1-16　BAB 型转向架集成制动装置闸调器连接

1. 制动缸

制动缸由缸体、活塞膜片、支撑环、活塞、缓解弹簧、前盖、活塞杆、行程指示牌及密封件等组成，如图 2-1-17 所示。

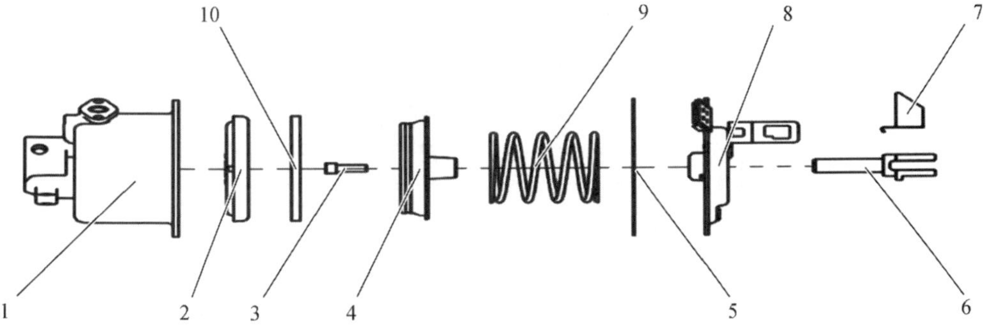

1—缸体；2—活塞χ膜片；3—固定螺栓；4—活塞；5—前盖垫；6—活塞杆；
7—行程指示器；8—前盖；9—缓解弹簧；10—支撑环。

（a）

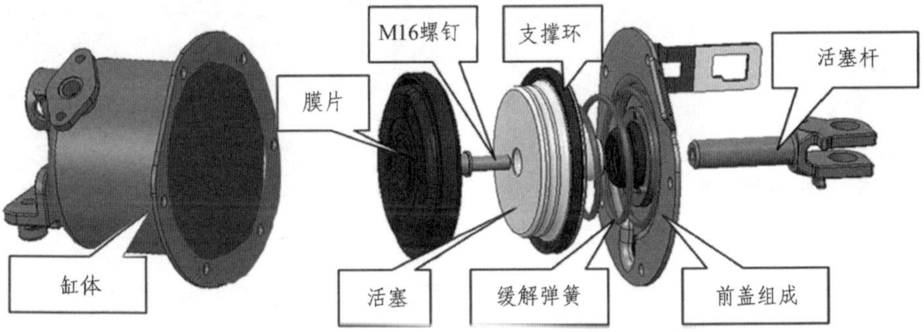

（b）

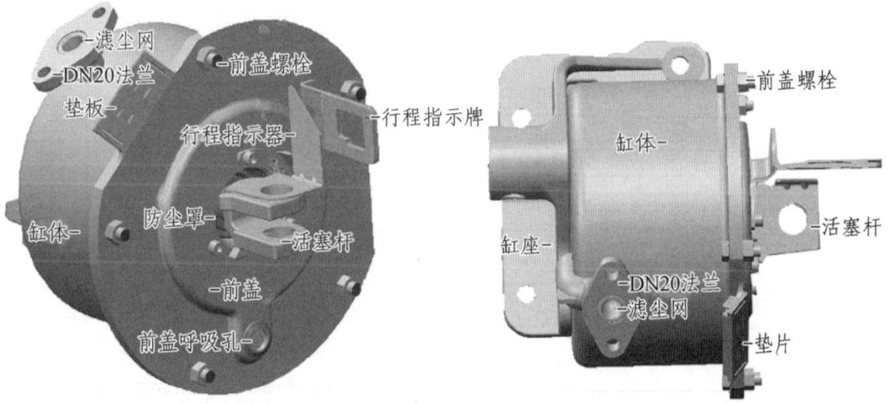

（c）

图 2-1-17　制动缸结构

为便于活塞行程调整与判断，如图 2-1-18 所示，设计了制动缸活塞行程指示牌。

行程范围指示孔两侧为运用行程范围，凸起两侧为调整行程范围，后侧靠近制动缸孔为缓解指示孔，指示牌两侧贴黄色反光贴纸，便于观察。如图 2-1-19 所示，检查人员在车辆两侧通过转向架侧架三角孔可观察活塞行程，通过观察制动缸行程指示器（三角旗）与行程范围指示牌相对位置，判断行程是否合格。

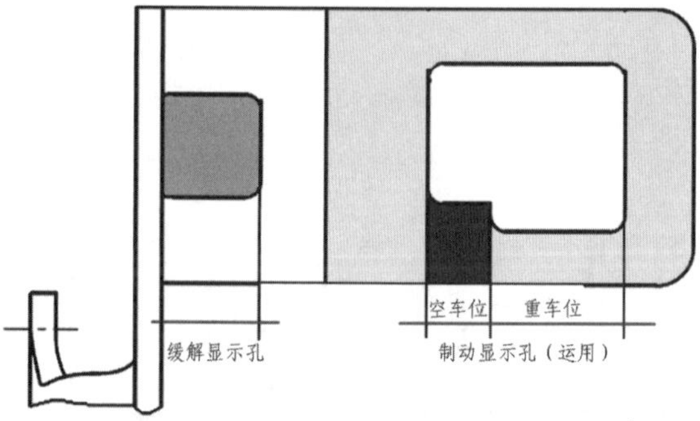

图 2-1-18　活塞行程指示牌

图 2-1-19　观察活塞行程

制动缸直径有 3 种规格，见表 2-1-1，分别为 203 mm、235 mm 和 254 mm。其中 JBC 型制动缸为中车齐齐哈尔车辆有限公司自制产品，TMX 型制动缸为 WABTEC 公司原型产品。

表 2-1-1　制动缸性能参数和尺寸

序号	型号	规　格	缸体内径/mm	最大行程/mm	最大允许压力/kPa
1	JBC 型	254×100	254	100	600
2		235×100	235		
3		203×100	203		
4	TMX 型	254（10″）	254		
5		235（9-1/4″）	235		
6		203（8″）	203		

如图 2-1-20 所示，JBC 型制动缸与 BLB 型制动梁间，采用 3 个短尾拉铆钉及套环连接，TMX 型制动缸与 TMX 型制动梁支柱之间采用 T 形螺栓与锁紧螺母连接，紧固后点焊固，制动缸与制动梁梁架之间采用短尾拉铆钉与套环连接。

2. 闸调器

压缩式闸调器主要由控制杆、前后拉杆头、控制弹簧、主弹簧、螺杆、调整螺母、筒体、拉杆、挡铁、密封圈及轴承等组成，如图 2-1-21 所示。

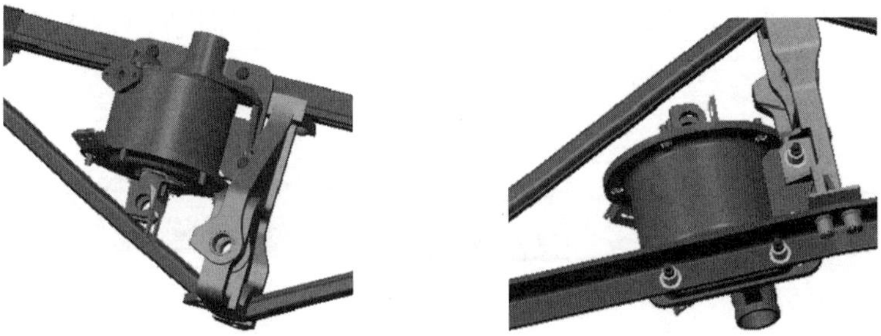

图 2-1-20　制动缸与制动梁连接

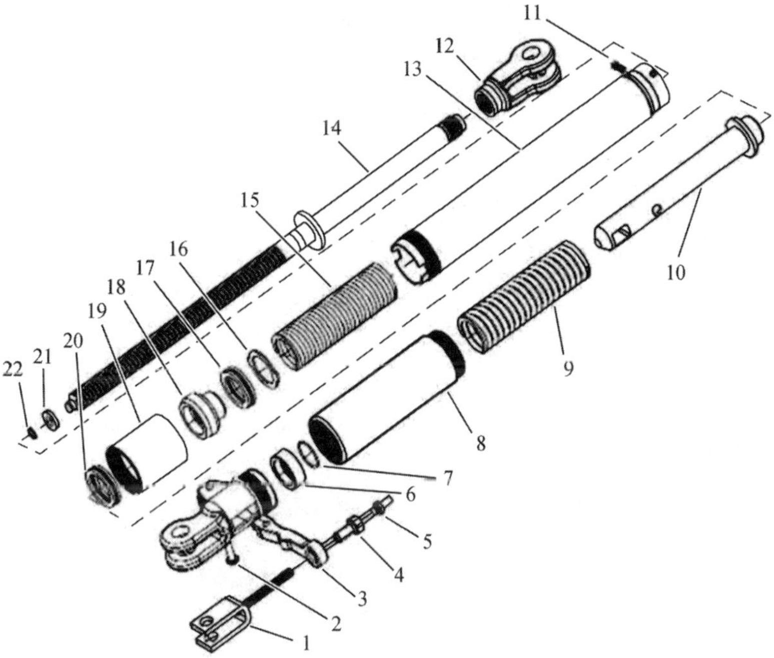

1—控制杆组成；2—前拉杆头；3—挡铁；4—控制杆螺母；5—锁紧螺母；6—衬套；7—O 形密封圈；8—筒体；9—控制弹簧；10—拉杆；11—锁定螺栓；12—后拉杆头；13—主弹簧盒；14—螺杆组成；15—主弹簧；16—支撑环；17、20—推力球轴承；18—调整螺母；19—连接套；21—垫圈；22—挡圈。

图 2-1-21　闸调器分解图

车辆实施制动时，制动缸活塞推出，制动缸侧杠杆压缩闸调器，同时带动控制杆与闸调器产生相对位移，控制闸调器伸长或缩短，从而保证正常的闸瓦间隙和制动缸行程。压缩式闸调器有两种规格，国产型号为 YST-280 型和 YST-245 型，分别对应 WABTEC 公司的 C-1100 型和 C-1000 型，闸调器性能见表 2-1-2。

表 2-1-2　闸调器性能参数和尺寸　　　单位：mm

序号	型号规格	最短尺寸/mm	调整能力（全行程）
1	YST-280	1 106	280
2	C-1100		
3	YST-245	1 005	245
4	C-1000		

该闸调器不同于现有 ST2-250 型闸调器，其在受压时起作用，调整闸瓦间隙时，筒体不发生转动，只是螺杆伸出或缩回，如图 2-1-22 所示。

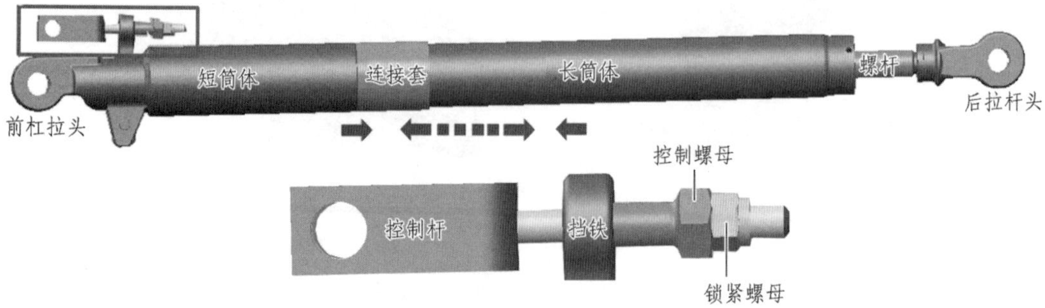

图 2-1-22　闸调器动作

3. 制动梁

BAB 型转向架集成制动装置制动梁由制动梁架、支柱、左右闸瓦托、滑槽磨耗套等组成，制动梁支柱与梁架采用拉铆钉连接，闸瓦托与梁架角钢采用铆钉连接。它有 BLB 型、TMX 型两种结构，BLB 型制动梁架采用整体热轧工艺制造，如图 2-1-23 所示，TMX 型制动梁架采用焊接工艺制造，如图 2-1-24 所示。

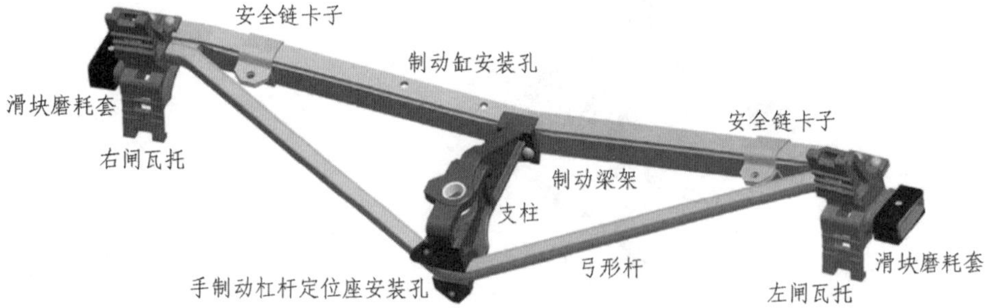

图 2-1-23　BLB 型制动梁

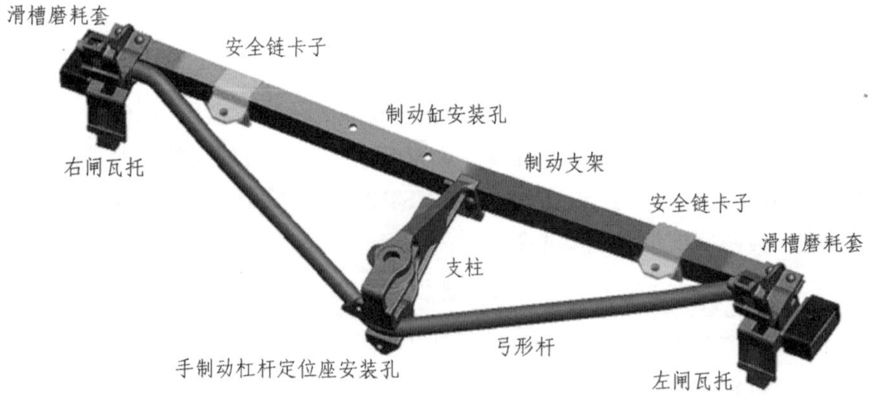

图 2-1-24　TMX 型制动梁

根据装用闸瓦托适应轮径不同，制动梁包括两种规格：BLB-1 型制动梁为制动梁架采用整体热轧工艺、适应 915 mm 直径车轮，BLB-2 型制动梁为制动梁架采用整体热轧工艺、适应 840 mm

直径车轮；TMX-915 型制动梁为制动梁架采用焊接工艺、适应 915 mm 直径车轮，TMX-840 型制动梁为制动梁架采用焊接工艺、适应 840 mm 直径车轮，制动梁主要参数见表 2-1-3。

表 2-1-3　制动梁主要尺寸参数

序号	型号	制动梁全长/mm	瓦托中心距/mm	闸瓦托滑块角度	
				840 mm 轮径	915 mm 轮径
1	BLB 型	$1\,770_{-5}^{0}$	1524 ± 3	12°	14°
2	TMX 型	$1\,765_{-6}^{+5}$	1527 ± 3	12°	14°

BAB 型转向架集成制动装置制动梁由组合式制动梁的平直结构改为制动梁体下凹的空间结构，制动梁支柱生产工艺由普通铸造改为精铸，闸瓦托增加了定位挡，并通过 3 个安装孔与制动梁架连接，结构特点如图 2-1-25 所示。

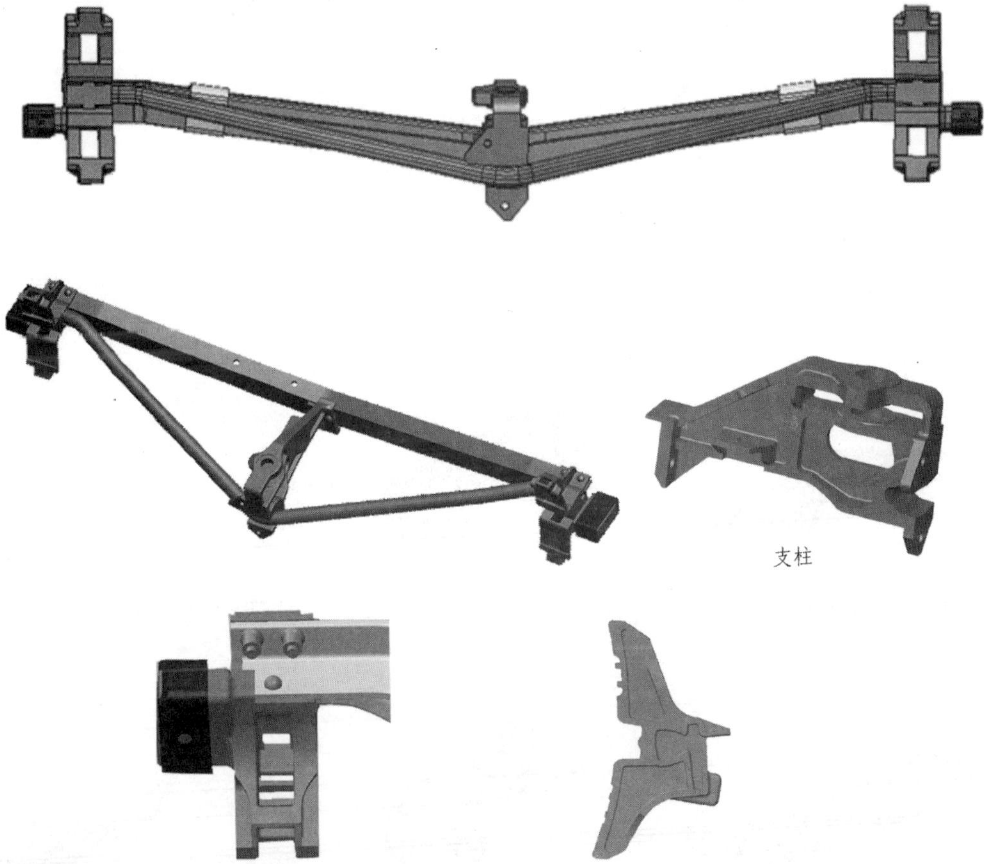

图 2-1-25　BAB 型转向架集成制动装置结构特点

4. 推　杆

推杆和推杆头通过螺纹连接，推杆组成长度可调节。推杆组成依据车轮平均直径对推杆组成长度调整，调至合适长度后，将锁紧螺母紧固，如图 2-1-26 所示。推杆一端通过 β

插销与制动缸后部连接，另一端推杆头通过扁孔圆销与非制动缸侧杠杆连接，如图 2-1-27 所示。

图 2-1-26　推杆组成

图 2-1-27　推杆连接

5. 杠　杆

BAB-1 型转向架集成制动装置杠杆，BAB-2 型转向架集成制动装置杠杆如图 2-1-28 所示。

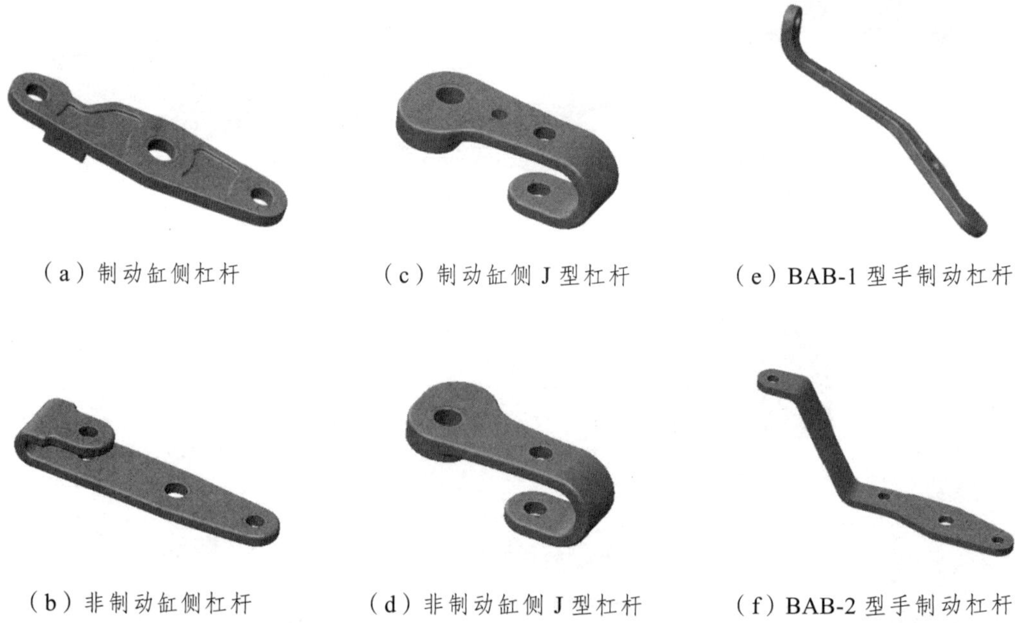

图 2-1-28　杠杆种类图

BAB 型转向架集成制动装置分解图如图 2-1-29 所示。

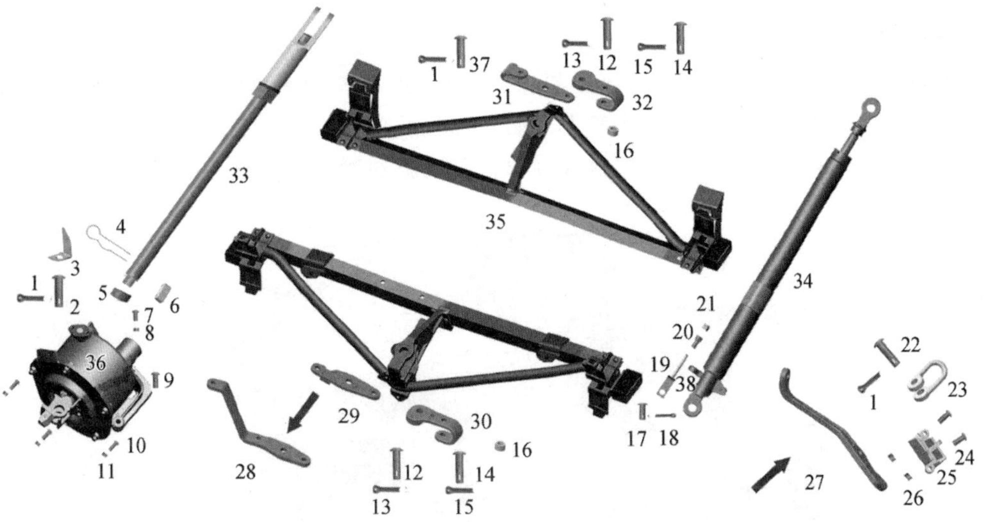

1—开口销；2—制动圆销；3—行程指示器；4—β 弹簧销；5—橡胶减振套；6—β 插销套；7—5/8 固定螺栓；8—5/8 锁紧螺母；9—制动缸固定螺栓；10—T 型螺栓；11—制动缸锁紧螺母；12—支柱圆销；13—开口销；14—闸调器固定圆销；15—开口销；16—垫套 17—控制杆固定圆销；18—开口销；19—控制杆；20—带锥筒调整螺母；21-1/2 锁紧螺母；22—手制动圆销；23—BAB-1 链环；24—T 型螺母；25—BAB-1 手制动定位座；26—锁紧螺母；27—BAB-1 手制动拉杆；28—BAB-2 手制动拉杆；29—制动缸侧杠杆；30—制动缸侧 J 型杠杆；31—非制动缸侧杠杆；32—非制动缸侧 J 型杠杆；33—推杆组成；34—压缩式闸调器；35—制动梁；36—制动缸；37—推杆固定圆销。

图 2-1-29　BAB 型转向架集成制动装置分解图

五、DAB 型转向架集成制动装置

DAB-1 型转向架集成制动装置的单元制动缸布置在中拉杆位置，闸调器采用内置式控制装置。

（一）标记方法

DBA 型转向架集成制动装置如图 2-1-30 所示。

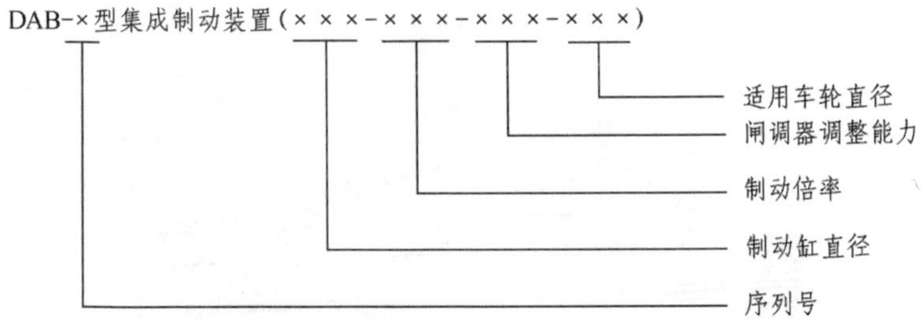

图 2-1-30　DAB-1 型转向架集成制动装置标记方法

标记示例：序列号为 1、制动缸直径 178 mm、制动倍率 6.6、闸调器调整能力 120 mm、适用车轮直径 840 mm 的 DAB 型集成制动装置。

标记为：DAB-1 型集成制动装置（178 × 6.6 × 120 × 840），DAB-1 型集成制动装置（178 × 6.6 × 120 × 840）（带手制动）。

（二）结构形式

每辆车有两台转向架，每台转向架各有一套 DAB 型集成制动装置，DAB 型集成制动装置主要由 DAB 型单元制动缸（增力型制动缸、压缩式闸调器）、制动杠杆、组合式制动梁、链蹄环等组成，如图 2-1-31 所示，DAB 型单元制动缸布置在转向架中拉杆位置。

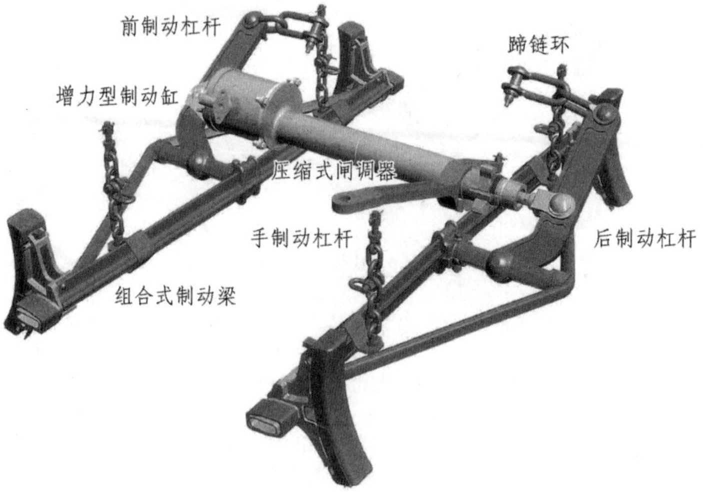

图 2-1-31　BAB 型集成制动装置

DAB-1 型集成制动装置具有自适应性，调试简单，在装车、运用及车轮旋修后均无须调整操作，仅需进行相应检查。单元制动缸集成了增力型制动缸及压缩式闸调器，能够产生、放大制动力，并自动调整闸瓦与车轮的间隙，使活塞行程保持在一定范围内。它还具有易组装，组装空间大，换瓦力小，维护性好的特点。

当实施手制动时，拉动手制动杠杆 1，推动闸调器从外套筒中伸出，单元制动缸长度增加，通过制动杠杆带动制动梁上的闸瓦贴靠车轮，实现制动。如图 2-1-32 所示，DAB-1 型集成制动装置制动力的传递过程为：制动缸推出力→前制动杠杆→制动梁→闸瓦→闸调器→制动梁→闸瓦；制动缸推出力→闸调器→制动梁→闸瓦。

图 2-1-32　DAB 型制动力传递

DAB-1 型集成式制动装置分为带手制动和不带手制动两种形式，其中 1 位端转向架带有手制动杠杆，安装于 DAB 型单元制动缸组成上，连接手制动机拉杆，如图 2-1-33 所示。

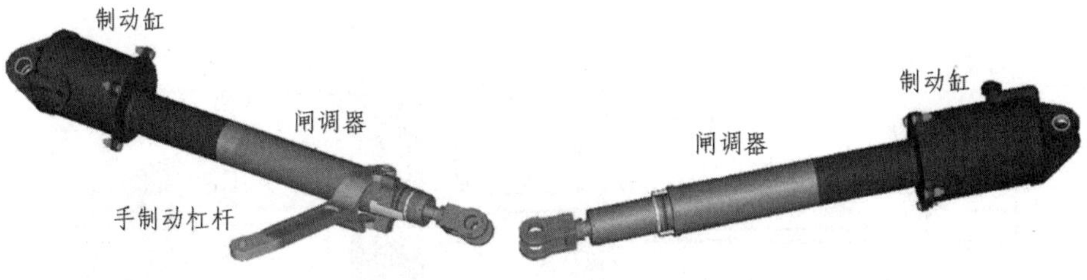

（a）DAB 型单元制动缸（带手制动）　　（b）DAB 型单元制动缸（不带手制动）

图 2-1-33　DAB 型单元制动缸

如图 2-1-34 和图 2-1-35 所示，DAB 型单元制动缸主要由增力型制动缸及压缩式闸调器组成，具备产生、放大制动力及自动双向调整轮瓦间隙的功能。

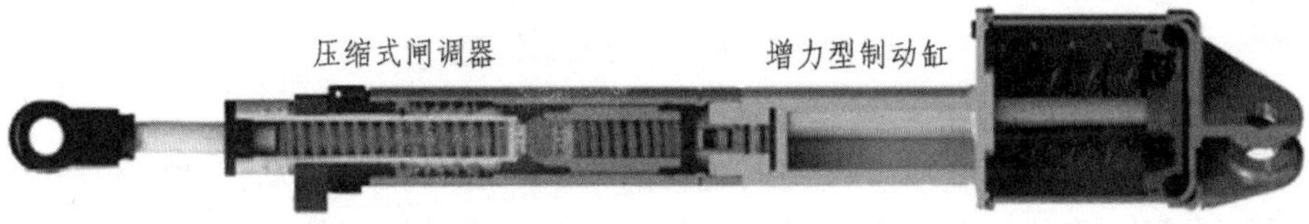

图 2-1-34　DAB 型单元制动缸图

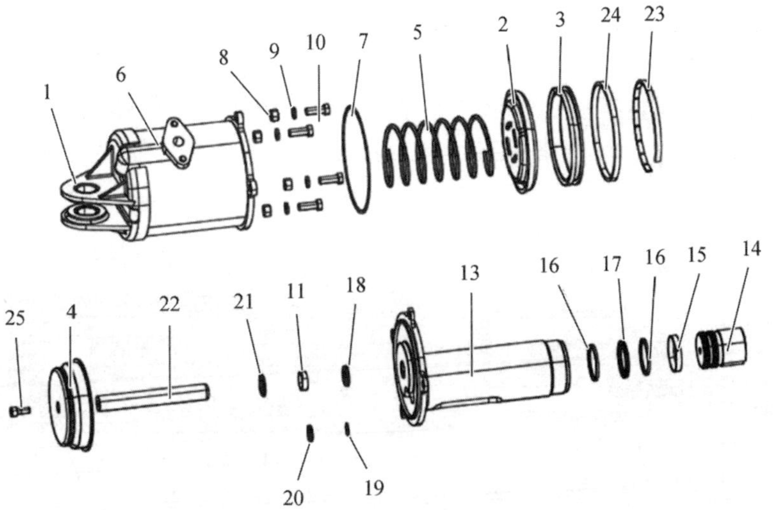

1—安装座；2—膜片；3、11、15—支撑环；4—制动缸活塞；5—缓解弹簧；6—缸体；7—密封垫；8—螺母；9—弹性垫圈；10—螺栓；12—胶泥；13—缸盖；14—增力缸活塞；16—方形同轴密封件；17、18—密封圈；19—滤尘网；20—定位套；21—阶梯形同轴密封件；22—活塞杆；23—毡托组成；24—润滑套；25—螺钉。

图 2-1-35　DAB 型单元制动缸分解图

1. 制动缸

制动缸主要由缸体、缸盖、制动缸活塞、增力缸活塞、活塞杆、活塞膜片、支撑环、润滑套、滤尘网、胶泥、支承环、缓解弹簧等组成，如图 2-1-36 所示。

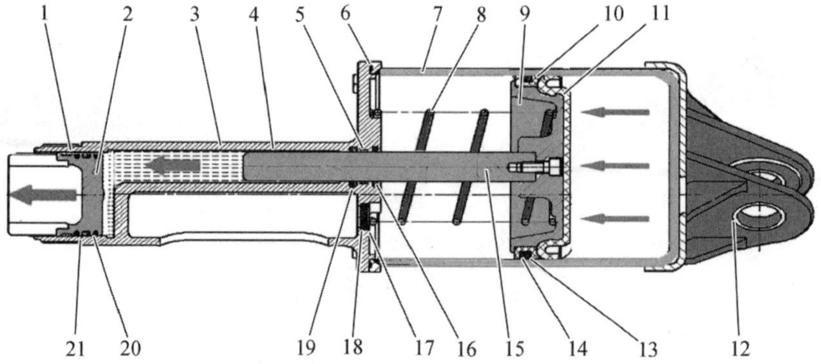

1、5、10—支承环；2—增力缸活塞；3—缸盖；4—胶泥；6—密封垫；7—缸体组成；8—缓解弹簧；9—制动缸活塞；11—活塞膜片；12—安装座；13—润滑套；14—毡托组成；15—活塞杆；16、21—同轴密封件；17—定位套；18—滤尘网；19、20—密封圈。

图 2-1-36　制动缸结构图

当车辆实施风制动时，压缩空气进入制动缸组成后腔，推动制动缸活塞和活塞杆向前运动并压缩缓解弹簧。前伸的活塞杆通过挤压胶泥将制动力等压强传递至增力缸活塞，根据液体等压强传递的特点，在压强相等的情况下，增力缸活塞面积大于活塞杆面积，从而放大制动力。

2. 闸调器

闸调器由螺杆、调整螺母、轴承、主弹簧、作用弹簧、复位弹簧、外套筒、限位筒、控制杆、套筒、伸缩杆、行程指示器、端盖及螺杆头等组成，如图 2-1-37 和图 2-1-38 所示。

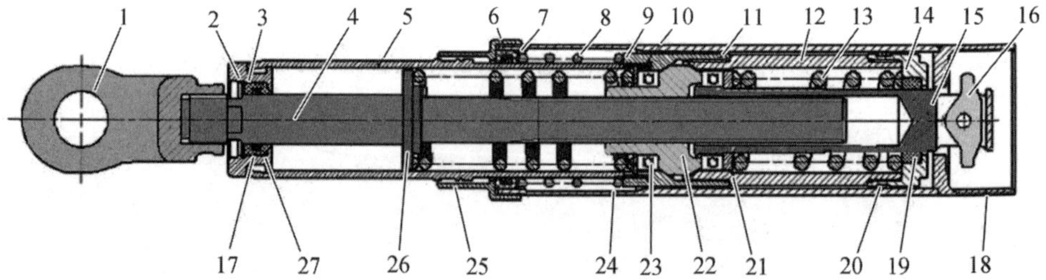

1—螺杆头；2、10、21、26—挡圈；3—端盖；4—螺杆；5—伸缩杆；6—密封圈；7、19、20、27—支承环；8—复位弹簧；9—作用弹簧；11—中套筒；12—前套筒；13—主弹簧；14—挡盖；15—拉杆；16—控制杆；17—挡键；18—限位筒；22—调整螺母；23—轴承；24—外套筒；25—行程指示器；28—密封圈。

图 2-1-37　闸调器结构图

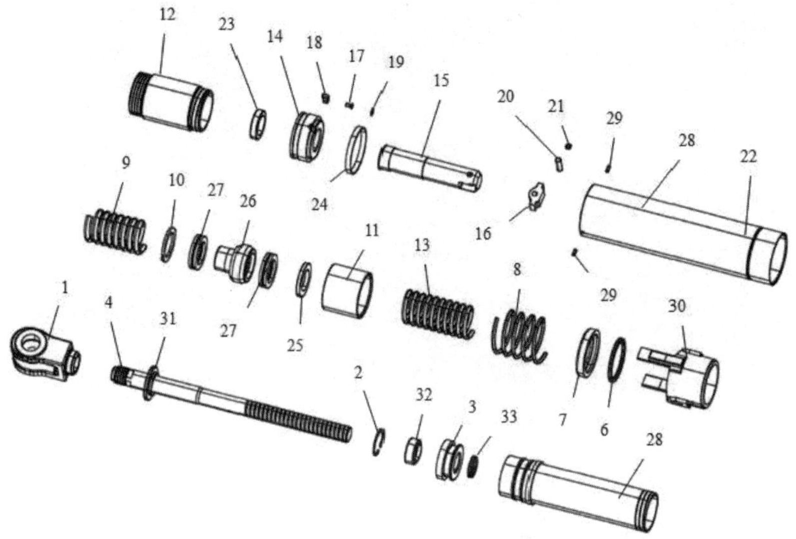

1—螺杆头；2、10、19、21、25、31—挡圈；3—端盖；4—螺杆；5—伸缩杆；6、33—密封圈；
7、23、24、32—支承环；8—复位弹簧；9—作用弹簧；11—中套筒；12—前套筒；13—主弹簧；
14—挡盖；15—拉杆；16—控制杆；17—螺钉；18—挡键；20—销；22—限位筒；
26—调整螺母；27—轴承；28—外套筒；29—止转销；30—行程指示器。

图 2-1-38　闸调器分解图

增力缸活塞推动闸调器整体前移并压缩复位弹簧，单元制动缸伸长，推动杠杆绕摇枕支点旋转，从而带动制动梁上的闸瓦移向车轮，当闸调器前移至控制杆与外套组成上的挡块接触后，控制杆将拉动拉杆压缩主弹簧，离合器 A 脱开，若此时闸瓦贴靠车轮，则调整螺母在车轮传递回来的反力及作用弹簧的共同作用下，离合器 B 锁死，从而形成稳定的制动状态。闸调器螺杆随闸瓦间隙的增大或减小自动伸长或缩短，从而保持制动缸活塞行程在规定范围内，如图 2-1-39 所示。

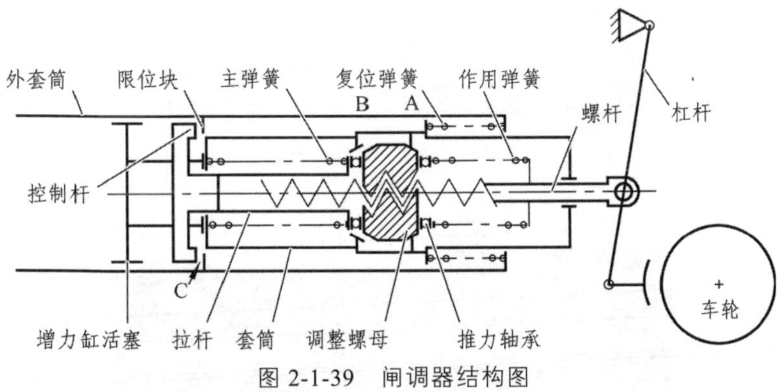

图 2-1-39　闸调器结构图

为便于活塞行程调整与判断，在闸调器端部上设计了制动缸活塞行程范围指示器。在外套筒上铆接有涂装为黄色的弹簧钢板行程指示器，伸缩杆上有 3 道凸起标志环带，依次涂装为红色、绿色、白色。检查人员在车辆两侧通过转向架侧架三角孔可观察活塞行程，如图 2-1-40 所示，通过观察制动缸行程指示器与行程标志环带相对位置，判断行程是否合格。

图 2-1-40　观察活塞行程

空车制动位：如图 2-1-41 所示，外套筒上的黄色行程指示器尾端应在伸缩杆上的绿色行程标志环带（第二道凸环）内；缓解位：如图 2-1-42 所示，黄色行程指示器的尾端应在伸缩杆上的白色缓解标志环带（第一道凸环）内；全制动位：如图 2-1-43 所示，黄色行程指示器尾端应在伸缩杆上的绿色、红色行程标志环带内。

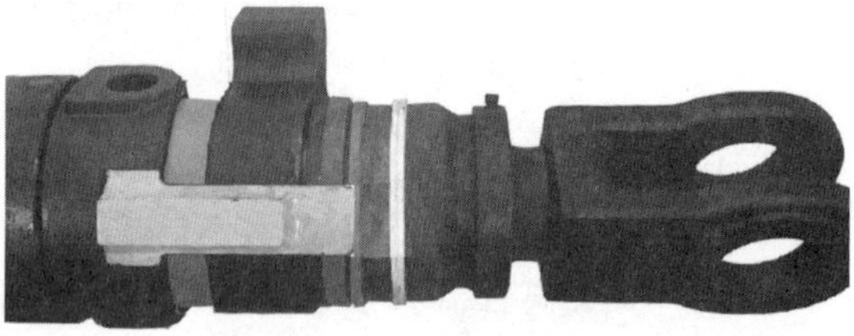

图 2-1-41　空车制动位置

图 2-1-42　缓解位置

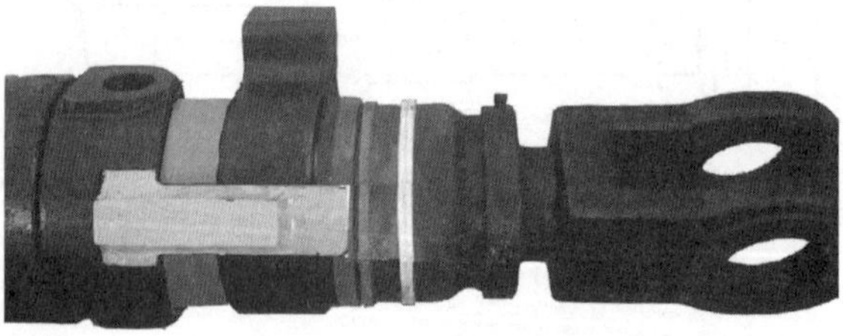

图 2-1-43　全制动位置

制动缸活塞在缸体内部，在外部无法观察到，因此制动缸活塞行程需要通过伸缩杆行程 S 来间接检测，伸缩杆行程 S 是伸缩杆相对行程指示器的位移。测量该值时，先在缓解位测量伸缩杆端部到行程指示器尾端长度值 S_1，然后在制动位测量伸缩杆端部到行程指示器尾端

长度值 S_2，S_2 减去 S_1 得出的差值即为伸缩杆行程 S，如图 2-1-44 所示，不同单元制动缸性能参数与尺寸见表 2-1-4。

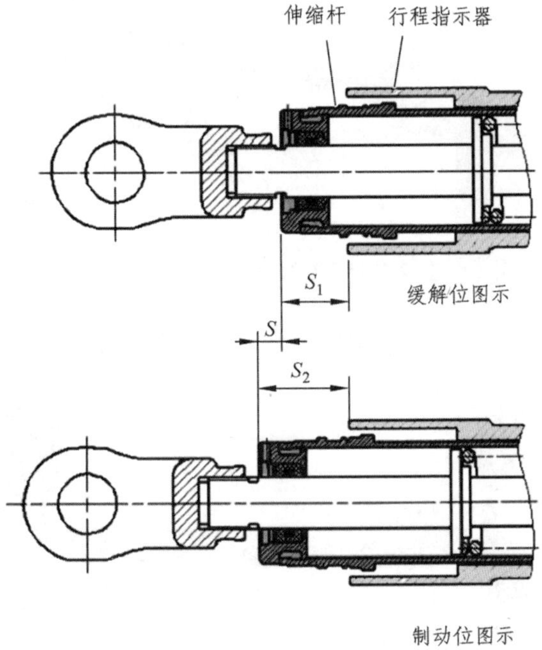

图 2-1-44　螺杆行程测量

表 2-1-4　制动缸性能参数和尺寸

序号	单元制动缸规格	制动缸活塞最大行程 /mm	制动缸活塞设定行程（空车位）/mm	伸缩杆最大行程 /mm	最大允许压缩力 /kN
1	5.4×178×120	160	80±10	29.5	130
2	6.3×178×120	160	80±10	25.5	130
3	7.2×178×120	200	100±10	28.0	130
4	8.2×178×120	200	100±10	24.5	130
5	9.2×178×120	220	110±10	24.0	130

3. 制动梁

DAB 型集成制动装置采用传统的 L-B 型组合式制动梁（C96 或者 C80E 采用 L-B1 型组合式制动梁），制动梁由制动梁架、支柱、左右闸瓦托、滑槽磨耗套等组成。制动梁为平直结构，制动梁支柱通过卡扣与制动梁架连接，闸瓦托通过两个安装孔用拉铆钉或小半圆头铆钉与制动梁架连接，如图 2-1-45 所示。L-B 型组合式制动梁为制动梁架采用整体热轧工艺、适应 840 mm 直径车轮，L-B1 型组合式制动梁为制动梁架采用整体热轧工艺、适应 915 mm 直径车轮。

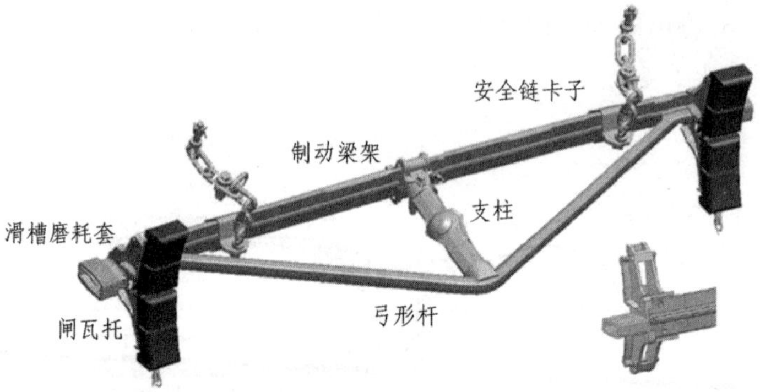

图 2-1-45　L-B 型组合式制动梁

DAB 型转向架集成制动装置分解图如图 2-1-46 所示。

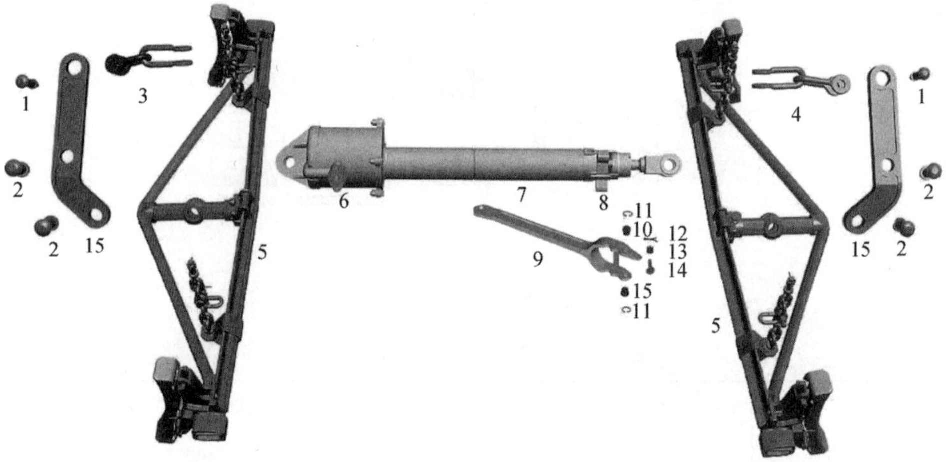

1、2—短尾拉铆钉；3—短蹄链环；4—长蹄链环；5—制动梁；6—增力型制动缸；7—压缩式闸调器；8—杠杆挡；9—手制动杠杆；10—右旋螺纹销轴；11—弹性挡圈；12—开口销；13—开槽螺母；14—防脱螺栓；15—左旋螺纹销轴。

图 2-1-46　DAB 型集成制动装置分解图

任务二　货车人力制动机

任务描述

在×××列检作业场调车作业完毕后，在送车过程中听见车辆走行部发生异音现象。检车员在检修过程中没有使用检车锤拉人力制动机轴链，也没有观察制动闸片是否离开车辆踏面，导致人力制动机不缓解然后产生异音现象。假如你是一位新入职的货车检车员，在列检作业场顶岗作业时，如何处理棘手的人力制动机故障，通过本任务的学习将给你答案。

任务目标

1. 知识目标

（1）掌握人力制动机其结构及各部分的主要作用；

（2）描述不同类别人力制动机的工作原理及检修方法。

2. 能力目标

（1）具备列检作业场制动检查、试风能力；

（2）具备人力制动机故障处理能力。

3. 职业素养目标

（1）安全第一、预防为主、严规细操；

（2）协作意识、环保意识、节约意识。

知识储备

手制动机是指装在车辆制动装置上，以人力作为产生制动力原动力的部分。它是用人力转动的手轮或手把，以代替压缩空气作用于制动缸活塞推力带动基础制动装置动作，使闸瓦压紧车轮，产生制动作用的一种装置。但其产生的制动力比空气制动时的制动力要小得多，制动过程也很缓慢，因此，只有在不能使用空气制动机的情况下才使用手制动机。

在调车作业时使用手制动机调整车速或停车，保证作业安全；当列车或车辆停放在有坡度的线路上时，用手制动机制动，防止列车或车辆溜走；在车站和专用线上施行手制动作用可防止车辆意外移动。

一、链条式手制动机

链条式手制动机，根据手制动轴的构造不同，可分为固定轴式和折叠轴式两种。

（一）固定轴链条式手制动机

固定轴链条式手制动机多使用在敞车、棚车、罐车等类的车辆上。我国现行的大部分货车都采用这种手制动机。其结构如图 2-2-1 所示。

手制动轴 3 的上部装有一个手制动手轮 1，在手制动轴中部稍下方设有手制动踏板 8，上面设有防止手制动轴逆转的手制动棘轮 4、棘子 6、棘子锤 5。手制动轴导架 2 能保持手制动轴正位，使其不致倾斜摇摆。手制动轴下方设有手制动轴托 10，以支承手制动轴。手制动轴的下端钻有一个透孔，用螺栓把手制动轴托和手制动轴链 11 连接在一起。

制动时，先将棘子锤压在棘子的外端，使棘子的内端卡在棘轮上，以防止手制动轴逆转。然后顺时针方向转动手轮，随着手制动轴转动，手制动轴链便卷在手制动轴上，拉动手制动拉杆 14，从而带动基础制动装置移动，使闸瓦压紧车轮产生制动作用。

缓解时，将棘子锤提起，使棘子内端离开棘轮，则手制动轴依靠其反拨力逆转，恢复到缓解位置。基础制动装置也在制动梁的自重作用下，使闸瓦离开车轮，制动装置处于缓解状态。

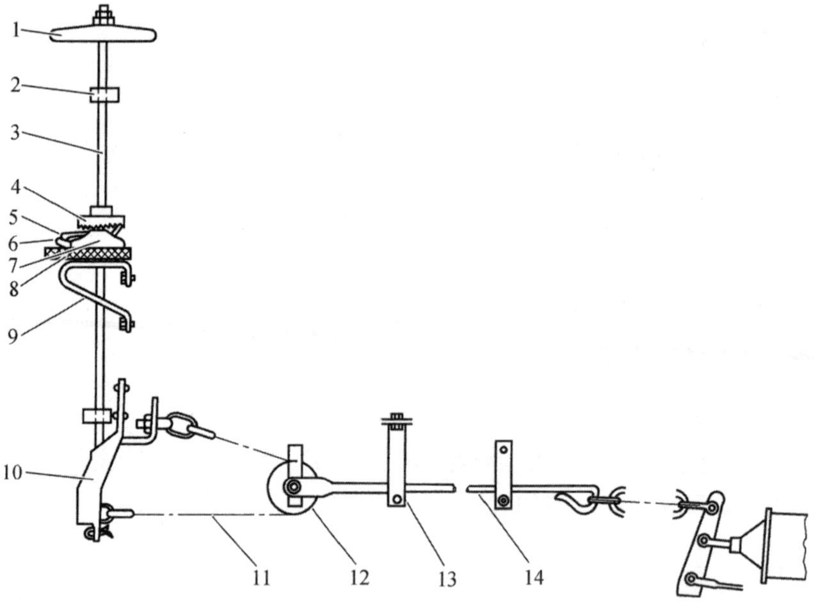

1—手制动手轮；2—手制动轴导架；3—手制动轴；4—棘轮；5—棘子锤 6—棘子；7—棘子托；8—踏板；9—手制动踏板托；10—手制动轴托；11—手制动轴链；12—链条滑轮；13—手制动拉杆托；14—手制动拉杆。

图 2-2-1　固定轴链条式手制动机

（二）折叠轴链条式手制动机

折叠轴链条式手制动机的构造如图 2-2-2 所示。它的手制动轴分上、下两段，用活节及

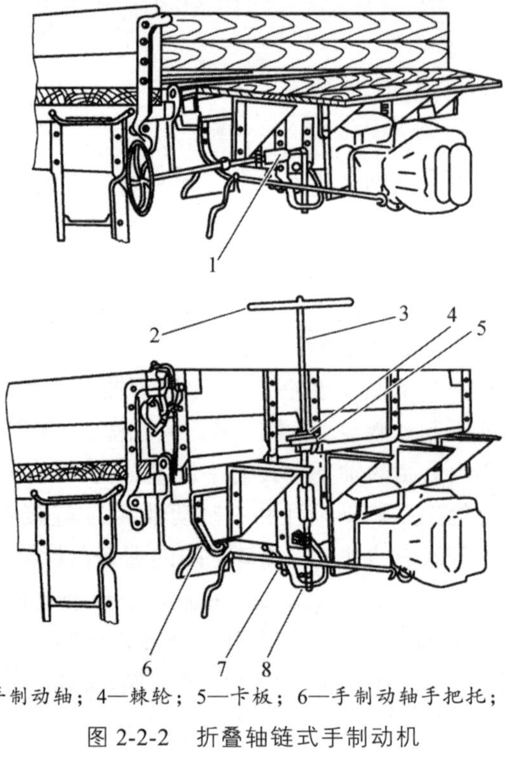

1—轴套；2—手轮；3—手制动轴；4—棘轮；5—卡板；6—手制动轴手把托；7—手制动链；8—轴托。

图 2-2-2　折叠轴链式手制动机

销子连接。使用时用轴套 1 将手制动轴上、下两段固定，不用时可将上段放倒，平置于手制动轴手把托 6 内，以免妨碍装卸货物和运送长大货物。

手制动轴上设有棘轮，与棘子组成防缓器，其作用和固定轴链条式手制动机一样，都是防止手制动轴逆转。使用时先将手制动轴竖起，并用轴套把上、下两段轴固定在一起，再用卡板将手制动轴卡住，确保其成直立状态。转动手轮即可起制动作用。

折叠轴链条式手制动机一般使用在装有活动端墙或端开门的货车上，如平车、砂石车等。

二、棘轮式手制动机

棘轮式手制动机只用在极少数的货车上，如 P14 型棚车和 B11 型保温车等，其构造如图 2-2-3 所示。

棘轮式手制动机通常安装在车辆的端部，外部为圆筒形，内部设有可以转动的轮轴 5，其中央部和手制动链 6 的一端连接，端部安装有棘轮 1，在棘轮止簧 4 的弹力作用下，缓解手把 3 的尖端（棘子）紧压棘轮，制动时起防止棘轮逆转的作用。在棘轮的另一侧安装有制动手把 2，棘轮外部设有盒盖 8，用螺栓将盒盖紧固在车体上。

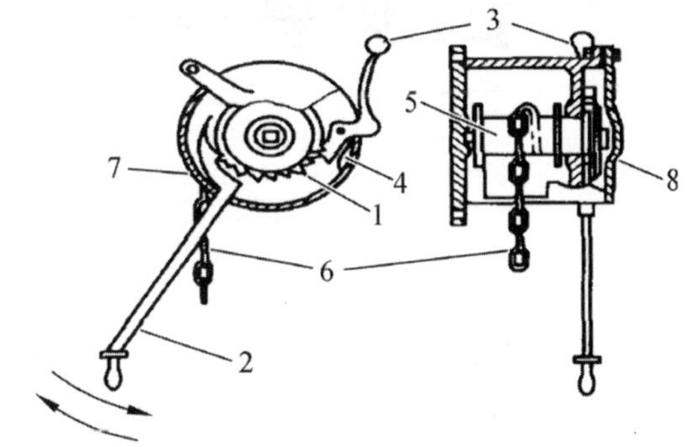

1—棘轮；2—制动手把；3—缓解手把；4—棘轮止簧；5—棘子轴；6—手制动链；7—盒体；8—盒盖。

图 2-2-3　棘轮式手制动机

制动时，上、下扳动制动手把 2，制动手把的尖端（棘子）拨动棘轮 1，棘轮轴随着转动，手制动链 6 缠绕在棘轮轴上，拉动基础制动装置移动，车辆产生制动作用。

缓解时，扳动缓解手把 3，使棘子离开棘轮，棘轮轴依靠反拨力自然逆转，松开手制动链起缓解作用。

三、螺旋式手制动机

使用螺旋式手制动机的车辆较少，只是在个别棚车和前苏联进口车上还装用，其构造如图 2-2-4 所示。

制动时，顺时针方向旋转手制动手轮 1，手制动轴 2 即随之转动，从而带动手制动螺母 5 向上移动，由螺母拉动连杆，依次拉动曲拐 7、手制动拉杆 8，带动基础制动装置移动使闸瓦压紧车轮，车辆产生制动作用。

缓解时，反向转动手轮，手制动轴反向转动，使螺母向下移动，基础制动装置恢复原位，车辆恢复缓解状态。

四、FSW 型手制动机

（一）FSW 型手制动机的构造

FSW 型手制动机是近几年研制的新型货车制动机，目前装用在 C_{63A} 型敞车和部分厂矿企业自备车上。

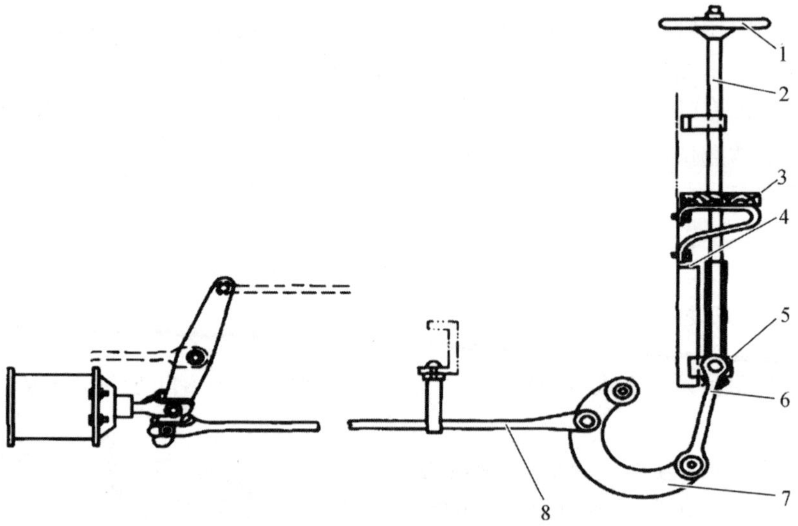

1—手制动手轮；2—手制动轴；3—手制动踏板；4—螺母导板；5—手制动螺母；6—手制动连杆；7—曲拐；8—手制动拉杆。

图 2-2-4　螺旋式手制动机

FSW 型手制动机由手轮、主动轴、卷链轴、手柄、底座、箱壳等组成，如图 2-2-5 所示。手轮直径为 560 mm，由厚 4 mm 的钢板压制而成，它与轮毂焊接在一起。

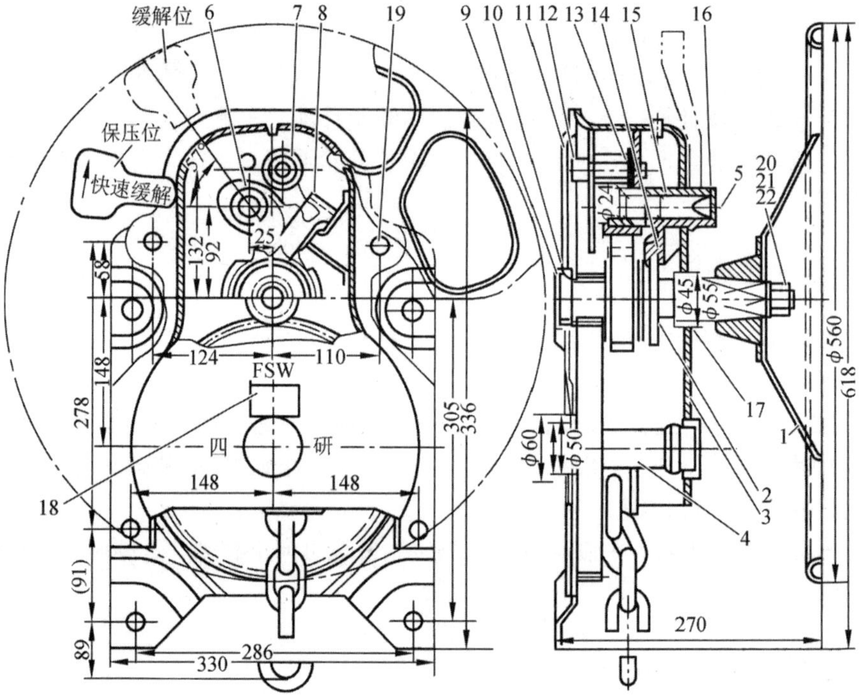

1—手轮组成；2—主动轴组成；3—箱壳组成；4—卷链轴组成；5—油杯；6—开闭挡；7—推柄；8—棘舌；9—轴承座；10—轴承（1）；11—底座；12—轴（1）；13—弹簧；14—扇形轮；15—轴（2）；16—手柄；17—轴承（2）；18—产品名牌；19—铆钉；20—垫圈；21—螺母；22—开口销。

图 2-2-5　FSW 型手动机

底座与箱壳均由厚 6 mm 的钢板压制，二者以 4 个 ϕ12 mm 的铆钉连接。箱壳上压有产品型号、制造厂代号、“制动”和“缓解”等永久标记。手柄为铸钢件，铸有“快速缓解”标记。手柄焊于轴 2 上，轴 2 上装有扇形轮。

卷链轴上焊有大齿轮和导板，并铆有材质为 20 Mn 的链条。为了扩大手制动倍率，轴上开有两个卷链条的凹槽，以缩小制动时链条中心至轴中心之间的距离。大齿轮有 50 个齿，系短齿齿轮。

主动轴上的六棱柱部分套有离合器，圆柱部分套有控制轮、止动轮、棘轮、摩擦片、小齿轮，端部焊有端轴。控制轮和止动轮间用圆柱销连接。控制轮上有梯形阴螺纹，小齿轮上有梯形阳螺纹，它们可夹紧位于这两者之间的止动轮、摩擦片和棘轮。主动轴组成与棘舌（掣子）相结合，成为一种棘轮摩擦式锥形制动器。这种制动器在棘舌不脱开的情况下，允许主动轴正转、反转和保持制动力。离合器中心有六方孔，端面有 6 个凸爪，当离合器闭合时，凸爪插入控 制轮的凸窝中。在小齿轮、摩擦片、棘轮和止动轮相互接触面上都有圆锥角。棘轮有 15 个齿，小齿轮齿数为 8，系短齿齿轮。主动轴组成零件中，除摩擦片材质是 QSn6.5-0.1 外，其余均为锻钢件。

（二）FSW 型手制动机的作用原理

FSW 型手制动机具有制动、阶段缓解和快速缓解等 3 种功能，并具有省力，操作简便，一手扶托，单手操作，安全性好的优点。其动作原理如下：

1. 制 动

手柄处于保压位，这时扇形轮将离合器拨向左侧，使其与控制轮闭合；开闭挡处于图 2-2-5 所示的位置，棘舌受开闭挡限制，可沿斜面往复滑动。它只允许棘轮顺时针方向转动。在手轮上顺时针方向施加力矩时，借助控制轮与小齿轮之间的连接，将这两个零件之间的其他零件夹紧，并顺时针方向转动。小齿轮带动大齿轮，再带动卷链轴，将链条提升，产生制动作用。当取消力矩时，由于棘轮在保压位不能逆时针方向转动，借助棘轮与摩擦片之间的摩擦力作用，链条的拉力不能使小齿轮逆时针方向转动。这种摩擦力随着手轮力矩，即随链条拉力的增加而增加，可以有效地起制动保压作用。

2. 阶段缓解

手柄处于保压位时，当手柄沿逆时针方向施加力矩（其值略小于制动力矩）时，控制轮逆时针方向转动，它与小齿轮之间的螺纹连接松开，棘轮与摩擦片之间的摩擦力减小，这时虽然棘轮不能逆时针方向转动，但在链条拉力的作用下，小齿轮可以克服摩擦力而逆时针方向转动，产生阶段缓解作用。实际上，小齿轮与控制轮是同步地逆时针方向转动，并随时夹紧棘轮等零件。所以取消力矩时，仍有保压作用。

3. 快速缓解

手柄由保压位沿顺时针方向推向缓解位，首先，扇形轮将离合器拨向右侧，使之与控制轮脱开，然后轴 2 带动开闭挡顺时针方向转动，使开闭挡不再阻止棘舌的往复摆动，棘轮可逆时 针方向转动。小齿轮在链条拉力作用下，逆时针方向迅速转动，实现快速缓解。由于离合器已提前与控制轮脱开，所以小齿轮至控制轮之间的各零件逆时针方向转动，离合器与手轮静止不动。这对操作人员的安全有利。

为了防止缓解后逆时针方向转动手轮而拉紧链条产生制动作用，在箱壳内焊有挡架。该挡架不影响顺时针方向转动手轮时链条在轴上的缠绕，但手轮逆时针方向转到某一位置时，链条会被挡住，以起到防护作用。

（三）FSW 型手制动机的主要参数

FSW 型手制动机的主要技术参数如表 2-2-1 所示。

表 2-2-1　FSW 手制动机的主要技术参数

主要参数		主要参数	
手轮直径/mm	560	最大长度（不包括链条）/mm	618
卷链轴直径/mm	38	最大宽度/mm	560
制动倍率	约 42	最大高（厚）度/mm	270
输入力/N	556	质量/kg	39
输出力/kN	10		

FSW 型手制动机的制动倍率的计算方法如下：已知手轮直径为 560 mm，卷轮轴直径为 38 mm，链条缠绕后其中心线距卷轮轴的中心线的距离为 42 mm，大、小齿轮的齿数分别为 50 和 8，由此得出自手轮至链条的手制动机制动倍率为

$$\beta = \frac{560}{2\times 42}\times\frac{50}{8} = 41.7 \approx 42$$

当链条落入卷链轴上的凹槽时，链条中心线距卷链轴的中心线的距离要小于 42 mm，此时的制动倍率要大于 42。

五、NSW 型手制动机

NSW 型手制动机是在 FSW 型手制动机的基础上经局部改进而成的。它保留了 FSW 型手制动机的优点，简化了结构，增设了闭锁装置。有较好的防溜功能，提高了车辆停放安全性。该手制动机具有制动力大、结构紧凑、质量轻等优点，适用于各种铁路货车，尤其适合安全装在平车和集装箱车上。

（一）构　造

NSW 型手制动机由手轮、主动轴、卷链轴、功能手柄、棘轮、大齿轮、小齿轮、离合器、键轮、链条、锁闭结构、底座、箱壳等组成，如图 2-2-6 所示。其中小齿轮、键轮采用模锻方法制作，大齿轮、棘轮等零件采用精铸方法制作，箱壳、底座以及手轮用钢板压制成型。其手轮上印有“制动”和“缓解”等方向指示标记。

（二）作　用

NSW 型手制动机具有制动、缓解、调力制动和锁闭等 4 种功能。

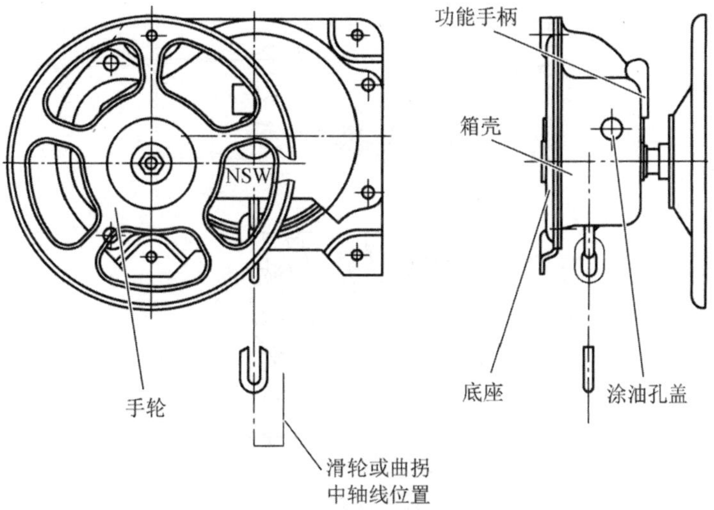

图 2-2-6　NSW 手制动机

1. 制动功能

将功能手柄指向“常用”位指示标记，顺时针方向转动手轮。

2. 缓解功能

将功能手柄指向“常用”位指示标记，逆时针方向转动约 30°。

3. 调力制动功能

先将功能手柄指向“常用”位指示标记，顺时针方向转动手轮至链条上产生一定的拉力，将功能手柄拨向“调力”位指示标记，之后顺时针方向转动手轮则增大制动力。逆时针方向转动手轮则减少制动力。此时，手不能离开手轮。

4. 锁闭功能

利用三角钥匙在实现制动后，顺时针方向转动实现缓解功能锁闭，逆时针方向转动三角钥匙则解除缓解功能锁闭。

六、脚踏式制动机

（一）脚踏式制动机的结构

脚踏式制动机的外观及在车辆上的位置如图 2-2-7 所示。脚踏式制动机构造以及原理如图 2-2-8 所示。脚踏式制动机是通过杠杆传动机构、绕链机构、锁紧及缓解机构三组部件装配在壳体内外来实现的，杠杆传动机构是杠杆的一端铰接可调拉杆再铰接绕链棘爪，杠杆以中间销孔为支点与壳体上的耳子铰接。平时杠杆在可调拉杆及绕链棘爪等零件的重力作用下，保持 33°的待脚踏的工作角度；绕链机构是由绕链轮、重锤连块和绕链一起穿在绕链轴上，轮与轴用键固定，只有重锤链块可在轴上灵活转动，重锤链块又与绕链棘爪另一销孔铰接，整个机构与壳体以滑动轴承的形式相连。

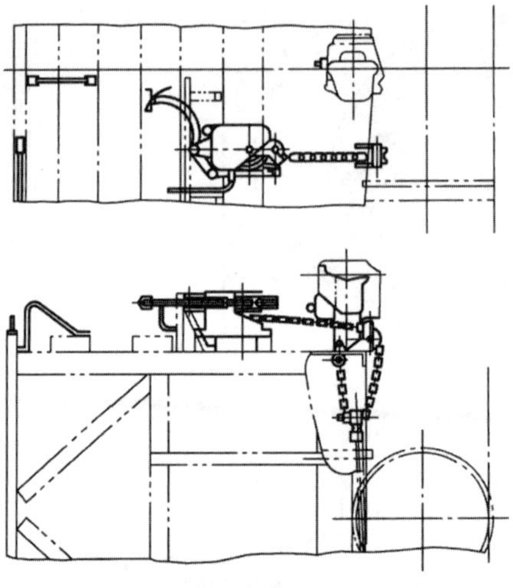

图 2-2-7　脚踏式制动机安装位置

可调拉杆与绕链棘爪的部分重量及本身重心位置决定了重锤连块必然紧靠在壳体限定块 F 处止动。绕链棘爪紧卧在重锤连块内的限位销上，使棘爪不接触绕链棘轮，但又与其保持最小间隙，随时等待作用与棘轮；锁紧及缓解机构是以壳体内耳子为铰点的缓解杆及其本身又铰接两个带有重锤的锁紧棘爪所构成，缓解杆在自重作用下落在壳体另一个限位块 E 处向下止动，保持着棘爪与棘轮的相关位置。两锁紧棘爪在自重与缓解杆的限定下，总有一个能卡在棘轮上，不抬起缓解杆，棘轮只能朝一个方向旋转。

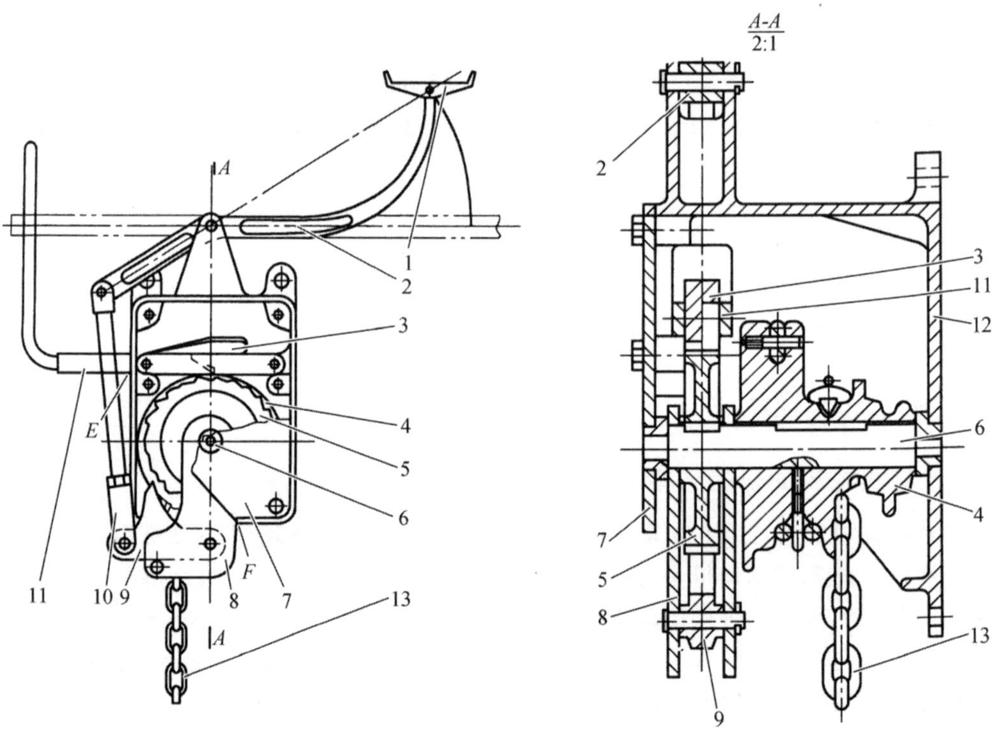

1—脚蹬；2—脚踏杠杆；3—锁紧棘爪；4—绕链轮；5—棘轮；6—轴；7—盖；8—重锤连块；9—绕链棘爪；10—拉杆；11—缓解杆；12—壳体；13—制动链环。

图 2-2-8　脚踏式制动机结构图

（二）工作原理

作业时，操作脚踏杠杆，杠杆拉动可调拉杆，带动绕链棘爪，棘爪以重锤链块上的铰点为轴稍加转动（设计转角为 3°）便卡住绕链棘轮。棘轮、棘爪在重锤链块链接之下成为一个整体，每踏动杠杆一下，绕链轮和轴就转动 30°，同时锁紧棘爪在棘齿的撞击下跳动，停止转动时，棘爪卡住棘轮防止倒转。当操作者抬起右脚时，杠杆又恢复到 33°的待脚踏的工作角度。不停地踏动杠杆，绕链轮就不断地将链环绕紧，直至实现车辆制动。缓解时，只需向上提一下缓解杆，棘爪脱离棘轮，链轮逆转，此时整个机构迅速处于缓解状态。

任务三　制动缸活塞行程调整

任务描述

××××年 11 月 3 日，××局 ××线 ××次列车到达 ××站后司机反映制动力偏弱，列检排查后扣车 6 辆。问题发生后，车辆部进行了现场调查，11 月 8 日调查组对×××公司、××局 ××车辆监造项目部进行了深入剖析检查，发现 6 辆故障车的制动缸后杠杆支点座的安装位置均与设计图纸不符。假如你是一位新入职的企业质检员，工艺产品质量关乎企业的生命线，练就过硬的专业知识和技能将为你从事的职业保驾护航，避免故障发生。

任务目标

1. 知识目标

（1）制动缸活塞行程调整的意义；

（2）会调整制动缸活塞行程。

2. 能力目标

（1）具备货车检车员应急故障处理能力；

（2）具备制动力不正常原因分析和处理故障能力。

3. 职业素养目标

（1）安全第一、预防为主、严规细操；

（2）协作意识、环保意识、节约意识。

知识储备

一、制动缸活塞行程调整的意义

制动缸活塞行程，是指制动时制动缸活塞所移动的距离，这个距离是由 3 个方面产生的：其一是缓解状态下的闸瓦间隙；其二是各传动杠杆销接处各圆销与圆销孔之间的间隙；其三是基础制动装置各种杆件在制动时产生的弹性变形，其中闸瓦间隙的变化影响最大。

制动缸活塞行程的长短与制动力有密切的关系。当施行制动作用时，在相同的列车管减压量下，活塞行程过长时，制动缸容积增大，副风缸与制动缸的计算容积比减小，制动缸的空气压力就要降低，从而使制动力减小，延长制动距离，影响行车安全。反之，当制动缸活塞行程过短时，制动缸压力就会增大，容易抱死车轮，造成车轮踏面擦伤。而且，在列车中，如果各车辆的制动缸活塞行程长短相差过大时，还会使各车辆的制动力相差悬殊，从而增加列车的纵向动力作用。

此外，制动缸活塞行程超长还会造成基础制动装置的作用不正确，从而使制动缸前杠杆和制动缸后杠杆的斜度扩大，产生杠杆与托架相抗的现象，即所谓的抗托现象。由于抗托从而降低制动效果，甚至无制动力。

制动缸活塞行程超长的危害很大，一些事故，如冒进、放飏、闸件脱落等都与制动缸活塞行程有关。因此，在运用中必须及时地对变化了的制动缸活塞行程进行适当的调整，使之保持在规定的范围内（表 2-3-1 是《技规》第 209 条对车辆制动缸活塞行程规定的运用限度）。另外，应尽快地使用闸瓦间隙自动调整器，从根本上解决制动缸活塞行程自动调整的问题。

表 2-3-1　制动缸活塞行程运用限度表　　单位：mm

<table>
<tr><th colspan="3">项目名称</th><th>运用限度</th></tr>
<tr><td colspan="3">复式闸瓦客车</td><td>175 ~ 205</td></tr>
<tr><td rowspan="9">单式闸瓦货车</td><td colspan="2">K1、K2、双 K2 型</td><td>130 ~ 180</td></tr>
<tr><td rowspan="2">GK、103 型
（无闸调器）</td><td>空车位</td><td>85 ~ 135</td></tr>
<tr><td>重车位</td><td>110 ~ 160</td></tr>
<tr><td rowspan="2">GK、120 型
（有闸调器）</td><td>空车位</td><td>110 ~ 116</td></tr>
<tr><td>重车位</td><td>115 ~ 135</td></tr>
<tr><td rowspan="2">103 型
（有闸调器）</td><td>空车位</td><td>115 ~ 160</td></tr>
<tr><td>重车位</td><td>125 ~ 145</td></tr>
<tr><td rowspan="2">装 254×254 密封制动缸
（有闸调器）</td><td>空车位</td><td>125 ~ 160</td></tr>
<tr><td>重车位</td><td>130 ~ 160</td></tr>
</table>

二、货车制动缸活塞行程的调整

没有安装闸瓦间隙自动调整器的货车，采用人工的方法调整制动缸活塞行程。即根据基础制动装置的杠杆传动原理，变更各拉杆的连接长度连接位置，以获得调整闸瓦间隙和制动缸活塞行程的目的。

（一）调整部位和方法（见图 2-3-1）

（1）调固定支点：向外调时，活塞行程缩短；向内调时，活塞行程伸长。

（2）调上拉杆：向内调时，活塞行程缩短；向外调时，活塞行程伸长。

（3）调下拉杆：向外调时，活塞行程缩短；向内调时，活塞行程伸长。

（4）调连接拉杆：向内调时，活塞行程缩短；向外调时，活塞行程伸长。

（5）调制动缸后杠杆托：向外调时（即向离开制动缸的方向移动），活塞行程缩短；向内调时（即向靠近制动缸方向移动），活塞行程伸长。

（6）更换新闸瓦：用新闸瓦更换磨耗到限的闸瓦时，制动缸活塞行程缩短。

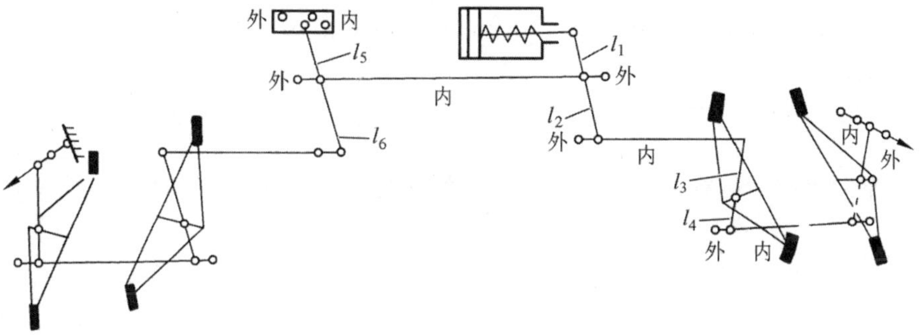

图 2-3-1　货车货车制动缸活塞行程调整示意图

（二）制动缸活塞行程调整量的计算

调整各拉杆的销孔位置对制动缸活塞行程的影响，可通过计算的方法求出。

设 h 表示调整销孔间的孔距，ΔL 表示制动缸活塞行程的变化量，根据计算简图 2-3-2，可列出下列公式：

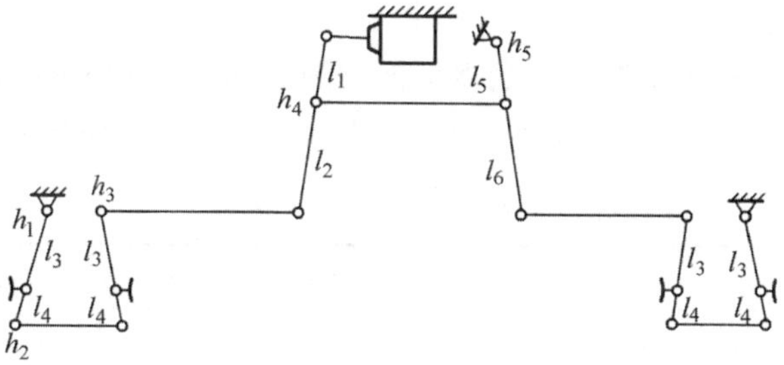

图 2-3-2　制动缸活塞行程调整量的计算简图

（1）调整固定杠杆支点孔距 h_1 时，活塞行程的改变量ΔL_1如下：

Ⅰ位，下拉杆移动量为上拉杆移动量为 $\dfrac{l_4}{l_3}h_1$，所以活塞行程变化量 $\Delta L_1=\dfrac{l_1}{l_2}h_1$。

因此可见调其一部分销孔距离 h，活塞行程变化量为自活塞杆起，主动力臂积与从动力积的比值与调整销子孔距的乘积，即 $\Delta L_1=\dfrac{l_1}{l_2}\cdot\dfrac{l_4}{l_3}\cdot\dfrac{l_3}{l_4}h_1=h_1\dfrac{l_1}{l_2}$。

Ⅱ位，$\Delta L_1=\dfrac{l_1+l_2}{l_2}\cdot\dfrac{l_5}{l_5+l_6}\cdot\dfrac{l_3}{l_4}\cdot\dfrac{l_4}{l_3}\cdot h_1=h_1\cdot\dfrac{l_1}{l_2}\left(由\dfrac{l_1}{l_2}=\dfrac{l_5}{l_6}可得\dfrac{l_5}{l_5+l_6}=\dfrac{l_1}{l_1+l_2}\right)$由此调整Ⅱ位同一部位相同销孔，制动缸活塞行程变化量相同。以下只列一个部位计算式。

（2）调整下拉杆孔距 h_2 时，活塞行程的改变量 ΔL_2 为

$$\Delta L_2=\frac{l_1}{l_2}\cdot\frac{l_3}{l_4}h_2$$

（3）调整上拉杆孔距 h_3 时，活塞行程的改变量 ΔL_3 为

$$\Delta L_3 = \frac{l_1}{l_2} h_3$$

（4）调整连接拉杆支点孔距 h_4 时，活塞行程的改变量 ΔL_4 为

$$\Delta L_4 = \frac{l_1 + l_2}{l_2} h_4$$

（5）调整制动缸后杠杆托支点孔距 h_5 时，活塞行程的改变量 ΔL_5 为

$$\Delta L_5 = \frac{l_1 + l_2}{l_2} \cdot \frac{l_6}{l_5 + l_6} h_5 = h_5$$

（6）更换新闸瓦一块时，制动缸活塞行程的改变量 ΔL_6 为

$$\Delta L_6 = \frac{l_1}{l_2} \cdot \frac{l_3 + l_4}{l_4} \cdot \frac{\Delta u}{2} = \frac{1}{2} \beta_z \cdot \Delta u = 15\beta_z = 3.75\beta$$

式中　β_z——制动缸到任一轴的制动倍率；

$\frac{\beta_z}{2}$——制动缸到任一车轮的制动倍率；

β——车辆制动倍率；

Δu——更换一块闸瓦时闸瓦间隙的改变量，新闸瓦的厚度为 40 mm，运用到限厚度为 10 mm，更换一块新闸瓦 Δu 等于 30 mm。货车制动缸活塞行程调整尺寸如表 2-3-2 所示。

表 2-3-2　货车制动缸活塞行程调整尺寸

调整部位	各种货车每调整 1 孔制动缸活塞行程变化量/mm				
	载重 40 t	载重 50 t	载重 50 t 进口罐车	载重 60～65 t	S_{11} 型守车
固定杠杆支点	28～31	28～35	29～44	30～32	25
上拉杆	25～37	27～40	52～62	47～40	35
下拉杆	58～77	78～99	125～155	80～90	80
连接拉杆	73～58	70～110		90～110	90

注：制动缸后杠杆托，一般斜调 1 孔，制动缸活塞行程变化 25 mm，直调 1 孔，行程变化 50 mm。

任务四　ST 型双向闸瓦间隙自动闸调整器

任务描述

××××年 12 月 28 日 23 时 55 分，瓦日线×××次（×××机务段 HXD2 型×××号，××机务段值乘）××站通过时，车站发现机后第 3 位（NX70A-×××）运行右侧走行部冒

零星火花，0 时 07 分到达×××站，2 时 40 分将该车辆甩车后开车，影响本列 2 小时 33 分。根据《铁路交通事故调查处理规则》第十五条规定，构成铁路交通一般 D21 事故。假如你是一位新入职的货车检车员，在作业现场如何处置列车故障，通过本任务的学习你会掌握这个能力。

任务目标

1. 知识目标

（1）ST 型闸调器的结构及作用；

（2）ST 型闸调器正常间隙、间隙过大、间隙过小的动作过程。

2. 能力目标

（1）具备货车检车员应急故障处理能力；

（2）具备制动钳工处理闸调器常见故障能力。

3. 职业素养目标

（1）安全第一、预防为主、严规细操；

（2）协作意识、环保意识、节约意识。

知识储备

一、ST 型双向闸瓦间隙自动闸调整器概述

（一）ST 型闸调器的功用

（1）车辆经过长时间的运用，由于磨耗，使闸瓦间隙增大。

（2）若闸瓦间隙过大，则在制动时要使制动缸活塞行程变长，从而使制动缸压力降低，因制动力不足而延长制动距离，使列车的行车安全得不到保证。

（3）闸瓦磨耗到限时要更换新闸瓦，使闸瓦间隙减小，从而使制动活塞行程变短。若制动缸活塞行程过小，则在制动时就可能由于闸瓦压力过大而使闸瓦抱死车轮，车轮就会在钢轨上滑行而擦伤车轮踏面，同样也会延长制动距离。

（4）若同一列车中的各车辆制动缸活塞行程大小相差过大，则不但会使各车辆的制动力相差过大，而且会引起各车辆的制动与缓解时间的不一致，从而增大列车的纵向冲动。

（5）因此要对制动缸活塞行程规定一个范围，若超限则必须进行调整。

（二）闸瓦间隙自动调整器的优点

（1）能根据闸瓦与车轮踏面间隙的变化，使制动缸活塞行程自动地保持在规定的范围内，保证车辆具有足够的制动力。

（2）在同一列车中能使各车辆的制动缸活塞行程自动地保持一致，减小列车制动时的纵向冲动。

（3）取消了人工调整制动缸活塞行程，可减轻列检人员的体力劳动及缩短列车的技检作业时间。

（4）节省列车压缩空气的消耗。

（三）ST 系列双向闸瓦间隙自动闸调器

ST 型闸调器是我国自行设计生产的，适用于客货车辆。ST 型闸调器是双向调整闸调器，分为 ST_1-600 型双向闸调器和 ST_2-250 型双向闸调器两种。两种闸调器的构造作用原理都一样，其区别是安装的位置不同和螺杆的工作长度不同。ST_1-600 型双向闸调器的螺杆工作 长度为 600 mm，ST_2-250 型双向闸调器的螺杆工作长度为 250 mm。ST 型闸调器具有以下特点：

（1）ST 型闸调器具有双向调整作用。车辆运行中，无论闸瓦与车轮的间隙偏大或偏小，它都能自动地调整制动缸活塞行程达到正常间隙，使制动缸活塞行程保持在规定的范围内。

（2）采用非自锁螺纹式机械结构，作用比较可靠，机构紧凑，而且动作较迅速，对空气制动又没有干扰。

（四）ST_1-600 型双向闸瓦间隙自动调整器的主要技术参数（见表 2-4-1）

表 2-4-1　闸调器主要技术参数

最大调整长度（螺杆工作长度）	螺杆一次最大伸长量	螺杆一次最大缩短量	螺杆螺距	螺杆导程	许用负荷	最大长度	最小长度	外体直径	本体部分质量
600 mm	30 mm	135 mm	7 mm	28 mm	78.4 kN	2 566 mm	1 966 mm	100 mm	33 kg

（五）安装位置与组成

ST_1-600 型闸调器安装在基础制动装置的 1 位上拉杆处，如图 2-4-1 所示。其左端与改短的上拉杆相连，右端与制动缸前杠杆相连。在制动作用的过程中它能依据闸瓦间隙的变化，自动地伸长或缩短，从而使制动缸活塞行程保持在规定的范围内，所以闸调器实际上就是一根能自动伸缩的上拉杆。

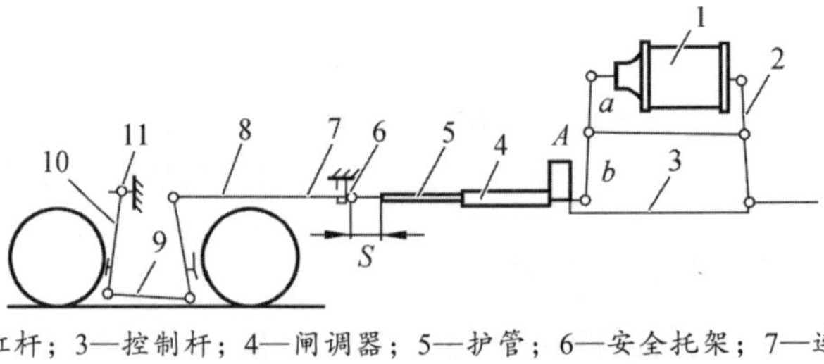

1—制动缸；2—制动缸后缸杆；3—控制杆；4—闸调器；5—护管；6—安全托架；7—连接螺母；8—上拉杆接杆；9—下 1 拉杆 10—固定杠杆；11—固定杠杆支点；A—控制距离；S—螺杆工作长度。

图 2-4-1　ST_1-600 型闸调器在车辆上的安装

ST_2-250 型闸调器安装在基础制动装置的连接拉杆处，如图 2-4-2 所示。闸调器的右端与制动缸后杠杆相连，左端与制动缸前杠杆相连。相当于一根能自动伸缩的连接拉杆。

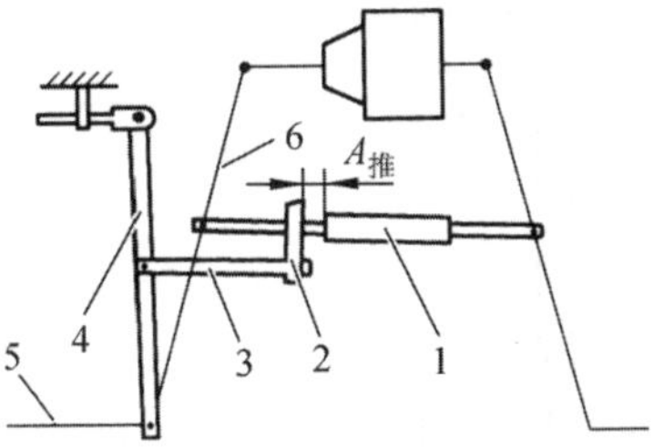

1—调整器；2—控制杆头；3—控制杆；4—控制杠杆；5—上拉杆；6—制动缸前杠杆。

图 2-4-2　ST_2-250 型闸调器在车辆上的安装

（六）闸调器控制距离

制动缸活塞行程的大小与控制杆头的位置有关，在正常缓解状况下，闸瓦与车轮之间的间隙正常时，控制杆头与闸调器体后盖之间有一个适当的距离，这个距离称为控制距离，一般用“A”表示。A 值越大，制动缸活塞行程越长；A 值越小，制动缸活塞行程越短。由于控制方式不同，A 值也不同。我们一般用“$A_{推}$”表示推杆式控制机构的控制距离，“$A_{杠}$”表示杠杆式控制机构的控制距离。从理论计算可得到控制距离 A 值的计算公式如下：

$$A_{推}=\delta\cdot 2\beta_1\cdot\frac{b}{a}\quad(\text{mm}) \tag{2-4-1}$$

$$A_{杠}=\delta\cdot 2\beta_1\cdot(b-c)\ /(a+c)\quad(\text{mm}) \tag{2-4-2}$$

式中　δ——闸瓦与车轮踏面间的平均间隙（mm）；

β_1——一个转向架的制动倍率；

a——制动缸前杠杆主动臂长（mm）；

b——制动缸前杠杆从动臂长（mm）；

c——杠杆式控制机构的连接杆与制动缸前杠杆连接点到制动缸前杠杆连接连接拉杆支点的距离（mm）。

因为在缓解状况下制动缸杠杆处于自由状态，A 值不易测量准确，为此在制动时测量制动缸活塞行程，再推算 A 值较为准确，而且容易调整。A 值推算的经验公式如下：

$$A_{推}=(S_{标}-S_{弹})\cdot b/a-(\delta_2+\delta_3)\ (\text{mm}) \tag{2-4-3}$$

$$A_{杠}=(S_{标}-S_{弹})\cdot(b+c)/(a+c)-(\delta_2+\delta_3)\ (\text{mm}) \tag{2-4-4}$$

式中　$S_{标}$——制动缸活塞标准行程[（125　+10）mm]；

$S_{弹}$——制动时，杠杆系统的弹性变形及圆销孔间隙使制动缸活塞行程增长的值，空车取 15 ~ 20 mm；

δ_2、δ_3——闸调器内离合器的周向间隙，分别取 3 mm 和 2 mm；

a、b、c——制动缸杠杆的臂长（mm），与公式（2-4-2）相同。

ST-600 结构组成

（七）闸调器的构造

闸调器本体部分的结构如图 2-4-3 和图 2-4-4 所示。

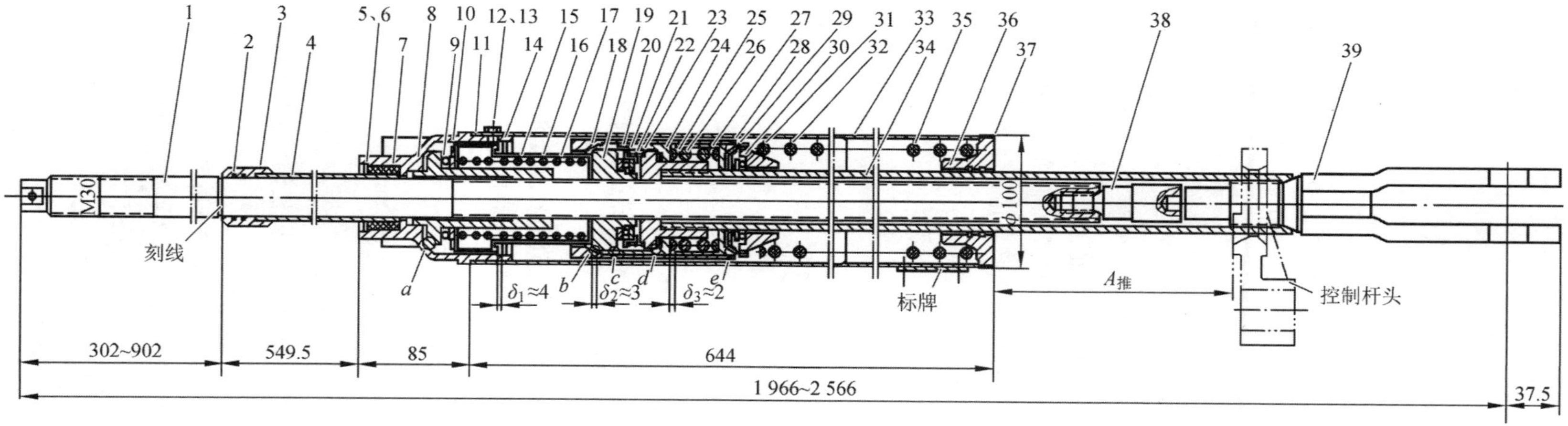

1—螺杆；2—密封圈；3—护管头；4—护管；5—孔用弹性挡圈；6—垫圈；7—橡胶密封圈；8—前盖；9—轴承；10—弹簧盒盖；11—弹簧盒中节；12—螺钉；13—弹性垫圈；14—孔用弹性挡圈；15—弹簧盒座；16—引导螺母；17—引导螺母弹簧；18—套筒体；19—调整螺母；20—导向螺钉；21—小弹簧座；22—轴承；23—小弹簧；24—活动套；25—拉杆端头；26—压紧弹簧；27—套筒盖；28—弹性圆柱销；29—离合片；30—轴用弹性挡圈；31—轴承；32—主弹簧座；33—外体；34—拉杆；35—主弹簧；36—后盖；37—密封圈；38—防脱螺钉；39—拉杆头。*a*、*b*、*c*、*d*、*e*—离合器位置；$A_推$—推杆式控制距离；δ_1、δ_2、δ_3—内部间隙。

图 2-4-3　ST_1-600 型闸调器的本体结构

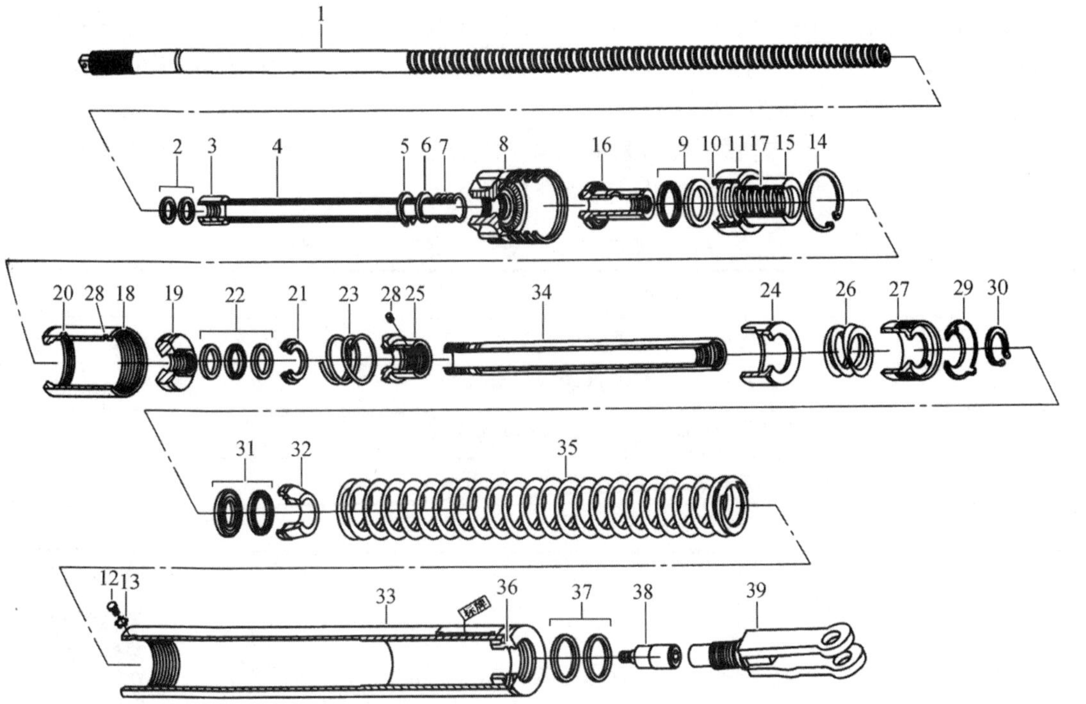

图 2-4-4　ST_1-600 型闸调器本体部分零件图（图注参见图 2-4-3）

本体部分是由外体部分、引导部分、调整部分、压紧部分、主弹簧部分及拉杆和螺杆等组成。

（1）外体部分：用于安装其他零件及起密封作用。

（2）引导部分：用于引导调整螺母的旋转方向与相对螺杆的移动量。

（3）调整部分：利用调整螺母的转动来使螺杆伸长或缩短，从而调整闸瓦间隙。

（4）压紧部分：用于在受力后使弹簧变形、间隙转移、离合关系转变，为调整螺母的转动做准备。

（5）主弹簧部分：用于在受力后使弹簧变形、间隙转移、离合关系转变，为调整螺母的转动做准备。

（6）螺杆及拉杆。

闸调器本体部分的构造除上述部分组成外，主要是靠“一、二、三、四、五”点来作用的。

①“一”是指 1 根螺杆，螺杆伸缩可改变闸瓦间隙。

②“二”是指 2 只螺母，其中调整螺母旋转可使螺杆伸缩。

③“三”是指 3 个间隙，间隙转移可改变离合器的离合关系。原始状态下闸调器内部 3 个间隙的情况如表 2-4-2 所示。

表 2-4-2　原始状态下闸调器内部 3 个间隙

间隙	存在位置	数值/mm
δ_1	引导弹簧盒中节的右端面与前盖弹性挡圈的左侧面之间	4
δ_2	套筒体左内侧面与调整螺母左侧面之间	3
δ_3	活动套右外端面与套筒盖左壁端面之间	2

④“四”是指 4 个弹簧，弹簧受力后伸缩可使间隙转移。各弹簧的预压力情况：压紧弹簧 26 的预压力(2 363 N)>主弹簧 35 的预压力(1 637 N)>引导螺母弹簧 17 的预压力(539 N)>调整螺母弹簧 23 的预压力（239 N）。

⑤“五”是指 5 个离合器，离合器的离合关系转变可使螺母在弹簧的推动下旋转。原始状态下 ST_1-600 型闸调器内部各离合器的离合情况如表 2-4-3 所示。

表 2-4-3　原始状态下各离合器的离合情况

离合器	存在位置	状　态
a	前盖内侧面与引导螺母左外侧面之间	接合
b	套筒左内侧面与调整螺母左侧面之间	脱开
c	调整螺母右侧面与活动套左壁端面之间	接合
d	拉杆端头右外侧面与活动套右内侧面之间	永远接合
e	套筒盖外侧面与离合片左侧面之间	接合

二、闸调器的作用

ST-600 作用原理

ST 型闸调器有 3 个基本作用。当闸瓦与车轮的间隙正常时，闸调器处于间隙正常状态，闸瓦与车轮接触时，控制杆头和外体移动距离之和等于 A 值，即两者正好相接触，螺杆工作长度不变化。当闸瓦与车轮间隙大于正常间隙时，闸瓦与车轮接触时，控制杆头和外体移动距离之和大于 A 值，控制杆头与闸调器外体相接触后，继续推动外体使螺杆缩进护管内，螺杆工作长度变短，闸调器的总长缩短。当更换新闸瓦，闸瓦与车轮的间隙小于正常间隙时，闸瓦与车轮相接触时，闸调器外体和控制杆头移动的距离之和小于 A 值，控制杆头与闸调器外体开始时接触不上，后来闸调器外体在主弹簧的作用下，就旋转移动与控制杆头接触，螺杆从护管中伸出而增长了工作长度。

（一）闸调器作用的实质

只有当调整螺母在螺杆上旋转并相对螺杆移动，才能在制动循环结束时使闸调器螺杆的工作长度发生变化。若调整螺母相对螺杆左移，则螺杆的工作长度缩短，调小了闸瓦间隙及制动缸活塞行程，若调整螺母相对螺杆右移，则螺杆的工作长度伸长，调大了闸瓦间隙及制动缸活塞行程。

（二）调整螺母能旋转必须同时具备的条件

（1）调整螺母左右两侧的离合器 b 和 c 必须同时脱开。

（2）引导螺母弹簧或调整螺母弹簧必须给调整螺母一个弹力作用，且此弹力的方向应与离合器 b 和 c 的离合转化方向一致。

（三）闸调器作用的基本过程

闸调器受力后→弹簧变形（4 个）→各离合器离合关系转变（5 个）→各间隙转移（3 个）→螺母转动（2 只，其中调整螺母的转动起决定作用）→螺杆伸缩（1 根）→闸瓦间隙变化。

以下就闸调器的这 3 个基本作用，以 ST_1-600 型闸调器为例进行详细说明。

（1）闸瓦间隙为正常值时，闸调器的动作由于闸瓦间隙为正常值，所以经作用后闸调器的螺杆工作长度不变，即调整螺母不转动。

制动时，制动缸活塞杆渐渐向左伸出，通过制动缸前、后杠杆的转动，要使闸调器本体向右移动，控制杆及控制杆头向左移动，当控制杆头接触闸调器的后盖时，闸瓦也刚好接触车轮踏面。以后随着制动拉力的增大，首先要使闸调器内部的零件移动弹簧受压缩、离合器的离合情况发生变化，间隙要转移，其次要使基础制动装置中各杠拉杆产生弹性变形。制动作用过程如图 2-4-5 所示。

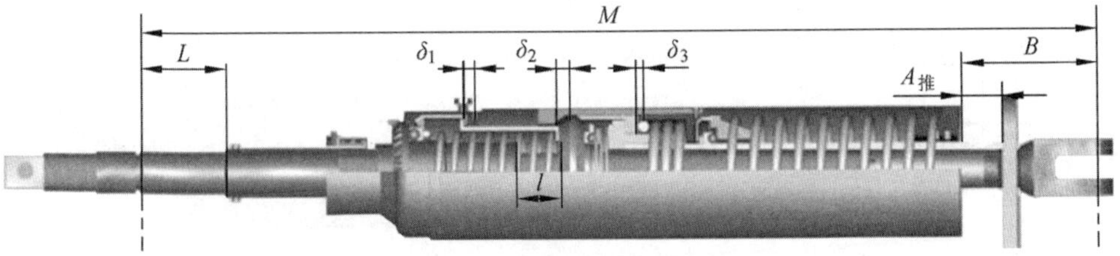

（a）闸调器的原始状态（正常缓解状态）

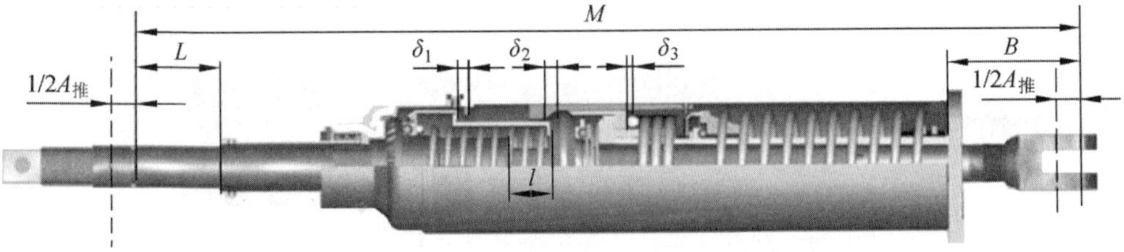

（b）制动刚开始，闸瓦与车轮刚接触，控制杆头也正好与外体相接触

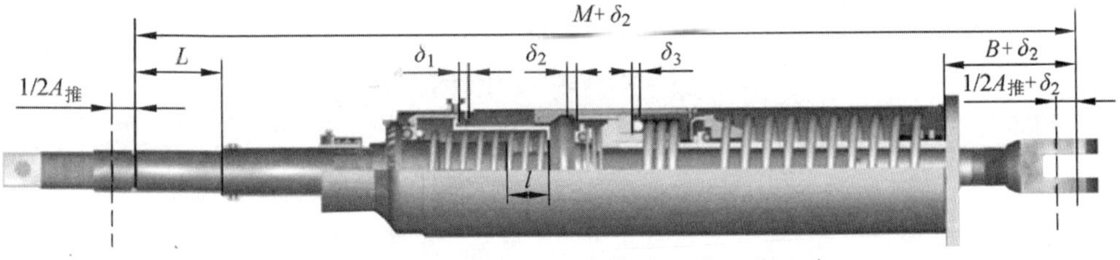

（c）制动拉力增大，主弹簧被压缩δ_2的距离

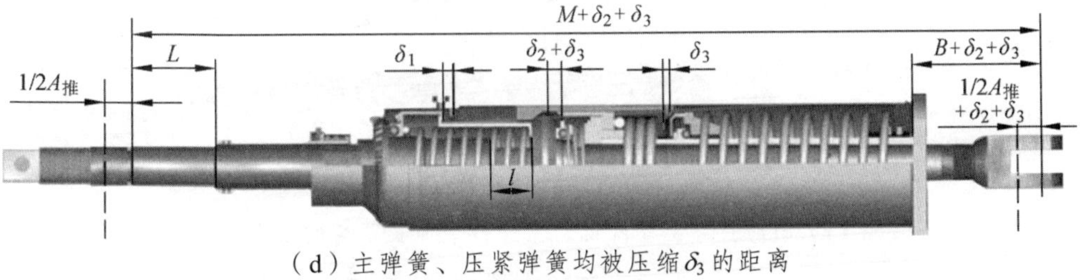

（d）主弹簧、压紧弹簧均被压缩δ_3的距离

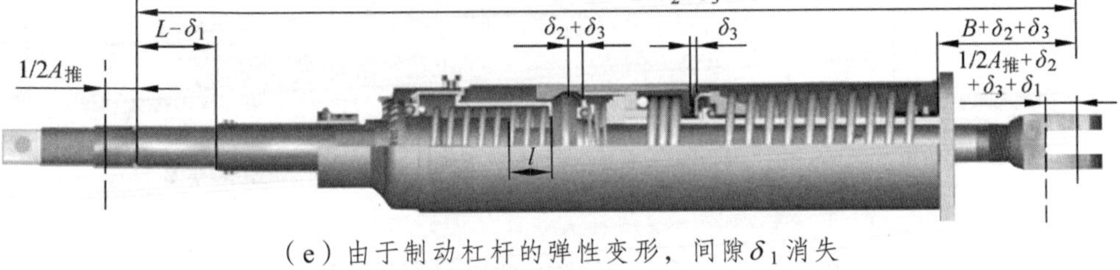

（e）由于制动杠杆的弹性变形，间隙δ_1消失

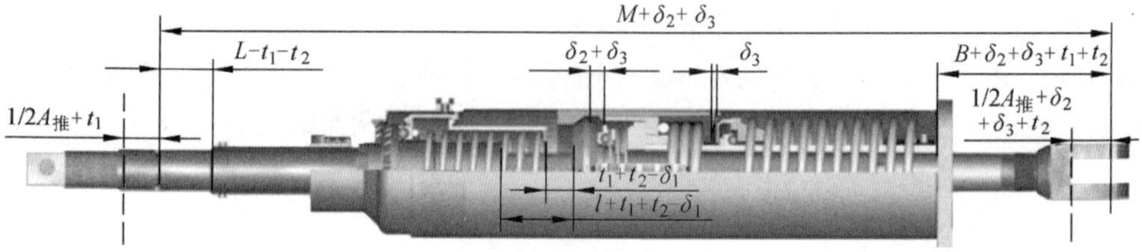

（f）制动杠杆的弹性变形，使拉杆右移 t_1、外体左移 t_2

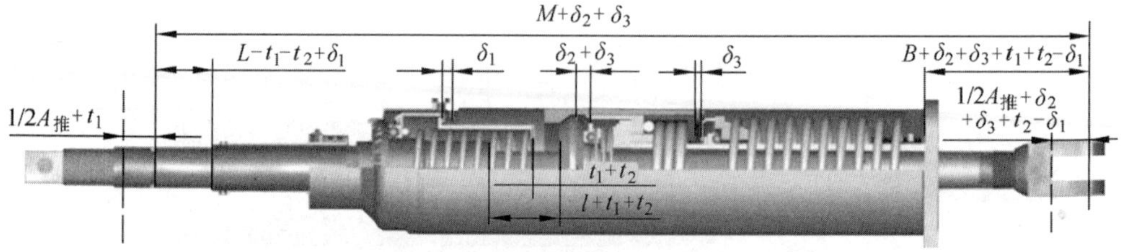

（g）制动杠杆的弹性变形逐渐消失，外体右移，间隙 δ_1 恢复

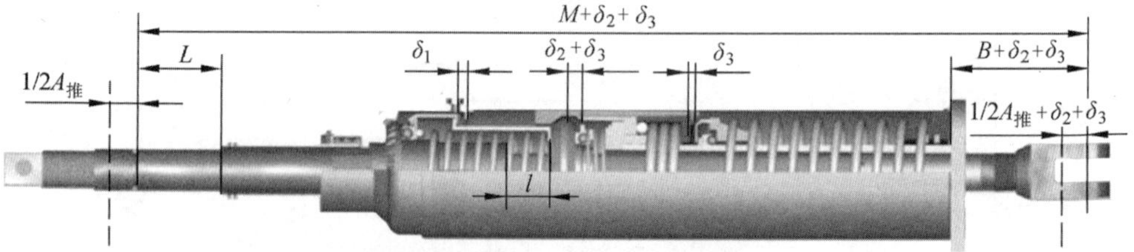

（h）制动杠杆的弹性变形完全消失，间隙 t_1、t_2 消失

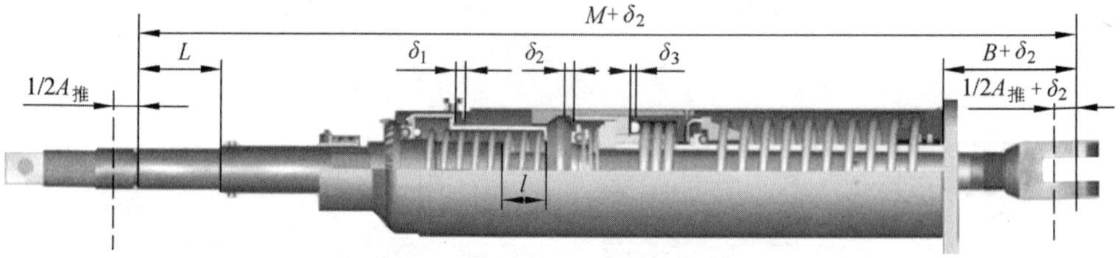

（i）制动拉力小于压紧弹簧压力，主弹簧、压紧弹簧伸长 δ_3 的距离

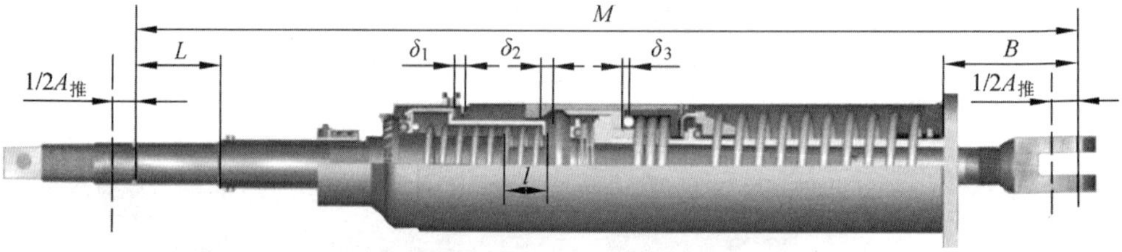

（j）制动拉力继续降低，主弹簧又伸长了 δ_2 的距离

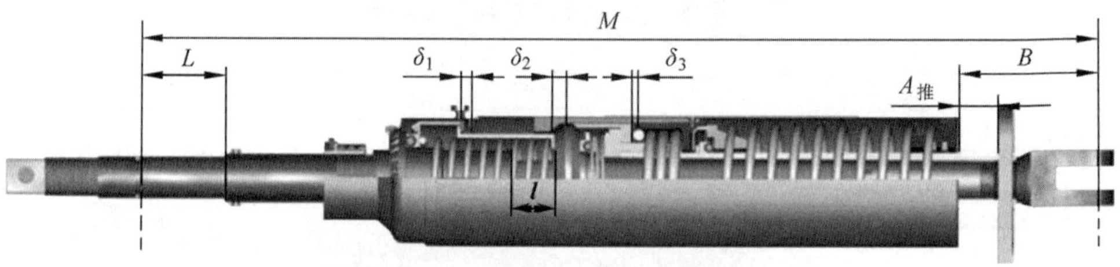

（k）缓解终了，控制杆头和外体的距离恢复到 $A_{推}$

图 2-4-5　闸瓦正常间隙作用时闸调器的动作

在缓解时，随着制动拉力的下降，先要使杠拉杆恢复变形，然后是压紧弹簧恢复变形，再是主弹簧恢复变形，最后是闸瓦离开车轮。

制动作用过程：如图 2-4-5（a）→（b）→（c）→（d）→（e）→（f）。在（e）→（f）过程中引导螺母旋转并相对螺杆左移 $t_1+t_2-\delta_1$。

缓解作用过程：如图 2-4-5（g）→（h）→（i）→（j）→（k）。在（g）→（h）过程中引导螺母带动外体旋转并相对螺杆右移 $t_1+t_2-\delta_1$。

（2）闸瓦间隙大于正常值时，闸调器的动作。

由于闸瓦间隙大于正常值，所以在作用后要使螺杆的工作长度缩短 $\Delta M_1+\Delta M_2$，即调整螺母要相对螺杆旋转并左移 $\Delta M_1+\Delta M_2$，ΔM_1、ΔM_2 是闸瓦过大的间隙反映到一、二位均衡杠杆拉杆上的移动量。制动作用过程如图 2-4-6 所示。

缓解过程基本同正常间隙，但当制动拉力小于主弹簧的预压力时，由于离合器 b 由接合到脱开，c 由脱开到接合。在离合器 b、c 的离合转变过程中存在同时脱开的时间，在这时调整螺母在调整螺母弹簧的推动下要旋转并相对螺杆左移 $\Delta M_1+\Delta M_2$ 的距离至调整螺母接触引导螺母弹簧盒座时止。闸调器螺杆的工作长度缩短了 $\Delta M_1+\Delta M_2$。

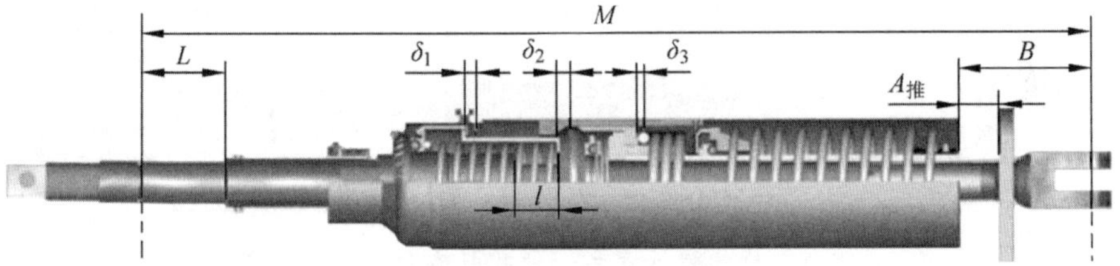

（a）闸调器的原始状态（正常缓解状态）

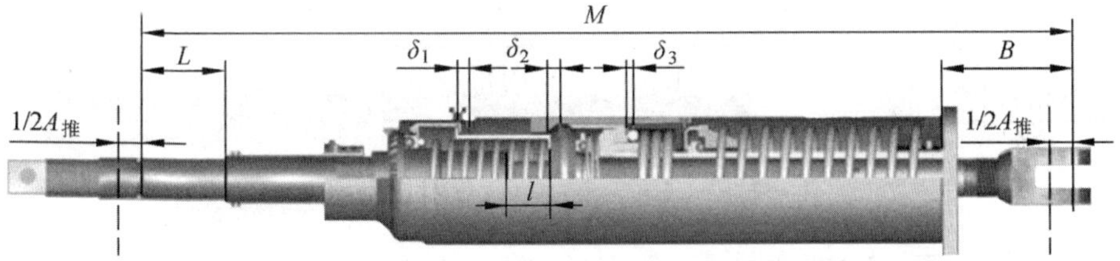

（b）制动刚开始，控制杆与外体相接触，但闸瓦与车轮还未接触

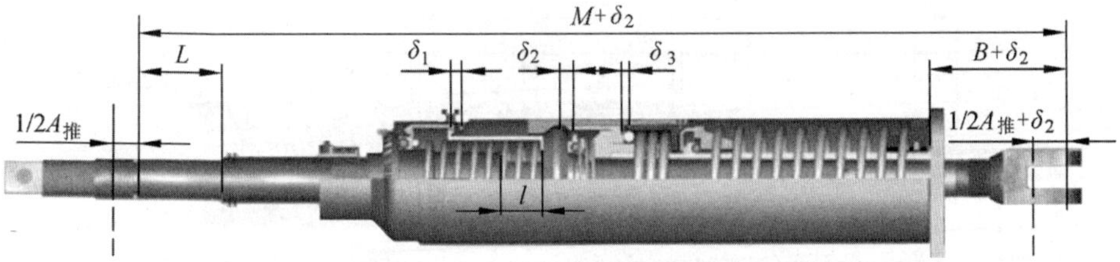

（c）制动拉力增大，主弹簧被压缩 δ_2 的距离

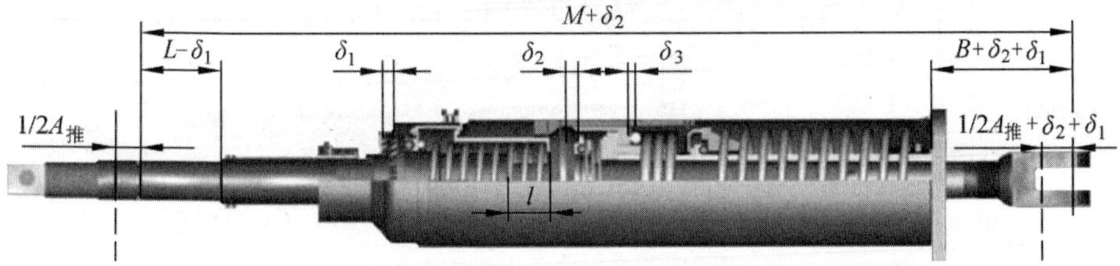

（d）制动拉力增大，使间隙 δ_1 消除

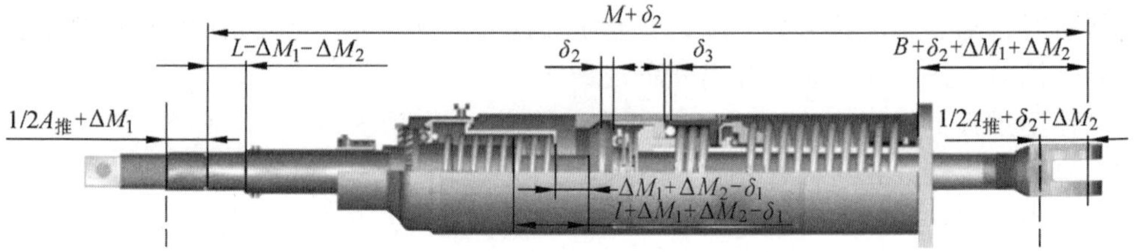

（e）拉杆向右移动ΔM_1的间隙，外体向右移动ΔM_2的间隙，使闸瓦与车轮相接触

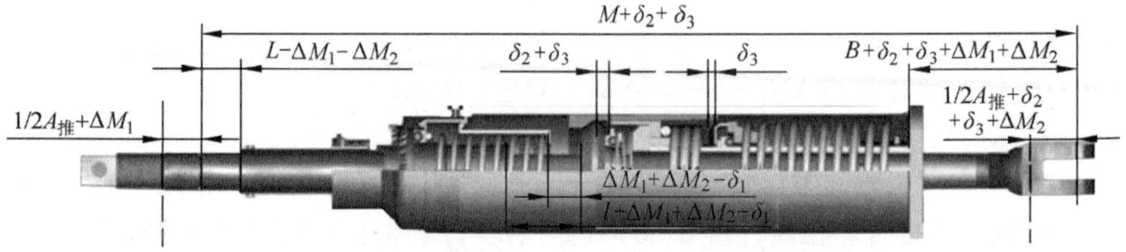

（f）制动拉力超过压紧弹簧的压力，压紧弹簧被压缩δ_3的距离

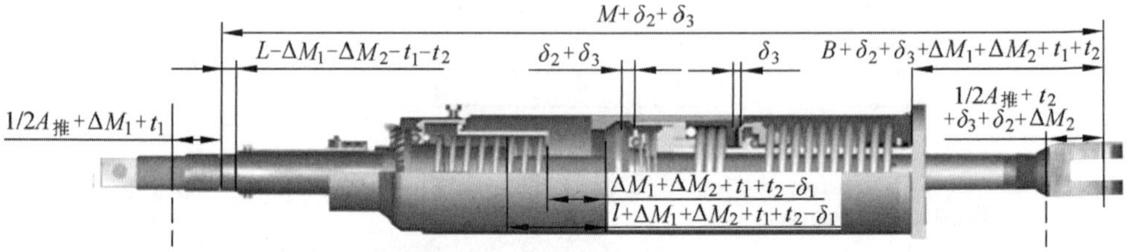

（g）制动杠杆的弹性变形，使拉杆右移t_1，外体左移t_2

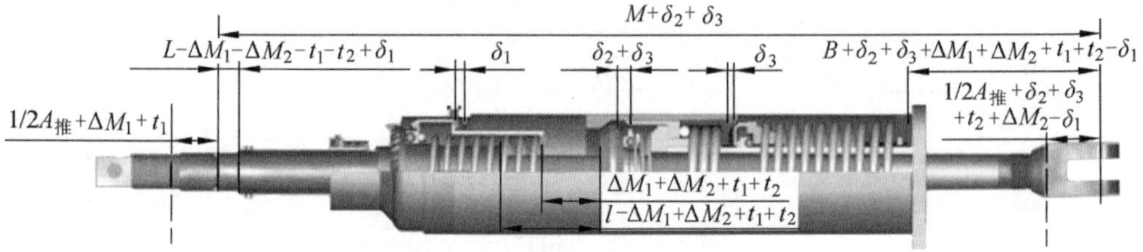

（h）制动杠杆的弹性变形逐渐消失，外体右移，间隙δ_1恢复

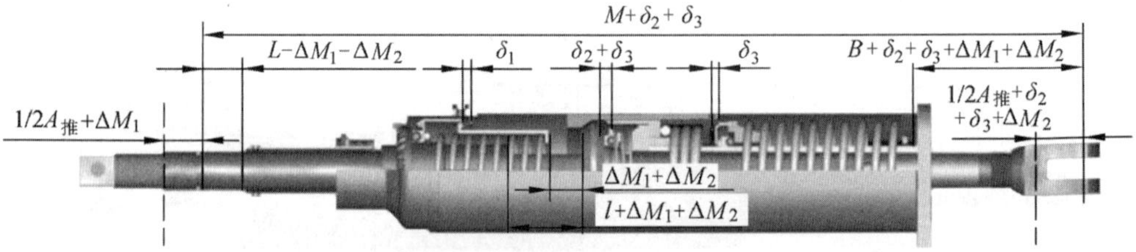

（i）制动杠杆的弹性变形完全消失，变形量t_1、t_2消失

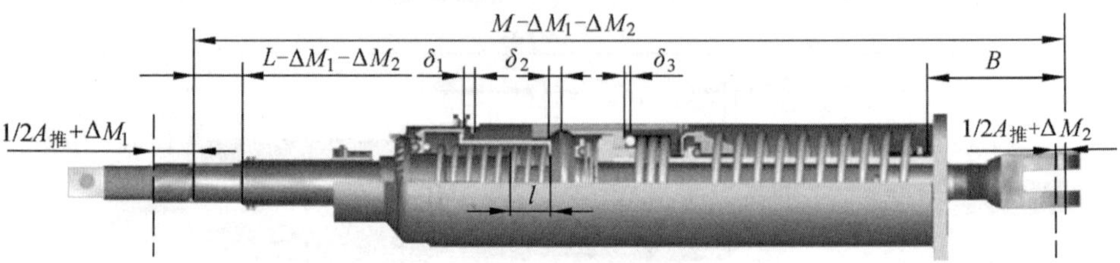

（j）制动拉力继续降低，主弹簧、缓解弹簧伸长到原始长度

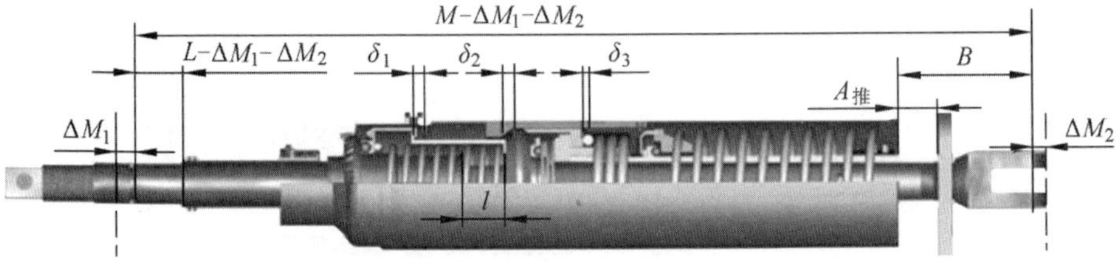

（k）缓解终了，控制杆头与外体之间的距离恢复到 $A_{推}$，工作长度缩小了 $\Delta M_1+\Delta M_2$

图 2-4-6　大于正常间隙作用时闸调器的动作

制动作用过程：如图 2-4-6 所示（a）→（b）→（c）→（d）→（e）→（f）→（g）。在（d）→（e）过程中引导螺母旋转并相对螺杆左移 $\Delta M_1+\Delta M_2-\delta_1$。在（g）过程中引导螺母旋转并相对螺杆左移 t_1+t_2。

缓解作用过程：如图 2-4-6 所示（h）→（i）→（j）→（k）。在（h）→（i）过程中引导螺母带动外体旋转并相对螺杆右移 $t_1+t_2-\delta_1$。在（j）过程中调整螺母相对螺杆旋转并左移 $\Delta M_1+\Delta M_2$，从而使螺杆缩短 $\Delta M_1+\Delta M_2$，调小闸瓦间隙至正常值。

（3）闸瓦间隙小于正常值时，闸调器的动作。

由于闸瓦间隙小于正常值，所以在作用后要使螺杆的工作长度伸长 $\Delta N_1+\Delta N_2$，即调整螺母要相对螺杆旋转并右移 $\Delta N_1+\Delta N_2$。但由于受调整螺母旋转条件的限制，所以需要经二次制动循环才能调整到位。作用过程如图 2-4-7 所示。

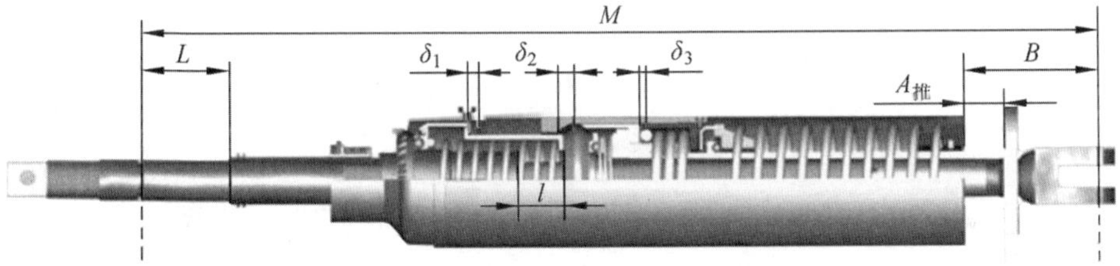

（a）小于正常间隙时，闸调的原始状态

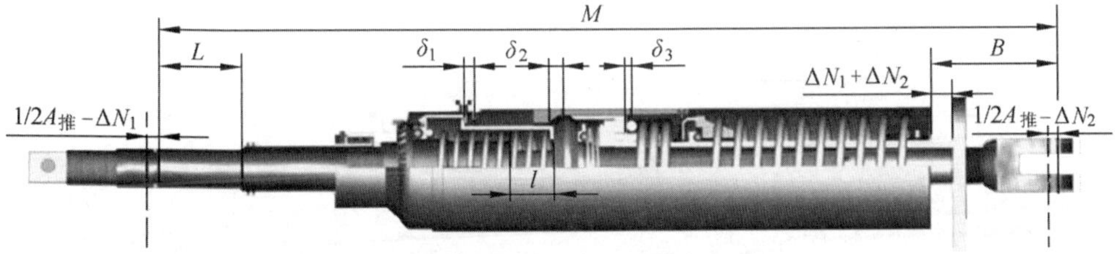

（b）制动开始后，闸瓦与车轮相接触，但控制杆头与外体间还有 $\Delta N_1+\Delta N_2$ 的距离

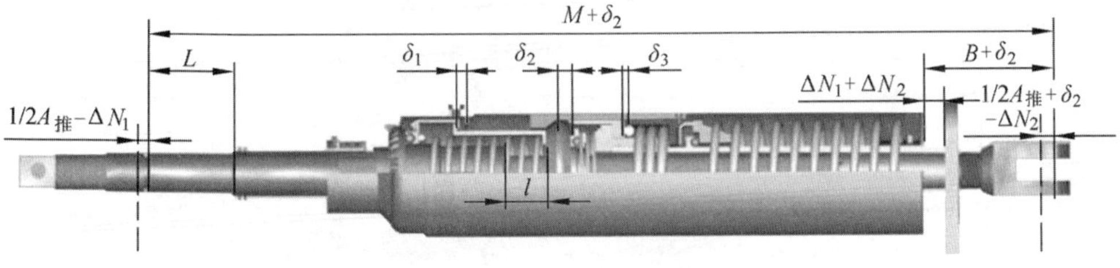

（c）制动拉力增大，主弹簧被压缩 δ_2 的距离

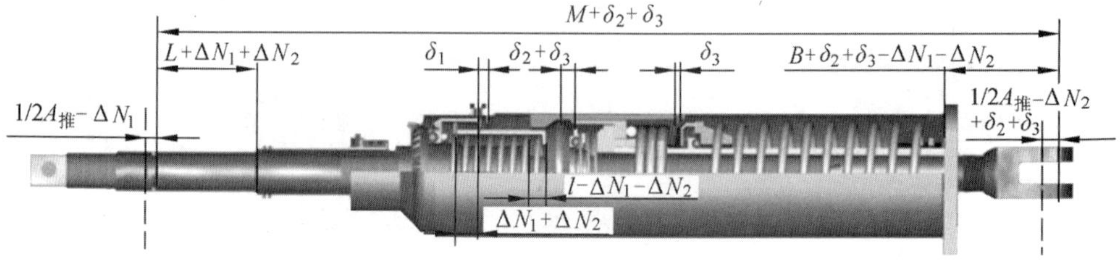

（d）压紧弹簧、主弹簧被压缩δ_3的距离后，主弹簧向右伸长，控制杆头与外体接触

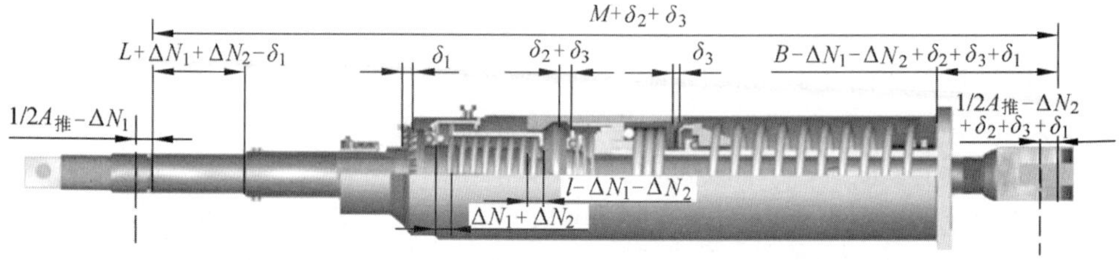

（e）制动拉力增大，制动杠杆产生弹性变形，首先消除了间隙δ_1

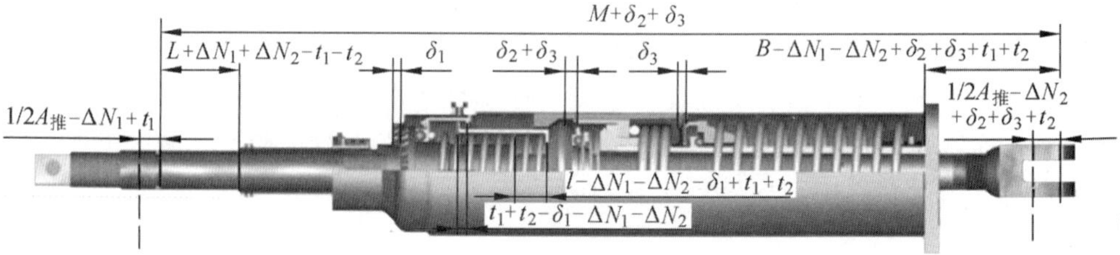

（f）制动杠杆的弹性变形使拉杆右移t_1，外体左移t_2

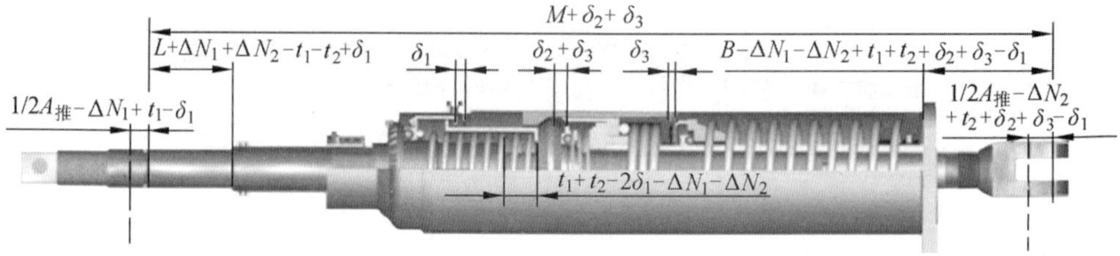

（g）制动杠杆的弹性变形逐渐消失，外体右移，间隙δ_1恢复

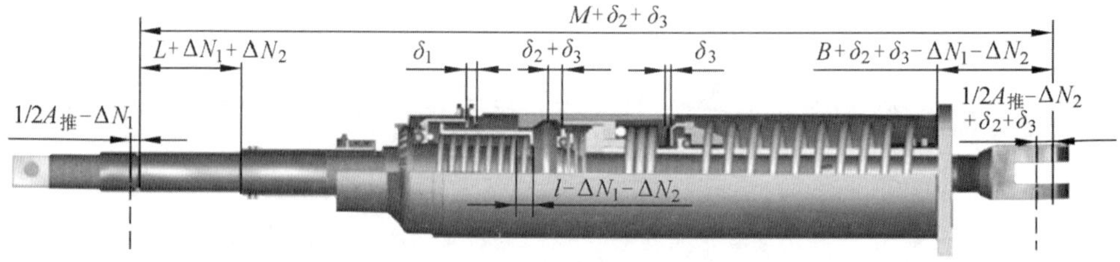

（h）制动杠杆的弹性变形完全消失，变形量t_1、t_2消失

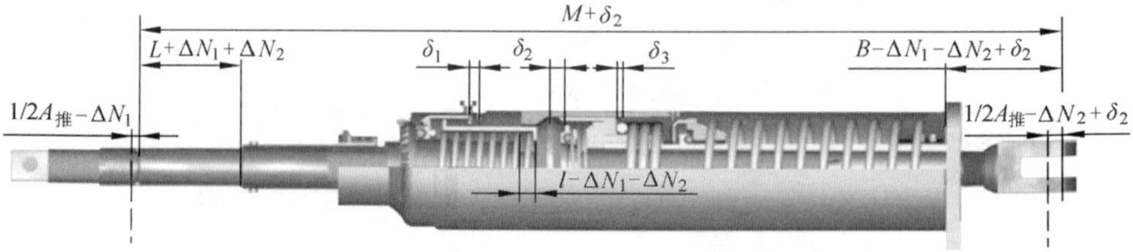

（i）制动拉力小于压紧弹簧的压力，压紧弹簧伸长δ_3

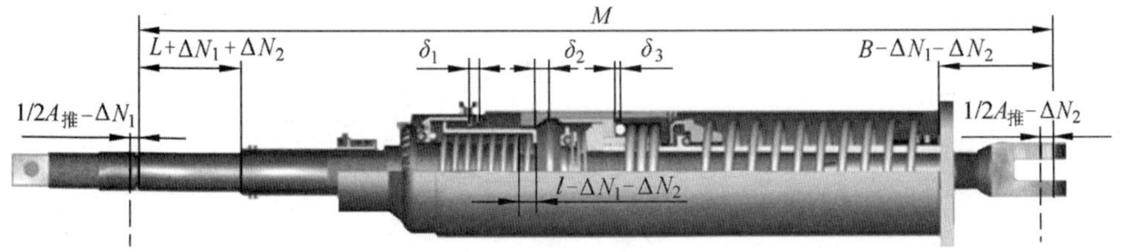

（j）制动拉力小于主弹簧的压力，主弹簧伸长δ_2

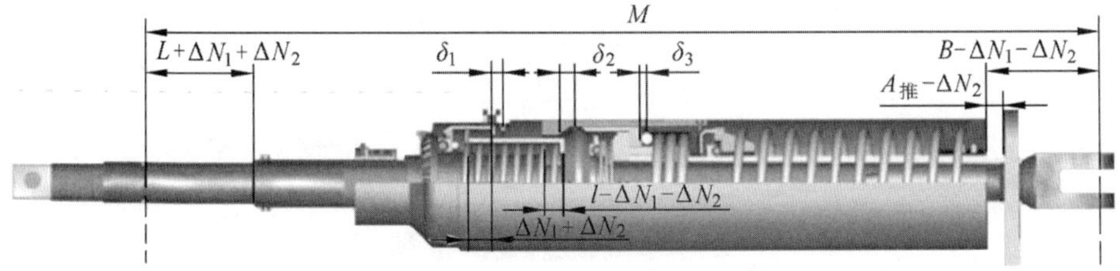

（k）第一次制动后缓解终了时的状态

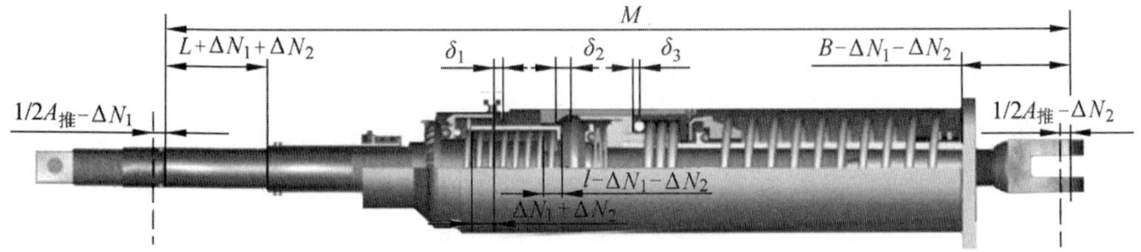

（l）第二次制动开始，闸瓦与车轮相接触，控制台杆头正好与外体接触

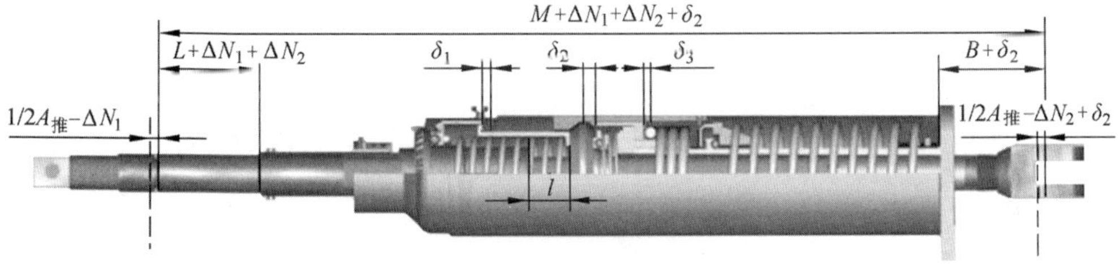

（m）主弹簧开始被压缩，离合器 c 脱开，调整螺母向左移动了$\Delta N_1+\Delta N_2$的距离

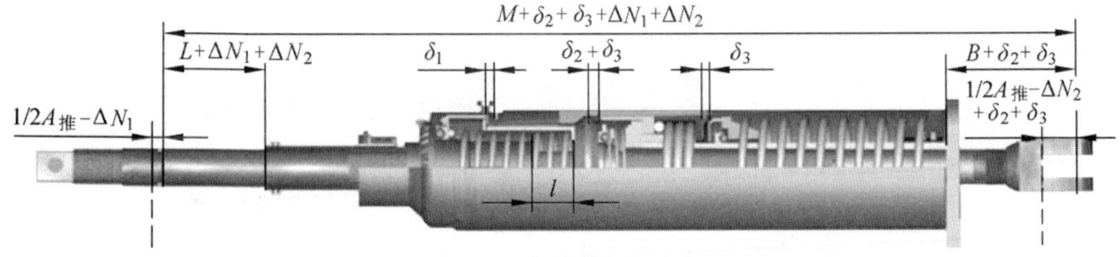

（n）制动拉力超过压紧弹簧压力，压紧弹簧被压缩δ_3的距离

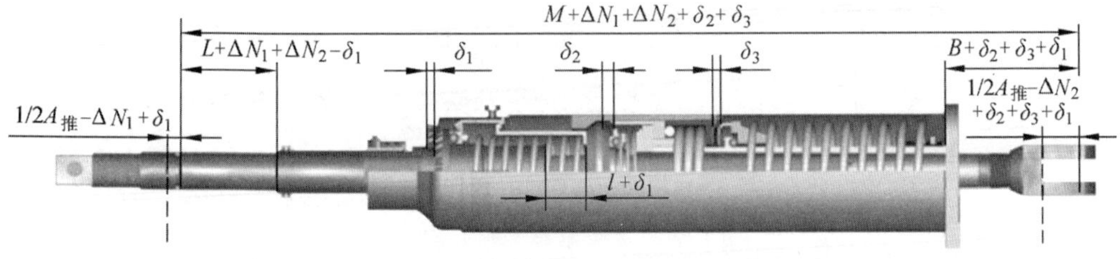

（o）制动杠杆产生弹性变形，首先消失间隙δ_1

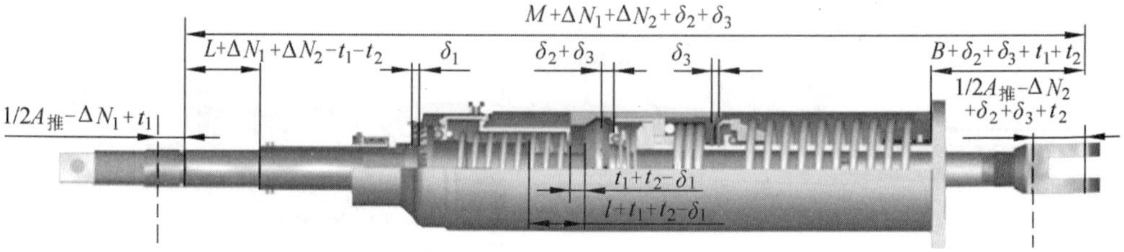

（p）制动杠杆的弹性变形使拉杆右移 t_1，外体左移 t_2

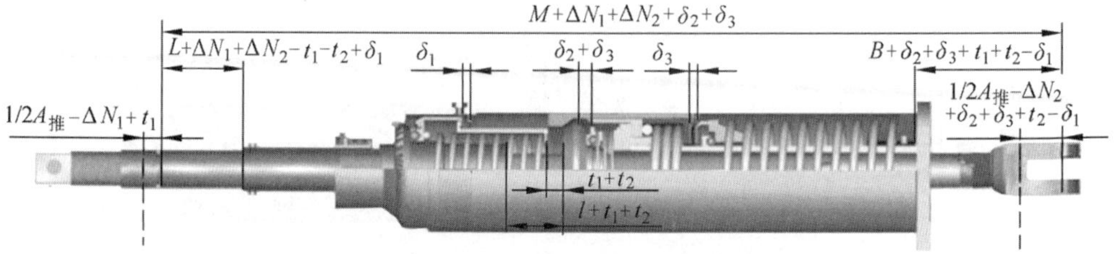

（q）制动杠杆的弹性变形逐渐消失，间隙 δ_1 恢复

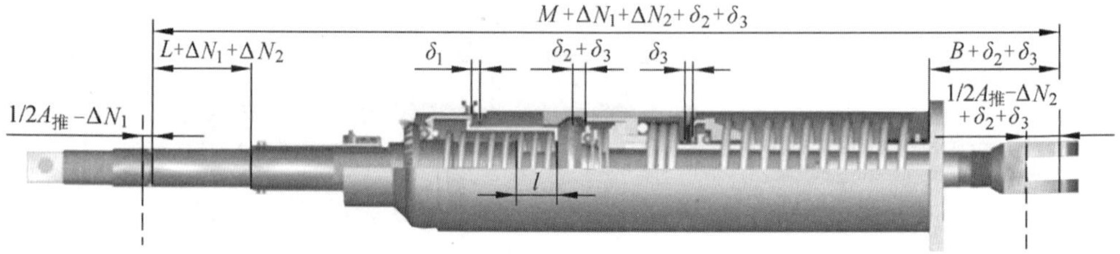

（r）制动杠杆的弹性变形量完全消失，变形量 t_1、t_2 消失

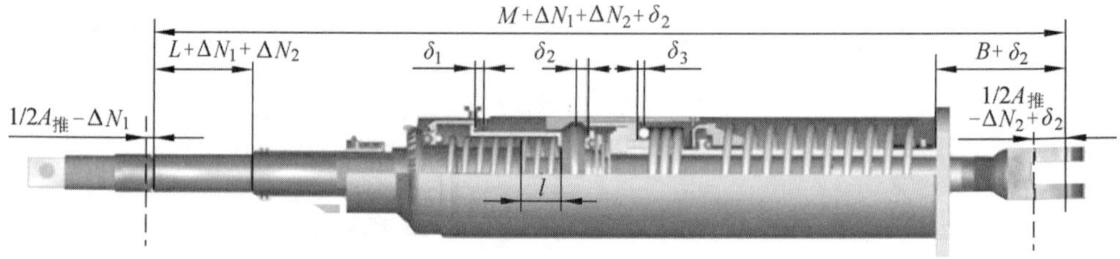

（s）制动拉力小于压紧弹簧压力时，主弹簧、压紧弹簧伸长 δ_3

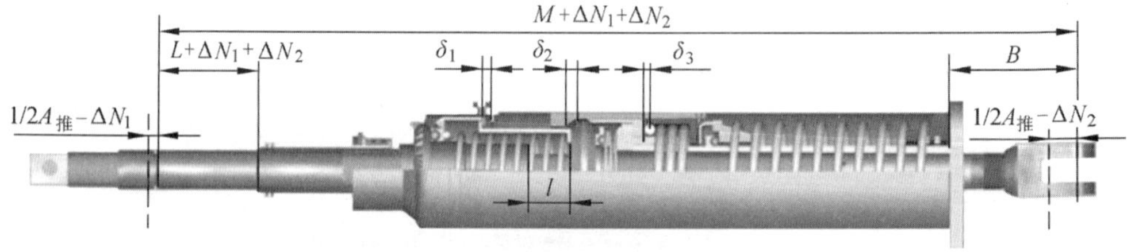

（t）制动拉力小于主弹簧压力时，主弹簧伸长 δ_2 的距离

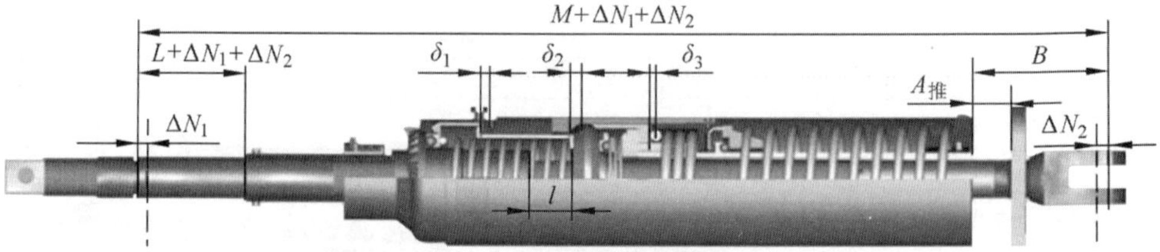

（u）第二次缓解终了时的状态

图 2-4-7　小于正常间隙作用时闸调器的动作

第一次制动作用过程：如图 2-4-7 所示（a）→（b）→（c）→（d）→（e）→（f）。在（d）过程中引导螺母带动外体旋转并相对螺杆右移 $\Delta N_1+\Delta N_2$。在（e）→（f）过程中引导螺母旋转并相对螺杆左移 $t_1+t_2-\delta_1$。

第一次缓解作用过程：如图 2-4-7 所示（g）→（h）→（i）→（j）→（k）。在（g）→（h）过程中引导螺母带动外体旋转并相对螺杆右移 $t_1+t_2-\delta_1$。由于调整螺母所受弹力的方向与离合器 b 和 c 的离合转化方向相反，所以在此过程中调整螺母不能转动。

第二次制动作用过程：如图 2-4-7 所示（l）→（m）→（n）→（o）→（p）。在（l）→（m）过程中调整螺母旋转并相对螺杆右移 $\Delta N_1+\Delta N_2$ ，从而使螺杆伸长 $\Delta N_1+\Delta N_2$，调大闸瓦间隙至正常值。

调整作用至此结束，以后的作用同正常间隙。

第一次制动循环结束时，闸调器的状态与原始状态的区别如下：

① 闸调器后盖与控制杆头的距离比原始状态减小 $\Delta N_1+\Delta N_2$。

② 主弹簧比原始状态伸长 $\Delta N_1+\Delta N_2$。

③ 引导螺母弹簧经原始状态缩短 $\Delta N_1+\Delta N_2$。

④ 螺杆工作长度比原始状态伸长 $\Delta N_1+\Delta N_2$，但闸调器总长度不变，即闸调器到此还未起调整作用。

在第二次制动循环至制动拉力大于主弹簧的预压力时，主弹簧受压缩，调整螺母弹簧伸长，离合器 b 由脱开到接合、c 由接合到脱开。在离合 b 和 c 的离合转变过程中，存在同时脱开的时间，且离合器 b 和 c 的离合转变的方向与引导螺母弹簧推动调整螺母的方向一致，因此，调整螺母在引导螺母弹簧的推动下要旋转并相对螺杆右移，至引导螺母弹簧不能再伸长为止。调整螺母的右移量为 $\Delta N_1+\Delta N_2$，使螺杆的工作长度伸长 $\Delta N_1+\Delta N_2$。

（4）手动旋转外体时闸瓦间隙自动调整器的作用。

手动顺时针（或逆时针）方向旋转闸瓦间隙自动调整外体，通过前盖、离合器 a 使引导螺母顺时针（或逆时针）方向旋转，引导螺母相对螺杆左（或右）移，使螺杆的工作长度缩短（或伸长），从而可调小（或调大）闸瓦与车轮踏面之间的间隙。

手动顺时针（或逆时针）方向旋转闸间隙自动调整外体，通过主弹簧、主弹簧座使离合片顺时针（或逆时针）方向旋转，通过离合器 e 的接合摩擦力使套筒体、活动套（需克服离合器 d 的接合摩擦力）顺时针（或逆时针）方向旋转一通过离合器 c 的接合摩擦力使调整螺母顺时针或逆时针）方向旋转→调整螺母相对螺杆左（或右）移，使螺杆的工作长度缩短（或伸长）. 从而可调小（或调大）闸瓦与车轮踏面之间的间隙。

任务五　货车脱轨自动制动装置

任务描述

××××年 7 月 18 日，××线×××次货物列车机后第 26 位车发生脱轨事故。由于该车安装了脱轨自动制动装置，脱轨后列车立即发生紧急制动作用，在 3 s 内列车管压力降至

0，列车脱轨后仅走行 252 m。本次脱轨事故的直接原因是钢轨脆断，经过钢轨断裂处的车辆均会脱轨，与以前脱轨事故相比（脱轨后列车运行距离一般大于 2 500 m，××××年 12 月 20 日，××局管内 38004 次货物列车脱轨，列车在钢轨上拖行 6 170 m 造成列车分离后才停下来），本次脱轨事故停车距离短，对线路及车辆的损坏较小。假如你是一位技术人员，重大事故制约重载列车的发展，如何降低事故等级，减免事故发生，通过本任务的学习你会有所体会。

任务目标

1. 知识目标

（1）熟知脱轨器的结构认识；

（2）掌握脱轨器的检修。

2. 能力目标

（1）具备货车检车员应急故障处理能力；

（2）具备制动钳工处理脱轨器常见故障的能力。

3. 职业素养目标

（1）安全第一、预防为主、严规细操；

（2）协作意识、环保意识、节约意识。

知识储备

列车脱轨是铁道车辆运行的严重行车事故，车辆脱轨后由于列车工作人员没能及时发现，车辆仍在机车牵引下继续行驶，引发更多车辆相继脱轨或倾覆，从而使脱轨事故扩大，造成车辆、货物、轨枕、路基及道旁设备严重损坏。

为了有效地降低车辆脱轨损失，在借鉴国内外先进脱轨检测技术的基础上，铁路有关部门研制开发了适合我国铁路实际情况的铁路货车脱轨自动制动装置，该装置采用机械作用方式，在车辆脱轨时能及时使车辆主风管连通大气，使列车产生紧急制动作用，从而避免脱轨事故的扩大。

一、货车脱轨自动制动装置结构

货车脱轨
自动制动装置结构

铁路货车脱轨自动制动装置是在车辆原有的空气制动系统主风管上增加一个支路，其与原空气制动系统的关系如图 2-5-1 所示。

铁路货车脱轨自动制动装置主要由铁路货车脱轨自动制动阀、球阀和管路等组成，如图 2-5-2 所示。

脱轨制动阀是货车脱轨自动制动装置的核心部件，每根车轴处安装一套，其在车辆脱轨时通过制动阀杆被打断将制动主管与大气连通，致使列车发生紧急制动作用。在主风管与脱轨制动阀的连接管路中安装了一个不锈钢球阀，用于在车辆脱轨或脱轨制动阀发生故障时截断脱轨制动装置支路。

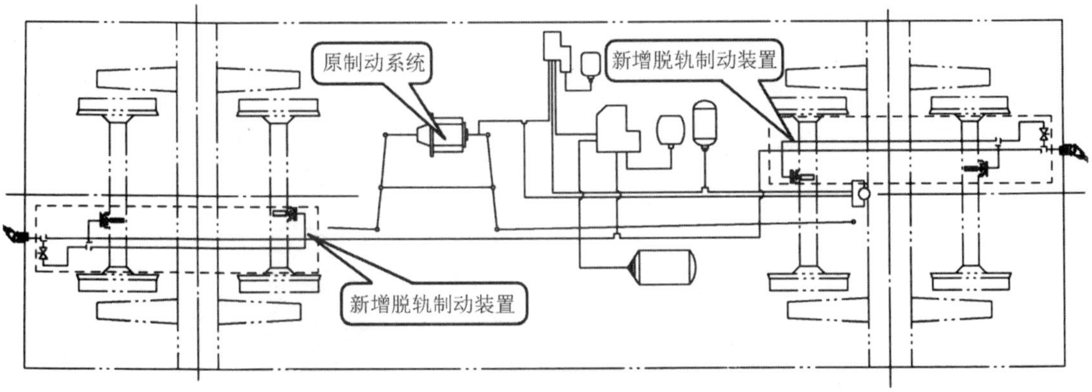

图 2-5-1　脱轨制动装置与原制动系统的关系

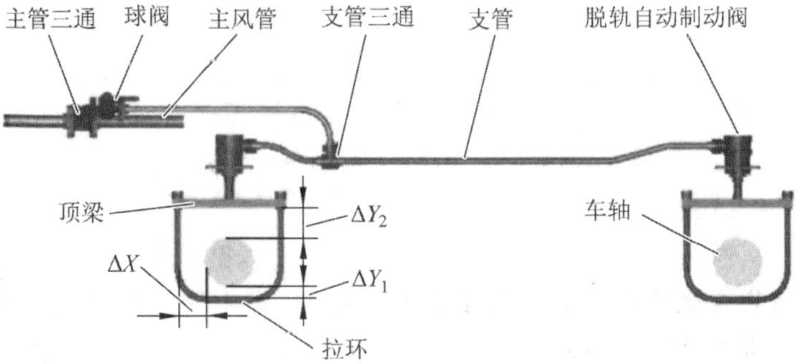

图 2-5-2　脱轨制动装置配置图

脱轨自动制动装置装车照片如图 2-5-3、图 2-5-4 所示。

图 2-5-3　脱轨自动制动装置安装于 C_{64H} 型敞车示意图

图 2-5-4　脱轨自动制动装置安装于 C_{80H} 型敞车示意图

二、脱轨制动阀

脱轨制动阀由拉环、顶梁、调节杆、作用杆、锁紧螺母、弹片、制动阀杆和阀体等组成，拉环与顶梁通过圆销连接，顶梁和调节杆采用焊接，调节杆和作用杆采用销接，制动阀杆端头穿入作用杆孔中，作用杆由上、下对称放置的两个弹片支承在阀体上并通过锁紧螺母预紧，如图 2-5-5 所示。

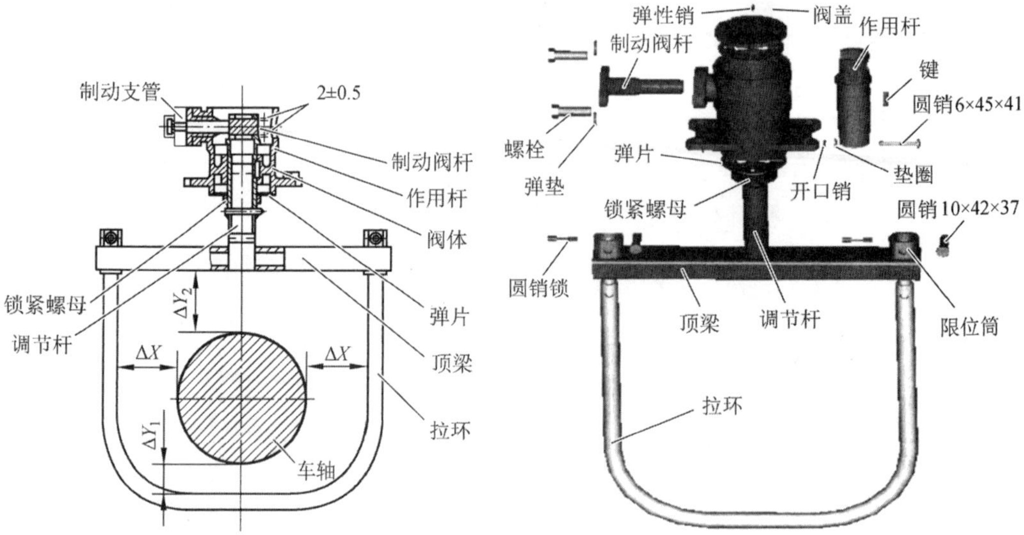

图 2-5-5　脱轨制动阀结构

三、作用原理

脱轨制动装置利用脱轨时车体与轮对的相对位移，在空车脱轨时，脱轨轮对处的车轴拉断制动阀杆；在重车脱轨时，脱轨转向架中未脱轨轮对的车轴顶断制动阀杆。制动阀杆折断后，沟通主风管与大气的通路，引起列车发生紧急制动作用。

以 C_{64} 型敞车为例（见图 2-5-6、2-5-7），当 1 位轮对脱轨时，1 位轮对下降 139 mm，1 位转向架在垂直面内转动 4.56°，1 位转向架心盘下降 70 mm，从而引起车体在垂直面内转动 0.46°。此时，在 1 位轮对处，车体下降了 77 mm，在 2 位轮对处，车体下降了 63 mm，因此，在 1 位轮对处，车轴相对于车体下降 139 − 77=62（mm）；在 2 位轮对处，车体相对于车轴下降 63 mm。

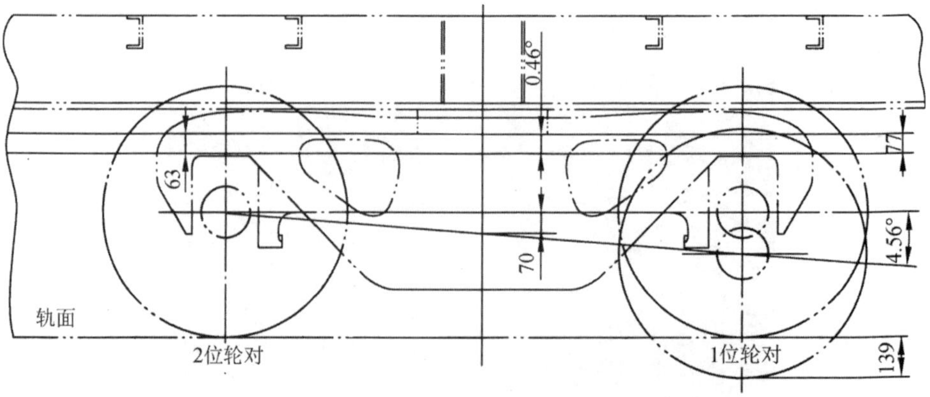

图 2-5-6　1 位轮对脱轨时车体与车轴的相对位置图

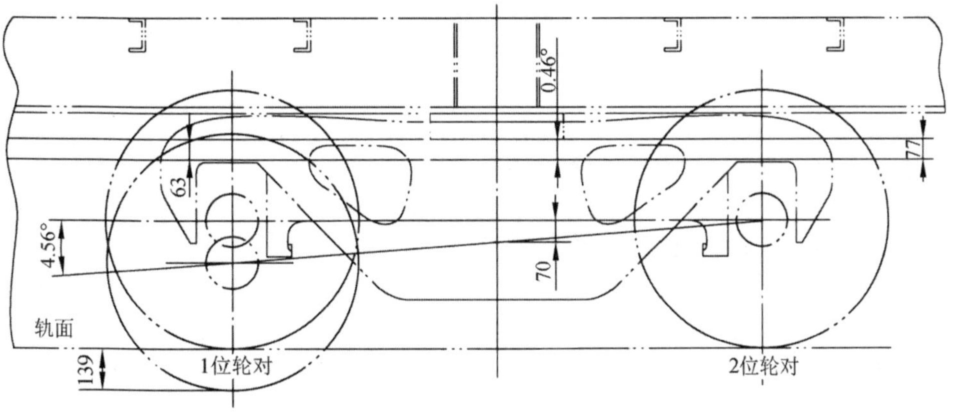

图 2-5-7　2 位轮对脱轨时车体与车轴的相对位置图

当 2 位轮对脱轨时，2 位轮对处车轴相对于车体多下降 139 − 63 = 76（mm）；在 1 位轮对处，车体相对于车轴下降 77 mm。

四、货车脱轨自动制动装置安装使用及维护检修

货车脱轨自动制动装置分解、组装

（一）安装使用要求

1. 安装步骤及要求

（1）车辆落车前，将脱轨制动阀中除拉环之外的部分用安装螺栓紧固在安装座上，同时将顶梁组成向上旋至不能旋转为止，以防落车时撞坏制动阀杆。

（2）落车后（空车状态）调整好旁承间隙及车钩中心距轨面高度。

（3）调节车轴上边缘与顶梁下平面的距离ΔY_2至规定值后用圆销锁定。ΔX、ΔY_1、ΔY_2的取值范围见表 2-5-1。

表 2-5-1　ΔX、ΔY_1、ΔY_2取值范围　　单位：mm

轴重/t	21		25
转向架型号	转 8 系列、转 K2	转 K4	转 K5、转 K6
ΔX	80 ± 10	80 ± 10	75 ± 10
ΔY_1	85 ± 2	105 ± 2	100 ± 2
ΔY_2	(40^{+3}_{-5})	(45^{+3}_{-5})	(40^{+3}_{-5})

（4）将拉环两端插入顶梁限位孔中，并用圆销固定。根据 ΔX、ΔY_1、ΔY_2 的取值，通用货车装用的脱轨制动阀及拉环有两种规格，并以油漆颜色来区分（见表 2-5-2）。

表 2-5-2　脱轨制动阀与拉环的类型及适用范围

脱轨制动阀类型	拉环类型	拉环颜色	适用转向架	备注
（Ⅰ）	（Ⅰ）	黑色	转 8 系列、转 K2	通用货车
（Ⅱ）	（Ⅱ）	黄色	转 K4、转 K5、转 K6	通用货车

（5）检查车轴下边缘与拉环的距离 ΔY_1。如 ΔY_1 比规定值大，取下拉环，逆时针方向转

动顶梁将顶梁往上移；如ΔY_1比规定值小，则顺时针方向转动顶梁将顶梁往下移。顶梁转动一圈，向上（下）移动 3.5 mm。

2. 安装使用注意事项

（1）调整拉环，顶梁与车轴的间隙值需在平直道上进行。

（2）重新调整旁承间隙或车钩高后必须重新楂查并调整拉环、顶梁与车轴的位置尺寸。

（3）单车试验时，须将球阀手把置于开放位（手把与支管平行），然后按 TB/T1492—2002《铁道车辆制动机单车试验方法》进行。单车缓解感度试验的操作方法仅决定于主风管长度。与是否安装脱轨制动阀无关。

（4）检验 ΔX、ΔY_1及 ΔY_2都符合规定值后，将开口销双向劈开不小于 60°，并将圆销锁的锁头插入簧座，同时将脱轨制动阀安装螺栓点焊固定。

（5）安装脱轨自动制动装置的车辆在进行起吊车体及顶车操作前应先拆除拉环。若未拆除拉环就起吊或顶车使拉环与车轴接触，必须检查脱轨制动阀是否正常。若弹片损坏、制动阀杆断裂或制动阀杆端头与作用杆孔上、下间隙值（2 ± 0.5）mm 超标，应更换脱轨制动阀。

（6）安装脱轨制动阀的车辆禁止用天车（或吊车）抬起车辆一端来移动车辆及禁止锤击拉环和顶梁。若发生这种误操作，应按上述（4）的要求进行检查和处理。

（7）安装脱轨制动阀的车辆出厂投入运用前，应将球阀手把涂白色油漆，并将其置于开放位。

（8）当车辆脱轨打断制动阀杆后，可先关闭球阀手把，再将脱轨车辆起复后拉到附近的站修所检修，这样可缩短线路恢复运行的时间。

（二）维护检修要求

脱轨自动制动装置的维护与检修按下列规定执行：

1. 日常维护

对脱轨自动制动装置进行外观检查，并须符合下列要求：

（1）各部位紧固件松动时紧固。

（2）配件丢失时应补上。

（3）管路漏泄时应排除。

（4）不锈钢球阀手把应置于开放位。

2. 临　修

脱轨自动制动装置破损时，按下列要求施修：

（1）紧固件松动时紧固。

（2）配件丢失时应补上，损坏时应更换。

（3）管路漏泄时应排除。

（4）拉环和顶梁遭受意外撞击而变形时调修或更换。

（5）车辆脱轨后，脱轨自动制动阀应整套更换，安装座变形时调修，并按 KMP01ZT《铁道货车脱轨自动制动阀装车技术条件（试行）》调整拉环、顶梁与车轴的位置尺寸并进行单车试验，最后将开口销、安装螺栓点焊固。

3. 定期检修

按车辆检修周期应定期对脱轨自动制动装置进行检修。

主要配件检修限度见表 2-5-3。

表 2-5-3　脱轨制动装置检修限度表

序号	名　称	检修标准	检测周期
1	铁道货车脱轨自动制动阀	制动阀杆端头下边缘与作用杆孔下部间隙小于 1.0 mm 时更换弹片； 调节杆与作用杆螺纹腐蚀或损坏而无法调整时更换； 拉环、顶梁与车轴的位置尺寸 ΔX、ΔY_1 及 ΔY_2 不符时调整	2 年
2	拉环	有裂损时更换； 腐蚀深度大于壁厚的 50%时更换	2 年
3	顶梁组成	有裂损时更换； 腐蚀深度大于壁厚的 50%时更换	2 年
4	制动阀杆	有裂损时更换	2 年
5	阀体	无裂损，铸造缺陷不超限	8 年

（1）段修应符合下列要求：

① 各部位紧固件松动时紧固；

② 配件丢失时应补上；

③ 管路漏泄时应消除；

④ 连接管路及三通、接头需符合原铁道部颁布的相关规程的要求；

⑤ 拉环、顶梁组成有裂损时更换；

⑥ 调节杆与作用杆螺纹腐蚀或损坏而无法调整时更换；

⑦ 弹片变形使制动阀杆端头下边缘与作用杆孔下部间隙小于 1.0 mm 时，更换弹片；

⑧ 拉环、顶梁腐蚀深度大于壁厚的 50%时更换；

⑨ 按 KMP01ZT《铁道货车脱轨自动制动阀装车技术条件（试行）》检查拉环、顶梁与车轴的位置尺寸，不符时调整；

⑩ 换轮对、承载鞍、弹簧或脱轨制动阀及心盘加垫后应在空车状态下按 KMP01ZT《铁道货车脱轨自动制动阀装车技术条件（试行）》调整拉环、顶梁与车轴的位置尺寸并进行单车试验，最后将开口销、安装螺栓点焊固。

（2）厂修应符合下列要求：

厂修应将脱轨制动阀分解检修。除了按照上述段修要求以外，还增加以下要求：

① 拉环、顶梁组成及阀体内外需清除锈垢和杂质；

② 更换制动阀杆；

③ 弹片腐蚀至厚度小于 1.3 mm 时更换。

任务六　120 型控制阀

任务描述

××××年 12 月 30 日 4 时 53 分，×××线××××次（编组 45 辆）机后 35 位车辆，通过×××村上行×××探测站预报机后 35 位 C62BK×××运行方向右侧 2 位抱闸一级。5

时 44 分到达×××站 6G1 停车，列检检查后甩车处理，12 时 27 分开车。假如你是一位企业运用专职，事后故障处理及定责问题将由你统筹调查，如何分析产品故障（在设计、制造、采购、检修等环节），本节知识将为你提供理论支持。

任务目标

1. 知识目标

（1）熟知 120 型控制阀的结构；

（2）理解 120 型控制阀的气路原理；

（3）能处理 120 型控制阀的常见故障。

2. 能力目标

（1）具备货车检车员应急故障处理能力；

（2）具备制动钳工岗位能力，能处理 120 型控制阀常见故障。

3. 职业素养目标

（1）安全第一、预防为主、严规细操。

（2）协作意识、环保意识、节约意识。

知识储备

一、120 型控制阀的特点及基本原理

（一）120 型控制阀的特点

（1）120/120-1 型空气控制阀仍采用二压力机构。

由于我国货车空气制动机均属于二压力机构阀控制，为使 120/120-1 型控制阀能与现有的货车阀很好地混编，获得较好的混编性能，所以 120/120-1 型控制阀仍采用二压力机构。

（2）120/120-1 型空气控制阀采用直接作用方式。

103 型分配阀由于采用间接作用方式，不仅增设了作为间接控制的压力源（工作风缸、容积室）和中继部（均衡部、充气部），使结构复杂，由于间接作用需通过中继部使动作相对迟缓，在一定程度上影响到制动波速和缓解波速；间接作用所需副风缸容积大也影响充气时间；特别是在间接作用方式中，作为二压力机构中一个控制压力的压力风缸容积较小，制动保压时若产生漏泄容易造成自然缓解，会危及行车安全。

另外，原来认为的直接作用方式存在的一些问题，却由于这些年来采用了制动新技术以及使用条件的变化，已部分地得到解决，如：

① 间接作用方式适用于不同直径制动缸。现我国货车制动缸直径已基本定型，与通用铸铁闸瓦配套时为 356 mm，与高摩合成闸瓦配套时为 254 mm，120 型空气控制阀在适应 356 mm 直径制动缸使用的基础上，当配用 254 mm 直径制动缸时，在充气、缓解、紧急二段跃升气路上加装适当的缩孔堵，便可适应其使用要求。

② 间接作用方式具有制动力不衰减性能。闸瓦间隙自动调整器的推广应用，解决了由于

闸瓦磨耗导致制动缸活塞行程增大而带来的制动力衰减问题；密封式制动缸的采用，密封技术的提高，使制动缸及其管系的漏泄所造成的制动力衰减问题得到了解决。

③ 间接作用方式便于设置空重车调整装置。可以在直接作用方式的控制阀以外设空重车自动调整装置，而不需要在具有间接作用方式的阀内固定设置。目前 KZW-A 系列、TWG-1 系列货车空重车自动调整装置已经与 120 型空气制动机配套使用，解决了空重车对制动缸压力需求不同的问题。

综上所述，120/120-1 型空气控制阀采用了直接作用方式。

（3）120/120-1 型空气控制阀主控机构仍采用橡胶膜板和金属滑阀结构。

主活塞采用橡胶膜板结构，可以保证密封性，结构简单、工作阻力小和检修方便，并且可在一定程度上延长检修期。金属滑阀对二压力机构阀来讲，有独到之处，它具有：

① 良好的作用连续性。

② 在恶劣的运用条件下，有较长的寿命。

③ 有自动防止异物侵入的特性，对空气质量的要求可稍予以降低。在加工、检修方面已有一定基础。

（4）在 120/120-1 型空气控制阀的主阀中增设加速缓解阀，与增加的一个加速缓解风缸相配合，当车辆缓解时，利用即将排入大气的制动缸压力空气作为推动加速缓解阀动作的信息压力源，促使加速缓解阀动作，开通了加速缓解风缸压力空气向制动管逆流的通路，从而达到加快制动管充气和提高缓解波速的目的。

（5）120/120-1 型空气控制阀仍像 103 型分配阀一样，设有紧急阀及局减室和局减阀，采用常用制动与紧急制动分部作用的方式以及完善的两阶段局减作用；设有紧急二段阀，紧急制动时制动缸压力呈先快后慢的两段上升方式，以缓和列车的纵向动力作用。

（6）在紧急放风阀中设有先导阀结构。当施行紧急制动时，制动管一开始急速减压时，紧急活塞杆首先打开先导阀，消除紧急放风阀的背压，紧接着再顶开放风阀，消除了紧急活塞杆顶到放风阀时停留的时间，提高了紧急制动波速。

（7）适应压力保持操纵。

120/120-1 型空气控制阀在主阀作用部的滑阀上设了一个 ϕ0.2 mm 的眼泪孔（呼吸孔），使控制阀在常用制动以后的保压位时，沟通制动管和副风缸，这样可在长大下坡道上配合机车采用一把闸操纵以及在制动保压时机车对制动管漏泄有自动补风（压力保持）功能。

（8）设置半自动缓解阀。

在 120/120-1 型空气控制阀中增设了半自动缓解阀。使用时人工拉动手柄 3 ~ 5 s，当听到制动缸的排气声后松开手柄，制动缸压力空气会自动排完，节省人力和减少耗风量。

（9）120-1 型控制阀在滑阀上增加了 ju_3 孔，能实现常用加速制动作用，适应长大列车和常用制动纵向冲出力，改善运行品质。

（10）120-1 型控制阀在滑阀上增加了 f_7 孔，在常用全制动或过量减压时，防止列车管压力波动时造成车辆的意外缓解。

（11）零件的通用性和互换性较强，并能与多种制动新技术配套使用。

120/120-1 型空气控制阀采用与 103 型空气分配阀基本相似的紧急二段阀和局减阀结构，与 103 型空气分配阀通用件占 54%左右，橡胶易损件 80%与 103 型空气分配阀通用。主阀和紧急阀的安装形状和尺寸以及气路的位置尺寸与 103 型分配阀完全相同；120/120-1 型空气控制阀也可在 705 型试验台上进行机能试验。

（12）120/120-1 型空气控制阀能与高摩合成闸瓦、闸瓦间隙自动调整器、空重车自动调整器、球芯塞门、法兰接头和密封式制动缸等新技术配套成货车新型制动系统，管路施行磷化除锈处理，各管路上均设了滤尘装置，可提高空气清洁度，延长使用时间和检修期限。

（13）120120-1 型空气控制阀在结构上考虑了防盗问题，采用专用工具才能拆装。

（二）120/120-1 型空气控制阀的作用原理

120 型控制阀作用原理

120 型空气控制阀采用二压力控制机构直接作用方式，有 3 个基本作用，作用原理如图 2-6-1 ~ 图 2-6-3 所示。

1. 充气缓解（图 2-6-1）

向制动管充气，制动管压缩空气进入作用部主活塞 1 上部，压力增大，当主活塞 1 上部压力大于其下部副风缸压力一定值时，主活塞 1 带动节制阀 3、滑阀 2 下移，到达充气缓解位，滑阀 3 连通了副风缸和加速缓解风缸的充气通路，同时连通了制动缸与缓解通路。制动管压缩空气经滑阀 3 上的充气孔进入滑阀室向副风缸充气，滑阀室经节流孔与加速缓解风缸连通；制动缸内压缩空气通过滑阀上的缓解孔槽到加速活塞 5 外侧室经缩孔Ⅱ（或限孔）排向大气。

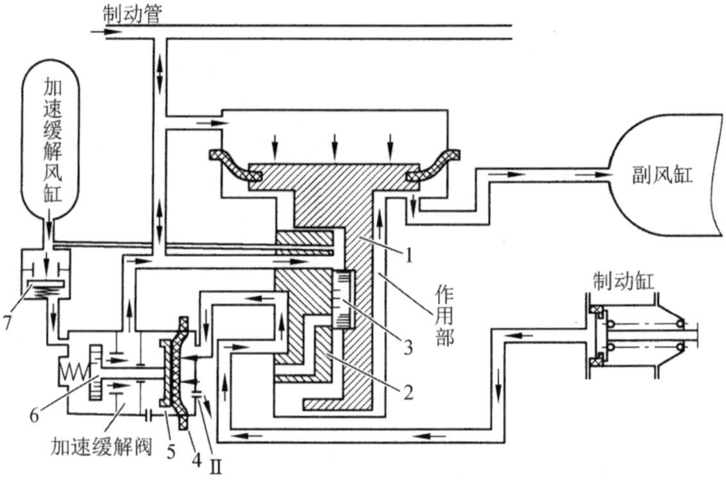

1—主活塞；2—滑阀；3—节制阀；4—加速活塞膜板；5—加速活塞；6—加速缓解阀（夹心阀）；7—止回阀；Ⅱ—制动缸缓解排气缩孔（或限孔）。

图 2-6-1　120 型空气控制阀充气缓解作用原理

制动缸压缩空气由于受到缩孔Ⅱ（或限孔）小孔的限制，来不及排出而在加速活塞外侧形成压力，推加速活塞内移，加速缓解阀 6 被推离阀座，加速缓解风缸压缩空气经打开的加速缓解阀口进入制动管，加快了制动管的充气速度，使后部车辆制动机的充气缓解作用加快实现，提高了列车的缓解波速。当加速缓解风缸压力与制动管压力平衡后，止回阀 7 切断加速缓解风缸与制动管通路，加速缓解作用结束。

制动缸压缩空气最终全部经加速活塞外侧室再经缩孔Ⅱ（或限孔）排向大气，实现缓解作用。

制动管压缩空气经滑阀向副风缸、加速缓解风缸充气，直至均达到定压。副风缸充至定压，为下次制动作用储备压缩空气源，加速缓解风缸充至定压，为下次制动后加速缓解作用储备压缩空气源。

2. 减压制动（图 2-6-2）

制动管减压，副风缸压缩空气推动主活塞1带动节制阀 3、滑阀 2 上移，到达制动位，副风缸压缩空气经滑阀、滑阀座上的制动通路进入制动缸，产生制动作用，加速缓解风缸压缩空气不参与制动作用，其压力仍保持在充气缓解作用结束时的制动管定压。

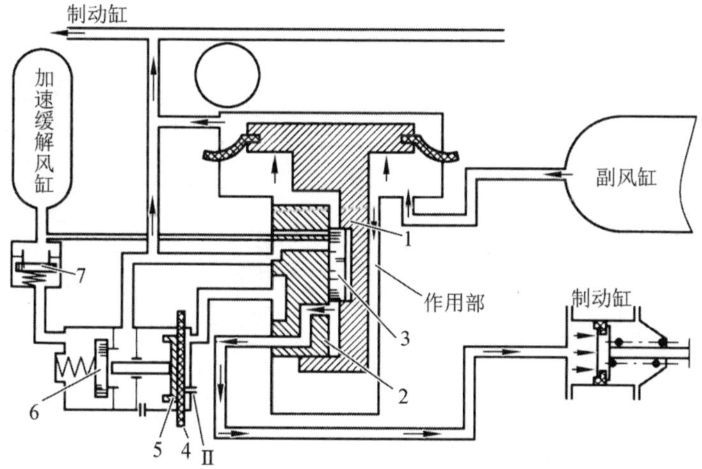

图 2-6-2　120 型空气控制阀减压制动作用原理（图注同图 2-6-1）

3. 制动保压（图 2-6-3）

当制动管减压量达到要求值后，转保压位，制动管停止减压，由于作用部仍处在制动位，副风缸继续向制动缸充气其压力下降，当副风缸压力接近制动管压力时，在主活塞 1 自重及稳定弹簧（图中未示意）弹力作用下，主活塞 1 带动节制阀 3 下移（滑阀 2 不动）至活塞杆上肩接触滑阀为止，节制阀 3 遮盖住了滑阀背面向制动缸充气的孔路，副风缸停止向制动缸充气，副风缸压力停止下降，制动缸压力停止上升，滑阀 2 仍处于制动位，制动缸压力不下降，即实现了制制动管动保压作用。

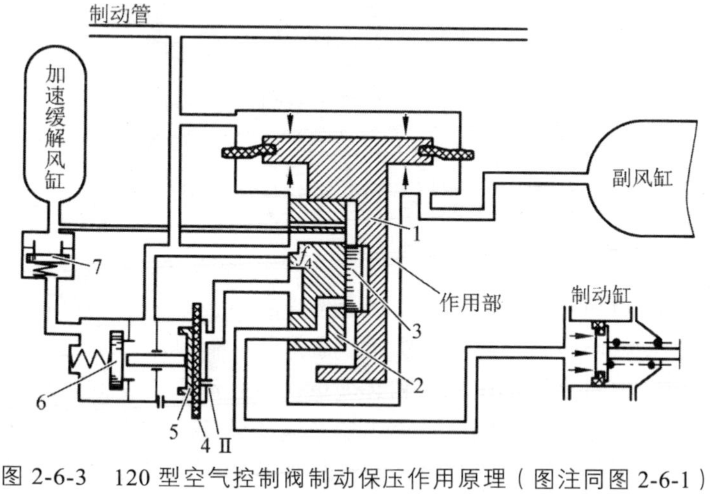

图 2-6-3　120 型空气控制阀制动保压作用原理（图注同图 2-6-1）

同时节制阀 3 露出了滑阀 2 背面的眼泪孔，滑阀连通了制动管与副风缸，平衡主活塞两侧压力差以适应机车的压力保持操纵的需要。无论制动管漏泄或是副风缸漏泄均可避免主活塞 1 两侧产生压力差引起再制动或自然缓解。

二、120 型控制阀构造

120 阀由中间体、主阀、半自动缓解阀（以下简称缓解阀）和紧急阀等 4 部分组成，如图 2-6-4 及图 2-6-5 所示。

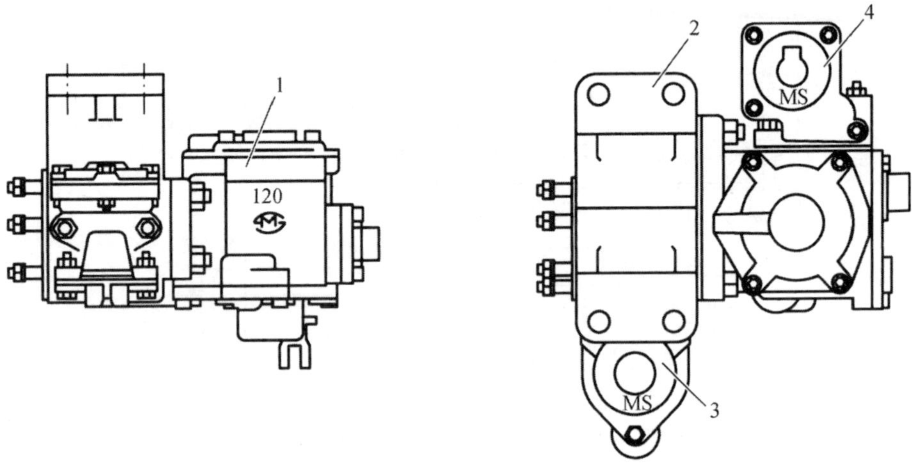

1—主阀；2—中间体；3—紧急阀；4—半自动缓解阀。

图 2-6-4　120 型空气控制阀

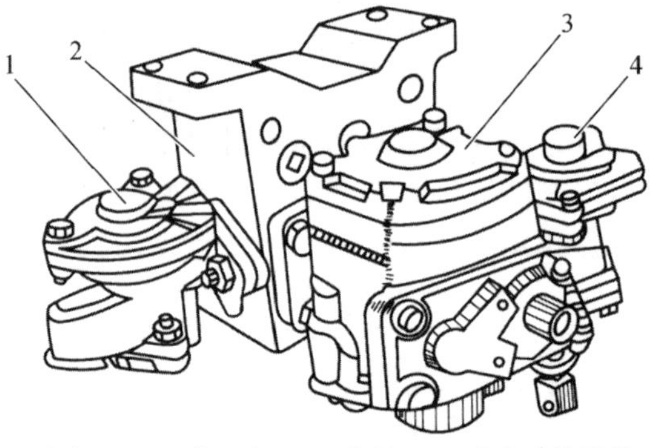

1—紧急阀；2—中间体；3—主阀；4—半自动缓解阀。

图 2-6-5　120 型空气控制阀外貌图

（一）中间体

中间体用来安装主阀和紧急阀，并通过 4 个突耳上的 $\phi 22$ 孔，用螺栓和螺母将整个阀直接吊装在车辆底架上。它还起到连通制动主管、副风缸、制动缸、加速缓解风缸与主阀和紧急阀的各个气路作用。中间体只是在厂修和必须更换时才卸下。中间体用铸铁铸成长方体形（见图 2-6-6 及图 2-6-7），靠车体外侧的立面为紧急阀安装座，与紧急阀的安装座相邻的右侧立面为主阀安装座，分别用两套和四套螺柱和螺母加装紧急阀垫和主阀垫来紧固。与紧急阀安装座相邻的左侧立面上方为加速缓解风缸管座（ϕ19 mm），下方为列车管管座（ϕ25 mm），与主阀安装座相邻的立面上方为副风缸管座（ϕ19 mm），下方为制动缸管座（ϕ19 mm），各管与座联结均采用螺柱和螺母加垫圈的法兰接头方式连接。检修主阀、紧急阀或管路时，可将它们单独从中间体上拆下。

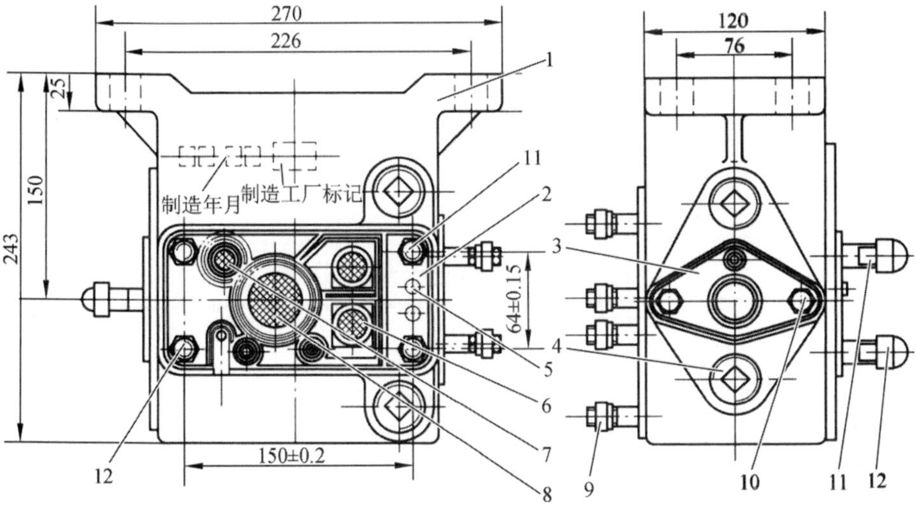

1—中间体；2—主阀垫；3—紧急阀垫；4—螺堵；5—防误装螺钉；6—ϕ28 滤尘网；7—ϕ20 滤尘网；8—滤尘器；9—风管法兰接头螺柱（M12x35）和螺母；10—紧急阀安装螺柱（AM1632）和螺母两套；11—主阀安装螺柱（AM16x38）和螺母三套；12—主阀安装螺柱（AM12x38）和螺母一套。

图 2-6-6　中间体组成

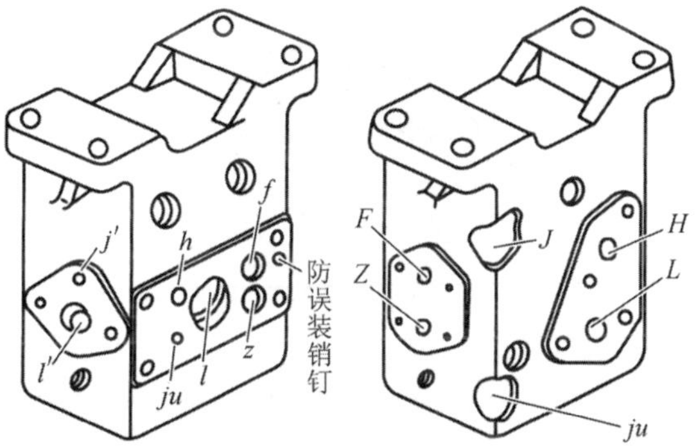

图 2-6-7　中间体外貌

本任务在叙述各作用通路以及各缸（腔、室）时，采用表 2-6-1 所示的代号，作用通路用小写字母，而各缸（腔、室）用大写字母。为区别制动管与制动缸，和制动管有关的代号用 *L* 或 *l*。

表 2-6-1　120 阀各缸（腔、室）及其空气通路的号

名　称	代　号	名　称	代　号
制动管	*L* 或 *l*	紧（Jin）急室	*J* 或 *j*
加速缓解风缸	*H* 或 *h*	局（Ju）减室	*Ju* 或 *ju*
副风缸	*F* 或 *f*	大（Da）气	*D* 或 *d*
制动缸	*Z* 或 *z*		

中间体内铸有两个空腔，靠紧急阀安装座侧的上部为容积 1.5 L 的紧急室 J，下部为容积 0.6 L的局减室 Ju。在主阀安装座的列车管孔 l 内装有与 103 阀相同的杯形滤尘器(见图 2-6-8)，是由滤尘器座 1、O 形橡胶密封圈 2 和过滤杯 3 组成，过滤杯是由青铜粉末冶金过滤材料烧结而成的空气滤尘元件，具有过滤精度高、孔隙分布均匀、孔隙率高、过滤性能稳定、机械强度高等优点。

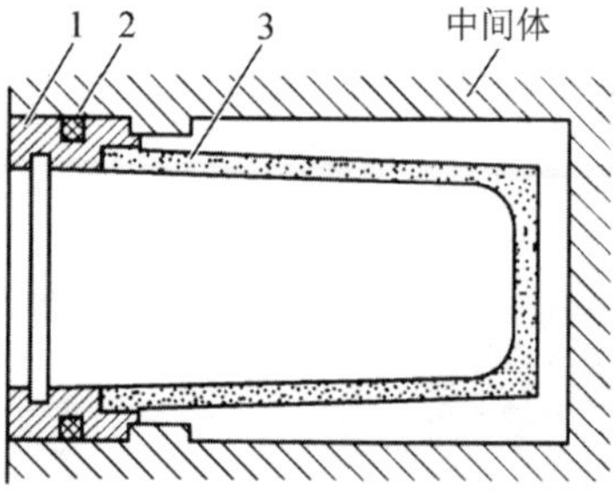

1—滤尘器座；2—O 形密封圈；3—过滤杯。

图 2-6-8　杯形滤尘器

在主阀安装座的副风缸孔、制动缸孔内（f 和 z 内），装有 ϕ28 mm 滤尘网，在加速缓解风缸孔（h）内，装有 ϕ20 mm 滤尘网，用以进一步过滤进入主阀的压力空气，防止空气中的尘垢杂质进入。滤尘网用 60 目丝网制成，如图 2-6-9 所示。中间体的 4 个垂直壁上共有 8 个清砂孔，用螺堵拧紧不得漏泄。

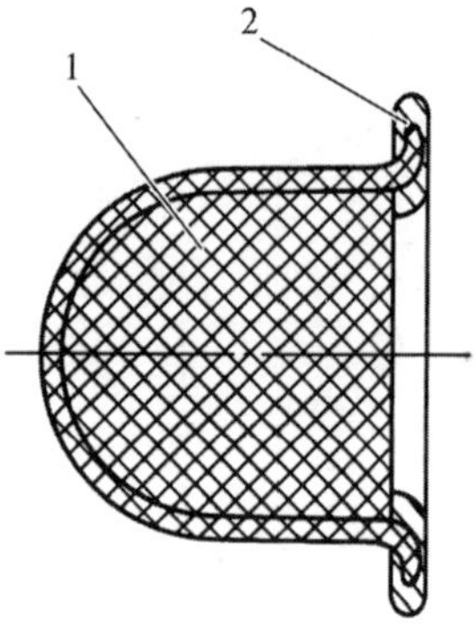

1—丝网；2—压圈。

图 2-6-9　滤尘网

120 型控制阀主阀结构组成

（二）主　阀

主阀是控制阀的心脏部分，它根据制动管不同的压力变化，控制制动机实现充气、缓解、制动、保压等作用。

主阀由作用部、减速部、局减阀、加速缓解阀和紧急二段阀等 5 部分组成，如图 2-6-10 所示。

1. 作用部

作用部的用途是利用制动管与副风缸的空气压力差来产生充气、局减、制动、保压、缓解等作用。

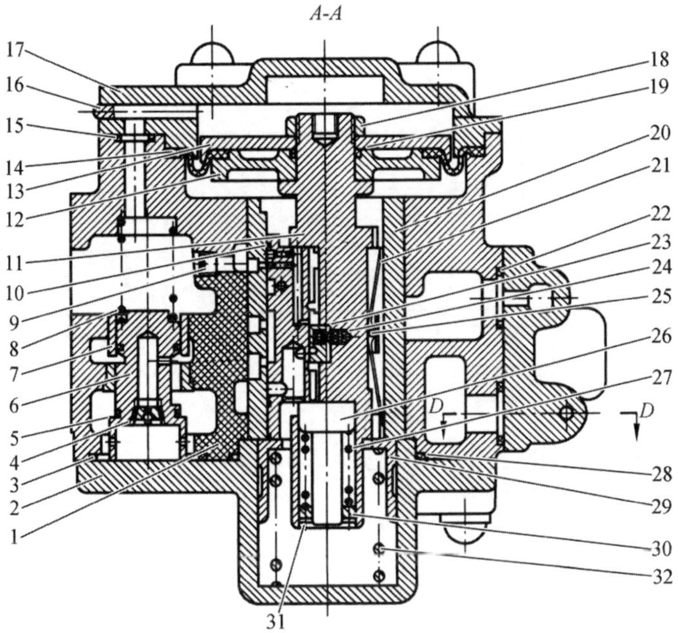
A-A
17
16
15
14
13
12
11
10
9
8
7
6
5
4
3
2
1
18
19
20
21
22
23
24
25
26
27
D
D
28
29
30
32
31

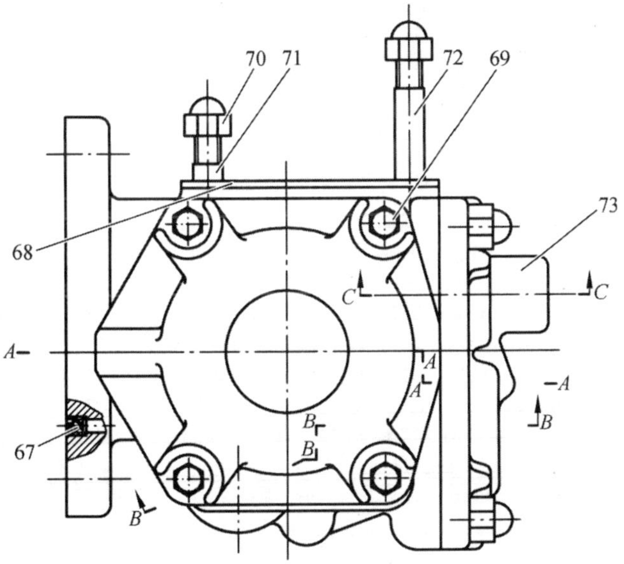
70
71
72
69
73
68
C
C
A
A
A
A
B
B
B
B
67

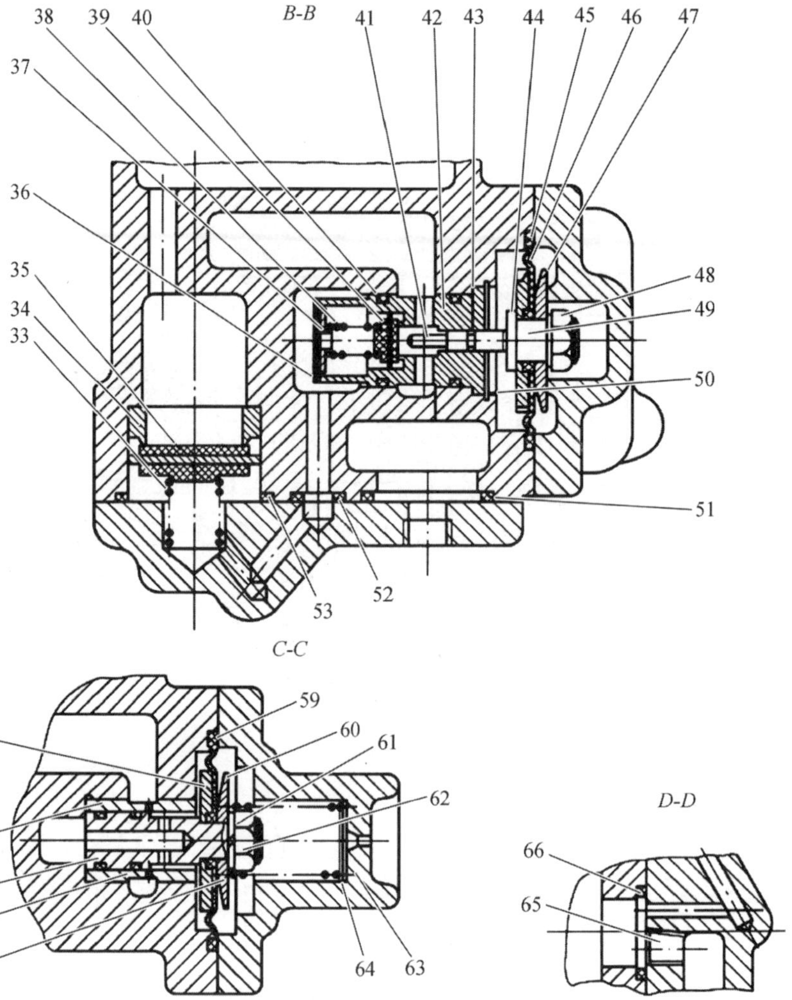

A—*A* 作用部、减速部、紧急二段阀；*B*—*B* 加速缓解阀；*C*—*C* 局减阀；*D*—*D* 主阀前盖局部。1—主阀体；2—主阀下盖；3、5、19、22、28、40、43、51、52、53、55、66—O 形密封圈；4—缩孔堵Ⅲ（与 254 mm 直径制动缸配套的 120 阀设此缩孔堵）；6—紧急二段阀杆；7—紧急二段阀套（上、下 2 个）；8—紧急二段阀弹簧；9—缩孔堵Ⅶ（与直径 254 mm 直径制动缸配套的 120 阀设此缩孔堵）；10—滑阀；11—主活塞杆；12—主活塞；13—主活塞压板；14—主活塞膜板；15—密封圈；16—塞堵；17—主阀上盖；18—主活塞压板螺母；20—主阀套；21—滑阀弹簧；23—节制阀；24—节制阀弹簧；25—滑阀销；26—稳定杆；27—稳定弹簧；29—减速弹簧套；30—稳定弹簧座；31、36、50—挡圈；32—减速弹簧；33—止回阀弹簧；34—止回阀座；35—止回阀（ϕ38 mm）；37—加速缓解弹簧座；38—加速缓解弹簧；39—夹心阀；41—顶杆；42—加速缓解阀套；44—活塞紧固螺钉；45—加速活塞膜板；46—加速活塞；47—加速活塞压板；48、62、70—螺母；49—垫圈；54—局减阀弹簧；56—局减阀杆；57—局减阀套；58—局减活塞；59—局减膜板；60—局减活塞压板；61—垫圈；63—毛垫；64—压垫；65—缩孔堵Ⅱ（与 254 mm 制动缸配套的 120 阀设此缩孔堵）；67—缩孔堵Ⅰ；68—缓解阀垫；69—螺钉；71、72—螺柱；73—主阀前盖。

图 2-6-10　主阀

作用部的构造如图 2-6-11 及图 2-6-12 所示，与 103 阀的作用部基本相同，它由主活塞 12、节制阀弹簧 24、节制阀 23、滑阀簧 21、滑阀 10、滑阀销 25、滑阀座 20（即滑阀套）、稳定装置等零部件组成。

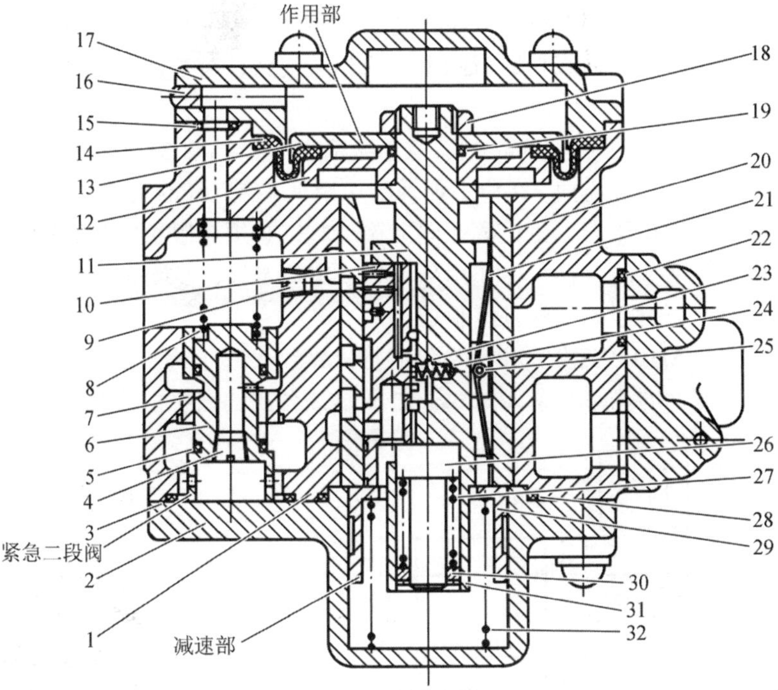

图 2-6-11　作用部、减速部和紧急二段阀（图注同图 2-6-10）

主活塞是一个组合件，将主活塞 12、O 形密封圈 19、主活塞膜板（ϕ126 mm S 形橡胶膜板）14、主活塞压板 13 等零件套装在主活塞杆 11 的上端，并在端头的外螺纹上拧紧主活塞压板螺母 18，将上述零件压紧。

主阀组装时，主活塞膜板 14 的外边缘被主阀上盖 17 压紧在主阀体 1 的上部凹槽内，这样，在主活塞的上、下两侧形成互相密封的两个空腔。主活塞上侧通制动管，下侧滑阀室通副风缸，作用部就是利用主活塞上、下两侧即制动管与副风缸的压力差，使主活塞带动节制阀和滑阀上下移动，形成各个不同的作用位置。

节制阀是一个气路开关，嵌装在主活塞杆中部的小凹槽内，由节制阀弹簧压紧在滑阀背面（节制阀座），节制阀随主活塞一同移动，分别连通或切断滑阀背面上各相关通路，配合滑阀与滑阀座所连通的气路，实现分配阀相应的作用性能。

滑阀也是一个气路开关，嵌装在主活塞杆的上、下两肩之间，沿主活塞杆的轴向与主活塞杆的两肩有 6 mm 间隙（滑阀游间），即主活塞与滑阀可相对移动 6 mm。滑阀弹簧用销子与滑阀固定在一起，将滑阀压紧在滑阀座上。

滑阀座实际上是滑阀套里面呈平面形状的一部

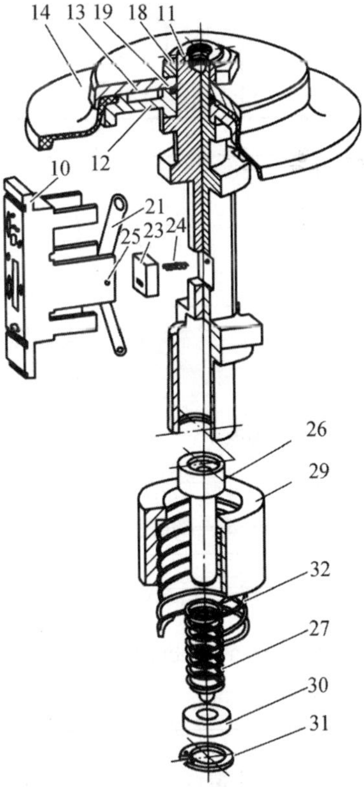

图 2-6-12　作用部、减速部外形及组装图（图注同图 2-6-10）

分，滑阀套上部内圆面设有导向槽，以防止主活塞转动。当主活塞带动滑阀在滑阀座上移动到不同位置时，滑阀分别连通或切断滑阀座上的相关气路，与节制阀配合，实现控制阀不同的作用性能。

稳定装置由稳定杆 26、稳定弹簧 27、稳定弹簧座 30、挡圈 31 等零部件组成，它们依次安装在主活塞杆尾部筒形套筒内。在稳定弹簧的作用下，稳定杆的头部与滑阀下端面相接触，由于稳定弹簧有一定的预压力，主活塞在向上移动时，必须克服稳定弹簧的阻力，稳定部在一定程度上阻碍了主活塞的上移，使作用部具有一定稳定性，防止了列车在运行中因列车管轻微漏泄或压力波动而引起的意外自然制动。

主活塞杆上端的 M10 内螺纹，便于检修时拧入螺纹头起子将主活塞从主阀体内拔出。节制阀、滑阀和滑阀座上的孔路布置如图 2-6-13 所示。各孔路名称、代号及作用如下：

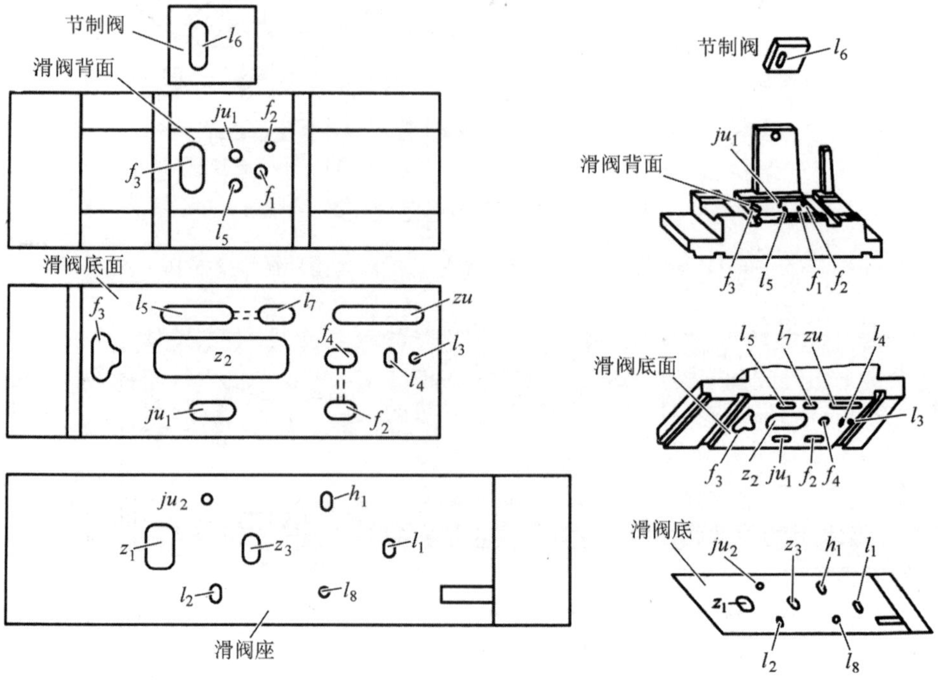

图 2-6-13　节制阀、滑阀和滑阀座上的孔路布置

（1）节制阀。

l_6——局减联络槽，制动作用开始时，连通第一阶段局减通路，将制动管压缩空气引入局减室，产生第一阶段局减作用。

（2）滑阀。

l_3——减速充气孔，孔径为ϕ1.9 mm，与滑阀背面上的副风缸充气孔 f_1 连通，减速充气时连通滑阀座上的制动管充气孔 l_1，制动管向副风缸充气。

l_4——充气孔，孔径为ϕ2 mm，与滑阀背面上的副风缸充气 f_1 连通，充气时连通滑阀座上的制动管充气孔 l_1，制动管向副风缸充气。

f_1 ——滑阀背面的副风缸充气孔。

l_5——局减孔，上下贯通。一段局减和二段局减时，与滑阀座上的制动管局减孔 l_2 连通，将列车管压力空气引入局减室或局减阀，形成第一或第二阶段局减通路。

f_2——加速缓解风缸充气孔，上下贯通，充气时连通滑阀座上的加速缓解风缸孔，副风缸向加速缓解风缸充气。通过滑阀体内的通路与滑阀底面 f_4 槽相通。

L_7——局减阀入孔，与 l_5 孔暗通。二段局减时，与滑阀座上的 l_8 连通，将制动管压缩空气引向局减阀，并经缓解阀、紧急二段阀充入制动缸（当局减阀开启时），以产生第二阶段局减作用。

f_3——制动孔，上下贯通孔。制动时，与滑阀座上的 z_1 连通，将副风缸压缩空气经缓解阀、紧急二段阀送向制动缸，产生制动作用。

Z_2——缓解联络槽，缓解时，连通滑阀座制动缸孔 z_1 与滑阀座缓解孔 z_3，将制动缸压力空气送到加速缓解活塞外侧，并经缩孔堵Ⅱ排入大气，产生缓解作用。

zu——阻力调整槽。

f_4——眼泪孔（“呼吸孔”），孔径 $\phi 0.2$ mm，在滑阀体内与 f_2 孔相通，为适应机车压力保持操纵而设，制动保压时副风缸压力空气经此小孔与滑阀座上的制动管充气孔 l_1 相连通。

（3）滑阀座。

L_1——制动管充气用孔，通制动管。

L_2——制动管局减用孔，通制动管。

z_1——制动缸孔，通制动缸。

Ju_2——局减室孔，通局减室。

l_8——局减阀孔，通局减阀套外围空腔。

h_1——加速缓解风缸孔，通向加速缓解风缸。

z_3——缓解孔，通加速缓解活塞外侧经缩孔堵Ⅱ通大气。

2. 减速部（图 2-6-10 和图 2-6-11）

减速部的用途是在制动管充气增压时，根据列车前后部车辆的增压速度的不同，控制主活塞带动滑阀的下移距离，形成不同的充气速度。其目的是使列车前后部车辆的充气速度趋于一致。

减速部设在作用部下面，位于主阀下盖 2 内，由减速弹簧 32、减速弹簧套 29 组成。主阀下盖的减速部凸缘根部套有 O 形密封圈，防止副风缸压力空气漏入大气。

制动管充气增压时，长大列车前部车辆先充入压力空气，增压迅速，主活塞上、下两侧形成较大的压力差，主活塞带动滑阀向下移动，滑阀尾部端面接触减速弹簧套后，继续下移，压缩减速弹簧而移到最下面的位置（主活塞下端面接触到主阀体），即为减速充气缓解位。列车后部车辆，因制动管增压较慢，主活塞两侧形成的压力差较小，主活塞带动滑阀下移至滑阀尾部端面接触减速弹簧套即停止，形成充气缓解位。

3. 局减阀

局减阀与 103 型分配阀的局减阀基本相同，其用途是在第二阶段局减时，将制动管的部分压缩空气送入制动缸，加快制动管的减压速度，提高列车的制动波速，同时使制动缸获得跃升的初压力，并控制第二阶段局部减压量。

局减阀（图 2-6-14）由局减阀套 57、局减阀 56、局减活塞 58、局减膜板 59、局减活塞压板 60、局减活塞螺母 62、局减阀弹簧 54、局减阀弹簧垫 64、毛毡 63、主阀前盖 73 等零件组成。

局减阀套嵌装在主阀体内，中部沿圆周均布 8 个$\phi1$ 径向小孔，这些小孔经外围空腔与滑阀座上局减阀孔 l_8 相通。

将局减活塞、局减膜板和局减活塞压板用局减活塞螺母紧固在局减阀螺纹端，形成局减活塞组件，局减膜板的边缘嵌装在主阀体和主阀前盖的接合凹槽中，局减活塞左侧经局减阀缩颈上的两个$\phi3$ mm 径向孔与轴向中心孔通制动缸，右侧经主阀前盖上的$\phi3$ mm 小孔通大气，前盖内垫有毛毡，防止尘土侵入局减阀内。

平时，局减活塞在其右侧局减阀弹簧弹力的作用下，局减阀处于左侧（开放位）位置，局减阀缩颈开放局减阀套上的 8 个小孔，两个$\phi3$ mm 径向孔与轴向中心孔连通了滑阀座局减阀孔 l_8 到制动缸的二段局减通路。制动时，滑阀上移连通滑阀座 l_2 孔与滑阀 l_5 孔、滑阀 l_7 与滑阀座 f_8 孔，制动管的部分压缩空气便经此局减通路进入制动缸，产生第二阶段局减作用。当制动缸压力升到 50 ~ 70 kPa 时，局减活塞带着局减阀压缩局减阀弹簧右移，局减阀上两个 O 形密封圈遮住了局减阀套上的 8 个小孔，切断了制动管至制动缸的局减通路，局减阀处于关闭位。这样，在制动管少量减压时，尾部车辆的制动缸至少也能有 50 ~ 70 kPa 的压力。

主阀前盖（局减阀处）外端具有向内凹入的空窝，可以使$\phi3$ mm 通气小孔不露出在外表面，以防止小孔冰冻堵塞，而使局减活塞外腔可能产生背压。

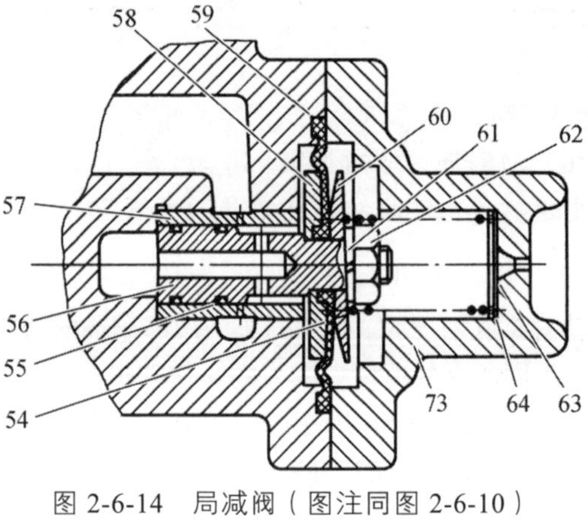

图 2-6-14　局减阀（图注同图 2-6-10）

4. 加速缓解阀

加速缓解阀的用途是在本车制动缸缓解作用开始后，将加速缓解风缸的压缩空气送入制动管，即产生制动管的“局部增压”作用，以加快制动管的增压速度，使列车管增压作用沿列车由前向后的传播速度加快，后部车辆迅速产生充气缓解作用，提高列车制动机的缓解波速，减小列车低速充气缓解时的纵向冲动。

加速缓解阀（图 2-6-15 及图 2-6-16）由加速缓解阀套 42、加速缓解阀弹簧 38、夹心阀 39、加速缓解弹簧座 37、挡圈 36、活塞紧固螺钉 44、加速缓解膜板 45、加速活塞 46、加速活塞压板 47、螺母 48、垫圈 49、挡圈 50、缩孔堵Ⅱ65、顶杆 41、止回阀弹簧 33、阀座 34、止回阀 35 等组成。

将加速活塞 46、加活塞速膜板 45 与加速活塞压板 47 用活塞紧固螺钉 44 及螺母 48 紧固成一个加速活塞，加速活塞膜板的边缘被主阀前盖压紧在主阀体的凹槽内。加速活塞左腔永远通大气，加速活塞右腔与滑阀座 Z_3 孔相通，并经主阀前盖凹穴中的缩孔堵（或限孔）Ⅱ通主阀排气口（制动缸排气口）。

120 阀与 254 mm 直径制动缸配套，缩孔堵Ⅱ孔径为 ϕ2.8 mm；与 356 mm 直径制动缸配套，此处为限孔（不设缩孔堵），孔径为 ϕ3.6 mm。

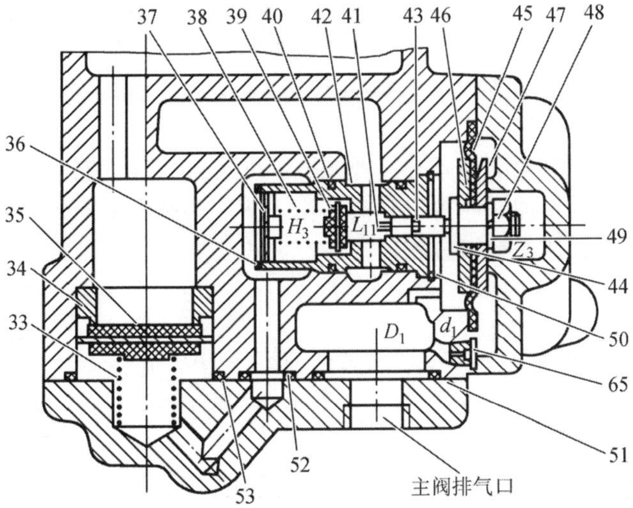

图 2-6-15 加速缓解阀（图注同图 2-6-10）

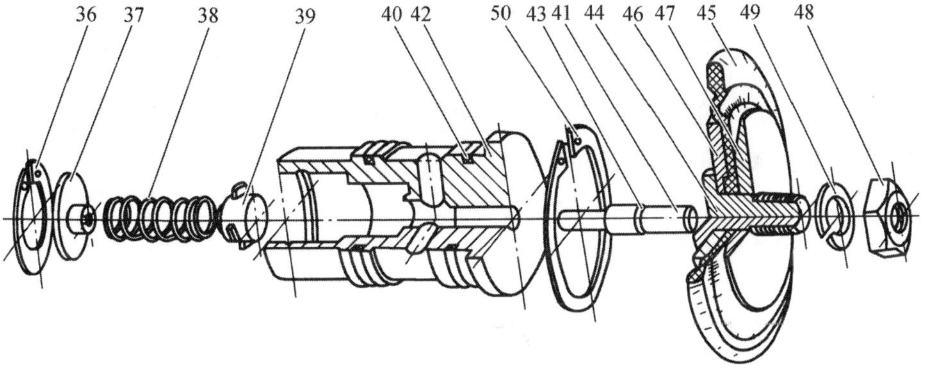

图 2-6-16 加速缓解阀的零件外形及组装图（图注同图 6-10）

加速缓解阀套的左部呈套筒形状，套筒内装入夹心阀、加速缓解阀弹簧、弹簧座，然后用挡圈卡入套筒左侧内圆面的凹槽内。在加速缓解阀弹簧作用下加速缓解阀夹心阀与套筒内侧的阀座密贴，控制加速缓解风缸到制动管的通路。顶杆上嵌装一个 O 形密封圈装入加速缓解阀套的右部轴向孔，动作时将加速缓解阀夹心阀顶离阀座。组装后，在加速缓解阀套上嵌装两个密封圈，一同压装入主阀体内，用挡圈将其固定，加速缓解阀夹心阀右侧空腔，经加速缓解阀套中部的 2 个 ϕ5 mm 径向孔及主阀体内通路与制动管相通。止回阀部用来防止制动管压力大于加速缓解风缸压力时，制动管经加速缓解阀直接向加速缓解风缸充气。止回阀被它下面的止回阀弹簧压紧在阀座上。止回阀的上方经主阀体内的通路直接与加速缓解风缸相通；下方经主阀下盖及主阀体内的暗道与加速缓解阀夹心阀左侧空腔相通，所以加速缓解阀弹簧室充满着加速缓解风缸的压力空气。

在平时，由于加速活塞两侧均通大气，活塞两侧不产生压力差，在加速缓解阀弹簧弹力的作用下，夹心阀与阀座密贴，呈关闭状态，加速活塞处于右位，加速缓解阀不发生作用。

当制动管充气增压时，由于主活塞带动滑阀下移至充气缓解位，制动缸压缩空气经滑阀底面缓解联络槽进入滑阀座缓解孔，经阀体内暗道进入加速活塞的右腔，通过缩孔（或限孔）Ⅱ及排气孔排入大气，制动机缓解。进入加速活塞右腔的制动缸压缩空气受缩孔（或限孔）Ⅱ的节流限制，在加速活塞右腔形成压力，推加速活塞左移，顶杆顶开夹心阀，于是，夹心阀左侧空腔内的加速缓解风缸压缩空气通过开启的夹心阀口进入右腔，充入制动管，实现制动管局部增压作用，达到了提高缓解波速的目的。

制动缸压缩空气最后将全部经缩孔（或限孔）Ⅱ排入大气，制动缸完全缓解，加速缓解阀复位，当制动管压力高于加速缓解风缸时，由于止回阀被它下面的止回阀弹簧压紧在阀座上，制动管不能直接与加速缓解风缸相通。

5. 紧急二段阀

紧急二段阀的用途是紧急制动时，控制制动缸压力分先快后慢两阶段上升，以缓和长大货物列车在紧急制动时的纵向冲动。

紧急二段阀（图 2-6-10，并参看图 2-6-17）位于主阀安装面旁，由紧急二段阀杆 6、紧急二段阀弹簧 8、紧急二段阀套 7 等零件组成。

紧急二段阀套由上套和下套组成，上、下套之间有 3～5 mm 距离，此环形间隙经主阀体内的通路与制动缸相通。

紧急二段阀轴向孔下部有两个 ϕ3 mm 径向孔，上部有一个 ϕ3 mm 径向孔，紧急二段阀下部与套间隙是副风缸向制动缸送风的大通路。与 254 mm 直径制动缸配套时，紧急二段阀轴向孔螺纹部分拧上一个孔径为 ϕ2.2 mm 的缩孔堵 4（Ⅷ），为制动缸充气限孔，紧急制动时控制制动缸压力第二段上升速度。

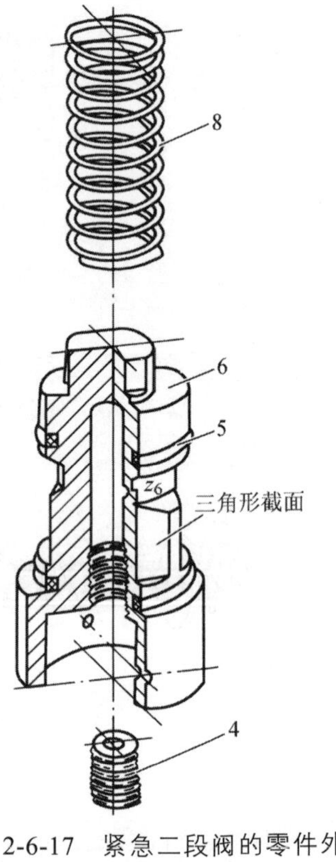

图 2-6-17　紧急二段阀的零件外形及组装图（图注同图 2-6-10）

紧急二段阀上腔弹簧室通制动管，上部的密封圈用来防止制动管压力空气漏入制动缸；下部的密封圈确保紧急制动时，紧急二段阀上移后，密封紧急二段阀下部与套间隙。平时，在紧急二段阀弹簧及弹簧室内的制动管空气压力作用下，紧急二段阀杆处于下部开放位置，制动时，由局减阀来的列车管压力空气（局减）或由滑阀座来的副风缸压力空气，经缓解阀内的通路到紧急二段阀下部外围空腔，再经过紧急二段阀与套之间的大通路及紧急二段阀下部两个 ϕ3 mm 径向孔、轴向孔、上部 ϕ3 mm 径向孔流向制动缸，所以制动缸压力上升较快。紧急制动时，制动管迅速减压，制动刚开始，制动缸充气通路同平时。当制动缸压力跃升到 120～160 kPa（制动管定压 600 kPa 时的跃升压力标准）时，制动缸压力便克服紧急二段阀弹簧的弹力和制动管剩余压力，推紧急二段阀上移至关闭位，关闭二段阀与套之间的大通路。副风缸压力空气只能经紧急二段阀轴向孔（使用 254 mm 直径制动缸的还要通过一个孔径 ϕ2.2 mm 的缩孔堵Ⅷ）、上部 ϕ3 mm 径向孔等充人制动缸，使制动缸压力缓慢上升，形成制动缸压力先快后慢成两阶段上升，减小长大货物列车在紧急制动时的纵向冲动。主阀下盖的紧急二段阀盖处设有密封圈，防止制动缸压力空气漏泄入大气。

6. 主阀体

主阀体（图 2-6-18）是用铸铁铸造而成，内部设有安装作用部（包括减速部）、局减阀、加速缓解阀、紧急二段阀等零部件的空腔，空腔内压装有与各部件相配的铜套，内部铸造或加工各部相应的通路。

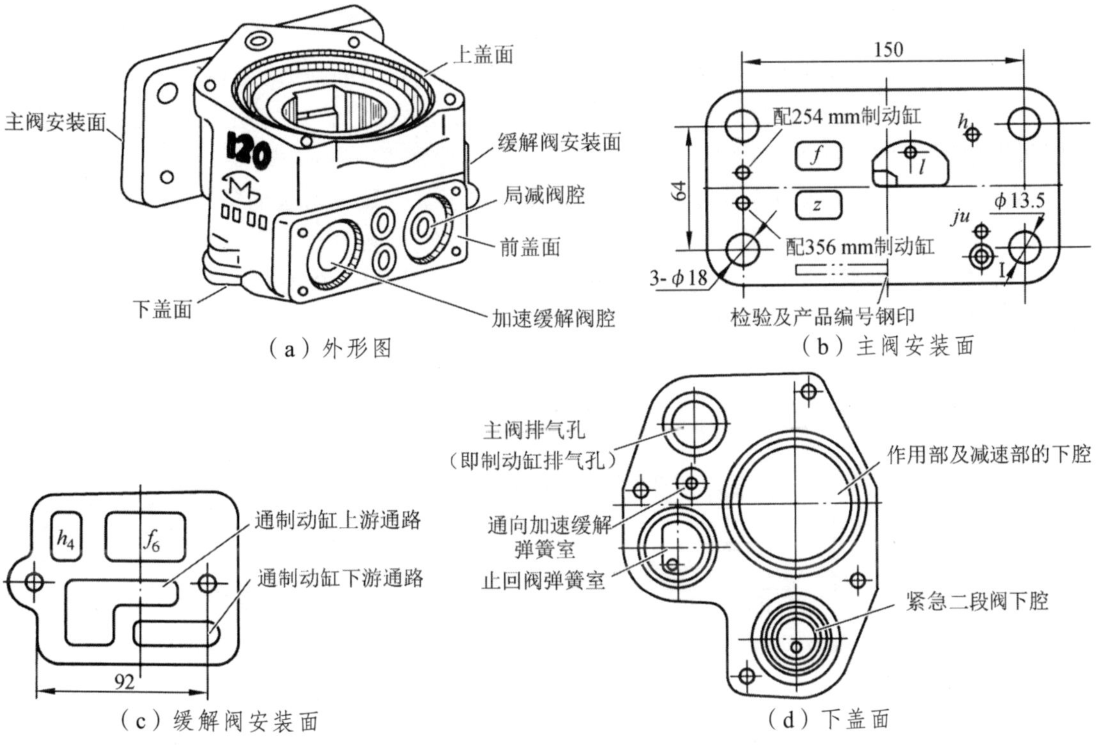

（a）外形图　（b）主阀安装面　（c）缓解阀安装面　（d）下盖面

图 2-6-18　主阀体

主阀体的 5 个面分别为安装面、上盖面、前盖面、下盖面及缓解阀安装面，各面分别有相对应的孔路如图 2-6-18 所示。安装面上的缩孔Ⅰ（ϕ0.8 mm）为局减室排气限孔，限制局减室的排气速度。与 254 mm 直径制动缸配套时，安装面的制动管孔 l 内安装一个孔径为 ϕ1.8 mm 的缩孔堵（缩孔Ⅶ），为充气限制缩孔堵，限制制动管向副风缸的充气速度。

主阀体安装面的尺寸与 103 阀主阀相同，为了防止误装，主阀安装面的右下角（对着安装面看）的孔改小为 ϕ13.5 mm，其余 3 个孔仍为 ϕ18 mm。另外，为了防止用于 254 mm 与 356 mm 两种不同直径制动缸的主阀误装，在主阀安装面左侧（对着安装面看）的上，下两个安装孔之间，设了一个防误装销钉孔，在中间体的主阀安装面的对应位置上设有与销钉孔相配的防误装销钉。主阀体外廓呈方形，外形美观，便于夹装，有利于自动化生产。

120 型控制阀半自动缓解阀结构组成

（三）半自动缓解阀（简称缓解阀）

缓解阀的用途是利用人工拉动缓解阀手柄，主阀排气口开始排气或缓解阀排气口开始排气，只要制动缸压力空气一开始排出，就可松开拉手，制动缸压力空气会自动地排完，使制动机缓解。也可一直拉着缓解阀拉手，将整个制动系统（包括制动缸、副风缸、加速缓解风缸、制动管等）的压力空气全部排出。

缓解阀由手柄部和活塞部两部分组成，如图 2-6-19 及图 2-6-20 所示，分别设在缓解阀体 1 的两个并列的空腔内，缓解阀上盖 10 和下盖 31 各用 4 个 M10 × 25 螺钉 9 紧固在缓解阀体上。手柄部由手柄 32、手柄座 34、手柄座套 33、顶杆座 2、手柄弹簧 3、顶杆 4（两套）、阀座 5（两套）、止回阀 6（ϕ16 夹心阀）（两套）、止回阀弹簧 7（两套）等组成。

两套顶杆、阀座、止回阀、止回阀弹簧分别安装在左、右侧的两个止回阀弹簧室，它们经暗道与加速缓解风缸和副风缸相通。平时，两个止回阀弹簧的弹力及弹簧室的空气压力将两个止回阀压紧在各自的阀座上。副风缸排气止回阀的位置略低，拉动手柄后，副风缸排气止回阀先被顶开。

顶杆的截面呈十字形或 Y 形，沿顶杆轴向便形成了具有足够通量的空气流动通路。顶杆座不仅是顶杆的下支座，上部孔槽也是手柄弹簧的下支座，该孔槽为手柄弹簧室 *A* 腔，手柄弹簧室 *A* 腔经缓解阀体内的通路与活塞部的 *B* 腔相通。下部中心孔 ϕ5 mm 及两侧的 ϕ2 mm 斜向孔是手柄部排气口。手柄座的上部呈盘状，手柄座的下部呈杆状，用销 35 与手柄连接。

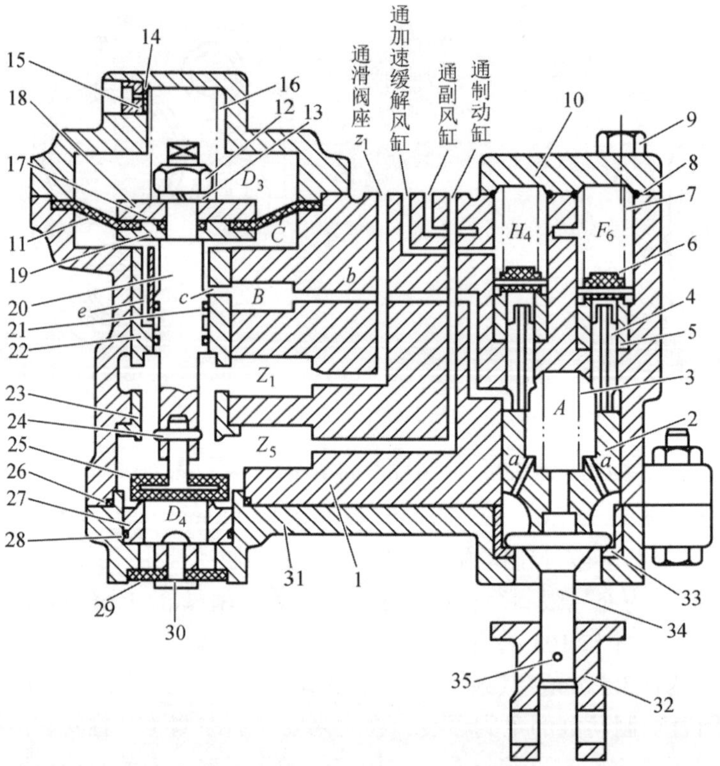

1—缓解阀体；2—顶杆座；3—手柄弹簧；4—顶杆；5—止回阀座；6—止回阀；7—止回阀弹簧；8—O 形橡胶密封圈（D22 × 2.25）；9—螺钉（M10 × 25）；10—缓解阀上盖；11—缓解活塞模板；12—螺母（M10）；13—垫圈；14—滤尘网（ϕ8）；15—缩孔堵（ϕ2）；16—缓解阀弹簧；17—O 形橡胶密封圈（D14 × 2.25）；18—缓解活塞压板；19—缓解活塞；20—缓解活塞杆；21—O 形密封圈（D14 × 2.25）；22—缓解活塞杆套；23—上阀座；24—销轴；25—排气阀；26—O 形橡胶密封圈（D45 × 3.1）；27—下阀座；28—O 形密封圈（D35 × 3.1）；29—排气口垫；30—排气口销；31—缓解阀下盖；32—手柄；33—手柄座套；34—手柄座；35—销。

图 2-6-19　缓解阀

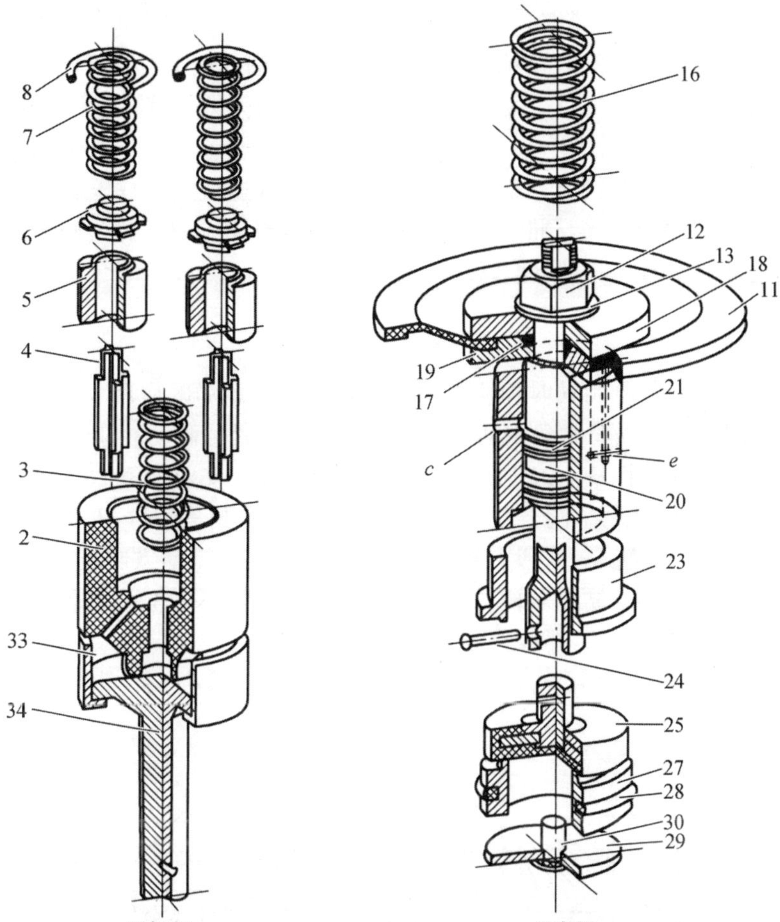

图 2-6-20　缓解阀的零件外形及组装图（图注同图 2-6-19）

活塞部由缓解活塞膜板 11、缓解活塞压板 18、缓解活塞 19、缓解活塞杆 20、缓解阀弹簧 16、O 形密封圈 21（D16 × 2.4）和 17（D14 × 2.25）、缓解活塞套 22、排气阀 25、上阀座 23、下阀座 27 等组成。

将缓解活塞膜板 11、缓解活塞压板 18、缓解活塞用螺母 12 紧固在活塞杆上，组成“缓解活塞”。缓解活塞膜板被缓解阀上盖 10 压紧在缓解阀体 1 的凹槽内，缓解活塞上方经缩孔堵 15（ϕ2.0 mm）永远通大气。为了防止大气中尘埃侵入，在缩孔堵的内侧设有滤尘网。

缓解阀套 22 压装在阀体内，中部的径向小孔 c 与缓解阀套外空腔 B 相通；两个径向孔 e（图上只能显示出一个孔）通过各自的轴向小孔与缓解活塞下腔 C 相通。

活塞部 Z_1 腔经缓解阀体和主阀体内通路与滑阀座的 Z_1 孔相通；活塞部 Z_5 腔经缓解阀体、紧急二段阀通向制动缸。

活塞杆装在缓解活塞杆套内，下端通过销轴 24 与排气阀销接。活塞杆随缓解活塞移动，当处于上下不同位置时，活塞杆上的两个密封圈 21 分别密封缓解阀套 22 上的 c 孔与 e 孔。排气阀 25 是一个双面阀，缓解活塞处于上下不同位置时，分别与上下阀座密贴，连通制动缸与大气或制动缸与滑阀座通路。

平时，缓解活塞上腔 D_3 经缩孔堵永远通大气；下腔 C 经活塞杆与套间隙、缓解活塞杆套中部径向小孔 c、外围空腔 B、缓解阀体内通路 b、手柄弹簧室 A、顶杆座的通孔 a、手柄座与套之间的间隙等与大气相通。缓解活塞在缓解阀弹簧弹力与其自重的作用下处于下方位置，排气阀与下阀座密贴，滑阀座 z_1 孔经缓解阀及紧急二段阀通向制动缸，Z_5 腔与通大气的 D_4 腔不通。扳动手柄缓解车辆时，副风缸压缩空气或与加速缓解风缸压缩空气一起，经手柄弹簧室 A 进入缓解活塞下腔 C，推缓解活塞压缩缓解阀弹簧上移，排气阀随缓解活塞上移，打开下阀座，制动缸压缩空气经下阀座排入大气。

（四）紧急阀

120 型控制阀
紧急阀结构组成

紧急阀的作用是在紧急制动时加快制动管的排气（紧急局减作用），使紧急制动的作用可靠，提高紧急制动灵敏度，从而提高紧急制动波速。

紧急阀如图 2-6-21 及图 2-6-22 所示，由紧急活塞组成、安定弹簧 28、放风阀部、先导阀部 以及紧急阀上盖 1、紧急阀下盖 18 和紧急阀体 10 等零部件组成。

紧急活塞部由紧急活塞 6、O 形密封圈 5（D20 × 2.4）、紧急活塞膜板 8（ϕ100 mm S 形橡胶膜板）、紧急活塞压板 7、防松垫圈 11、压板螺母 12（M16 × 1.5）、紧急活塞杆 4、滤尘套 3、异形密封圈 2（ϕ16 mm）零部件组成。

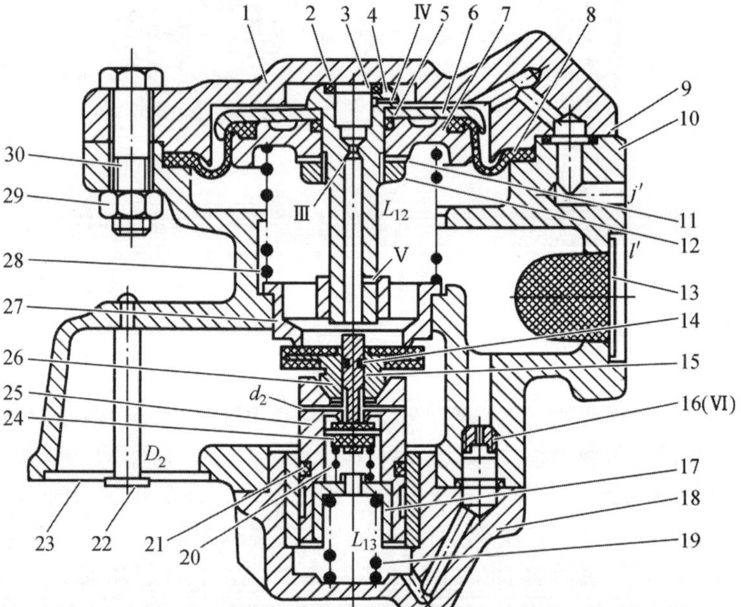

1—紧急阀上盖；2—密封圈（ϕ16 mm）；3—滤尘套；4—紧急活塞杆；5—O 形密封圈（D20 × 2.4）；6—紧急活塞；7—紧急活塞压板；8—紧急活塞膜板；9—O 形密封圈；10—紧急阀体；11—防松垫圈；12—压板螺母（M16 × 1.5）；13—滤尘网；14—O 形密封圈（D6 × 1.5）；15—先导阀顶杆；16—缩堵孔Ⅵ（ϕ1.0 mm）；17—先导阀弹簧座；18—紧急阀下盖；19—防风阀弹簧；20—先导阀弹簧；21—O 形密封圈（D28 × 3.1）；22—排气垫铆钉；23—排风口罩垫；24—先导阀（夹心阀 ϕ16 mm）25—防风阀导向杆；26—防风阀组成；27—防风阀座；28—安定弹簧；29—螺母 M10；30—螺栓（M10 × 40）。

图 2-6-21　紧急阀

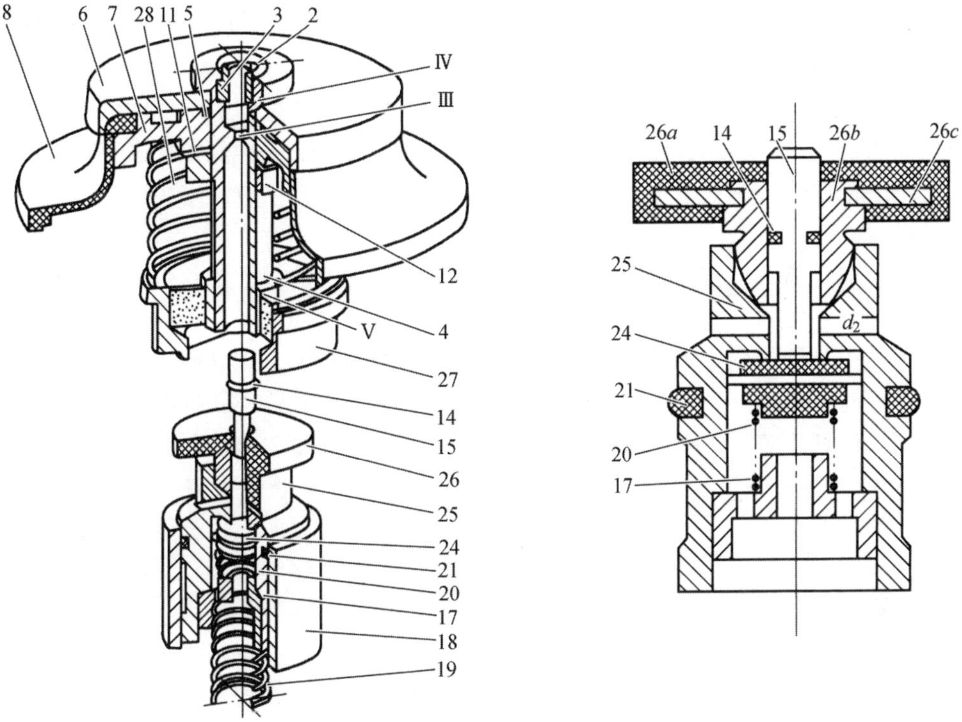

（a）放风阀及组装图　　　　（b）先导阀结构组装图

26a—放风阀；26b—心轴；26c—心板。

图 2-6-22　紧急阀的零件外形及组装图（图注同图 2-6-21）

组装后，紧急活塞膜板外边缘被紧急阀上盖压紧在紧急阀体上，紧急活塞的上腔经暗道及安装面上的通孔与中间体内的紧急室相通，紧急活塞的下腔（安定弹簧室）通制动管。紧急阀就是利用紧急活塞上、下两侧即紧急室与制动管的压力差，控制先导阀、放风阀动作，产生紧急局减作用。

紧急活塞杆顶面的异形密封圈稍突出于顶面。平时，在安定弹簧力的作用下，紧急活塞处于上部极端位置，此密封圈与紧急阀盖密贴，紧急活塞杆的轴向孔与上腔被切断，防止紧急室过充气引起意外紧急制动。当列车管减压，紧急活塞两侧产生压力差，克服安定弹簧的弹力而下移时，紧急活塞杆顶面的轴向中心孔口开放。

限孔Ⅲ（ϕ2.5 mm），安定孔。在紧急活塞杆的轴向中心孔内，控制紧急室压力空气向制动管逆流的速度，以保证紧急制动时在紧急活塞两侧形成足够压力差来推动紧急活塞下移，打开先导阀、放风阀，产生紧急局减作用；常用制动时，使紧急活塞两侧形成不了打开先导阀的压力差。因此，限孔Ⅲ的直径过大会降低紧急制动灵敏度，过小则会影响常用制动的安定性。

限孔Ⅳ（ϕ0.5 mm），充气限孔。控制制动管向紧急室的充气速度，防止紧急室充气过快而引起以外紧急制动。

限孔Ⅴ（ϕ1.1 mm），排气限孔。在紧急活塞杆的下部，距下端 13 mm 处的径向小孔，紧急制动后，控制紧急室压力空气排入大气的速度，使处于下部位置的紧急活塞在间隔一定的时间后才向上回移，保证施行紧急制动后的列车停车后，方可向制动管充气，使列车缓解。

放风阀部由放风阀组成 26、放风阀座 27、放风阀导向杆 25、放风阀弹簧 19、O 形密封圈 21（D28 × 3.1）等零部件组成。

先导阀部由先导阀顶杆、先导阀、先导阀弹簧、先导阀弹簧座等零部件组成。

放风阀组成 26 由橡胶阀面、心板和心轴等 3 个零件组成。先导阀顶杆嵌装在放风阀中心孔中。心轴下部球形外圆面与放风阀导向杆上腔的圆锥形内孔呈铰式连接，保证放风阀与放风阀座密贴。

放风阀导向杆是一个套筒，下部外圆柱面作为上下移动的导向杆；中空部分形成上、下两个空腔，两空腔之间是先导阀座，先导阀座上方有 4 个 $\phi 2$ mm 径向孔经紧急阀排气口通大气。下腔内装先导阀、先导阀弹簧，平时在先导阀弹簧作用下，先导阀与座密贴。当先导阀被其顶杆顶开时，放风阀导向杆下腔内的制动管压力空气经这些小孔排向大气。

放风阀导向杆下腔（包括先导阀弹簧室和放风阀室）经紧急阀与制动管相连通的暗道中装设 $\phi 1.0$ mm 缩孔堵 16（缩孔堵Ⅵ），当放风阀杆下腔的列车管压力空气经 4 个径向孔排入大气消除放风阀的背压力后，限制制动管压力空气由于压力差而充入放风阀杆下腔的速度，使放风阀杆下腔不能形成新的背压，使紧急活塞比较容易地继续下移打开放风阀，实现紧急局减作用，提高紧急制动的灵敏度。

紧急活塞在上部极端位置时，紧急活塞杆的底面距先导阀顶杆有 3 mm 间隙。因此，当紧急活塞下移 3 mm 时，活塞杆碰到先导阀顶杆，再下移就打开先导阀；如先导阀顶杆被紧急活塞所压，其继续下移量超过 1 mm 时，放风阀便被打开。

紧急阀体用铸铁铸成，紧急阀安装面上的小圆孔通紧急室，大圆孔通制动管，在制动管通路上装有一个 30 目的滤尘网 13，用以清除进入紧急阀的压力空气中的尘埃等不洁物。在排气口（通常称“喇叭口”），用排气口销 22 装设一个罩垫 23，以防止外界尘埃侵入。

三、120 型空气控制阀的作用原理

120 型控制阀具有充气缓解位、减速充气缓解位、常用制动位、保压位和紧急制动位等 5 个作用位置。现按列车运行过程中操纵制动机的通常作业顺序来叙述 120 型控制阀的各个作用位置的通路及主要性能要求。

充气缓解位

（一）充气缓解位（参看彩色插图 2-6-23 及图 2-6-24）

充气缓解位发生于长大列车后部车辆制动机所处位置。

货物列车编挂的车辆较多，制动管的长度和弯曲部分也相应地增加，制动管增压时，在管内由前向后流动的压缩空气阻力也越来越大，形成压力梯度。列车前部车辆的制动机先充气缓解，列车后部车辆的制动机形成充气缓解作用的时间要比前部车辆晚，造成了列车的纵向冲动。列车编组辆数越多，前后部车辆的制动机形成充气缓解作用的时间差越大。为了使长大货物列车前后部车辆的充气缓解动作尽可能一致，长大列车后部车辆 120 型控制阀处于充气缓解位。

当制动管充气时，压缩空气进入中间体，一路经滤尘器、主阀安装面 l 孔进入主阀，另一路经紧急阀安装面 l'孔、滤尘网进入紧急阀。

进入主阀的制动管压缩空气经主阀体内通路分别到达主活塞上腔 L_9。紧急二段阀上腔 l_{10}、滑阀座下方及加速缓解阀夹心阀座右侧空腔 L_{11}。

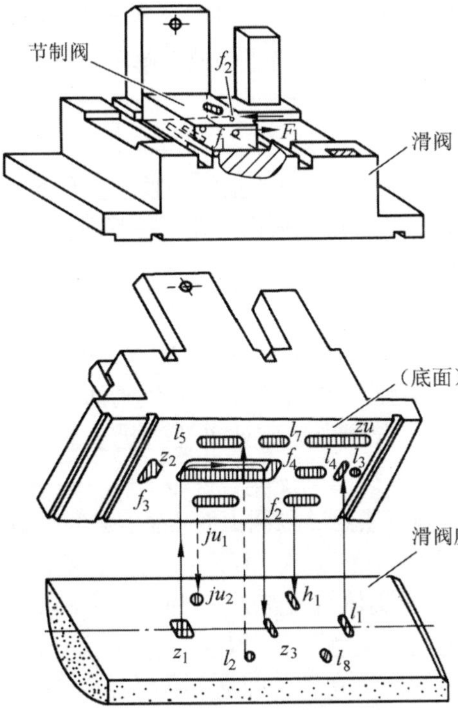

图 2-6-24 充气缓解位时滑阀和滑阀座的通路图

制动管增压，主活塞上腔 L_9 压力上升，当主活塞两侧的压力差与主活塞重力之和克服了滑阀与滑阀座间的摩擦阻力时，主活塞带动节制阀、滑阀下移。由于列车后部制动管增压速度慢，主活塞两侧形成的压力差小，滑阀被推到其下端面接触到减速弹簧套，而不能压缩减速弹簧，这时，主活塞连同节制阀、滑阀处于充气缓解位。节制阀开放了滑阀背面的 f_1 孔、f_2 孔，滑阀连通了滑阀底面上的 l_4 孔与滑阀座上的 l_1 孔、滑阀底面上的 f_2 孔与滑阀座上的 h_1 孔、滑阀底面上的 l_5 孔与滑阀座上的 l_2 孔、滑阀底面上的 ju_1 孔与滑阀座上的 ju_2 孔、滑阀底面上的 z_2 槽连通了滑阀座上的 z_1 孔与滑阀座上的 z_3 孔。制动管压缩空气经过下列通路分别充入副风缸、加速缓解风缸、紧急室等，使各风缸、室及空腔充到定压。制动缸排气（缓解），制动机处于缓解状态。加速缓解阀动作，制动管局部增压。

（1）副风缸充气。

制动管压缩空气→主阀→紧急二段阀上腔 L_{10}→缩孔堵Ⅶ（与 254 mm 直径制动缸配套的 120 阀加装这个缩孔堵，孔径为 ϕ1.8 mm）→滑阀座 L_1 孔→l_4 孔→f_1 孔→滑阀室 F_1→副风缸。主活塞下腔的滑阀室经主阀体内通路 f、主阀安装面 f 孔及中间体通路永远与副风缸相通，因而副风缸获得充气。在向副风缸充气的同时，也经通路 f_6 充入缓解阀手柄部的副风缸止回阀上腔 F_6。

（2）加速缓解风缸充气。

滑阀室 F_1 的副风缸压力空气→f_2 孔→加速缓解风缸 h_1 孔→主阀体内的通路→主阀安装面 h 孔→中间体内通路→加速缓解风缸。由于副风缸压力空气来自制动管，所以充入加速缓解阀风缸的压力空气实际上也来自制动管。在向加速缓解风缸充气的同时，也经通路 h_2 去加速缓解阀处，顶开止回阀，经通路 h_3 充入加速缓解阀弹簧室 H_3；另一路经通路 h_4 充入缓解阀的止回阀上腔 H_4。

充气缓解初始，加速缓解风缸压力大于副风缸、制动管压力，加速缓解风缸经加速缓解阀对制动管施行局部增压。当制动管压力高于加速缓解风缸压力时，制动管经滑阀室 F_1（副风缸）向加速缓解风缸充气。

（3）紧急室充气。

制动管压缩空气→紧急阀安装面 l' 孔→滤尘网→紧急活塞下腔 L_{12}→紧急活塞杆下端面孔口→轴向中心孔的限孔Ⅲ→紧急活塞杆上部径向孔Ⅳ→紧急活塞上腔 J_1→紧急阀盖及紧急阀体内通路 j_1→紧急阀安装面 j'→紧急室。

（4）放风阀弹簧室充气。

制动管压缩空气→紧急活塞下腔 L_{12}→缩孔堵Ⅵ→放风阀盖内的通路 l_{13}→放风阀杆下侧，也即放风阀弹簧室及先导阀弹簧室 L_{13}，形成放风阀的背压，以抵消作用在放风阀上侧的空气压力，并与放风阀弹簧一起使放风阀处于关闭状态，与先导阀弹簧一起使先导阀处于关闭状态。

（5）制动管压缩空气→主阀→紧急二段阀上腔 L_{10}，与紧急二段阀弹簧共同作用，使紧急二段阀杆处于下部开放位置。

（6）紧急二段阀上腔 L_{10}→主阀体内通路 L_{11}→加速缓解阀的 L_{11} 腔。

（7）制动管压缩空气→主阀→紧急二段阀上腔 L_{10}→滑阀座上的 l_2 孔→滑阀上的 l_5 孔，这样，制动管压缩空气进入滑阀的 l_5 孔，滑阀上 ju_1 孔与滑阀座上的 ju_2 孔对准，为制动时做好局部减压作用准备。

（8）制动缸缓解。

制动缸压缩空气→中间体内通路→主阀安装面 z 孔→主阀体内通路 z_6→紧急二段阀套外围的环形空腔 Z_6→紧急二段阀杆与套之间的大通路→紧急二段阀下腔 Z_5→主阀体和缓解阀体内的通路 z_5→缓解阀活塞部下阀座上方空腔 Z_5→开启的缓解阀上阀口→上阀座上方空腔 Z_1→缓解阀体和主阀体内通路 z_1→滑阀座 z_1 孔→滑阀底面 z_2 槽→滑阀座 z_3 孔→主阀体内通路 z_3→加速缓解阀加速活塞外侧 Z_3 腔→缩孔Ⅱ→通路 d_1→主阀排气口 D_1→大气。

（9）加速缓解作用。

进入加速活塞外侧 Z_3 腔的制动缸压缩空气受缩孔Ⅱ的限制，使 Z_3 腔的压力上升，推加速活塞左移，加速活塞的顶杆顶开加速缓解夹心阀。在充气刚开始时，加速缓解风缸压力比制动管压力高，加速缓解风缸的压缩空气→中间体内通路→主阀安装面 h 孔→主阀体内通路 h_2→加速缓解阀处被吹开的止回阀→主阀体内通路 h_3→加速缓解阀弹簧室 H_3→被顶开的加速缓解夹心阀阀口→加速缓解夹心阀座右侧空腔 L_{11}→主阀体内通路 L_{11}→紧急二段阀上腔 L_{10}→制动管，加速缓解风缸压缩空气对制动管施行局部增压作用。

当制动缸压缩空气逐渐排入大气，加速活塞外侧 Z_3 腔压力逐渐降低，加速缓解阀弹簧的弹力使加速缓解夹心阀关闭，加速活塞也回到原来位置；当制动管压力高于加速缓解风缸压力时，止回阀关闭，制动管经副风缸向加速缓解风缸充气，最后制动管、副风缸、加速缓解风缸都充到定压。

局部增压作用是制动管除了由机车供气系统实施充气增压外，控制阀将本车加速缓解风缸的压缩空气送入制动管进行充气增压的作用。这样，提高了制动管的升压速度，使后部车辆的制动管增压迅速，促进全列车迅速缓解，提高了缓解波速，缓和列车缓解时的纵向冲动。

初充气时，制动缸与大气之间的通路连通，制动缸没有压缩空气，排气口 D_1 处无气排出，当然也无压缩空气涌到 Z_3 腔去推动加速活塞左移，加速缓解风缸无压缩空气，列车管局部增压作用也就不存在。列车运行时，120 型控制阀处于充气缓解位。

（二）减速充气缓解位（参看彩色插图 2-6-25 及图 2-6-26）

减速充气缓解位

减速充气缓解位发生于长大列车前部或短小列车车辆制动机所处位置。

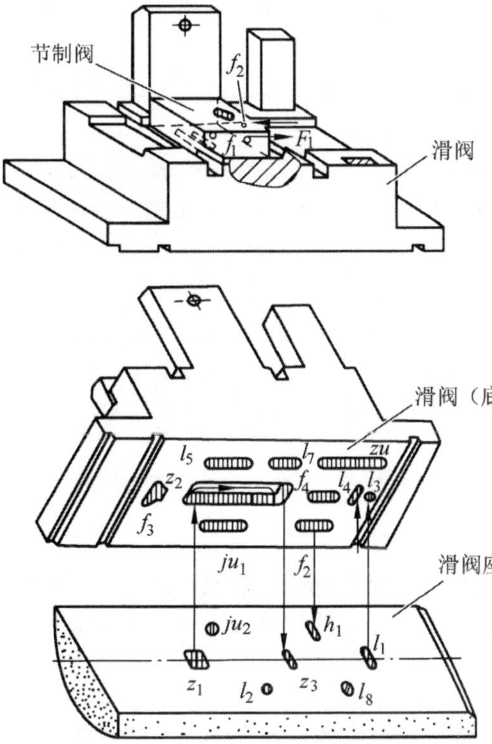

图 2-6-26　减速充气缓解位时滑阀和滑阀座的通路图

当制动管充气时，压缩空气进入中间体，一路经滤尘器、主阀安装面 l 孔进入主阀，另一路经紧急阀安装面 l'孔滤尘网进入紧急阀。

进入主阀的制动管压缩空气同充气缓解位一样，经主阀体内通路分别到达主活塞上腔 L_9、紧急二段阀上腔 l_{10}、滑阀座下方及加速缓解阀夹心阀座右侧空腔 L_{11}。制动管增压，主活塞上腔 L_9 压力上升，当主活塞两侧的压力差与主活塞重力之和克服了滑阀与滑阀座间的摩擦阻力时，主活塞带动节制阀、滑阀下移。由于列车前部制动管压力上升较快，主活塞两侧形成的压力差大，滑阀被推到下极端位置，下端面不仅接触到减速弹簧套，而且压缩减速弹簧一直下移到主活塞底面碰到主阀体停止。这时，主活塞连同节制阀、滑阀处于减速充气缓解位。节制阀开放滑阀背面的 f_1 孔、f_2 孔滑阀连通了滑阀底面上的 l_3 孔与滑阀座上的 l_1 孔、滑阀底面上的 f_2 孔与滑阀座上的 h_1 孔、滑阀底面上的 z_2 槽连通了滑阀座上的 z_1 孔与 z_3 孔。滑阀底面上的 l_5 孔越过了滑阀座上的 l_2 孔，滑阀底面上的 ju_1 孔与滑阀座上的 ju_2 孔连通。制动管压缩空气分别充入副风缸、加速缓解风缸、紧急室等。制动缸排气（缓解），制动机处于缓解状态。加速缓解阀动作，制动管局部增压。

（1）副风缸减速充气制动管压缩空气→主阀→紧急二段阀上腔 L_{10}→缩孔堵Ⅶ（与 254 mm 直径制动缸配套的 120 阀加装这个缩孔堵，孔径为 ϕ1.8 mm→滑阀座 l_1 孔→l_3 孔→f_1 孔→滑阀室 F_1→副风缸。主活塞下腔的滑阀室经主阀体内通路 f、主阀安装面厂孔及中间体通路永远与副风缸相通，因而副风缸获得充气。在向副风缸充气的同时，经通路 f_6 充入缓解阀手柄部的副风缸止回阀上腔 F_6。列车前部车辆的副风缸经减速充气孔 l_3（ϕ1.9 mm）充气，压力上升稍慢些。

（2）加速缓解风缸充气通路与充气缓解位相同。由于副风缸充气慢，加速缓解风缸充气至定压的时间延长。这样，列车前部的每一车辆，在一开始充气时都少“吃”进一些制动管的“风”，而让更多的制动管压缩空气送往列车后部车辆，让列车后部车辆的列车管早一点获得增压，从而使列车前后部的缓解时间差缩短。

（3）制动缸缓解和加速缓解作用在减速充气缓解位时，滑阀底面上的 z_2 槽仍连通了滑阀座的 z_1 孔和 z_3 孔，所以，制动缸压缩空气向大气排出（制动缸缓解）的过程，以及利用制动缸压缩空气作为加速缓解阀的“动作触发源”、加速缓解风缸压缩空气通过加速缓解阀向制动管进行局部增压的均与充气缓解位时相同。

（4）减速充气缓解位时，主阀和紧急阀的其余通路（包括紧急室充气）与充气缓解位相同。当副风缸压力与制动管压力接近时，在减速弹簧的作用下，主活塞带动节制阀、滑阀上移到充气缓解位，减速充气缓解位只是充气缓解位的过度位。

（三）制动机的稳定性

制动机的稳定性是当制动管缓慢减压（轻微漏泄）时，制动机不发生制动作用的性能。

制动机要获得良好的稳定性，只要在制动管缓慢减压时，不让控制阀中的主活塞上移，即可达到稳定性目的。在 120 阀中，稳定性是通过下列两个措施来实现的。

1. 副风缸压力空气向制动管的逆流

此时，作用部处于充气缓解位，在制动管缓慢减压（轻微漏泄）时，因滑阀室 F_1 内的副风 缸压力空气经滑阀背面的 f_1 孔、滑阀底面的 l_4 孔和滑阀座的 l_1 孔逆流到制动管，故副风缸压 力伴随着制动管的漏泄亦缓慢下降，主活塞两侧形成不了足以使主活塞上移的压力差，所以主活塞不会上移。

2. 主活塞杆尾部所设的稳定弹簧以及主活塞、节制阀和滑阀阻力的作用

由于滑阀背面受到滑阀室内副风缸压力的作用，所以它与滑阀座之间的摩擦力较大，所以主活塞一开始要上移时，暂时是带不动滑阀的。由于滑阀不动，与滑阀端面接触的稳定杆也不动，这样一来，主活塞如果要上移，主活塞杆尾部将通过弹性挡圈、稳定弹簧座去压缩稳定弹簧。但是，要压缩稳定弹簧，还要克服主活塞、节制阀的移动阻力以及主活塞重力均对主活塞上移产生阻碍作用。主活塞两侧必须具有一定的压力差才行，而制动管的轻微漏泄再加上副风缸压力空气逆流的补偿以后，主活塞两侧形成不了足以压缩稳定弹簧的压力差，所以主活塞不会上移。

120 型制动机稳定性标准规定为：单车实验时，当制动管压力达到定压后，制动管每分钟减压 40 kPa 速度下，制动机不应发生制动作用。一般在实验台上要求更高一些。稳定性的压力大小可通过稳定弹簧来调整。

（四）常用制动位（参看彩色插图 2-6-27 及图 2-6-28 和图 2-6-29）

列车运行中减速或准备进站停车时，司机施行制动管常用制动减压，制动管的减压速度远远大于副风缸压缩空气通过滑阀的 f_1、l_4 孔和滑阀座的 l_1 孔向制动管的逆流速度，副风缸压缩空气来不及向制动管逆流，主活塞两侧形成了一定的压力差，此压力差能克服主活塞、节制阀的自重及移动阻力、稳定弹簧的阻力时，主活塞先带动节制阀上移，然后带动滑阀上移，先后产生第一、第二阶段局部减压和常用制动作用。常用制动时有关各部分的动作过程、通路和作用如下。

减压制动位

1. 第一阶段局部减压（参看彩色插图 2-6-27 及图 2-6-28）

当主活塞两侧形成的压力差克服主活塞、节制阀的自重及移动阻力、稳定弹簧的阻力时，主活塞首先压缩稳定弹簧，带动节制阀向上移动 6 mm（滑阀游间），至主活塞杆下肩与滑阀接触时止，由于滑阀与滑阀座之间的静摩擦力大于压缩稳定弹簧所需的力，滑阀暂时不动。节制阀沿滑阀背面向上移动后连通和关闭如下通路（图 2-6-28）：

（1）节制阀关闭滑阀背面的 f_1 和 f_2 孔，副风缸压缩空气停止向制动管逆流，切断了副风缸与加速缓解风缸的通路。

（2）节制阀开放了滑阀背面的 f_3 孔，滑阀室 F_1 的副风缸压缩空气充入该孔，做好副风缸向制动缸充气的准备。

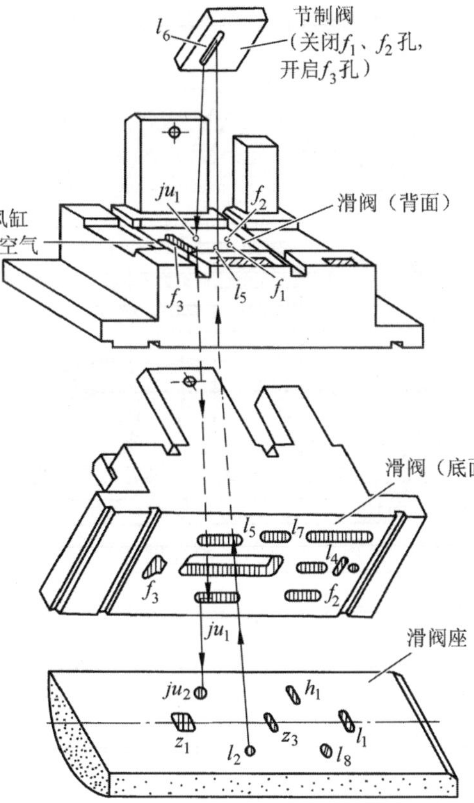

图 2-6-28　常用制动第一阶段局部减压时的通路图

（3）节制阀底面的局减联络槽 l_6 连通了滑阀背面的 l_5 和 ju_1 孔，使在充气缓解位已经局部连通的 l_2 与 l_5、ju_1 与 ju_2 两条通路经局减联络槽 l_6 连通起来。制动管压缩空气→滑阀座 l_2 孔→滑阀上的 l_5 孔→节制阀局减联络槽 l_6→滑阀上的 ju_1 孔→滑阀座 ju_2 孔→主阀体内通路→主阀安装面 ju 孔→中间体内通路→局减室；同时经主阀安装面处的缩孔Ⅰ，再沿着主阀橡胶垫上槽路排向大气，形成第一阶段局部减压作用，使主活塞两侧的压力差进一步增大。局减室压缩空气最终经缩孔Ⅰ排入大气。

2. 第二阶段局部减压及制动

第一阶段局部减压后，主活塞两侧压力差骤增，主活塞克服滑阀与滑阀座之间的摩擦阻力带滑阀上移至制动位。滑阀底面的 ju_1 孔与滑阀座 ju_2 孔错开，第一阶段局减作用结束。同时，滑阀仍连通着滑阀底面 l_5 孔与滑阀座的 l_2 孔、滑阀底面 l_7 孔与滑阀座的 l_8 孔、滑阀底面 f_3 孔与滑阀座的 z_1 孔，形成了第二阶段局部减压及制动作用（图 2-6-29）。

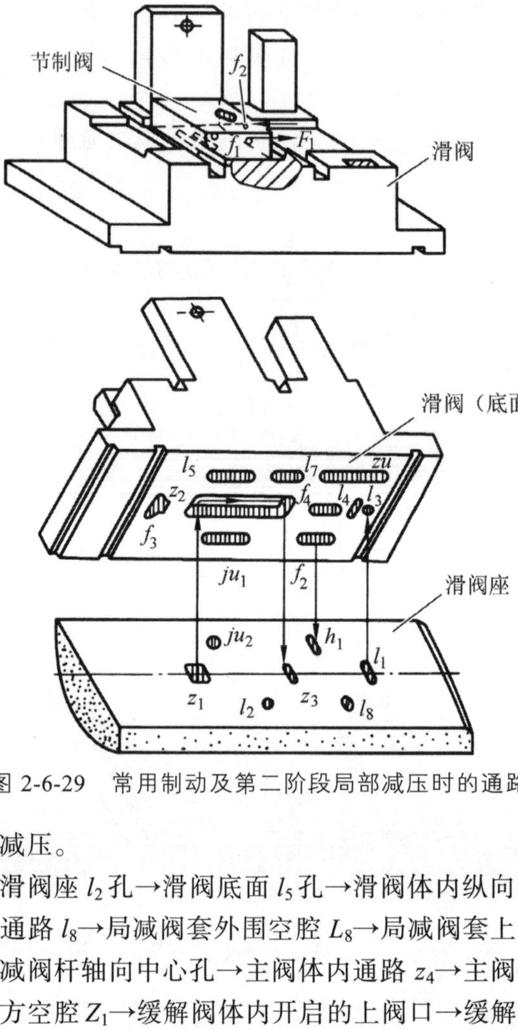

图 2-6-29　常用制动及第二阶段局部减压时的通路图

（1）第二阶段局部减压。

制动管压缩空气→滑阀座 l_2 孔→滑阀底面 l_5 孔→滑阀体内纵向暗道→滑阀底面的 l_7 槽→滑阀座 l_8 孔→主阀体内通路 l_8→局减阀套外围空腔 L_8→局减阀套上的 8 个径向小孔→局减阀杆上的两个径向孔→局减阀杆轴向中心孔→主阀体内通路 z_4→主阀体和缓解阀体内通路 z_1→缓解阀活塞部上阀座上方空腔 Z_1→缓解阀体内开启的上阀口→缓解阀活塞部下阀座上方空腔 Z_5→缓解阀体和主阀体内通路 z_5→紧急二段阀下腔 Z_5→紧急二段阀杆与套之间的大通路→紧急二段阀套外围空腔 Z_6 →主阀体内通路 z_6→主阀安装面 z 孔→中间体内通路→制动缸，形成

第二阶段局部减压作用。当制动缸压力达到 50 ~ 70 kPa 时，局减活塞压缩局减阀弹簧右移，局减阀关闭了 L_8 腔通向 z_4 通路的局减阀套上的 8 个径向小孔局减阀处于关闭位，第二阶段局减作用停止。第二阶段局部减压作用保证了列车尾部车辆制动缸即使在制动管小减压量时也有一个初跃升压力。第一、第二阶段局部减压作用，不仅加快了本车的制动作用，而且大大促进了制动管减压作用由前向后的传播，提高了列车的制动波速，减小制动时列车的纵向冲动。

（2）制动缸充气。

副风缸压缩空气→滑阀室 F_1→滑阀 f_3 孔→滑阀座 z_1 孔→主阀体和缓解阀体内通路 z_1→缓解阀活塞部上阀座上方空腔 Z_1→缓解阀体内开启的上阀口→缓解阀活塞部下阀座上方空腔 Z_5→缓解阀体和主阀体内通路 z_5→紧急二段阀下腔 Z_5→紧急二段阀杆与套之间的大通路→紧急二段阀套外围空腔 Z_6→主阀体内通路 z_6→主阀安装面 z 孔→中间体内通路→制动缸，产生制动作用。

制动缸最初的 50 ~ 70 kPa 初跃升压力是来自制动管和副风缸两方面的压缩空气，当制动缸达到这个压力以后，局减阀关闭，制动管停止向制动缸充气，副风缸仍在向制动缸充气，制动缸的最终压力取决于制动管的减压量。

常用制动时，紧急二段阀上腔 L_{10} 的制动管减压后的剩余压力与紧急二段阀弹簧弹力之和仍大于紧急二段阀下腔的制动缸压力，紧急二段阀仍处于下方开放位置。

制动时，缓解阀体内通路 z_1、z_5 及空腔 Z_1、Z_5，是副风缸向制动缸的充气通路；如需缓解单辆车时，使缓解阀动作，通路 z_5、空腔 Z_5 是制动缸的排气通路。

制动位，眼泪孔 f_4 与滑阀座的列车管孔 l_1 连通，为制动保压位时，副风缸经滑阀室 F_1、f_2 孔、l_1 孔通列车管，为改善制动保压性能做好准备。

3. 安定性

安定性是指常用制动时不发生紧急制动作用的性能。

制动管常用制动减压时，紧急活塞下腔 L_{12} 的制动管压力随着下降，紧急活塞上腔 J_1 的紧急室压力空气经紧急活塞杆上部限孔Ⅳ、中部限孔Ⅲ和紧急活塞杆下端面孔口向制动管逆流，如减压速度较快，在紧急活塞两侧形成较小的压力差时，紧急活塞稍微下移，紧急活塞杆顶面的密封圈脱离紧急阀上盖，紧急室压力空气经紧急活塞杆的轴向孔上口、限孔Ⅲ向制动管逆流。限孔Ⅲ（ϕ2.5 mm）的逆流速度可保证在常用制动最大减压速度时，紧急活塞两侧不能形　成足以压缩安定弹簧的压力差。紧急活塞杆的下端面与先导阀顶杆之间有 3 mm 的间隙，紧急活塞杆的下端面不能接触先导阀顶杆而在紧急活塞两侧形成更大的压力差，先导阀及放风阀均仍处于关闭状态，紧急阀不能产生紧急排风作用，保证了制动机常用制动的安定性。

（五）制动保压位（参看彩色插图 2-6-30 及图 2-6-31）

1. 制动保压作用

司机施行制动管常用制动减压，当制动管减压量达到要求时，将自动制动阀手把移到保压位，制动管停止减压呈保压状态。制动管刚停止减压时，作用部的主活塞、节制阀和滑阀仍处于制动位，副风缸压缩空气继续向制动缸充气使其压力降低。当副风缸压力下降到接近制动管压力（实际上是副风缸压力稍低于制动管压力）时，主活塞在被压缩的稳定弹簧的弹力及自重作用下，主活塞带动节制阀下移 6 mm（滑阀不动），至主活塞杆的上肩接触到滑阀上端面时为止，节制阀开放了滑阀背面的 f_1 和 f_2 孔，盖住滑阀背面的 f_3 孔，形成了制动保压位。节制阀盖住滑阀背面的 f_3 孔，切断了副风缸压力空气向制动缸的充气通路，副风缸停止降压，制动缸停止升压，滑阀仍处于制动位，实现制动保压作用。

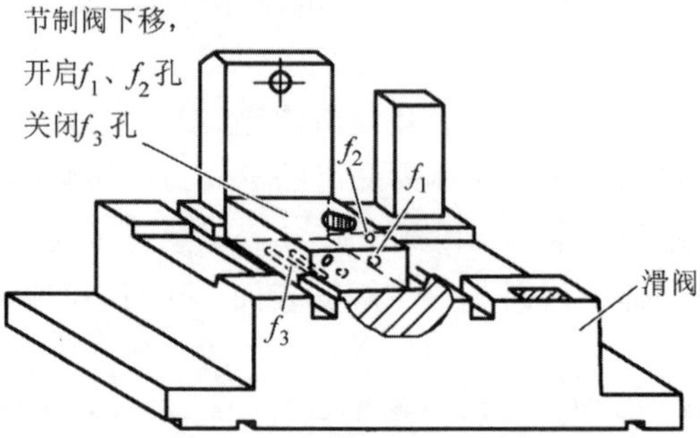

图 2-6-31　制动保压位时节制阀与滑阀顶面的相互位置图

2. 适应机车压力保持操纵

节制阀开放了滑阀背面的 f_1 和 f_2 孔。f_1 孔与滑阀底面的 l_3、l_4 孔为贯通孔，l_3、l_4 孔在滑阀座上是封住的，节制阀开启 f_1 孔没有什么意义。f_2 孔在滑阀内与滑阀底面的眼泪孔 f_4 相通，在制动位时，眼泪孔 f_4 与滑阀座的制动管孔 l_1 连通，这样就形成了：副风缸→滑阀室 F_1→f_2 孔 →l_1 孔→制动管，即在制动保压位时，副风缸通过眼泪孔 f_4 与制动管相通。于是，当制动管轻微漏泄时，副风缸压力空气通过 f_4 孔向制动管逆流，防止制动保压位制动机产生再制动作用；当副风缸及其管系轻微漏泄时，制动管压力空气通过 f_4 孔向副风缸补风，保证制动机在制动保压位不发生自然缓解。这样在制动保压位，无论制动管或副风缸有轻微的压力波动，它们相互产生压力互补作用，主活塞两侧不能形成动作压力差，确保了制动机处于制动保压位。

当机车制动机使用压力保持功能时，制动管的漏泄可通过机车制动机补足，因而副风缸的漏泄导致自然缓解的可能性更大，有了眼泪孔 f_4 后，有效地防止了自然缓解的发生。

3. 阶段制动作用

在制动管最大有效减压量范围内，反复操纵制动管减压、保压，实现制动缸反复地增压、保压的过程为阶段制动。阶段制动便于机车司机根据需要调整制动力，改善列车的运行品质。

紧急制动位

（六）紧急制动位（参看彩色插图 2-6-32）

司机将自动制动阀手把移到紧急制动位，制动管压缩空气迅速排入大气，主阀各部分的动作，除紧急二段阀外，均与常用制动一样。主活塞上移，先后产生第一、第二个阶段的局减作用及制动作用，只是动作更加迅速，且制动缸一直充到与副风缸压力相平衡的最高压力。紧急二段阀动作，制动缸压力分二个阶段上升，紧急阀动作，形成紧急放风作用。

1. 紧急阀放风作用

在紧急阀中，紧急室压缩空气先是经紧急活塞上腔 J_1、紧急活塞杆的限孔Ⅳ、Ⅲ向制动管逆流，制动管急剧减压，紧急活塞稍稍压缩安定弹簧下移，紧急活塞杆顶面密封圈离开紧急阀盖，紧急室压缩空气经紧急活塞杆轴向孔顶端孔口及限孔Ⅲ，向紧急活塞下侧的制动管 L_{12} 逆流。该逆流速度受限孔Ⅲ的限制，远远小于制动管的减压速度，紧急活塞两侧迅速形成压力差，紧急活塞压缩安定弹簧下移 3 mm，紧急活塞杆的下端面与先导阀顶杆接触，紧急活塞杆下端面孔口被堵，紧急室压力空气通过限孔Ⅲ、限孔Ⅴ（ϕ1.1 mm）向制动管逆流，紧急活塞两侧的压力差进一步增大，紧急活塞继续下移推先导阀顶杆，克服先导阀弹簧的阻力，顶开先导阀。于是，放风阀杆下腔 L_{13} 的制动管压缩空气经开启的先导阀口、放风阀杆中部的 4 个径向小孔 d_2、放风阀杆外侧空腔、紧急阀排气口（喇叭口）D_2 排入大气。

受缩孔堵Ⅳ的限制，紧急活塞下腔 L_{12} 的制动管压缩空气不能更多地流向放风阀导向杆下腔 L_{13}，放风阀的背压急剧下降。紧急活塞迅速下移（下移超过 1 mm）压缩放风阀弹簧顶开放风阀，制动管压缩空气→开启的放风阀口→紧急阀排气口（喇叭口）D_2 迅速排入大气，形成紧急制动放风（局减）作用，确保紧急制动产生，提高紧急制动波速，缓和列车纵向冲动。

由于先导阀的作用，放风阀被打开的时间提前，紧急制动放风作用加快，120 型控制阀的紧急制动波速得以提高。

放风阀被压开以后，紧急室压力空气仍只能经限孔Ⅴ逆流到紧急活塞下腔 L_{12}，然后排入大气。由于限孔Ⅴ的限制，紧急室压力空气需 15 s 左右才能排完。在紧急室压力空气未排尽时，放风阀一直处于开启状态，若在此时向制动管充气，制动机不能缓解。只有等到紧急室压力空气排尽，安定弹簧推紧急活塞上移，放风阀弹簧推放风阀与座密贴，先导阀弹簧推先导阀与座密贴，这时向制动管充气方有效。

紧急室排气时间设计为 15 s 左右，是为了使列车发生紧急制动后，必须在列车停车以后，才可以进行充气缓解，防止列车产生剧烈纵向冲动，甚至造成断钩事故。

2. 紧急二段阀的作用

紧急制动时，制动管迅速减压，制动刚开始，由滑阀座来的副风缸压力空气，经紧急二段阀与套之间的大通路及紧急二段阀下部两个 ϕ3 mm 径向孔、轴向孔、上部 ϕ3 mm 径向孔流向制动缸，制动缸压力上升较快。制动缸压力跃升到 120 ~ 160 kPa（试验台上列车管定压 600 kPa 时跃升压力规定）时，制动缸推紧急二段阀克服紧急二段阀弹簧弹力、列车管剩余的压力以及紧急二段阀自重，压缩紧急二段阀弹簧上移到关闭位，切断紧急二段阀与套之间的大通路，副风缸压力空气只能经紧急二段阀轴向孔或缩孔Ⅷ（配用 254 mm 直径制动缸）、上部 ϕ3 mm 径向孔流到紧急二段阀套外围空腔 Z_6，充入制动缸，限制了制动缸的充气速度，使制动缸的压力上升变慢。制动缸压力先快后慢，分两个阶段上升（图 2-6-33），减小长大货物列车在紧急制动时的纵向冲动。

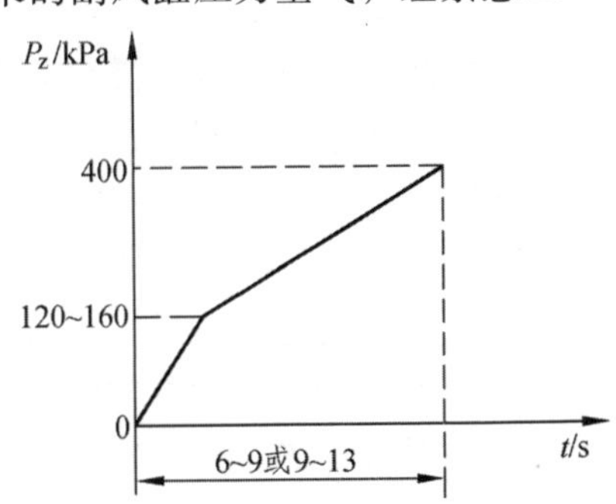

图 2-6-33　紧急制动时制动缸压力二段上升曲线

设计要求，120 型控制阀主阀在 705 型试验台实验时（定压为 600 kPa）制动缸压力上升的总时间规定为：与 356 mm 制动缸配套使用 6 ~ 9 s，与 254 mm 制动缸配套使用 9 ~ 13 s。

3. 常用制动作用转紧急制动作用

在施行常用制动过程中，遇有意外情况需立即停车时，对制动管转施紧急制动减压，使列车紧急停车，此作用称为常用制动作用转紧急制动作用。

120 型控制阀专门设有紧急阀，当在常用制动后转紧急制动时，仍能通过每辆车的紧急阀把制动管的压缩空气直接排入大气，使制动波速加快，使全列车在短时间内发挥出最大制动力，缩短制动距离。但是，常用制动作用转紧急制动作用的时机应掌握好，当全列车车钩缓冲装置未完全压缩时转紧急减压效果较好。否则因紧急二段阀作用，转紧急制动作用后，制动缸压力上升时间延长，影响列车制动效果，且浪费制动管压力空气，延长再充气时间。

（七）半自动缓解阀的作用原理（参看彩色插图 2-6-34）

半自动缓解阀工作原理

1. 半自动缓解阀的非工作状态

在不拉缓解阀手柄时，缓解阀处于非工作状态（或称初始位）。手柄部上方的两个止回阀在止回阀弹簧弹力和空气压力的作用下与座密贴。缓解活塞上腔 D_3 经缩孔堵永远通大气；下腔 C 经活塞杆与套间隙、缓解活塞杆套中部径向孔 c、活塞杆套外围空腔 B、缓解阀体内通路 b、手柄弹簧室 A、顶杆座的通孔 a、手柄座与套之间的间隙等与大气相通。缓解活塞上下腔均通大气，在缓解阀弹簧弹力及自重作用下，缓解活塞带活塞杆处于下方位置，活塞杆上的两个密封圈关闭缓解活塞杆套下部径向孔 e，排气阀与下阀座密贴，关闭下阀口，开启上阀口。活塞部 Z，腔经缓解阀体和主阀体内通路与滑阀座的 z_1 孔相通 Z_5 腔经缓解阀体、紧急二段阀通向制动缸。活塞部空腔 Z_1，和空腔 Z_5 连通了滑阀座 z_1 孔和局减阀 z_4 孔与制动缸的通路，缓解阀只是作为一条通路，不影响制动机的制动、缓解等作用。

2. 半自动缓解阀的单独缓解作用

在制动以后，需要单独缓解本车的制动时，拉动缓解阀手柄，制动机缓解。有下列两种情况：

（1）制动管减压量超过最大有效减压量。

当制动管减压量超过最大有效减压量时，副风缸压力与制动缸压力平衡，大于制动管压力，主活塞处于制动位，而不是处于制动保压位，副风缸经制动通路与制动缸连通。在拉动缓解阀手柄时，手柄座、顶杆座和顶杆上移，顶杆先顶开副风缸压力空气腔 F_6 中的止回阀，如拉足手柄，加速缓解风缸压力空气腔 H_4 中止回阀也被顶开。于是止回阀上方 F_6 腔的压力空气通过顶开的止回阀进入手柄弹簧室 A。少量压力空气通过顶杆座上的轴向孔和 a 孔经手柄座四周的间隙流入大气，大部分压力空气经缓解阀体内的通路 b 进入到缓解阀套外围空腔 B，再经缓解活塞杆套中部径向孔 c 及缓解活塞杆与套间隙到缓解活塞下腔 C，推缓解活塞带着活塞杆上移，同时压缩缓解阀弹簧，排气阀随活塞杆上移，关闭上阀口，开启下阀口。

制动缸压力空气→紧急二段阀通路→缓解阀下阀座上方空腔 Z_5→下阀口→D_4 腔→缓解阀活塞部下方排气口→大气，制动缸缓解，达到了手动缓解的目的。

由于上阀口关闭，切断了 Z_1 腔与 Z_5 腔间的通路，也就是切断了作用部滑阀座 z_1 孔与制动缸之间的通路。

活塞杆上移后，活塞杆上的两个密封圈关闭活塞杆套中部径向孔 c，切断了缓解活塞下腔 C 与活塞杆套外围空腔 B 的通路；开放了活塞杆套的下部径向孔 e，并经活塞杆与套的间隙通空腔 Z_1。副风缸压力空气经 Z_1 腔进入缓解活塞下腔 C，使已经上移到缓解位的缓解活塞被副风缸压力空气“锁”在该位上，下阀口一直开启着，让制动缸压力空气经排气口 D_4 排完。所以在拉动缓解阀手柄后，只要听见缓解阀活塞部下面排气口 D_4 处有压力空气排出，便可松手，让手柄复位，止回阀随即关闭，缓解活塞一直“锁”在缓解位。手柄部来的副风缸压力空气由手柄弹簧室 A 通过顶杆座上的轴向孔和 a 孔经手柄座四周的间隙流入大气。

当制动管再充气时，主活塞下移到充气缓解位，缓解活塞下腔 C 中的压力空气经主阀缓解通路排入大气，缓解活塞在缓解阀弹簧弹力及自重作用下回到初始位，缓解活塞杆带着排气阀下移，开启上阀口，关闭下阀口，缓解阀恢复到非工作状态。如果一直拉着缓解阀手柄，副风缸压力空气经手柄座四周的间隙排入大气，而压力逐渐下降，当副风缸压力下降到低于制动管压力时，主活塞下移到充气缓解位，制动缸压力空气将通过主阀缓解通路排入大气，缓解活塞也会下移到初始位，这样就能保证在任何情况下都不会出现意外再制动。

（2）制动管减压量不超过最大有效减压量。

当制动管减压量不超过最大有效减压量时，副风缸压力基本上与列车管压力相等，主活塞处于制动保压位。拉动缓解阀手柄，与上面所述的相同，手柄部 F_6 腔内的副风缸压力空气（若手柄拉足，则还有 H_4 腔内的加速缓解风缸的压力空气）经顶开的止回阀进入手柄弹簧室 A，并经手柄部顶杆座上的轴向孔和 a 孔经手柄座四周的间隙排入大气。副风缸压力下降，作用部主活塞由于两侧产生压力差而下移至充气缓解位，制动缸压力空气排入大气。另有一部分进入手柄弹簧室 A 的副风缸压力空气经通路 b、空腔 B 及 c 孔到缓解活塞下腔 C，使缓解活塞带着活塞杆及排气阀上移至缓解位，开启下阀口，制动缸压力空气经缓解阀排气口排入大气。但由于缓解活塞下腔 C 与滑阀座 Z_1 孔连通，而 z_1 孔又通大气，故进入缓解活塞下腔 C 的副风缸压力空气也随之排入大气，在缓解阀弹簧弹力及自重作用下，缓解活塞又回到初始位，所以缓解整个制动系统的压力空气，必须一直拉足缓解阀手柄，直至各风缸压力空气排完为止。如果该车制动管中也有压力空气的话，由于主活塞处于充气缓解位，故制动管压力空气亦随副风缸压力空气一起排出。

综上所述，在使用半自动缓解阀缓解单辆车时，拉动缓解阀手柄后，只要听到主阀排气口或缓解阀活塞部下方有排气声音时，就可松手，制动缸压力空气会自动排尽，缓解阀各部会自动恢复到初始位，所以称为“半自动缓解阀”。

四、120 型控制阀的性能及优缺点

120 型控制阀在设计时充分考虑了必要时与 103 型分配阀混编使用的条件，因此，120 型控制阀在作用性能、作用压力及时间参数等方面性能与 103 型分配阀均相近。在制动波速、缓 解波速、紧急制动性能等方面，120 型控制阀有明显的改进。120 型空气制动机的单车试验性如表 2-6-2 所示。

表 2-6-2　单车制动性能比较　　[压力（差）单位：kPa]

项目	单阀位置	120 阀		103 阀	GK 阀
		ϕ356 mm 制动缸	ϕ254 mm 制动缸		
初充气 0→480 kPa	Ⅰ	3 min 19 s	3 min 20 s	3 min 22 s	2 min 56 s
一段局减动作压差	Ⅵ	4	4	3.5	3.5
制动压差	Ⅵ	9.5 ~ 12	9.5 ~ 12	11 ~ 12.5	9.5 ~ 12
缓解开始时间/s	Ⅱ	13	14	20	14.9
缓解压差	Ⅱ	6 ~ 10.5	6 ~ 10.5	7 ~ 9	7 ~ 11
制动缸压力	Ⅴ	360	360	360	360
	Ⅵ	360	360	360	375
制动缸升压时间/s	Ⅵ	9.5 ~ 12	9.6	9.5	7.5
制动缸排气时间/s	Ⅰ	14.2	14.3	24	20
				6.7	7
常用转紧急	Ⅴ转Ⅵ	能	能	能	不能
紧急跃升压力	Ⅵ	140	150	160	170
常用安定性	Ⅴ	安定	安定	安定	安定
稳定性/（kPa/mm）	漏泄塞门	31	33	70	17

（一）主要优点

（1）适应长大重载列车运行要求。

① 灵敏度较高。控制阀主控部分虽仍保留滑阀，但在滑阀及滑阀座上设阻力调整槽，减小了滑阀的静摩擦力，使用性能好且阻力小的橡胶膜板代替金属主活塞环。当阻力很小的节制阀动作后，立即发生局减作用，不仅促使本辆车的制动作用迅速产生，而且有效地促进了制动管减压作用由前向后的传播，提高了制动波速，使列车中各车辆的制动作用确实可靠。控制阀的主要性能基本达到国外先进水平。120 型控制阀与 103 型分配阀和 GK 型三通阀与美国 ABDW 阀的制动波速比较如表 2-6-3 所示。

表 2-6-3　货车制动机制动、缓解波速（m/s）比较

阀型	120 型	103 型	GK 型	ABDW 型
测定时编组辆数	120	72	71	150
常用制动波速	225 ~ 255	180	81	（120）
紧急制动波速	270 ~ 280	240	160	293（250）
缓解波速	195			150

② 稳定性好。设有稳定装置，可防止自然制动。

③ 设有紧急二段阀，紧急制动时制动缸压力分快、慢两个阶段上升，有效地缓和长大列车紧急制动时的纵向冲击作用。

④ 120 型控制阀设有加速缓解阀，使得缓解波速显著提高，可有效地缓和长大（重载）列车低速缓解时的纵向冲动。缓解波速与美国 ABDW 阀的缓解波速比较如表 2-6-3 所示。

（2）适应于较高速度运行。

① 常用制动与紧急制动分开，专设紧急阀部，紧急制动时有强烈的紧急排风（放风）作用（紧急局部减压作用），确保全列车紧急制动作用的迅速产生。

② 在紧急阀部设有先导阀，使得紧急制动作用更加灵敏可靠，显著提高列车的紧急制动波速，缩短紧急制动距离，确保高速列车的运行安全。

③ 有常用制动后转紧急制动作用的性能，常用制动后转紧急制动，缩短制动距离，确保行车安全。

（3）能与分配阀和三通阀混编。控制阀采用与分配阀和三通阀相同的两种压力机构作用方式，有相同的制动管最大有效减压量的要求和在制动管最大有效减压量时具有相近的制动缸压力。因此，控制阀适应与分配阀和旧型三通阀混编，并且混编后对分配阀和三通阀的作用有促进作用。

（4）120 型控制阀设有半自动缓解阀，作用可靠，操作方便。

（5）能与ϕ356 mm 及ϕ254 mm 两种不同直径的制动缸配套使用，使用ϕ356 mm 制动缸时，初充气时间与 GK 型三通阀相差不多。

（6）120 型控制阀适应机车压力保持操纵要求。

（7）便于检修和延长检修期。120 型控制阀大量采用橡胶件，取消金属活塞环，采用分部作用独立控制，与美国 ABDW 阀或德国 DB-60 阀相比，复杂程度简化 1/3 左右，方便了检修工作。120 型控制阀与 103 型分配阀、GK 型三通阀、美国 ABDW 阀、德国 DB-60 阀零部件数量及可拆卸部件数量等比较如表 2-6-4 所示。采用了新型滤尘器，清洁了空气；采用了性能优越的硅油和硅脂润滑材料，改善了工作条件，可以延长检修期。

表 2-6-4　各阀零件特征比较

阀型	120	103	GK 型	ABDW 型	DB-60
总重/N	504	542	197	762	760
主阀重量/N	260	254		227	280
紧急阀重量/N	49	49		245	240
中间体重量/N	199	240		290	240
可卸部分重量/N	309	302	197	472	520
零件数量/个	238	177	70	293	383
机加工零件数量/个	69	64		84	107
橡胶件数量/个	48	40	59	81	123
风缸总容积/L	71（51）	111（71）	59	（98）	（98）

（二）主要缺点

120 型控制阀是我国自行设计、制造的车辆制动机空气控制阀，采用了部分与分配阀相同的零部件，虽然近年来分配阀零部件的材料和工艺均有改善，但从结构、性能及材料方面仍存在着一些缺点，简述如下：

（1）同分配阀一样，橡胶膜板、橡胶夹心阀耐油性差，寿命短，橡胶夹心阀易开胶、橡胶夹渣最后导致穿孔等均会引起控制阀失去正常作用，影响列车运行安全。

（2）常用制动安定性差，紧急阀部的安定弹簧过弱或紧急活塞两侧压差稍大，先导阀更易引起以外紧急制动作用。

（3）构造较复杂，作用性能多，不易学习推广。这在一定程度会影响到控制阀的检修质量、运用和保养的合理性，从而影响控制阀发挥正常的作用。

（4）在制动管小减压量制动以后缓解时，由于制动缸压力较低，有可能推不动加速活塞，所以就没有加速缓解作用，影响缓解波速。

五、120 型制动机试验常见故障及判断处理

1. 充气时主阀排气口漏泄

原因：① 滑阀密封不良，列车管压缩空气经滑阀漏泄；② 滑阀或节制阀密封不良，副风缸压缩空气经由滑阀漏泄；③ 紧急二段阀密封不良，列车制动主管的压缩空气经紧急二段阀 O 形密封圈漏泄。

判断：根据漏出的空气的声响来判断。充气刚开始时，列车制动主管压力很快上升，因此，若制动主管压缩空气漏泄，在充气一开始就会发出较高的漏气声音。此时，关闭截断塞门，注意观察制动机的状态，若制动机发生制动作用，可判断为紧急二段阀密封不良，列车管压缩空气经此处的 O 形密封圈漏入大气；若制动机部发生制动作用，还是继续排气，可确认滑阀漏泄。如果是副风缸的压缩空气漏泄，漏气声音是渐渐增高，而且随着副风缸充气时间越长漏气的声音就越大。

2. 充气时局减室排气口漏气

原因是滑阀或节制阀漏泄。滑阀室的压缩空气经此排入大气。

3. 充气时紧急阀排气口漏泄

原因：① 先导阀漏泄；② 紧急放风阀密封不良；③ 紧急放风阀不落座。

判断：如果紧急阀排气口漏泄严重，漏气声音大，可用木槌轻轻敲击紧急阀，若漏泄停止，可判断为紧急放风阀不落座；若漏泄依然很大，则为紧急放风阀密封不良，阀面与阀座不密贴。如果紧急放风阀排气口漏泄较小，可能为先导阀密封不良。

4. 制动时制动机不发生制动作用

原因：① 主活塞膜板穿孔；② 半自动缓解阀漏泄；③ 制动缸不良。

判断：① 检查局减室排气口是否排气，如有排气现象说明作用部良好；否则，可能是主活塞膜板穿孔，制动时主活塞上下两侧不能形成压力差。② 检查半自动缓解阀的排气口有无漏泄，若有漏泄，则可能是排风阀密封不良。③ 若上述情况均良好，检查制动缸管路是否漏泄、制动缸活塞皮碗是否漏泄、制动缸活塞推杆是否弯曲或抗托别劲。

5. 缓解不良

原因：① 主活塞膜板穿孔；② 滑阀阻力过大；③ 制动缸不良。

判断：① 检查主阀排气口是否排气。若排气口排气正常，说明主阀已经缓解，故障在制动缸。可能是由于制动缸活塞杆弯曲、缓解弹簧折断或活塞皮碗缺油，阻力过大等造成的。② 若主阀排气口不排气，故障在控制阀。可能是主活塞膜板穿孔或滑阀阻力过大等。

6. 自然缓解

原因：① 半自动缓解阀漏泄；② 副风缸及其管路漏泄；③ 制动缸漏泄。

判断：① 检查半自动缓解阀下方的排气口是否漏泄。若有漏泄，则可判断为半自动缓解阀阀口漏泄。② 若副风缸及管路漏泄，副风缸压力将下降，制动缸的压缩空气也随之下降，出现自然缓解。③ 上述现象都不存在，就可能是制动缸漏泄。

7. 起非常

原因：在控制阀方面一般是由于限孔Ⅳ或Ⅲ阻塞、安定弹簧软弱或先导阀杆过长所造成。

判断：在列车队里，可采用分段制动的方法查找起非常故障的车辆。

六、120-1 型控制阀的概述

（一）120-1 型控制阀的构造（比较 120 型控制阀改进部分）

120-1 阀构造与 120 阀相同，仍由中间体、主阀、半自动缓解阀和紧急阀等 4 部分组成。其中 120-1 阀的中间体和半自动缓解阀与 120 阀相同。

1. 中间体（与 120 阀相同）

中间体有 4 个垂直面，其中两个相邻的垂直面作为主阀和紧急阀安装座；另外两个作为 4 根连通管子的安装座。中间体内还铸有两个空腔，分别为 1.5 L 的紧急室和 0.6 L 的局减室。

2. 主　阀

主阀有控制制动机的充气、缓解、制动、保压等作用，是控制阀中最主要的部分。主阀由作用部、减速部、局减阀、加速缓解阀和紧急二段阀等部分组成。

为了实现常用加速制动作用，对 120 阀的主阀作用部进行了重新设计，主要包括以下内容。

（1）作用部改进。

① 对节制阀进行了重新设计，如图 2-6-35 所示。

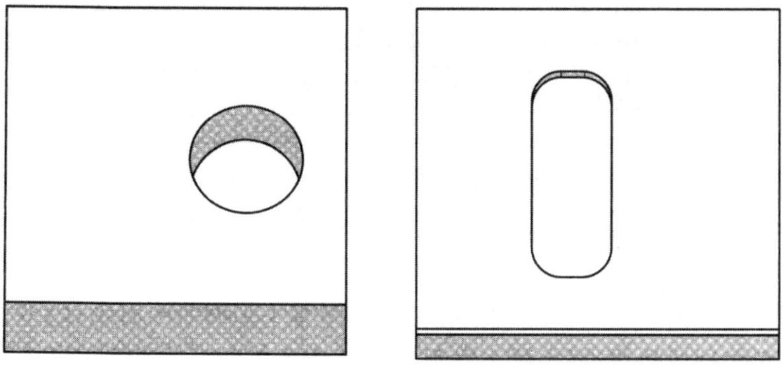

（a）节制阀顶面　　（b）节制阀底面

图 2 6 35　节制阀

② 对滑阀进行了重新设计，增加新的气路并对原有气路进行了调整及优化，如图 2-6-36 所示。120-1 的常用加速制动作用是由滑阀、节制阀各孔在不同作用位时开、闭实现的。因此滑阀上的各孔位置及尺寸调整较多，并增加了 f_7 和 ju_3 两个小孔。

③ 为保证性能，提高了对滑阀、节制阀的加工精度。

④ 为适应重载列车的需要，对稳定杆进行了重新设计。

⑤ 主活塞和滑阀工作行程增加 2 mm。

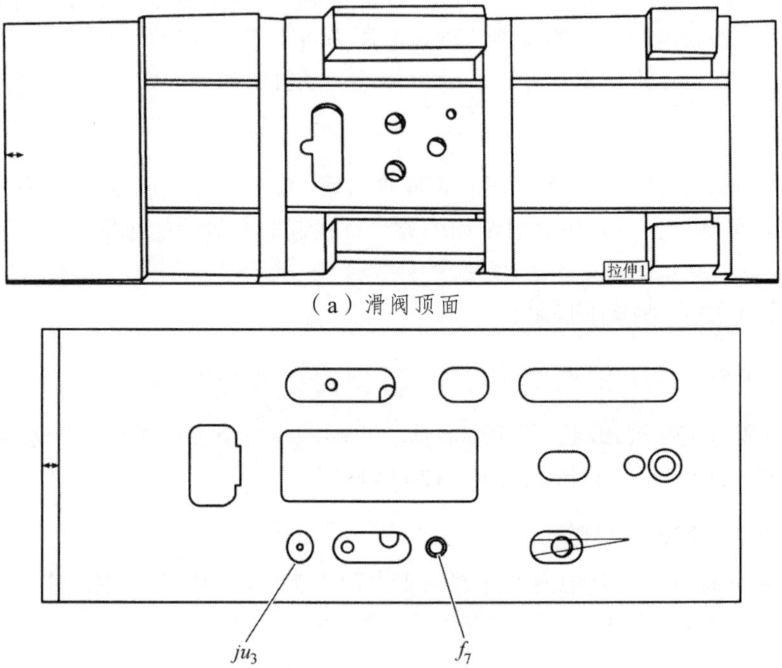

(b) 滑阀底面

图 2-6-36　滑阀改进图

(2) 局减阀改进，如图 2-6-37 所示。

① 将局减阀杆与上活塞合为一体。

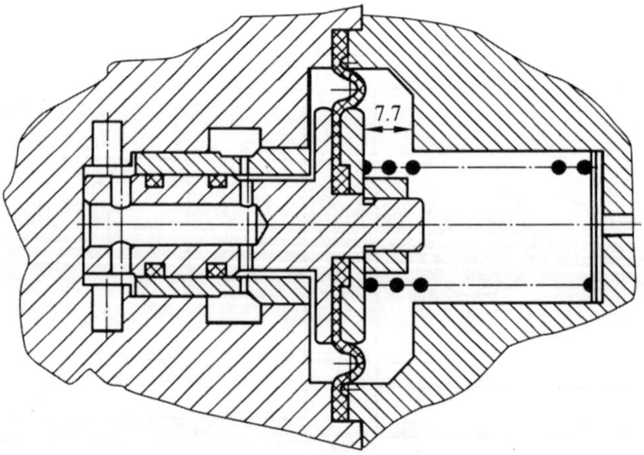

图 2-6-37　局减阀改进图

② 主阀前盖保持 1999 年改图的要求，增加 C4 倒角。

③ 取消 M8 弹性垫圈。

④ 将普通六角螺母 M8 GB/T 6170—1986 改为全金属六角锁紧螺母 M8 GB/T 6184—2000。

⑤ 将局减活塞（及加速活塞）的粗糙度由原来的 R_a12.5 μm 提高到 R_a6.3 μm。

（3）主阀上盖、前盖改进如图 2-6-38、图 2-6-39 所示。

主阀上盖和前盖改用合金铝材料，为了防止变形，增加不少加强筋，从而增加了盖的刚度、强度，防止漏泄、变形。同时也可以作为 120-1 阀的识别标记，除此以外，又增加“TK”或“MC”的工厂徽记和“120-1”铸字以便识别，以免与 120 阀各盖混装。特别是上盖活塞运动内孔深度已由 22 mm 改为 24 mm，应注意切勿误装。其余减速部、加速缓解阀部与原 120 阀相同。

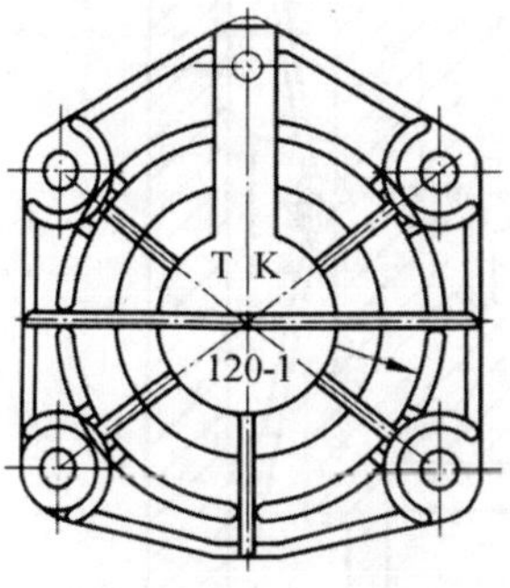

图 2-6-38　主阀上盖

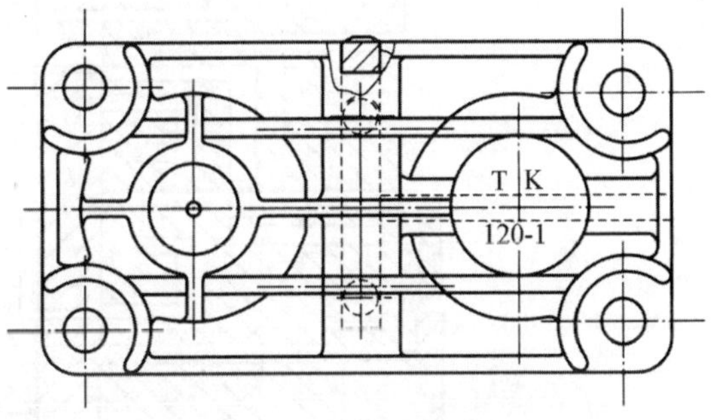

图 2-6-39　主阀前盖前结构

3. 紧急阀

（1）紧急阀上盖改用合金铝材料，外侧增加一些加强筋以增加刚度，同时增加“TK”或“MC”的工厂徽记和“120-1”铸字，如图 2-6-40 所示。

（2）为了防止试验台试验中紧急膜板吸在盖上影响试验结果的准确性，在紧急阀内侧增加小孔 1 个。其余与 120 阀相同。

（二）120-1 型控制阀作用原理（与 120 型控制阀改进部分）

120-1 型空气控制阀作用原理与原 120 阀相同，也是具有充气及缓解位、减速充气及缓解位、常用制动位、保压位和紧急制动位等 5 个作用位置。

其中充气及缓解位。减速充气及级解位和紧急制动位及稳定性，安定性等性能与 120 阀作用原理相同；其半自动缓解阀结构原理亦同 120 型控制阀。相同内容不再赘述，下面介绍 120-1 型控制阀改进部分的作用性能。

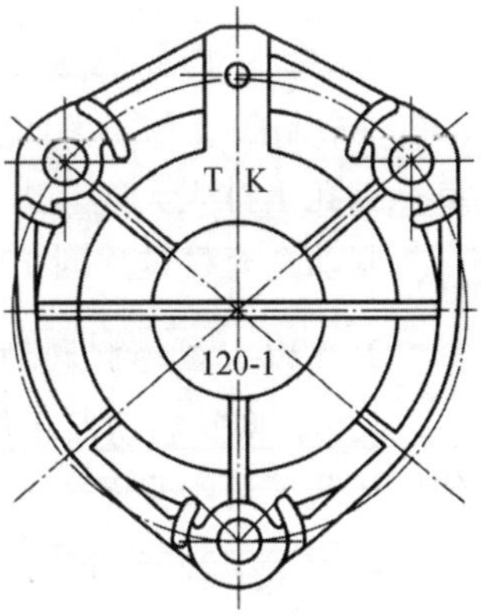

图 2-6-40　紧急阀上盖结构

1. 120-1 常用制动位

第一阶段局部减压、第二阶段局减的产生过程、作用及功能同 120 型控制阀。在第二阶段局减产生的同时产生进一步常用加速制动作用。

常用加速制动作用原理如图 2-6-41 所示。

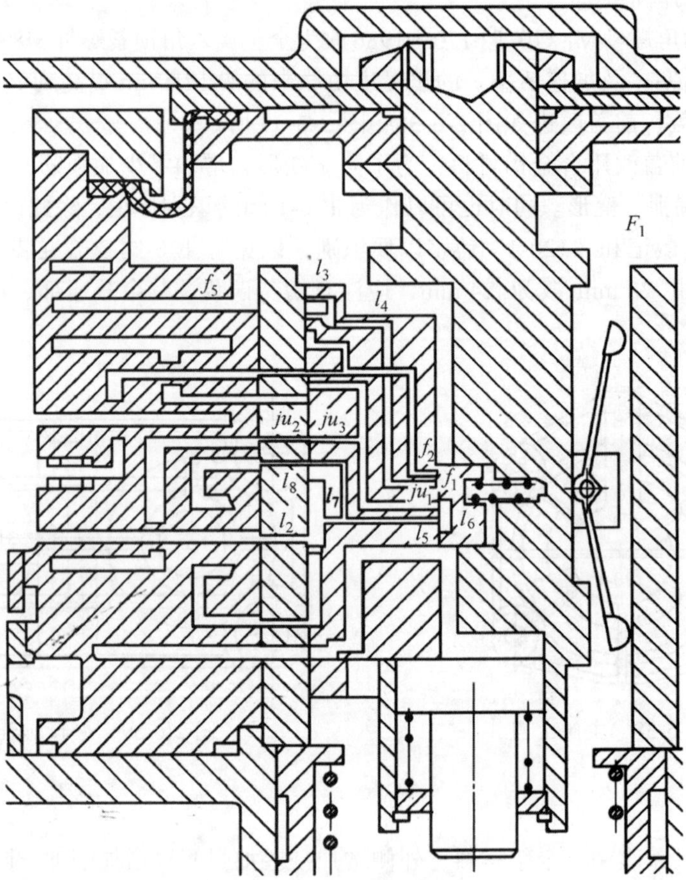

图 2-6-41　加速制动作用

在第二阶段局部减压的同时。制动管压力空气→滑阀座 l_2 孔→滑阀底面 l_5 孔→滑阀背部 l_5 孔→节制阀 l_6 槽→滑阀背部 ju_1 孔→滑阀底部 ju_1 孔→滑阀底部 ju_3 孔→滑阀座 ju_2 孔→局减室→缩孔 I 排入大气。进一步加快制动管减压速度，这就形成了常用加速制动作用。

制动缸充气过程同 120 型控制阀。

2. 120-1 型控制阀制动保压位

120-1 型阀制动保压位的作用原理与 120 阀基本相同，要强调的是当节制阀下移至保压位，切断了滑阀背面的 l_5 和 ju_1 孔的联络，使得常用加速制动作用停止。

3. 120-1 型控制阀常用全制动

由于 120-1 型控制阀主活塞最大行程增加了 2 mm，在常用全制动减压或过量减压时，主活塞带动滑阀移动至主阀上端位置，滑阀 ju_3 和阀座 ju_2 孔相离开。因此常用全制动位时常用加速制动作用停止。与此同时滑阀 f_7 孔与阀座 h_1 孔相沟通（图 2-6-42），此时副风缸与加速风缸连通，以保证副风红压力稍微高于列车管压力，从而防止列车管压力波动时而造成车辆的意外缓解，与此同时在常用全制动位进行缓解时加速缓解作用亦将停止。

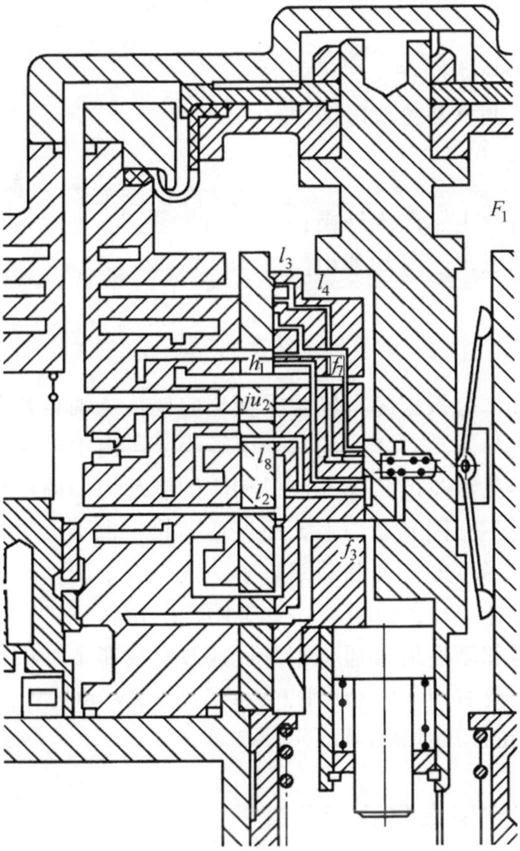

图 2-6-42　加速缓解风缸连通副风缸

任务七　空重车自动调整装置

任务描述

×××列车空车回送时，司机撂闸发现制动力过大，到达×××作业场经检车员检车发现抑制盘导杆在支架导向孔内发生锈蚀不能正常移动，无法调整触头间隙，影响到空重车自动调整装置不能正常作用。假如你是一位新入职的见习生，此刻的你一定有所感触，企业生产案例瞬间将你带回到课堂，本节知识与企业案例时空对接，将为你解答心中的疑惑。

任务目标

1. 知识目标

（1）熟知 KZW 空重车调整装置的结构并理解原理；
（2）熟知 TWG 空重车调整装置的结构并理解原理；
（3）处理空重车调整装置常见故障。

2. 能力目标

（1）具备列检作业场制动检查、试风能力；

（2）具备处理空重车调整装置故障能力。

3. 职业素养目标

（1）安全第一、预防为主、严规细操；

（2）协作意识、环保意识、节约意识。

知识储备

空重车自动调整装置，是根据随车辆载重变化的枕簧（轴箱弹簧）高度变化作为控制信号，控制设在空气制动机与制动缸之间的一个中继阀，再由中继阀来控制制动缸空气压力的大小，从而使车辆在不同载重量的状况下获得相应的制动力。即使在列车速度较高时，处于不同载重状况下的车辆既不会因制动力太大而擦伤车轮，也不会因制动力不足而不能保证在规定的制动距离内停车，尽可能使其制动率趋于一致，减小制动时车辆间的纵向冲动。

随着铁路货车提速改造工作的进展，国铁集团已决定将 KZW-A 型空重车自动调整装置作为主型产品，将在现有和新造的普通货车及提速改造货车上推广使用。目前我国货车使用的空重车自动调整装置主要有 400B 型、KZW-4 型、KZW-4G 型、KZW-4GAB（CD）型、KZW-A 型、TWG-1（ABCD）型等几种。

一、KZW-A 系列空重车自动调整装置

（一）KZW-A 系列空重车自动调整装置制动系统配置

1. 适用范围

KZW-A 型货车空重自动调整装置适用于目前我国轴重 21 t、23 t、25 t 采用转 K2、转 K4、转 K5、转 K6 型转向架的货车，并适用于总重 130 t 以下的货车。

2. 性能参数

KZW-A 型空重车自动调整装置具有结构简单，工作可靠、维修保养方便的特点，其主要技术特征如下：

（1）制动缸压力随车辆载重变化在一定范围内自动无级地连续变化，从空车至全重车任何载重下的车辆制动率均小于车辆黏着允许的制动率。

（2）在空车至全重车任何载重下当列车管风压在 500 kPa 时，常用全制动的平衡压力均为 360 kPa，空车制动缸压力为（140 ± 20）kPa，完全能够与目前我国主型制动机配套使用。

（3）在空车制动时，具有制动缸压力初跃升功能。

（4）C-A 型传感阀调整行程根据转向架枕簧刚度情况分为 21 mm、28 mm 两种适用于目前各种转向架车辆。

（5）测重系统中的 C-A 型传感阀只在制动时才与抑制盘接触，阀的工作条件有利，受车辆运动影响小，另外加设了复位弹簧，减小车辆振动对测重系统的影响，作用稳定、可靠。

（6）管路连接全部采用法兰连接，橡胶密封，运用中不易产生漏泄故障。

（7）设有较为明显的空重车位显示标志。

（二）KZW-A 系列空重车自动调整装置构造

KZW-A 型货车空重车自动调整装置制动系统，由横跨梁 13、测重机构（支架 10、C-A 型传感阀 11、抑制盘 12、触头 14、复位弹簧 15）、限压阀总成（X-A 型限压阀 7、管座 8）、17 L 降压气室 9 及相应连接管路等组成，系统组成如图 2-7-1 所示。

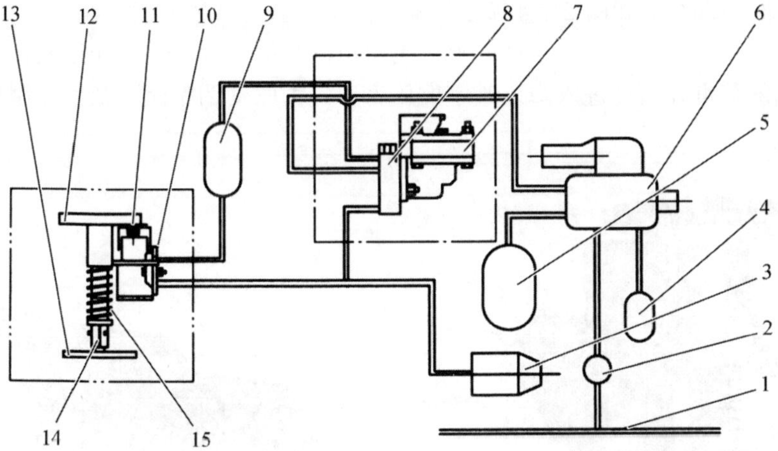

1—制动管；2—集尘器与截断塞门组合体；3—制动缸；4—加速缓解风缸；5—副风缸；6—120/120-1 阀；7—X-A 型限压阀；8—阀管座；9—降压气室；10—支架；11—C-A 型传感阀；12—抑制盘组成；13—横跨梁；14—触头；15—复位弹簧。

图 2-7-1　KZW-A 系列空重车自动调整装置制动系统

1. 横跨梁组成

空重车自动调整装置主要依据车辆载重变化来调整车辆制动力，在制动时需要对车辆的载重情况进行测量。车辆在载重发生变化后，其枕簧以上的部分相对于轨面将产生垂向位移，

而枕簧以下部分相对于轨面的位置保持不变，因此在簧下部分安装一横跨梁，通过测量车体与横跨梁间的相对位移，即可知道车辆载重情况，如图 2-7-2 所示。

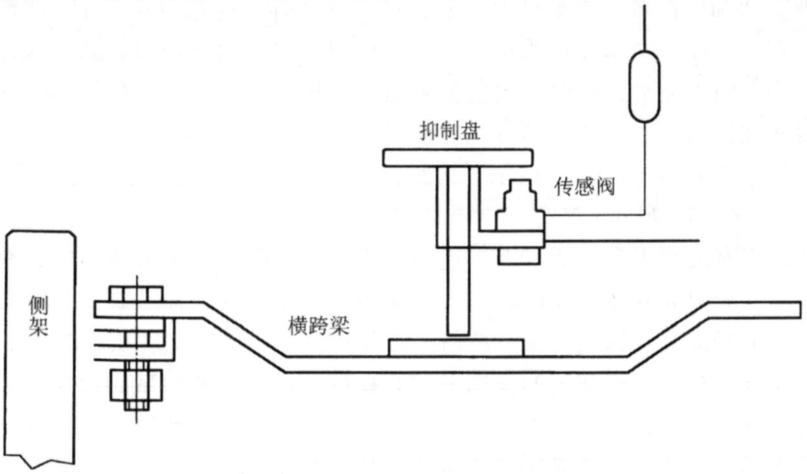

图 2-7-2　横跨梁安装示意图

2. 测重机构

KZW-A 型货车空重车自动调整装置测重机构（图 2-7-3）由传感阀、支架、抑制盘、复位弹簧、触头等组成。传感阀安装在支架上，触杆向上，正对抑制盘的下盘面，车辆制动时，用来测量车辆的载重并通过进入降压气室的压力空气去驱动调整阀，从而控制进入制动缸的空气压力。

（1）C-A 传感阀。

C-A 传感阀内部组成如图 2-7-4 所示。

传感阀安装在阀座支架上，触杆向上，正对拟制盘的下盘面，其作用是在车辆制动时，用来测量车辆的载重并通过进入降压气室的压力空气去驱动调整阀，从而控制进入制动缸的空气压力。

图 2-7-3　测重机构外观

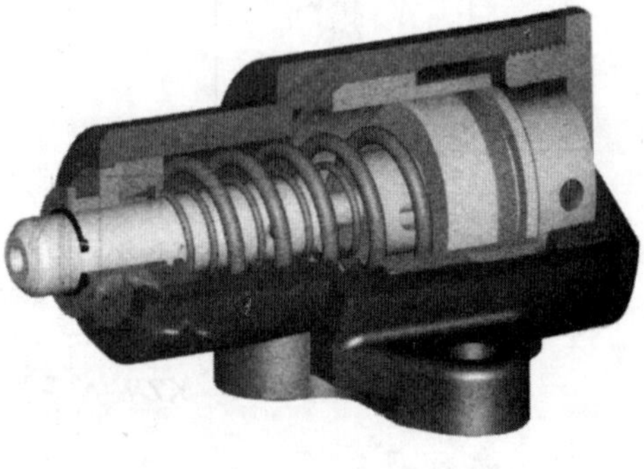

图 2-7-4　传感阀组装剖视

C-A 传感阀结构如图 2-7-5 所示，由阀体 2、阀盖 8、活塞组成 6、复原弹簧 4、调压弹簧 5、卡簧 1 及密封胶圈 7 等组成。活塞置于阀体空腔内，阀体与活塞和触杆接触部分镶有铜套，并由 Y 形橡胶密封圈 3 将阀体内分为上下两腔，下腔与制动缸相通，上腔与降压气室相通。复原弹簧和调压弹簧套于触杆上，触杆伸出阀体外，一端有 ϕ17 mm 凹槽，用卡簧卡住以防止触杆缩入阀体。活塞在初始状态下受复原弹簧的弹簧力作用，处于阀体末端，可在压力空气的作用下向上运动，同时压迫复原弹簧和调压弹簧，带动触杆伸出。为防止灰尘通过外露触杆侵入阀体内，触杆外露端有一防尘套。

活塞组成如图 2-7-6、图 2-7-7 所示，由触杆 1、活塞 3、连接杆 5、夹芯阀 6、夹芯阀弹簧 7、压盖 8、卡簧 9、ϕ46 mm Y 形密封圈 4 等组成。

活塞中空，内有刃型阀口将活塞上下连通。连接杆由阀口端穿入活塞，其有 ϕ3 mm 孔一端露出，与触杆末端 ϕ3 mm 径向孔用 ϕ3 mm 圆销铆接固定。触杆顶端有 ϕ4 mm 轴向孔与均布的 4 个 ϕ1.2 mm 的径向孔相通，用来在缓解末段排空降压气室余气。夹芯阀为橡胶制品，内部有金属骨架支撑，在夹芯阀弹簧的作用下，其橡胶端面与活塞刃型阀口密贴，将活塞分为上下两腔。当触杆受压时，可通过连接杆将夹芯阀顶离阀口，使活塞上下腔连通。压盖由薄钢板冲压成草帽形，其凹面为夹芯阀弹簧的支承座，用卡簧固定在活塞 ϕ30 mm 的凹槽内。橡胶密封圈为 Y 形结构，将其唇口与触杆反向置于活塞表面 ϕ37 mm 的凹槽内。

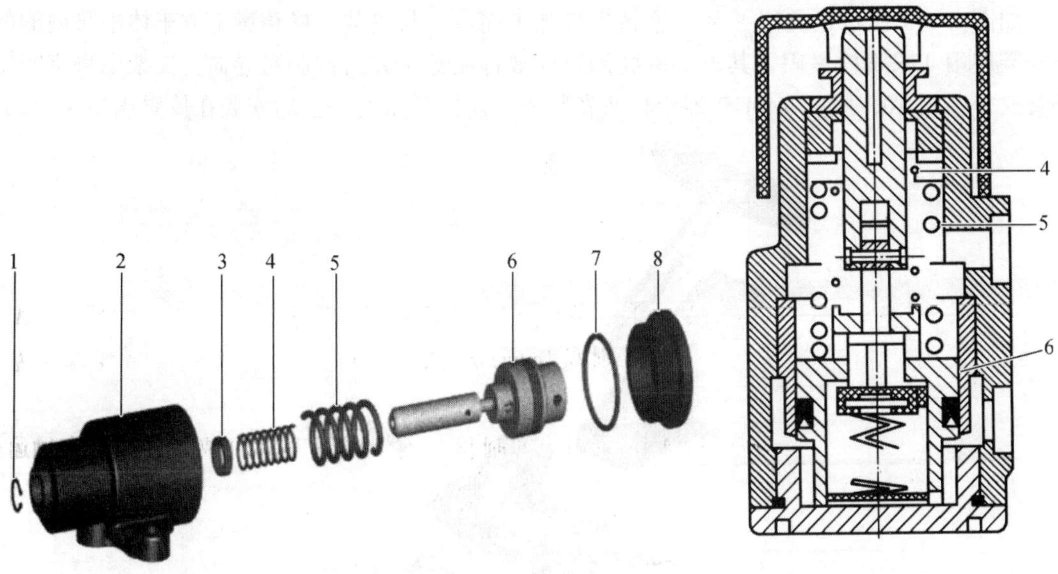

（a）外观分解图　　　　（b）内部结构示意图

1—卡簧；2—阀体；3—Y 形密封圈；4—复原弹簧；5—调压弹簧；6—活塞组成；7—形密封圈；8—阀盖

图 2-7-5　传感阀组成

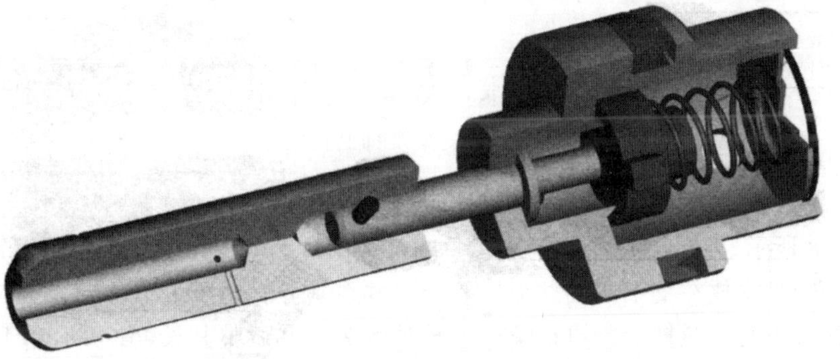

图 2-7-6　活塞组成剖视

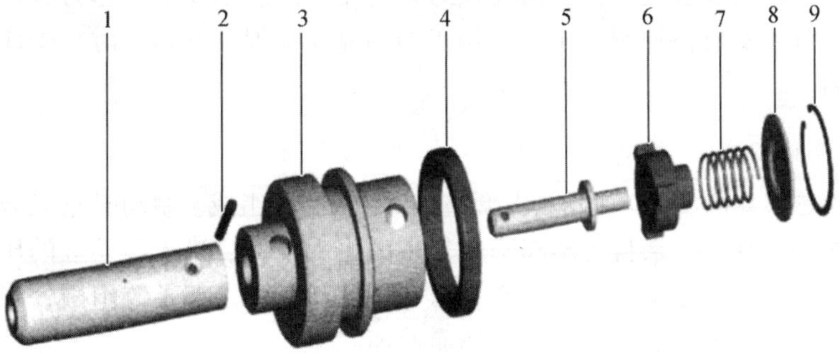

1—触杆；2—圆销；3—活塞；4—Y 形密封圈；5—连接杆；6—夹芯阀；7—夹芯阀弹簧；8—压盖；9—卡簧。

图 2-7-7　活塞组成

（2）支架及抑制盘（图 2-7-8）。

① 支架。

如图 2-7-8 所示，支架 8 用精密铸钢件加工而成，与安装在横跨梁上方车体中梁内的两个安装座用 4 只螺栓紧固，其ϕ5 mm 孔用以安放抑制盘 1 并为抑制盘导向。支架中央空腔用来安放传感阀 10，用两支 M12 螺栓将两者紧固。连接管路的法兰均安装在传感阀相反一侧。

1—拟制盘；2—开口销；3—螺栓；4—复位弹簧；5—弹簧座；6—触头；7—螺母、垫圈；8—支架；9—垫圈；10—传感阀；11—防尘罩。

图 2-7-8 支架及抑制盘组成

② 抑制盘。

如图 2-7-8 所示，抑制盘 1 上部为圆盘，中部为圆柱，下部为螺杆、弹簧座 5 和带螺纹的六方触头。抑制盘安放在支架的圆柱形导管上，并在其导管内可上下移动，复位弹簧 4 套在圆柱上，将弹簧座套入螺杆上，再在螺杆上转动触头 6 并调整其长度，采用开口销固定。车辆空车时，抑制圆盘座落在支架的导管顶端，作为空车时传感阀称重的基准。当车辆载重使得抑制盘触头与横跨梁接触后，抑制盘与横跨梁的相对高度不变，又作为载重时传感阀称重的基准。复位弹簧 4 安放在抑制盘 1 上，用于抑制盘在支架导管移动时减少或缓解车辆运行震动带来的影响。

3. X-A 限压阀总成

X-A 限压阀总成如图 2-7-9 所示，由调整阀 2、管座 4 组成。制动时它受来自 120 阀空气制动机制动孔的压力空气、来自传感阀降压气室的压力空气、进入制动缸的压力空气及调压弹簧的弹簧力共同作用来控制制动缸的空气压力。因而在规定调整范围内，当制动孔压力一定时，使制动缸的空气压力随车辆载重增加而增加。

X-A 型限压阀内部组成如图 2-7-10、图 2-7-11 所示。X-A 型限压阀结构如图 2-7-12 所示，由阀体 2、阀盖 10、中间体 6、作用推杆组成 8、膜板 9、限压阀活塞组成 5、限压夹芯阀 18、压力弹簧 4、显示牌 20、显示活塞 14、显示弹簧 13、后盖 17 及密封孔垫及密封圈 3、7、12、15、16 等组成。它与管座通过两螺栓紧固，并用一菱形橡胶垫保持密封。

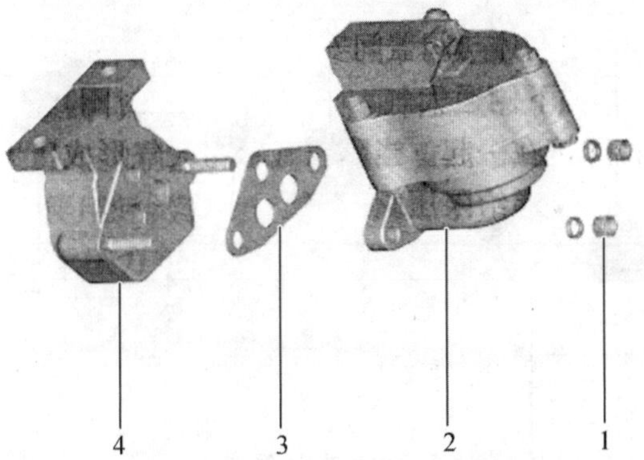

1—螺母、垫圈；2—调整阀；3—菱形垫片；4—管座。

图 2-7-9　X-A 限压阀总成

图 2-7-10　X-A 限压阀组成剖视图

1—夹心阀；2—芯阀弹簧；3—活塞；4—Y 形密封圈。

图 2-7-11　调整活塞组成

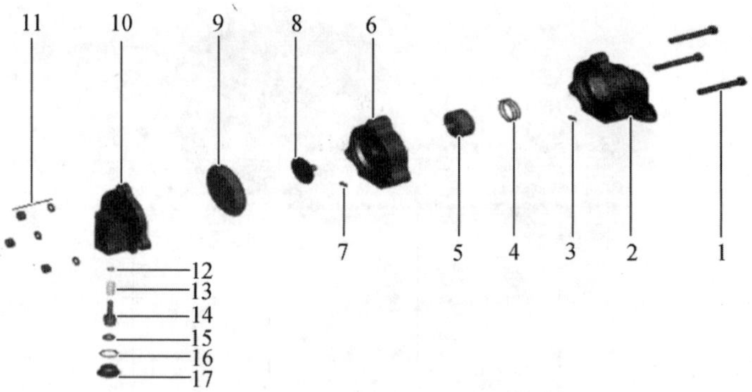

（a）外观分解图

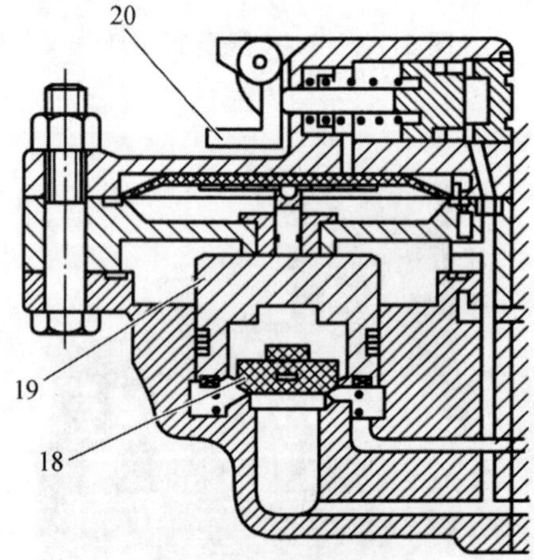

（b）内部结构示意图

1—螺栓；2—阀体；3—密封孔垫；4—压力弹簧；5—活塞组成；6—中间体；7—密封孔垫；8—作用推杆组成；9—膜板；10—阀盖；11—垫圈、螺母；12—密封圈；13—显示弹簧；14—显示活塞；15—Y 形密封圈；16—O 形密封圈；17—后盖；18—限压阀夹芯阀；19—限压阀活塞；20—显示牌。

图 2-7-12　X-A 型限压阀结构

（1）阀体。

X-A 型限压阀体结构如图 2-7-12 所示，阀体中央为刃型阀口，阀口下有铸造空腔使阀口与制动缸相通，阀口旁有铸造孔，该孔与 120/120-1 阀相通。限压阀活塞置于阀体中央并由压力弹簧支承在刃型阀口上方，与阀体铜套间由 ϕ56 mm Y 形橡胶圈密封。

限压阀活塞内有金属骨架橡胶夹芯阀，当活塞受压时，夹芯阀橡胶平面与阀口密贴，将阀口关闭，从而将 120/120-1 阀与制动缸隔断。即限压阀活塞的上、下两侧形成互相密封的两个空腔。限压阀活塞上侧通制动缸，下侧通大气。

（2）中间体。

中间体结构如图 2-7-12 所示，中间体与阀盖间安放橡胶膜板，橡胶膜板的两侧也形成互相密封的两个空腔，上侧通降压气室，下侧通大气。推杆（上嵌密封圈）组成安装在中间体中央通孔内，由圆片和短轴通过卡簧连接在一起。当降压气室与大气形成压力差时，橡胶膜板将带动推杆组成，并通过推杆组成将力传递给限压阀活塞。

（3）阀盖。

阀盖结构如图 2-7-12 所示，阀盖内有显示活塞 14，显示活塞将阀盖 10 内分为前后两个空腔，前腔通降压气室。后腔通制动缸。当制动缸与降压气室形成压力差时，显示活塞的活塞杆将伸出阀盖，并推动显示牌 20 翻转用以显示制动缸的压力（即车辆的载重状况）。

（三）KZW-A 系列空重车自动调整装置作用原理

KZW-A 型货车空重车自动调整装置作用原理从车辆空车和重车情况，制动装置处于制动位和充气缓解位两方面介绍。车辆空车时，调整抑制盘下端的触头，使抑制圆盘座落在支架的圆柱形导管的顶端而触头与横跨梁间保持 h_0（转 8AG、转 8G、转 K2 为 $h_0 = 3$ mm，转 K4 为 $h_0 = 8$ mm）间隙，并用开口销锁定，这时传感阀触杆与抑制圆盘的距离约为 6 mm。横跨梁支承在转向架侧架上与轨面的高度不变、与载重大小无关。车辆载重后，枕簧受压变形，支架和装在上面的传感阀将随车体下移，当抑制盘触头与横跨梁接触之后，抑制盘的高度位置不再改变，传感阀触杆与抑制盘的距离将随载重的增加而增加。

在与 120 阀配套使用时，当 120 阀处于完全缓解状态时，KZW-A 型空重车自动调整装置和制动缸处于无压力空气状态。这时 X-A 型限压阀的活塞、作用杆和橡胶膜板在压力弹簧的作用下处于最上方位置，活塞内的夹芯阀离开阀口，阀口处于开启状态。制动缸及与之连通的空间经开启的调整阀和 120 阀的缓解排气通道与大气相通。限压阀阀盖上的空重位压力显示器的活塞杆在显示弹簧的作用下处于缩进位置，显示牌处于最下方位置。传感阀的活塞和触杆在复原弹簧的作用下处于最下端位置，触杆与抑制圆盘保持一定距离，活塞内的夹芯阀在夹芯阀弹簧的作用下使阀口处于关闭状态，将传感阀体内分为上下腔，下腔通制动缸的小孔通向大气。上腔通降压气室及限压阀的橡胶模板的上方，并通过传感阀触杆内的小孔通向大气。

当制动管减压制动时，如图 2-7-13 所示，120 阀动作，副风缸的压力空气经 120 阀和开启的限压阀夹心阀向制动缸及限压阀活塞上方充气。随着制动缸空气压力的增加，传感阀的活塞在下腔压力空气（即制动缸压力空气）的作用下向上移动，压缩复原弹簧和调压弹簧并推动触杆一起上升，当触杆上移碰到抑制圆盘时停止不动，而活塞随制动缸空气压力的增加继续上移，这时活塞内的夹芯阀被触杆顶开，活塞下腔的压力空气立即向上腔及降压气室等充气。当降压气室及限压阀橡胶膜板上方的空气压力上升到一定时，与限压阀活塞上方通制动缸的空气压力共同作用，克服活塞下腔空气压力与压力弹簧作用力，驱使限压阀内的活塞

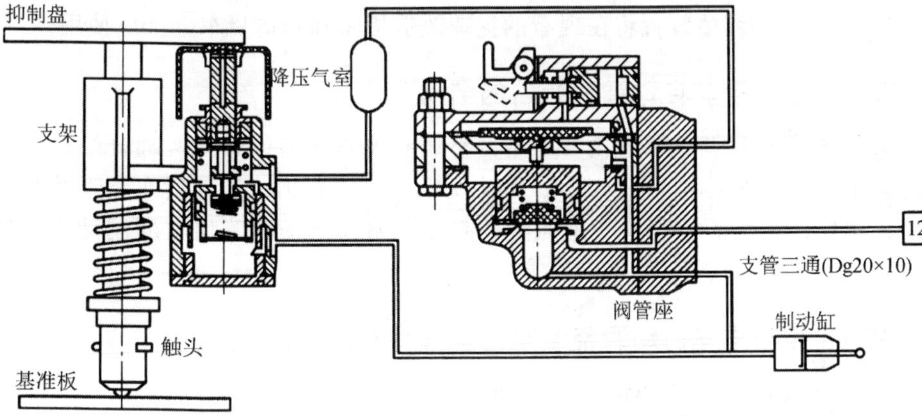

图 2-7-13　KZW-A 系列空重车调整装置作用原理

下移关闭阀口，副风缸停止向制动缸充气。传感阀活塞上下作用力达到平衡后，活塞内的夹芯阀自动将阀口重新关闭，维持制动缸和降压气室的空气压力不变。

随着车辆载重的增加，枕簧挠度增大，车体下沉越多，固定在支架（支架固定于车体架中梁上）上的传感阀在触头接触横跨梁不能移动后，随车体下沉越多，传感阀压缩复位弹簧越多，传感阀位置越低，传感阀触杆与抑制盘距离越大。制动时传感阀活塞和触杆上移使触杆接触抑制盘走行距离就越大，压缩传感阀调压弹簧和复原弹簧长度也就越长，触杆接触抑制盘后继续顶起传感阀活塞（压缩已具有较大反弹力的调压簧和复原弹簧）使触杆顶开传感阀活塞内夹心阀，使制动缸压力空气进入降压气室和限压阀橡胶膜板上方，协助关闭限压阀（停止向制动缸充气）的制动缸压力就越高，这就是其根据不同载重实现自动调整制动缸压力的原理。

限压阀盖上的显示器在制动缸、降压气室的空气压力和显示弹簧的共同作用下推动活塞杆伸出驱使显示牌翻转。全重车位制动缸压力时，显示牌翻转 90°，从空车至重车制动缸压力范围内显示牌翻转是连续变化。

当制动管充气缓解时，120 阀动作，其制动孔转换到通大气，限压阀通 120 阀口的空气压力迅速降低，其内的夹芯阀被通制动缸的压力空气顶开，制动缸的压力空气穿过限压阀夹芯阀口经 120 阀排向大气。传感阀活塞下腔的空气压力随制动缸的空气压力下降而降低，其活塞和触杆相应下移，当活塞下腔空气压力低于上腔空气压力一定值时，上腔空气压力顶开夹芯阀，降压气室的压力空气将通过夹芯阀阀口与制动缸的压力空气一起经调整阀和 120 阀排向大气。与此同时，在传感阀触杆回到最下端位置时，降压气室的压力空气还通过传感阀触杆内的小孔直接排向大气直至排尽为止。在排气过程中，当限压阀橡胶膜板上方及限压阀活塞上方的压力空气降到一定时，其压力弹簧又逐渐将活塞、作用杆和橡胶膜板推到最上方位置，夹芯阀阀口完全打开处于常开位置。而传感阀活塞内的夹芯阀在上腔压力接近下腔的空气压力时靠夹芯阀弹簧又将夹芯阀阀口关闭，最后恢复到完全缓解的无气压状态。缓解过程中，限压阀盖上的显示牌也随制动缸压力下降而自动落下。

二、TWG-1 型空重车自动调整装置

TWG-1 型空重车自动调整装置由眉山车辆工厂于 2002 年开发研制成功，同年铁道部决定 TWG-1 型空重车自动调整装置将在现有的提速改造货车和新造货车上推广使用。

（一）TWG-1 型空重车自动调整装置的结构

TWG-1 型空重车自动调整装置由 T-1 型调整阀和 WG-1 型传感阀两部分组成。TWG-1 型空重车自动调整装置管系示意图如图 2-7-14 所示，可以看出，提速货车制动系统中除了调整阀和传感阀外，其余的控制阀、副风缸、降压气室及制动缸等均与原制动机一样，无须变动。

（二）TWG-1 型空重车自动调整装置的型号及配置

为适应不同车辆的需要，TWG-1 型空重车自动调整装置目前有 4 种型号：

（1）TWG-IA 型：由 T-1A 型调整阀及 WG-1A 型传感阀组成。

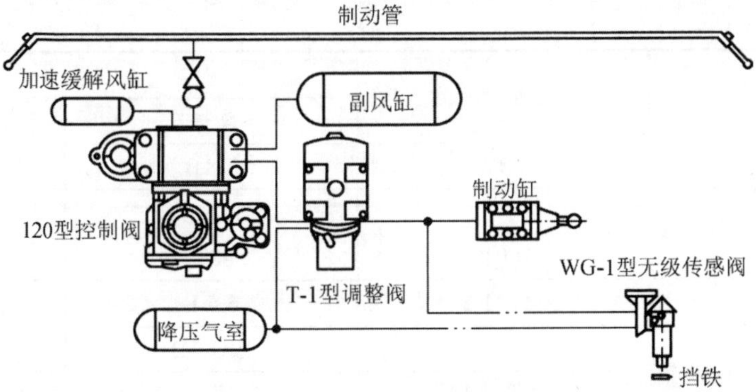

图 2-7-14　TWG-1 型空重车自动调整装置管系示意图

（2）TWG-1B 型：由 T-1B 型调整阀及 WG-1B 型传感阀组成。

（3）TWG-1C 型：由 T-1A 型调整阀及 WG-1C 型传感阀组成。

（4）TWG-1D 型：由 T-1B 型调整阀及 WG-1D 型传感阀组成。

TWG-1A 型与 TWG-1C 型、TWG-1B 型与 TWG-1D 型的性能完全相同，仅仅是其传感阀的活塞行程及调整行程不同，以适应不同枕簧挠度的转向架。TWG-1A 型和 TWG-1C 型其全重位制动缸输出与输入的压力比为 100%，适用于装有 254 mm 制动缸配高摩闸瓦或 355.6 mm 制动缸配高摩闸瓦的新造和改造提速货车及快运货车。TWG-B 型和 TWG-1D 型其全重位向制动缸输出压力与输入压力之比为 60%，适用于原装有 355.6 mm 在配用高摩闸瓦时的提速改造车。这 4 种型号的作用原理及主要结构相同，绝大部分零件及橡胶密封件可通用互换。只是调整阀活塞面积及传感阀弹簧等稍有不同，其他如初跃升及指示功能亦完全相同。

TWG-1 型空重车自动调整装置能同时适应下列工况：

在工况 I 条件下：各主型货车，无论新造或改造，凡配置转 8AG、转 8G 及转 K2 型转向架均可配用 TWG-1A 型空重车自动调整装置，配置摆动式转向架的新造货车则配用 TWG-1C 型空重车自动调整装置。上述各种货车均用ϕ356 mm 制动缸，高磷闸瓦，并采用与现有货车相同的制动倍率，按普通货车运用。

在工况Ⅱa 条件下：当新造货车直接采用高摩合成闸瓦时，采用ϕ254 mm 制动缸。此时配用 TWG-1A 型（摆式转向架为 TWG-1C 型）空重车自动调整装置。制动倍率按新车设计，即可按提速货车运用。TWG-1 型空重车自动调整装置的配置参数及适应情况见表 2-7-1。

表 2-7-1　TEG-1 型空重车自动调整装置的配置参数及适应情况表

制动部件配置	在工况Ⅰ新造或改造车	工况Ⅱ	
		b 改造车	a 改造车
控制阀	120 或 GK	120 或 GK	120 或 GK
制动缸	ϕ356 mm	ϕ356 mm	ϕ254 mm
副风缸	60 L	60 L	40 L
降压气室	17 L	17 L	17 L

续表

制动部件配置		在工况Ⅰ新造或改造车	工况Ⅱ	
			b 改造车	a 改造车
调整阀		T-1A	T-1B	T-1A
更换零件			上下活塞等	
压力比		100%	60%	100%
调整气室		6.5 L	6.5 L	0
传感阀	转 8AG，转 8G 及转 K2 型转向架	WG-1A	WG-1B	WG-1A
		活塞行程，45 mm	活塞行程，45 mm	活塞行程，45 mm
		调整行程，29 mm	调整行程，21 mm	调整行程，21 mm
	摆动式转向架	WG-1C	WG-1D	WG-1C
		活塞行程，56 mm	活塞行程，56 mm	活塞行程，56 mm
		调整行程，29 mm	调整行程，29 mm	调整行程，29 mm
更换零件			顶杆簧	
制动缸压力	全重位	360 kPa	220 kPa	360 kPa
	全空位	160 kPa	100 kPa	160 kPa
制动倍率		与现有普通车相同	与现有普通车相同	按新造提速火车设计
闸瓦材质		高磷闸瓦	提高 30％～50％的高摩闸瓦	
运用条件		与现有普通车相同	符合提速货车 90 km/h<800 m 的要求	

在工况Ⅱb 条件下：上述各种货车在改用高摩合成闸瓦时（即工况Ⅰ改成工况Ⅱb 时），只要更换自调装置内部少量零件，同时铲改阀体型号铸字，即可将压力比为 100%的 A 型或 C 型变为压力比为 60%的 B 型或 D 型。除制动梁外，所有制动部件，制动管路，制动倍率及基础制动装置等均无须改变，即可按提速货车运用。

（三）TWG-1 型空重车自动调整装置的构造

TWG-1 型空重车自动调整装置由 T-1 型调整阀和 WG-1 型传感阀两部分组成。

T-I 型调整阀串接在 120 或 GK 阀通往制动缸的管路中，而 WG-1 型传感阀则安装在转向架摇枕上或转向架附近的车体上，其挡铁则设在横跨梁或侧架上。

1. T-1 型调整阀

T-1 型调整阀根据其全重位时输出、输入压力的比例的不同，又可分为 T-1A 型和 T-1B 型两种。调整阀由调整阀本身和调整室两大部分组成（见图 2-7-15）。调整阀的外形及安装尺寸如图 2-7-16 所示。

（1）调整阀本身。

调整阀本身由显示部、比例控制部及跃升部等三大部分组成（见图 2-7-17 及图 2-7-18）。调整阀采用了独创的双膜板控制原理，其下膜板受制动缸压力的作用控制重车位制动缸压力，而上膜板受降压气室压力的作用与下膜板共同控制空车位制动缸压力。调整阀内设有的跃升活塞和显示器，分别用以控制制动缸压力初跃升和空重车状态的显示。

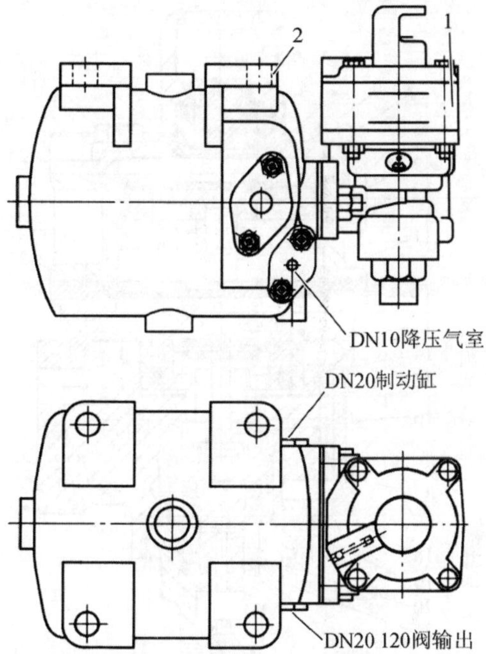

1—T-1 型调整阀；2—调整室。

图 2-7-15　T-1 型调整阀和调整室

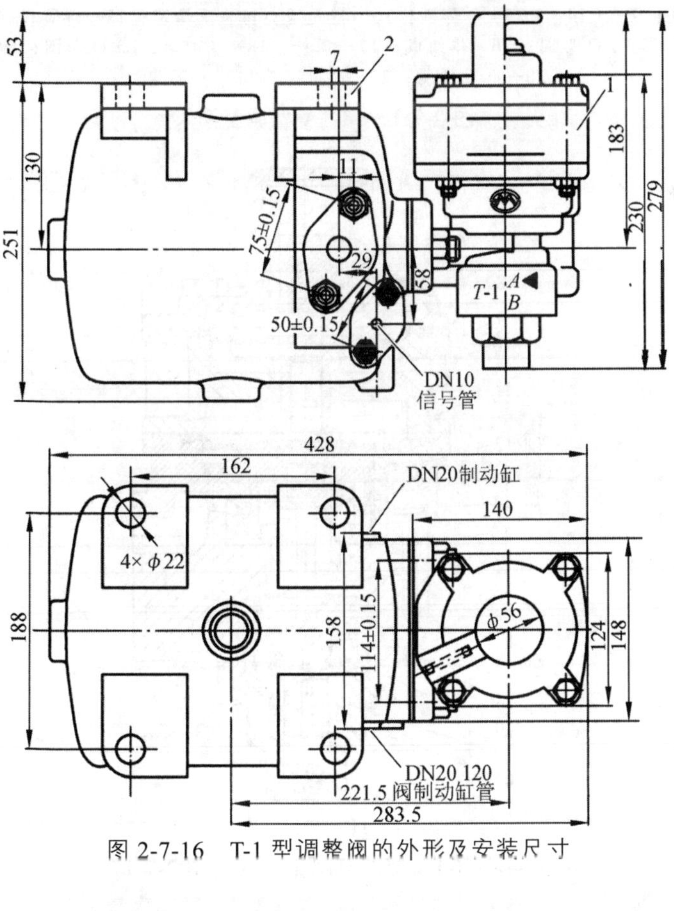

图 2-7-16　T-1 型调整阀的外形及安装尺寸

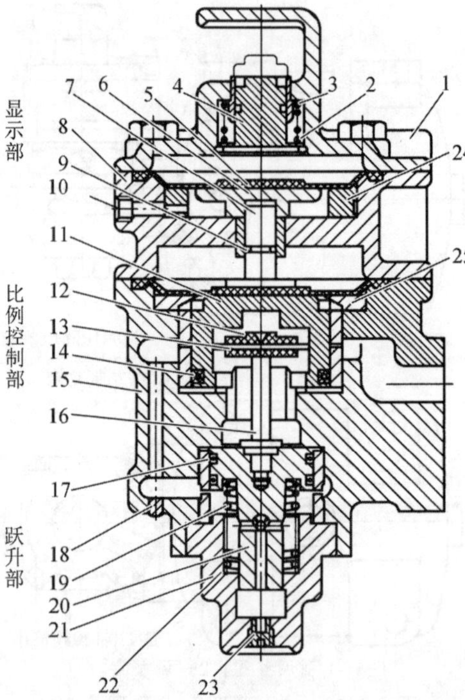

1—上盖组成；2—显示器弹簧；3—（25×2.4）O 形圈；4—显示器；5—（q108）膜板；6—上活塞；7—压杆；8—上体组成；9—（14×2.25）O 形圈；10—排气塞；11—下活塞；13—弹簧；14—止回阀；15—（50×5.3）O 形圈；16—体组成；17—顶杆；18—（45×2.1）O 形圈；19—塞堵；20—跃升弹簧；21—跃升活塞；22—下盖。

图 2-7-17　T-1A 型调整阀

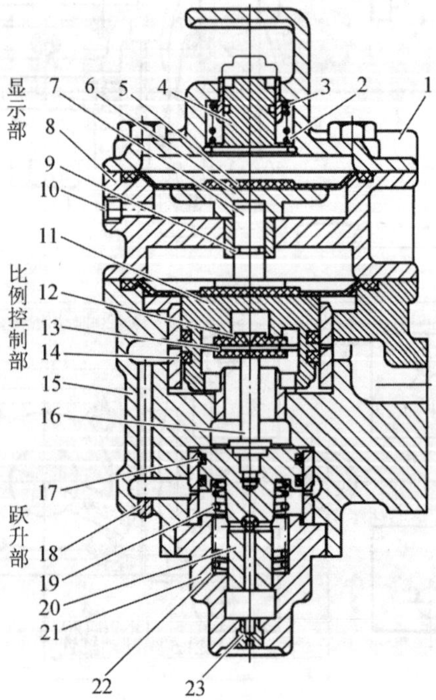

图 2-7-18　T-1B 型调整阀（图注同图 2-7-17）

① 显示部。

显示部由上盖组成 1、显示器弹簧 2、O 形圈 3、显示器 4 等组成。来自降压气室的压力空气作用在显示器的下方，空气压力不同时，显示器杆向上伸出的长度不同，据此可大致显示出车辆的全空、全重及半空半重等载重状况。当由全重位向全空位变化时，降压气室的压力将由零逐步升高到等同于制动缸压力，显示器在不同的降压气室压力作用下其显示杆露出的长度也不同。全重位时显示杆不露出，半重位时露出较细的一段，全空位时显示杆粗细两段将同时露出。据此使用者可大致判别空重位的情况。显示器的上方设有防护罩，防止搬运及使用过程中显示器被砸伤。

② 比例控制部。

比例控制部由上体组成 8、体组成 16、上活塞 6（因 A 型阀活塞下加垫与 B 型阀的有效面积不同）、上下膜板 5、压杆 7、O 形圈 9、下活塞 11（因 A 型阀活塞下加垫与 B 型阀的有效面积不同，结构也不同），O 形圈 15、止回阀 14，上下衬圈 26、27（用于调整活塞的有效面积，仅 A 型有、B 型阀没有）等组成。该部分是 T-1 型调整阀的主控部分，它的作用是车辆在不同载重的情况下，根据传感阀反馈到降压气室压力的大小，将来自控制阀的压力调控至适合当前车辆载重的压力输送给制动缸。

③ 跃升部。

跃升部由跃升活塞 21、跃升弹簧 20、O 形密封圈 8、顶杆 17、下盖 22 等组成。该部用于控制制动缸的初始跃升压力。无论是空车或重车状态，在缓解状态及制动初期，跃升活塞始终顶开止回阀，允许来自 120 阀的空气直接进入制动缸，直到制动缸压力超过跃升弹簧力时跃升活塞下移，止回阀关闭，开始按比例控制制动缸压力。因而无论空车位或重车位都能使制动缸压力获得稳定可靠的初跃升作用，加快了制动进程。

（2）调整室。

采用调整室及安装座合二为一的新型结构，不但可用于安装调整阀，同时具有调整室及管座的作用。在用于安装调整阀的法兰上对应于调整阀的输入、输出孔处设有滤尘网。另外还设有 3 个用于管路连接的法兰。一侧的 DN20 法兰与控制阀的输出管连接；另一侧有 2 个法兰，DN20 法兰与制动缸连接、DN10 与来自传感阀的降压气室管连接。极大地方便了安装及减少了连接管路。调整室的容积为 6.5 L，如图 2-7-19 所示。

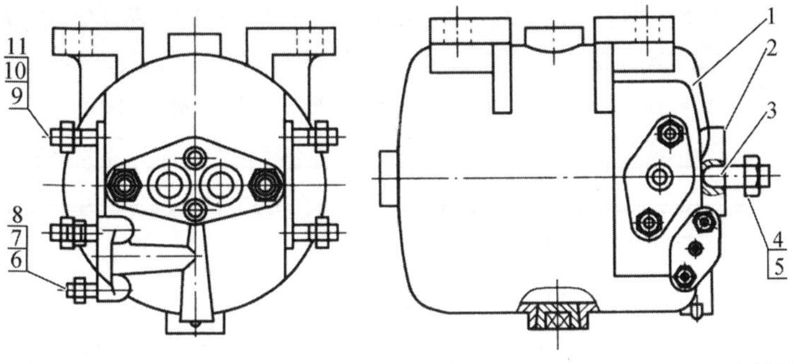

1—调整室；2—阀垫；3—滤网（20）；4—螺栓 AM16×50；5—螺母 M16；6—双头螺柱 AM10×30；7—螺母 M10；8—垫圈；9—双头螺柱 AM12×35；10—螺母 M12；11—垫圈。

图 2-7-19　调整室

2. WG-1 型传感阀

WG-1 型无级传感阀由安装座及传感阀两部分组成。WG-1 型传感阀的作用是：①通过顶杆触头的伸出量来感知枕簧挠度的变化，从而感知车辆载重的变化，并根据车辆载重来调整制动缸压力。②将车辆载重信息传递到 T-1 型调整阀。传感阀按比例和行程的不同可分为 WG-1A 型、WG-1B 型、WG-1C 型和 WG-1D 型 4 种，以适配高磷铸铁闸瓦和提高摩擦系数 23% ~ 25%的高摩合成闸瓦以及不同形式的转向架。其中 A 型和 C 型适用于全重车位制动缸输出输入压力比为 100%的空重车自动调整装置，B 型和 D 型适用于压力比为 60%的空重车自动调整装置。A 型和 B 型调整行程相同，C 型和 D 型调整行程相同。

（1）安装座。

安装座主要由安装座 1、阀垫 2、滤尘网 3 组成（见图 2-7-20）。安装座有两个垂直面，其正面作为传感阀的安装面，其背面连接管路，设有上下两个孔 Z 和 J，分别用来连接通往制动缸与降压气室的管子。在每个管孔的两侧还设有 AM10 × 30 双头螺柱(连同螺母和垫圈)，便于安装法兰接头。其正面在阀垫的内侧各装有一个 ϕ20 mm 滤尘网，防止空气中的杂质污垢进入传感阀。

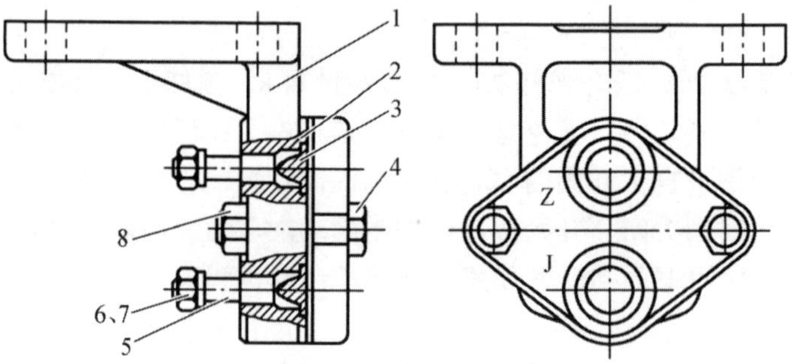

1—安装座；2—阀垫；3—ϕ20 mm 滤尘网；4—安装螺栓（M12 × 60）；5—双头螺柱（AM10 × 30）；6—弹簧垫圈；7—螺母（M10）；8—螺母（M12）。

图 2-7-20　WG-1 型传感阀安装座

（2）传感阀。

① 传感阀的构造。

传感阀主要由活塞 5、顶杆组成 15、触头组成 12 及顶杆弹簧 16、复原弹簧 6、上盖 1 和阀体 8 等组成（见图 2-7-21）。

套有 Y 形密封圈 3 的活塞将阀体分隔为上、下两个腔。上腔通制动缸，下腔通降压气室。活塞内设有止回阀 4 及止回阀簧 18，该止回阀只有在缓解时，降压气室有压力空气才能被顶离阀座，其他任何时间均为关闭。活塞与顶杆组成以弹性销 17 连接。两者之间设有顶杆弹簧。活塞杆上有长槽，当活塞上下有一定压力差时，活塞可沿长槽与顶杆组成做相对运动。顶杆上套有 2 个同样大小 Y 形密封圈 11，上面一道圈起密封作用，不使下腔的降压气室与大气相通。下面一道圈起防尘防水作用。触头组成螺纹拧入顶杆组成内。顶杆下端部封入自锁圈，能防止触头螺纹松动。顶杆中间设有 3 个排气小孔，触头内设有滤尘缩堵，在缓解时，当活塞及顶杆回到最上端时顶杆中间的排气小孔露出 Y 形圈外可帮助降压气室排出余风，并能防止尘土及水分侵入传感阀。

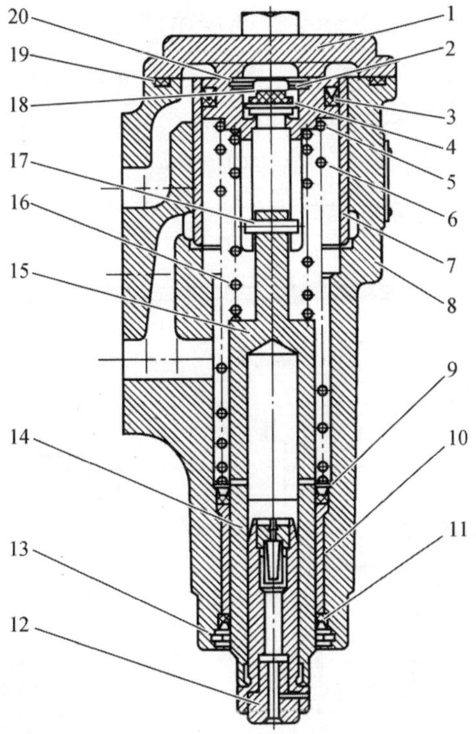

1—上盖；2—弹簧座；3—Y 形密封圈（40×32）；4—止回阀（ϕ16 mm）；5—活塞；6—复原弹簧；7—活塞套；8—阀体；9—弹簧垫；10—顶杆套；11—Y 形密封圈（33×25）；12—触头组成；13—挡圈；14—滤尘缩堵；15—顶杆组成；16—顶杆弹簧；17—弹性销；18—止回阀弹簧；19—O 形密封圈（63×2.65）；20—挡圈。

图 2-7-21　传感阀组成

触头端部压入以特种高分子材料制成的减摩垫，以提高耐磨性能。制动时，制动缸压力将活塞及顶杆及触头等推出，探测枕簧挠度变化。缓解时，复原弹簧将活塞及顶杆推到最上位置，顶杆与触头等缩回。

② 如何将 WG-IA 型（或 C 型）传感阀改变为 B 型（或 D 型）。

目前阶段，由于仍需使用高磷闸瓦，重车压力不需调整，即输出/输入压力比为 100%，需配用由 T-1A 型调整阀与 WG-IA 型传感阀组合成的 TWG-1A 型空重车自动调整装置，故此阶段出厂的均为 WG-1A 型传感阀。对于配用摆式转向架时则为 WG-1C 型传感阀。当车辆换用高摩闸瓦时，需将 WG-IA 和 WG-1C 型传感阀分别更改为 WG-1B 和 WG-1D 型，此时只需更换 WG-1A 型和 WG-1C 型阀中的顶杆簧即可，其他不做任何更改。

（3）挡铁或横跨梁。

目前传感阀一般都装在车体上，为了感知载重变化时的枕簧挠度变化需要在侧架上安装挡铁或横跨梁，以提供基准点。若传感阀安装在车体中央，则挡铁采用横跨梁形式。横跨梁支承在侧架上可左右移动，因此不会影响转向架的运行性能。由于 WG-1 型传感阀触头行程变化方向与车辆载重变化时转向架挠度变化的方向一致，因而无须采用抑制盘等装置进行变向，这样在运行中横跨梁不再常年支承抑制盘，避免由抑制盘带来的对动态称重的不良影响及高频振动对传感阀零部件的磨耗从而影响称重精度。另外传感阀与横跨梁是不常接触的，仅在制动时传感阀触头才伸出，也可以减少横跨梁的磨耗，提高寿命。

（四）TWG-1 型空重车自动调整装置的作用原理

TWG-l 型传感阀有 A、B、C、D 4 种类型，但 A 型与 C 型，B 型与 D 型。其作用与性能是分别完全一样的，只是传感阀行程大小不同而已。因此为了简明起见。我们只叙述 A（或 C）型和 B（或 D）型两种自动调整装置的作用原理。

1. 制动初跃升位（见图 2-7-22）

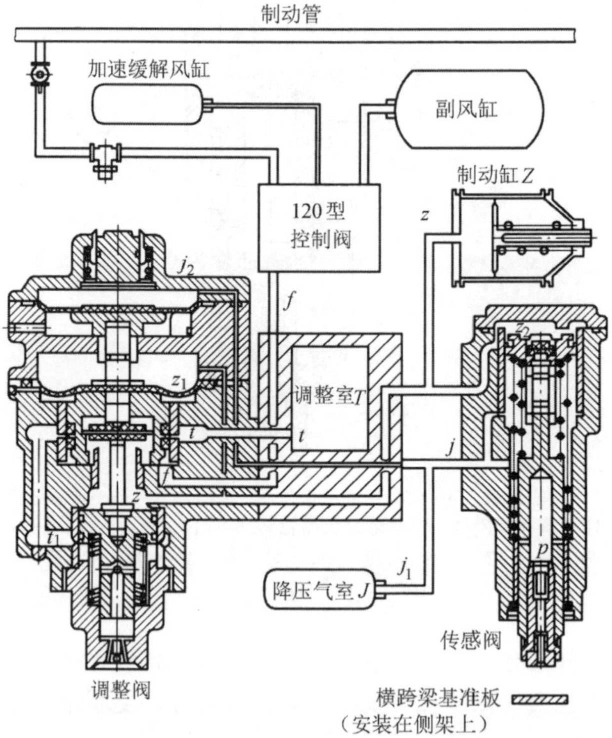

图 2-7-22　制动初跃升位

制动初期，自动调整装置内部均处于缓解状态。从 120 阀输出管送来的压力空气经通路 f 进入调整阀下活塞下方，经被跃升活塞顶开的止回阀直接进入跃升活塞上方的 z 腔后分为 3 路：

（1）经调整阀体内部通路 z_1 至下活塞上方。将下活塞压住。

（2）经制动缸管 z 至制动缸，使制动缸活塞迅速推出，产生初制动力。

（3）经制动缸管 z 上的三通经通路 z_2 至传感阀活塞上腔，克服复原弹簧的力，推动活塞及顶杆触头等下移，开始探测车辆载重状态。

在初跃升阶段，由于调整阀内止回阀始终开放，120 阀输出管（f）直通制动缸而且不向调整室及降压气室分流。故无论空重车位如何，制动缸压力将按重车位升压，直到作用于在跃升活塞上的制动缸压力上升到 50 ~ 70 kPa，跃升活塞克服跃升弹簧的力而下移，一方面关闭跃升活塞套侧壁上的调整室排气通路 t_1，同时关闭止回阀，关断 120 阀输出管 f 与制动缸的连通，初跃升停止。

2. 全重车位

（1）A 型和 C 型空重车自动调整装置全重位（见图 2-7-23）。

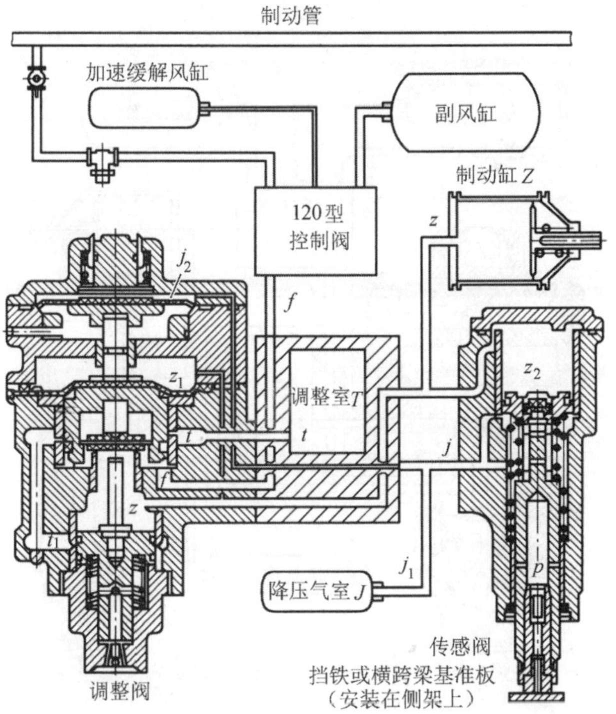

图 2-7-23　全重车位制动作用（A 型和 C 型）

当初跃升结束，止回阀关闭后，120 阀输出管 f 停止向制动缸供风。作用在下活塞下方 f 腔内的压力迅速升高，下活塞上移。提起止回阀，120 阀输出管压力重新经开放的止回阀进入制动缸继续升压，同时也经 z_1 通往下活塞上方。

由于 A 型调整阀下活塞上的 O 形密封圈位置偏下，因此在任何情况下，当下活塞上移时也不会露出下活塞套壁上通调整室的孔 t，因此调整室不起分流作用。

进入制动缸的空气，进一步推动传感阀活塞下移，使顶杆触头与横跨梁接触，当车辆满载时，枕簧挠度最大，车体下沉最多，因此传感阀触头与横跨梁之间的间距最小，传感阀活塞行程最短，此时顶杆停止下移。当制动缸压力继续上升，活塞克服顶杆弹簧的力沿活塞杆上的长槽继续下移，走完活塞调整行程直到活塞端部与顶杆台阶面紧贴为止。由于当车辆满载时，枕簧挠度最大。此时即使活塞下移到紧贴顶杆时活塞上的 Y 形圈也不会露出阀体侧壁上的通往降压气室的气槽 j，因此制动缸不向降压气室分流（传感阀活塞下移到与顶杆台阶面紧贴时，活塞内的止回阀也不能被顶杆顶开）。调整阀上活塞上方的降气室压力为零，上活塞也不起作用。因而全重位时，从 120 阀输出的压力空气不向外分流，也不受比例控制部的调控。全部进入制动缸。故制动缸压力与 120 阀输出压力相等（输出/输入比为 100%）为全重位。

全重位时由于降压气室压力为零，调整阀顶部的显示器下方没有压力，故显示器在显示器弹簧作用下完全缩回，看不见显示杆，表示为全重位。

（2）B 型和 D 型空重车自动调整装置全重位（见图 2-7-24）。

TWG-lB 型自调装置与 A 型的主要区别在于其调整的比例控制部不同。A 型调整阀其下活塞上只有一道 O 形密封圈而且位置偏下。面 B 型的下活塞上有两道 O 形密封圈。其下面的 O 形密封圈离下活塞套壁上通往调整室的槽（t）较近。

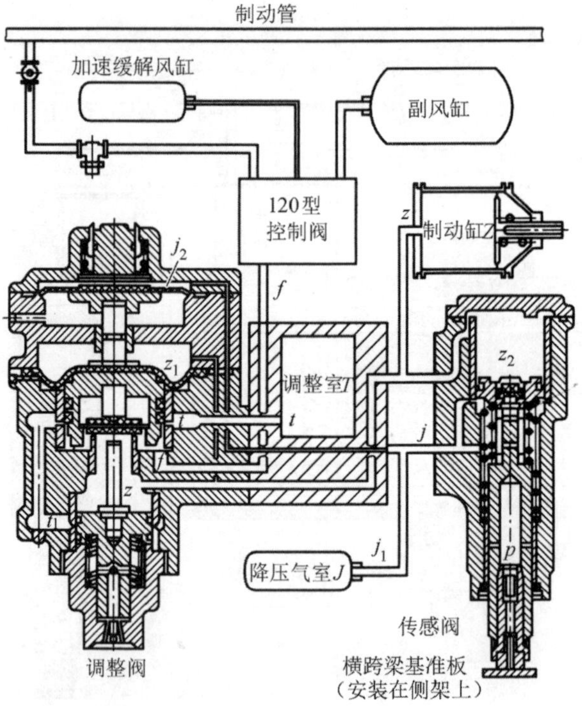

图 2-7-24　全重车位制动作用（B 型和 D 型）

当初跃升结束，止回阀关闭后，120 阀输出管 f 停止向制动缸供风，作用在活塞下方 f 腔内的压力继续升高，下活塞上移时，其下侧的 O 形密封圈首先越过套壁上的槽 t。f 腔内的 120 阀输出管压力空气进入调整室进行分流。输出管空气经止回阀口进入 z 腔后一路进入制动缸，另一路进入传感阀活塞上部，还有一路经 z，进入调整阀下活塞上方 z_1。由于 B 型阀下活塞底部面积约为顶部有效面积的 60%，因此初跃升结束后制动缸压力始终被调控在 120 阀输出压力的 60%。

全重位时 B 型传感阀的作用与 A 型完全相同。制动缸压力不能经过传感阀进入降压气室，调整阀的上活塞不起作用。由于调整阀的调控及分流作用 B 型空重车自动调整装置始终控制制动缸压力为 120 阀输入压力的 60%。当制动管定压 500 kPa 时，装用 B 型空重车自动调整装置的 120 型制动机全重位其制动缸最高压力约为 220 kPa。

3. 全空车位

（1）A 型和 C 型空重车自动调整装置全空车位（见图 2-7-25）。

当车辆处于空载状态时，传感阀顶杆触头与横跨梁距离最大，制动时传感阀顶杆触头碰不到横跨梁，传感阀活塞只压缩复原弹簧而不压缩顶杆弹簧便能开放套侧面的槽 j，制动缸空气经通路 j_1、j_2 分别进入降压气室和调整阀上活塞上方的 j_2 腔，此时降压气室压力与制动缸压力几乎相等。因进入制动缸的一部分压力空气经传感阀分流进入降压气室，相当于扩大了制动缸的容积，降低了制动缸压力。

当作用在下活塞上方的制动缸压力产生的向下推力，加上作用在上活塞上方的降压气室压力产生的向下推力超过作用在下活塞下方的 120 阀输出压力产生的向上推力时，止回阀下移关闭阀口而停止向制动缸充气。

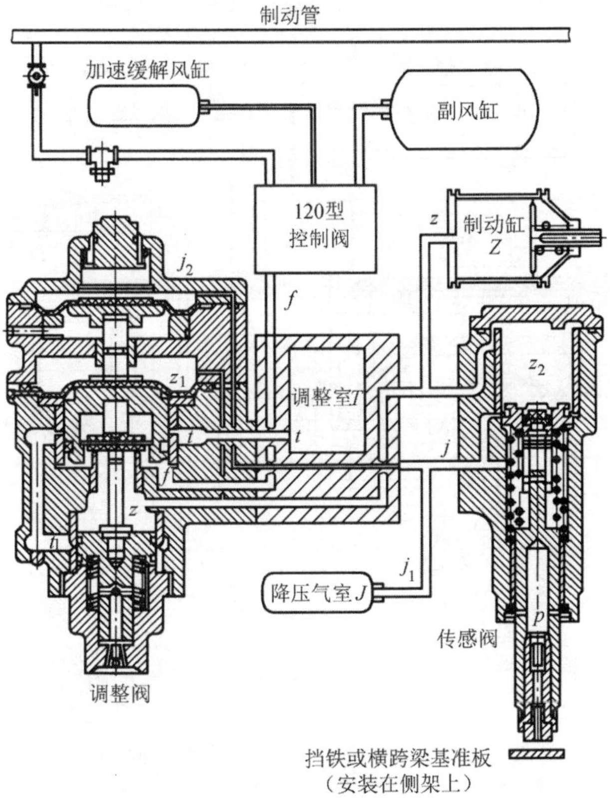

图 2-7-25　全空车位制动作用（A 型和 C 型）

由于降压气室的分流及调整阀上活塞加入平衡后的调控，在制动管定压 500 kPa 时全空位 A 型空重车自动调整装置输出的制动缸最高压力约为 160 kPa。

全空位时分流入降压气室的空气最多，降压气室压力克服显示弹簧的力，将显示器推到最上端，显示器杆上粗细两段都露出套外，显示为全空车位。

（2）B 型和 D 型空重车自动调整装置全空车位（见图 2-7-26）。

当全空位时 B 型传感阀与 A 型的动作完全一样。当初跃升结束，止回阀关闭后，120 阀输出管 f 停止向制动缸下活塞上移时，其下侧的 O 形密封圈首先越过套壁上的槽 t，120 阀输出管压力空气进入调整室进行分流。当下活塞继续上升时，提起止回阀。120 阀输出管空气经 z 腔一路进入制动缸，另一路进入传感阀，还有一路经 z_1 进入调整阀下活塞上方。传感阀活塞及顶杆下移，传感阀顶杆触头碰不到横跨梁，传感阀活塞只压缩复原弹簧而不压缩顶杆弹簧便能开放套侧面的槽 j，制动缸空气经通路 j_1、j_2 分别进入降压气室和调整阀上活塞上方的 j_2 腔。此时降压气室压力与制动缸几乎相等。因进入制动缸的压力空气的一部分经传感阀分流进入降压气室，扩大了制动缸容积，降低了制动缸压力。

由于 B 型阀下活塞底部面积约为其顶部有效面积的 60%，再加上作用在上活塞上的降压气室压力加入调整阀的平衡，因而将制动缸压力限制得更低些，也就是减少了制动缸耗风量。同时向调整室和降压气室的双重分流，加大了对制动缸空气的分流量，因而使制动缸压力降到全空车位。当制动管定压 500 kPa 时，空车位 B 型自调装置输出的制动缸最高压力约为 100 kPa。

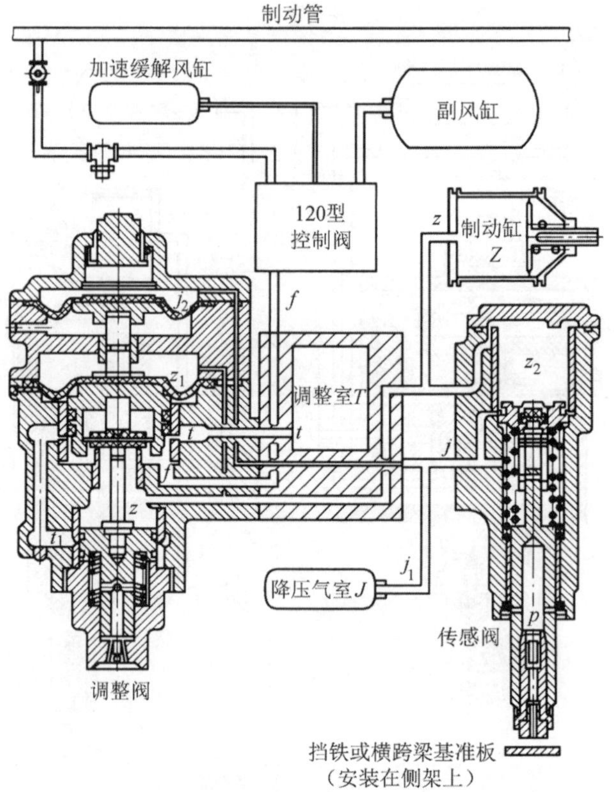

图 2-7-26　全空车位制动作用（B 型和 D 型）

4. 中间位

无论何种型号的 TWG-1 型自调装置，当车辆载重由全空位逐渐加大时，枕簧挠度也逐渐加大，横跨梁到传感阀触头之间的间距则逐渐变小。制动时，传感阀活塞行程逐渐减少，此时活塞必须压缩顶杆簧才能下移到露出套侧面的槽 j 让制动缸压力空气进入降压气室，载重量越大，露出套侧面的槽 j 孔活塞下移距离越大，压缩顶杆弹簧越多，也就需制动缸压力越大，制动缸压力空气进入降压气室后再进入调整阀上膜板上方，才能协助调整阀下膜板上方的制动缸压力空气关闭止回阀，这样制动缸就随着不同的载重得到不同的压力。因此随着载重增大，降压气室与制动缸的压力差将逐渐增大。降压气室的压力逐渐减少，也就是说，一方面向降压气室的分流量随着载重增加而逐渐减少。另一方面，由于作用在调整阀上活塞上的降压气室压力的减小，改变了调整阀的比例关系，使调整阀对制动缸压力的控制值随着车辆载重的增加而逐渐提高。当车辆达到满载时，传感阀不再向降压气室分流，调整阀上活塞也最后失去作用。制动缸压力达到全重车位最大压力（120 阀输送的可能的最大压力）。从而实现了空重车的无级调整。随着车辆载重的增加，作用在显示器的降压气室的压力逐渐减小，因而显示器杆露出套外的长度将逐渐减少，从全空位时粗细两段都露在外面，逐渐变为半空半重时只露出较细的一段，再逐渐到全重位时粗细两段全不露出套外。使用者可据此判断目前空重车自动调整装置大致的作用位。中间位时各型自调装置内的作用及通路情况基本与全重全空车一致，仅仅是传感阀活塞及顶杆位置处于全重至全空位之间。参阅相应的作用示意图。

5. 制动后的缓解

（1）A 型和 C 型空重车自动调整装置（见图 2-7-27）。

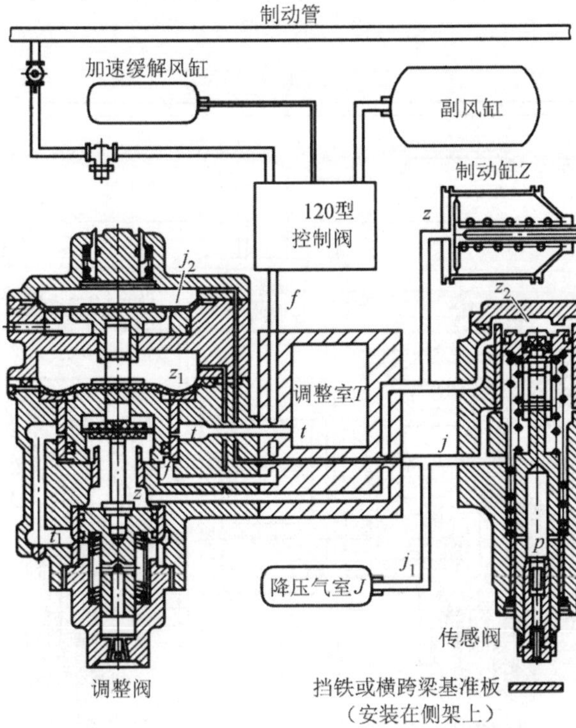

图 2-7-27　全空位及中间位缓解作用（A 型和 C 型）

① 全空位及中间位。

全空位制动后，120 阀缓解时，120 阀输出管厂内的压力经过 120 阀排气口排出。调整阀下活塞下方的 f 腔内的压力下降。上下活塞被制动缸及降压气室压力压下，关闭止回阀，但制动缸及与之相连的各部压力空气仍然可以顶开止回阀从 120 阀排气口内排出。当制动缸压力较低时，跃升弹簧将跃升活塞推向上方，顶杆将止回阀顶开。制动缸压力空气将不受阻碍地完全排尽。随着制动缸压力下降，传感阀活塞被其下方的降压气室压力及复原弹簧的力推向最上端。此时降压气室压力空气主要靠顶并活塞内的止回阀，经制动缸通路排向大气。同时因活塞带动顶杆回到最上端时顶杆上的径向排气小孔 p 露出，降压气室压力也经排气小孔 p，经滤尘缩堵从顶杆触头下方排入大气。当降压气室压力较低不能顶开止回阀时，降压气室残余的空气经过排气小孔 p 排入大气，不会留存。当降压气室压力下降时，显示器在其弹簧的作用下降至原位。

② 全重位缓解。

全重位缓解与全空及中间位缓解基本一样，不同之处在于，全重位时降压气室没有压力，因此没有空气经传感阀活塞内的止回阀及顶杆上的排气小孔 p 排出。

（2）B 型和 D 型空重车自动调整装置（见图 2-7-28）。

与 A 型相比 B 型空重车自动调整装置不同之处在于：无论空车还是重车制动时，调整室总要与 120 阀输出管 f 腔相通，当缓解时下腔内空气首先经 120 阀排向大气。下活塞下移时，下活塞上的 O 形密封圈越过套侧壁上的槽 t，切断了调整室与输出管 f 的连通。待制动缸压力缓解到较低时，跃升弹簧将跃升活塞上推，顶开止回阀。同时跃升活塞上的下 O 形密封圈越过套壁上的槽 t_1，调整室压力空气经通道 t 槽 t_1，跃升活塞杆内的通路。经滤尘缩堵排入大气。其余缓解过程与 A 型和 C 型完全一样，不再重复。

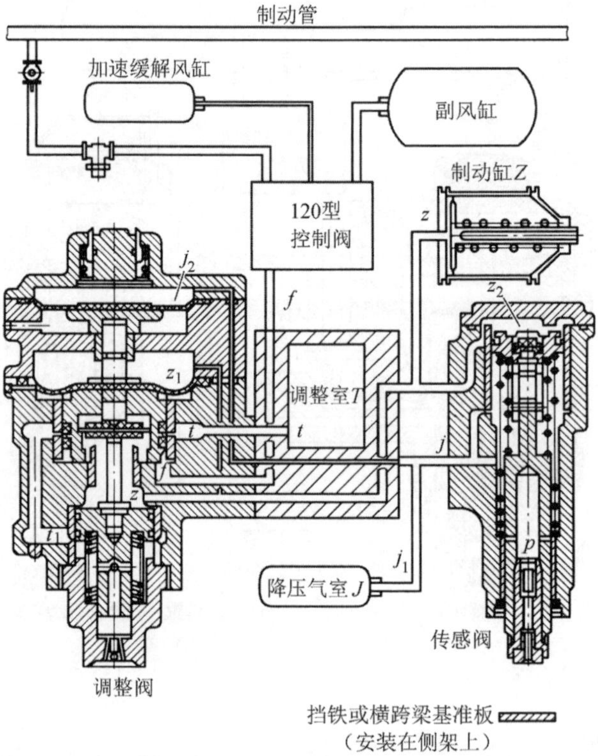

图 2-7-28　全空位及中间位缓解作用（B 型和 D 型）

单元习题

1. 试画出四轴货车单闸瓦式基础制动装置的结构简图并标出各零部件的名称。
2. 试述四轴货车单闸瓦式基础制动装置在制动机制动和缓解作用时的动作。
3. 什么是制动倍率？制动倍率过大或过小有何危害？如何进行制动倍率的计算？
4. ST 型闸调器有哪些组成部分？
5. ST 型闸调器内有哪些弹簧？它们的预紧力大小顺序是怎样的？
6. ST 型闸调器有哪 3 个基本作用？
7. 试述 ST 型闸调器在闸瓦间隙正常、大于和小于闸瓦间隙时的动作过程。
8. 试述 FSW 和 NSW 型手制动机的特点及作用原理。
9. 120 型控制阀主阀由哪几部分组成？并说明各部的作用、配件组成的配合关系。
10. 简述 120 型控制阀减速充气缓解作用、常用制动作用的产生过程及气路。
11. 120 型控制阀如何实现制动保压作用？
12. 试分析 120 型控制阀为何适应长大下坡道运行时的压力保持操纵。

13. 简述当制动管减压量超过最大有效减压量时，120 型控制阀半自动缓解阀如何实现制动机缓解。

14. 简述当制动管减压量未超过最大有效减压量时，120 型控制阀半自动缓解阀如何实现制动机缓解。

15. 简述脱轨装置的结构、原理及维修方式。

16. KZW-A 系列空重车自动调整装置由哪些部分组成？

17. KZW-A 系列空重车自动调整装置测重机构由哪些部分组成？如何测重？

18. KZW-A 系列空重车自动调整装置调整阀总成由哪些部分组成？

19. 简述 KZW-A 系列空重车自动调整装置调整原理。

20. 简述 KZW-A 系列空重车自动调整装置检修及故障分析方法。

21. T-1 型调整阀、传感阀由哪几部分组成？

22. TWG-1A 或 TWG-1C 型空重车自动调整装置在全重车位时，制动作用原理是什么？

23. TWG-1A 或 TWG-1C 型空重车自动调整装置在全空车位时，作用有何区别？

项目三　客车制动机

思政课堂

黄望明，1989 年技校毕业后从事检修工作，在武昌客车车辆段经过 29 年的历练，终于成为一名专家型铁路职工，并被作为 2019 年“新时代铁路榜样”在全国范围内广泛宣传，同时也完成了一个由“矮人”到“巨人”的升华。

从第一天上班起，黄望明就像一个工作狂，无论白天夜晚他都能找到方法学习，练功场成了他第二个“家”。他一次次地在练功车下钻进钻出，一遍遍地把各种车辆配件拆装分解，向书本学、向实践学。每个技术步骤他都要琢磨成百上千次，就连检车员检车的最基本“形体动作”他都不知练了多少遍，直到成为肌肉记忆。就是凭着对业务技术的痴迷，黄望明掌握了客车检修的“十八般武艺”，连续多年在全路行业比武中摘得桂冠，并在 2005 年首届全国铁路职业技能竞赛中获得了全国技术能手称号。

在从事客车车辆检修工作的 29 年里，黄望明在敲击声中先后发现了 3 000 多个安全隐患、排除危及行车安全的重大故障 200 余个，被同事亲切地称为“检车状元”“客车神探”“技能大师”，获得了全国技术能手、火车头奖章等荣誉。在 29 年里，黄望明不仅自己坚持勤学苦练，实现了从一名普通工人到专家型技术能手的跨越，还通过带徒弟，培养出一大批确保安全生产的尖兵。他手把手带出的 47 名技术骨干中，有 6 名获得局级奖励，21 名获得段级奖励，1 名荣获湖北省技术能手称号。

2018 年，作为铁路一线技术职工代表黄望明参加了第十三届全国人民代表大会相关会议，展现了铁路职工的亮丽风采。择一事终一生，用匠心谱华章，黄望明用手中的检车锤诠释工匠精神，在平凡的岗位上演奏了一曲“交通强国、铁路先行”的赞歌。黄望明的人生经历验证了一个道理：幸福都是奋斗出来的，没有捷径可走。普通职工能成“大师”，也能成为栋梁。

项目导入

概况：××××年 10 月 11 日，K×××次客运列车因组中车辆抱闸后车辆乘务员应急处置不当，造成轮对踏面擦伤甩车处理。××机务段司机××使用××西机务段 SS_{7E}×××号机车牵引 K×××次客车（××车辆段配属，编组 19 辆），9 时 05 分，运行至陇海线××局××～××间 K×××处因机后第 3 位 YZ×××、第 13 位 YW_{25G}×××抱闸停车，经车辆乘务员关闭截断塞门处理后，10 时 58 分开车。同日，13 时 53 分，K×××次运行至×××局陇海线×××站，助理值班员发现机后第 3 位 YZ_{25G}×××走行部有明显震动声，经车辆乘务员检查车轮踏面擦伤超过运用限度需甩车，15 时 35 分甩车完毕，15 时 50 分开车。两次检查处置共耽误本列 3 小时 48 分。

应急处置情况：××××年 10 月 11 日 9 时 05 分，K×××次客运列车运行至陇海线××局管内××至××间司机实施紧急制动停车。停车后，值乘车辆乘务员×××使用无线列调对讲机（10 频道守候频道）询问司机停车原因，司机无应答。随后，在对讲机中听到××站外勤呼叫司机说车辆下部有两处冒烟。监听到信息后，×××、×××立即从机次 2 位车辆下车检查，发现机后 3 位车辆 YZ_{25G}×××下部踏面与闸瓦间有冒烟现象，检查确认该车手制动机状态良好，处于松弛状态，全车闸瓦变色且磨耗严重，判断该车制动抱闸，即进行关门处理。同时，尾部乘务员×××也反映机后 13 位车辆 YW_{25G}×××下部温度较高且有烟冒出，也对该车进行关门处理。9 时 30 分，×××电话联系×××检查机后 13 位车辆情况，回答已对该车关门处理。车间安全员×××电话询问×××，得知两辆车关门后，要求全部恢复关门车并进行制动机试验。随后，车辆乘务员将两辆关门车恢复后，×××联控司机进行制动试验，机后 13 位车辆制动机正常，机后 3 位车辆仍然抱闸。×××将试验情况向胡俊杰反馈后，×××要求将机后 3 位车辆关门，机后 13 位车辆盯控运行。×××关闭机后 3 位车辆 YZ_{25G}×××截断塞门，依次打开工作风缸和副风缸排水塞门，看到该车制动缸活塞杆复位后，在副风缸余风没有排完的情况下关闭副风缸排水塞门。此时，由于尾部乘务员×××不放心，也打开了机后 13 位车辆缓解阀，使制动缸支管处于通大气的位置。10 时 00 分，×××向司机递交《旅客列车制动关门限速证明书》，通知司机限速 100 km/h 运行。

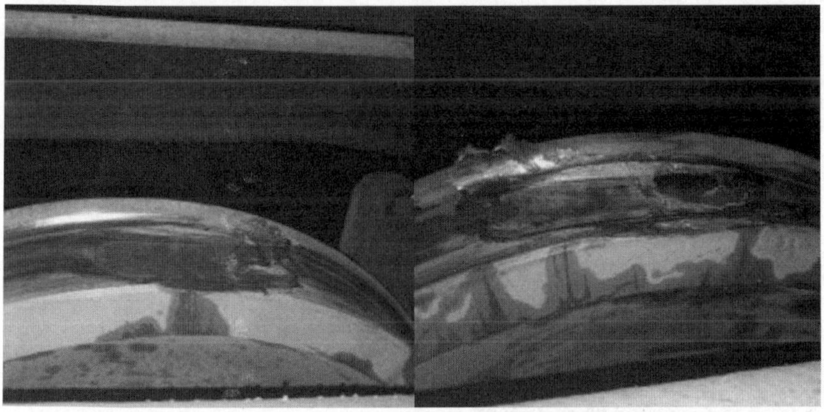

本项目采用故障案例教学法，突出以“学生为中心，为学生将来从事的职业活动开展理论和实践教学”。重视学生能力的培养，根据学生的认知规律，分析学生在实际工作中获取这些能力的先后顺序，规划出制动系统模块化课程，最终达到分析故障、处理故障的职业能力。同时，培养学生的创新能力、实践能力、团结协作能力和创业意识。

知识目标

（1）掌握基础制动装置结构、原理及检修；

（2）掌握 104 型分配阀和 104 型电空制动装置的结构、原理及检修；

（3）掌握 F8 分配阀和 F8 型电空制动装置的结构、原理及检修；

（4）掌握空重车自动调整装置的结构、原理及检修；

（5）掌握电子防滑装置的结构、原理及检修；

（6）掌握制动监测系统；
（7）掌握高度调整阀/空簧排风阀/差压阀的结构、原理及检修。

能力目标

（1）手工画出或计算机辅助画出客车制动系统；
（2）处理 104 型分配阀、F8 型分配阀、空重车调整装置、电子防滑装置及附件故障；
（3）会写制动故障分析报告。

任务一　基础制动装置

任务描述

该车为 209P 型转向架，PDZ-8 型单元制动缸，9 月 6 日编挂×××充组运用，9 月 16 日因单元制动缸故障扣车。假如你是客车检车员，检修发现缸内压缩空气推动活塞支撑环连同皮碗动作至缸体内壁划痕和凸起位置，皮碗密封不严，造成偶发漏风，制动系统的执行部位决定了故障等级是否能安全行驶，高度的职业责任心将企业生产案例瞬间升华为学校实践教学，本节知识将为你解答制动缸故障流程。

1. 知识目标

（1）熟知客车双闸瓦式构造及原理；
（2）熟知盘形制动的结构及检修；
（3）熟知单元制动缸构造、原理、性能试验及检修。

2. 能力目标

（1）掌握闸瓦式基础制动检修技能；
（2）掌握制动缸的性能试验与检修；
（3）具备车辆乘务员应急处理故障能力。

3. 职业素养目标

（1）安全第一、预防为主、严规细操；
（2）协作意识、环保意识、节约意识。

知识储备

基础制动装置是最终产生制动作用的装置，它与空气制动机及手制动机相连形成整套车辆制动机，它是由制动缸活塞杆至闸瓦或闸片间所包含的一整套杠杆拉杆、制动梁、闸瓦或闸片所组成的力的传动装置。

目前我国客车上的基础制动装置的形式主要有以下两种：双闸瓦式基础制动装置和盘形制动装置。

一、客车双闸瓦式基础制动装置

一般客车双闸瓦式基础制动装置的构造如图 3-1-1 所示。

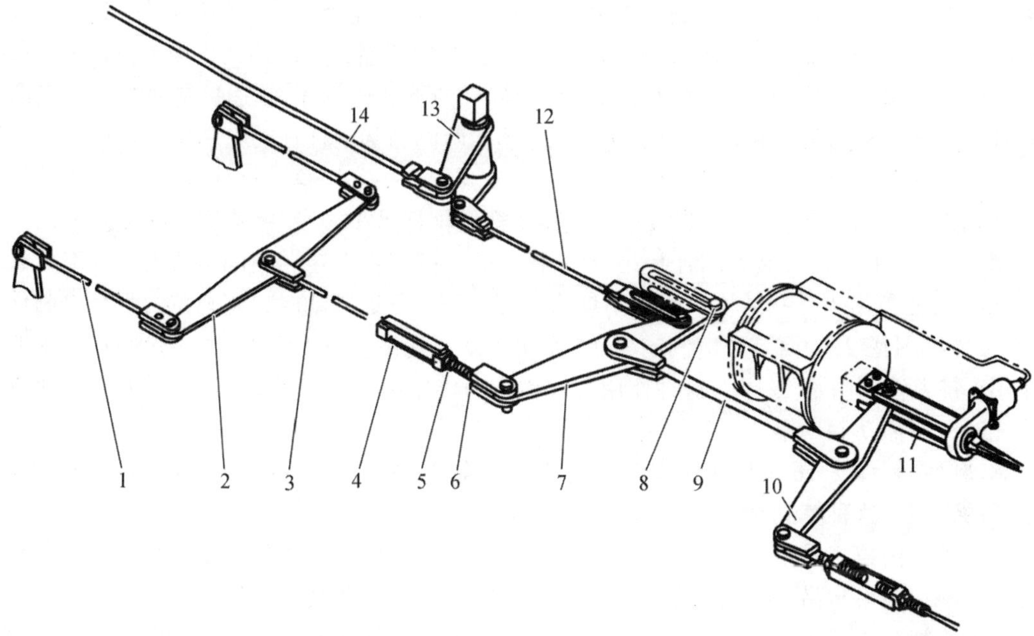

（a）客车车体基础制动装置

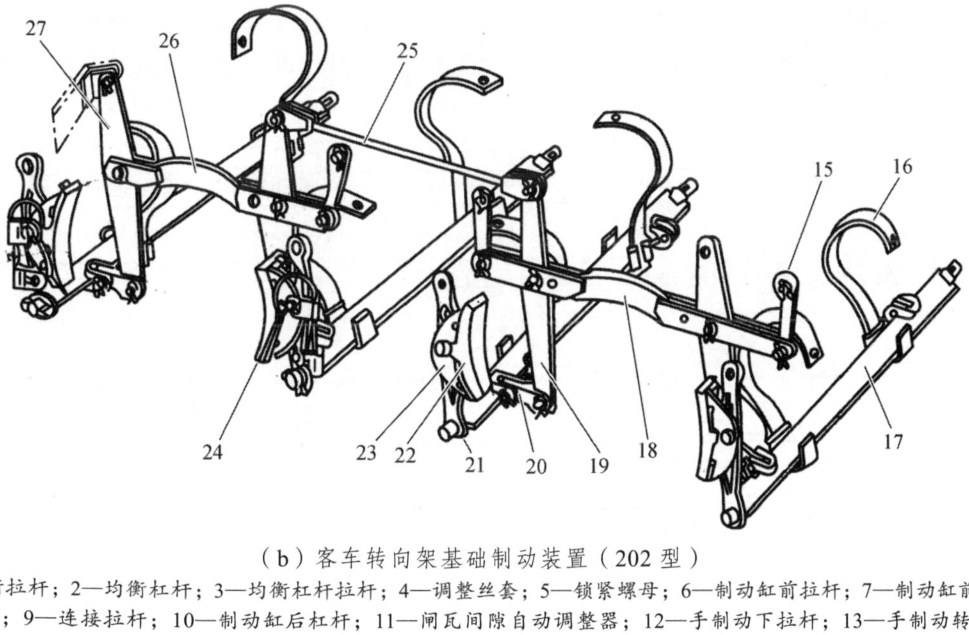

（b）客车转向架基础制动装置（202 型）

1—均衡拉杆；2—均衡杠杆；3—均衡杠杆拉杆；4—调整丝套；5—锁紧螺母；6—制动缸前拉杆；7—制动缸前杠杆；8—销；9—连接拉杆；10—制动缸后杠杆；11—闸瓦间隙自动调整器；12—手制动下拉杆；13—手制动转筒；14—手制动上拉杆；15—移动杠杆拉杆吊；16—制动梁缓解弹簧；17—制动梁；18—移动杠杆拉杆；19—移动杠杆；20—拉环；21—闸瓦托吊；22—闸瓦；23—闸瓦托；24—闸瓦托弹簧；25—移动杠杆上拉杆；26—移动杠杆拉杆；27—固定杠杆。

图 3-1-1　客车双闸瓦式基础制动装置

制动缸前杠杆 7 的一端连在制动缸活塞杆槽孔十字头圆销上，另一端与制动缸前拉杆 6 连接。制动缸后杠杆 10 的一端连在闸瓦间隙自动调整器 11 的十字头上（新造客车用 ST_1-600 型闸调器时，此端圆销在制动缸后杠杆支点托上），另一端与制动缸后拉杆相连接。前后两根制动缸杠杆用连接拉杆 9 相连。制动缸前、后拉杆是通过调整丝套 4 与均衡杠杆拉杆 3 连接，该拉杆又经圆销与均衡杠杆 2 中部相连接。均衡杠杆的两端，分别用两根均衡拉杆 1 与转向架内侧的两根移动杠杆 19 的上端相连接。移动杠杆的下部用拉环 20 连接制动梁 17，中部用移动杠杆拉杆 18 与另一移动杠杆相连。靠近摇枕两侧的移动杠杆的上端用移动杠杆上拉杆 25 连接。固定杠杆 27 上端连接在转向架的固定支点上，中部用移动杠杆拉杆 26 与相邻的移动杠杆相连接。移动杠杆拉杆 18 两端通过移动杠杆拉杆吊 15 及座销接固定在构架上。

制动梁 17 的两端安装着闸瓦托吊 21，托吊的上端固定在转向架的吊架上，中部设有闸瓦托 23，闸瓦托吊为三孔结构，闸瓦制动为间接作用式。即制动时，制动拉力不是由制动梁 17 直接传给闸瓦 22，而是经由制动梁 17 作用于闸瓦托吊 21 的下端，并通过闸瓦托吊的杠杆作用，将力传到闸瓦 22 上，这种作用方式称为间接作用式。因为采用间接作用式，所以更换闸瓦时，不需动制动梁。

制动梁缓解弹簧 16 不仅在缓解时使基础制动装置起恢复原位的作用，而且也起到制动梁安全托的作用。这种基础制动装置，因在制动拉杆两端有两根拉杆吊挂在构架上，使基础制动装置的重量由拉杆吊承担，所以可减少各部件的磨耗和保证机构作用良好。另外，各杠杆与拉杆及闸瓦托吊与吊架的连接都是用圆销结合的，可以保证其转动灵活。

客车双闸瓦式基础制动装置的作用如图 3-1-2 所示（图中箭头表示制动时各杆件的移动方向）。制动时，制动缸活塞推力使制动缸杠杆首先绕连接杠杆拉杆圆销转动，使杠杆的另一端拉动一位均衡杠杆拉杆向内移动。与此同时，制动缸前杠杆又以一位均衡杠杆拉杆圆销为支点转动，带动连接拉杆向右移动，从而牵动制动缸后杠杆中部，使其以闸瓦间隙自动调整器十字头圆销为支点转动，拉动二位均衡杠杆拉杆也向内移动。以一位为例分析，均衡杠杆拉杆带动均衡杠杆，均衡杠杆又牵动其两端的均衡拉杆，均衡拉杆再拉动第一根移动杠杆的顶端，使该杠杆以中部圆销为支点转动，牵动拉环把第四位制动梁移向车轮。闸瓦托吊的下部套在制动梁的端轴上，上部套在闸瓦托吊座的圆销上。制动梁向轮对方向移动时，它带动闸瓦托吊、闸瓦托、闸瓦移向轮对，直到闸瓦贴靠车轮踏面。当继续拉动第一根移动杠杆的

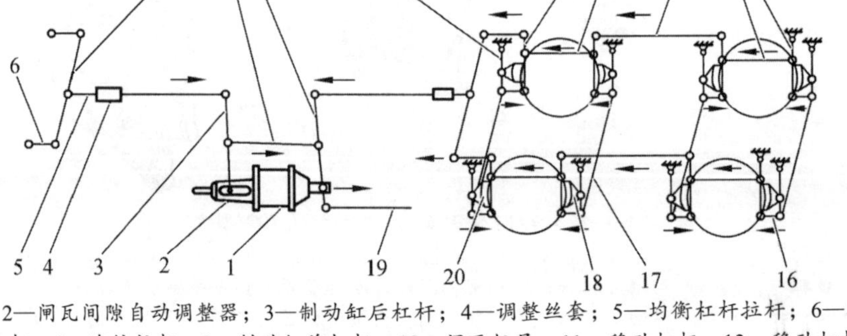

1—制动缸；2—闸瓦间隙自动调整器；3—制动缸后杠杆；4—调整丝套；5—均衡杠杆拉杆；6—均衡拉杆；7—均衡杠杆；8—连接拉杆；9—制动缸前杠杆；10—闸瓦托吊；11—移动杠杆；12—移动杠杆拉杆；13—移动杠杆上拉杆；14—固定杠杆拉杆；15—固定杠杆；16—拉环；17—制动梁；18—闸瓦托；19—手制动拉杆；20—闸瓦。

图 3-1-2　一般客车双闸瓦式基础制动装置作用示意图

上部时，该杠杆以下端圆销为支点转动，它的中部圆销拉动移动杠杆拉杆和第二根移动杠杆的中部圆销，使第二根移动杠杆绕它的上部圆销转动，使第三位制动梁向车轮移动，最后使车轮另一侧的闸瓦也抱轮。

此后，第二根移动杠杆以下端圆销为支点转动，牵动移动杠杆上拉杆和第三根移动杠杆的顶部，直到转向架外侧轮对两侧的闸瓦靠贴车轮。最后一根垂直的杠杆称为固定杠杆，其上端用圆销固定在转向架的固定支柱上。

在上面的叙述中，为了分析的简便，人为地把杠杆的动作分为先绕中间圆销转动，等到闸瓦贴靠车轮以后，再绕下部圆销转动，但实际情况是比较复杂的。

当转向架上的 8 块闸瓦全部贴靠在车轮踏面上时，制动缸活塞推力开始传给闸瓦和车轮，发生有效的制动作用。二位的动作相同，不再重复。

缓解时，制动缸活塞缩回原位，这时各杠杆、拉杆失去外力，各制动梁、闸瓦托吊、闸瓦托和闸瓦依靠自身的重力和制动梁缓解弹簧的反拨移动，使闸瓦离开车轮，达到缓解的目的。

客车用制动缸活塞杆是实心的，一端固定在制动缸活塞座上，另一端铆接一个十字头导框，当使用空气制动时，活塞杆顶着安装制动缸杠杆的圆销向外伸，从而推动制动缸杠杆起制动作用。当使用手制动时，由于手制动拉杆链直接拉动制动缸杠杆，使制动缸杠杆圆销在十字头导框内滑动，所以虽然没有推杆，使用手制动机时也不会带动活塞一起移动，同样起到减少阻力的作用。客车用制动缸活塞杆的结构如图 3-1-3 所示。

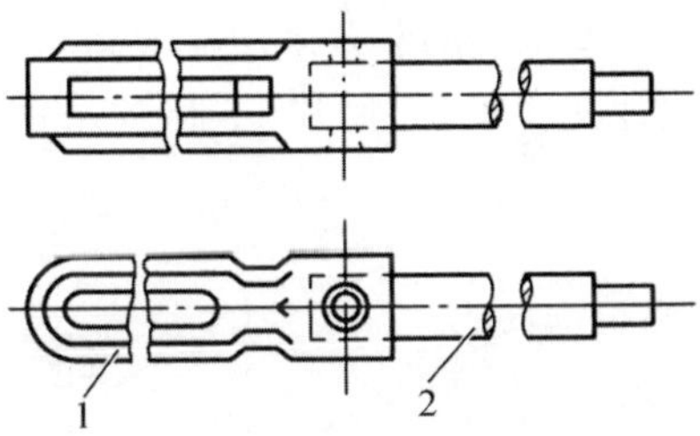

1—十字头导框；2—活塞杆。

图 3-1-3　客车制动缸活塞杆

杠杆是基础制动装置中用于传递和扩大制动缸活塞推力的主要配件。客货车所采用的各种杠杆，根据安装位置和作用的不同，其名称也不同。但从形状上来看大体相同，如图 3-1-4 所示。杠杆中部因受力较大，故其断面尺寸较大，两端稍窄，构成鱼腹形。

杠杆主要有以下几种：

（1）有 3 个圆销孔，其两端孔距相等的三孔杠杆，多用于均衡杠杆等，如图 3-1-4 中（a）所示。

（2）双片杠杆，为焊接成一体的双片结构，用于 206 型及 209 型转向架基础制动装置的移动杠杆和固定杠杆，如图 3-1-4 中（b）所示。

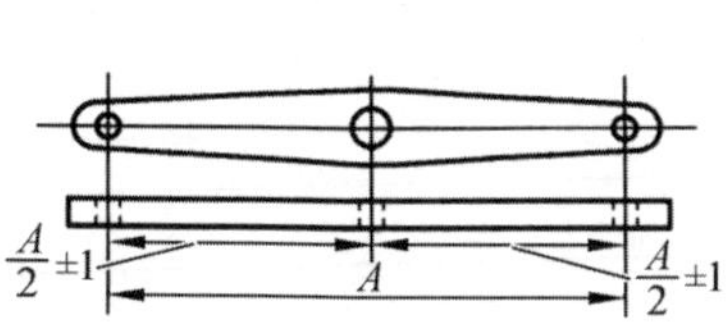

（a）孔距相等的三孔杠杆

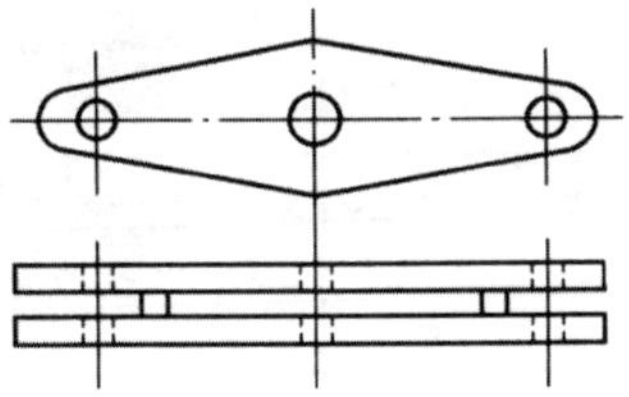

（b）双片杠杆

图 3-1-4　各形杠杆图

二、盘型制动装置

由于盘形制动装置结构紧凑，能够承受巨大的制动压力，在新型客车上得到了广泛的应用。现我国生产的双层空调客车、快速客车都采用盘形制动装置。

盘形制动基础制动的结构如图 3-1-5 所示。

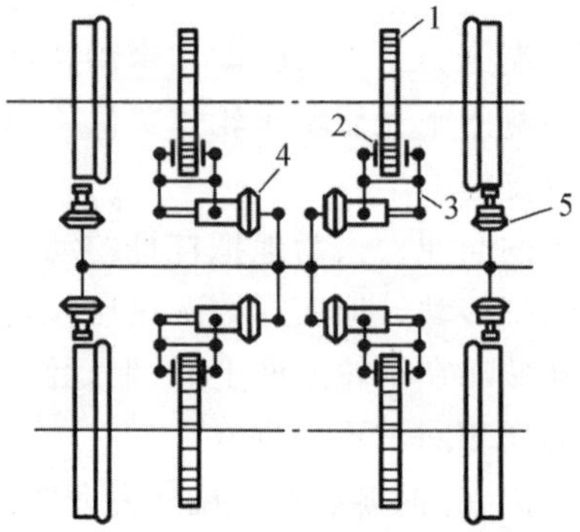

1—制动盘；2—闸片；3—钳形杠杆；4—盘形制动单元；5—踏面清扫器。

图 3-1-5　客车盘形基础制动装置示意图

基础制动装置采用盘形制动单元，其装置由制动缸，内、外侧杠杆 7 和 8，杠杆吊座 6，闸片托 3 和 2，闸片 1，闸片吊销 5 等部件组成，如图 3-1-6 所示。

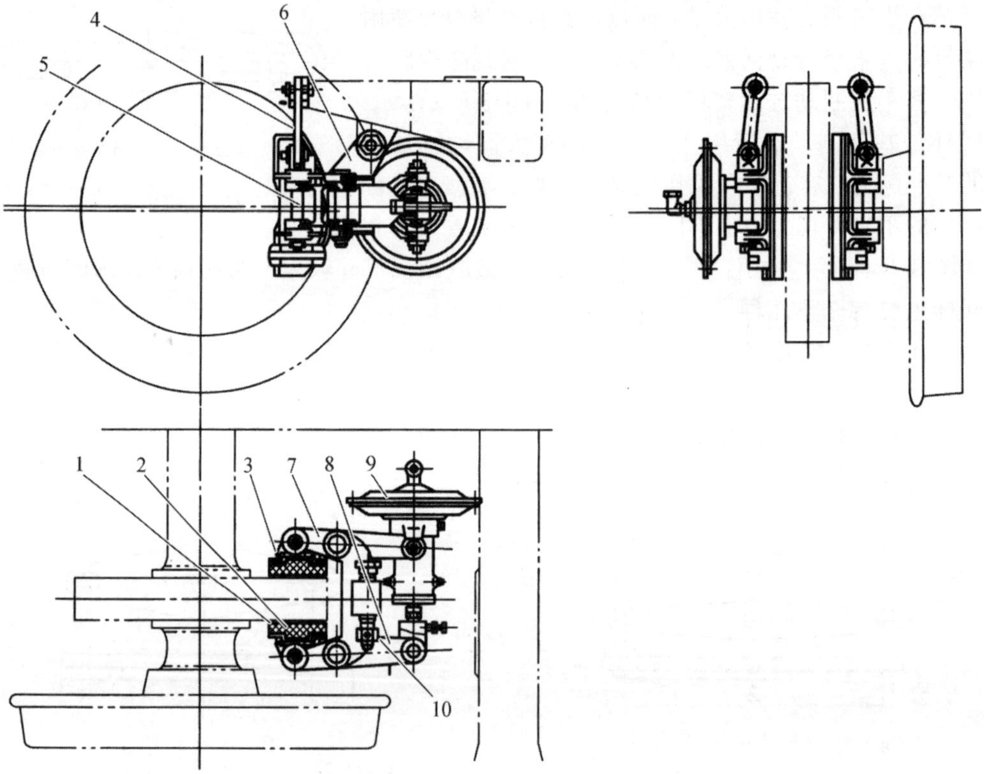

1—闸片；2—右闸片托；3—左闸片托；4—闸片托吊；5—闸片吊销；6—杠杆吊座；
7—内侧杠杆；8—外侧杠杆；9—膜板制动缸 10—螺杆。

图 3-1-6　盘形制动单元

在每根车轴上装有两个制动盘，每个制动盘有一个盘形制动单元，以三点悬挂式悬挂在构架横梁上的制动缸吊座上，中间悬挂点基本上是整个制动单元的重心处，承受全部重量，两个闸片吊承受两块闸片切向力并将此力传递到转向架构架上，中间悬挂点有带梯形的螺杆，安装时转动螺杆移动制动单元，可使两边的间隙比较均匀。每个转向架有 4 个膜板制动缸和 4 个踏面清扫制动缸，并有管系和制动缸连接。

盘形制动基础制动装置的作用示意如图 3-1-7 所示(箭头表示制动时各拉杆的移动方向)。制动时，制动缸活塞受到压力空气的作用推出活塞杆 3，以制动缸杠杆 4 中部连接圆销为支点，拉动拉杆 11 向内侧移动，带动钳形杠杆 5，使闸片托 8 压紧制动盘。同时，带动了钳形杠杆拉杆 6 也向内侧移动，牵动制动盘外侧的钳形杠杆，使外侧压紧制动盘。在制动缸活塞杆推出时，同时带动连接拉杆 2，也按箭头指示的方向移动，通过制动缸后杠杆的作用，使钳形杠杆下端往制动盘方向移动，使闸片压紧制动盘；又由于带动钳形杠杆拉杆也向内侧(靠近制动缸) 移动，于是带动制动盘外侧的钳形杠杆，使外侧闸片也压紧制动盘。这样就使整个制动装置全部达到制动的目的。

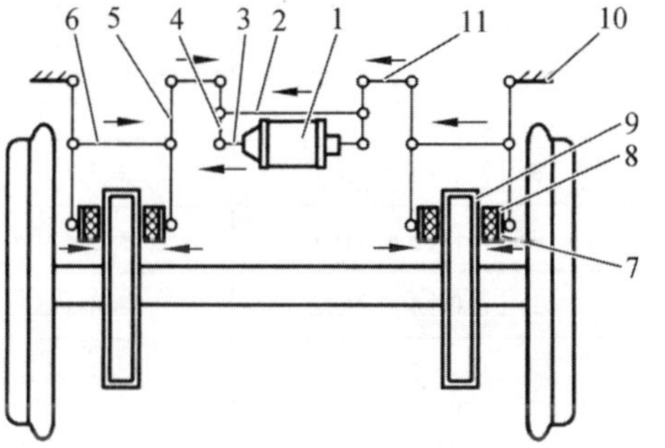

图 3-1-7　盘形制动基础制动装置示意图

缓解时，由于缓解弹簧的作用，各杠杆和拉杆恢复原位，闸片离开制动盘。

（一）制动盘和合成闸片

制动盘按照安装方式的不同可分为轴盘式和轮盘式两种。轴盘式的制动盘压装在车轴内侧，通常构造速度在 160 km/h 以下的客车每条轮对装有两个制动盘；构造速度高于 160 km/h 的客车每条轴安装 3 个或 4 个制动盘。轮盘式制动盘根据车辆的空间安装在车轮辐板的两侧或一侧。动车和机车的轮对车轴上装有牵引电机和齿轮箱，制动盘一般只能安装在车轮上。

目前 206KP 型、209PK 型、209HS 型和 CW-2 型等转向架安装的制动盘都是 H300 型轴盘式制动盘，每条轮对对称装有两个制动盘。

H300 型轴盘式制动盘与 H300 型制动盘匹配的合成闸片是用腰果壳改性酚醛树脂和丁苯橡胶掺合型作为黏结剂的高摩擦系数有机合成闸片。合成闸片有两种型号，HZ480 型合成闸片用于普通双层空调客车，HZ5445 型合成闸片用于快速双层客车和快速客车。HZ5445 型合成闸片选用了钢纤维作为填充材料，提高了合成闸片的耐热强度、热稳定性和散热性能。

在合成闸片的背面有 1.2 mm 用钢板冲压成型并带有燕尾槽的钢背。使用钢背的目的是为了增加合成闸片的强度，同时钢背又是闸片与闸片托的连接件。通过钢背上的孔，经特殊处理后，使合成闸片与钢背牢靠地黏结在一起。合成闸片的原型厚度为 28 mm，允许磨耗至 5 mm，左、右两块闸片应同时更换。

（二）单元制动缸

1. 单元制动缸结构及原理

单元制动缸也称制动单元，它与传统的制动缸的主要区别是采用小行程的橡胶膜板式或皮碗活塞式，同时把闸瓦或闸片间隙调整器装于制动缸内，其结构小而紧凑。目前我国铁路客车上使用的膜板式单元制动缸型式及性能特点见表 3-1-1、表 3-1-2。

表 3-1-1　膜板式单元制动缸型式　　单位：mm

型号	SP_2	SP_{13}	SP_{16}	SP_{19}	SP_4	SP_{12}	SP_{14}
缓解簧径	8	8			8	8	8
缓解簧自由高±3	160	160			102	102	102

表 3-1-2　膜板式单元制动缸性能　　单位：mm

型号	活塞行程	一次最大调整量	调整范围
SP_2	≥28（28～30）	≥7（8～14）	95～100
SP_{13}	≥25	≥7	95～100
SP_{16}	≥17（18～20）	≥3（4～8）	75～80
SP_{19}	≥17（18～20）	≥3（4～8）	75～80
SP_4	≥17（14～16）	≥4（5～7）	75～80
SP_{12}	≥13	≥3	75～80
SP_{14}	≥25	≥7	95～100

皮碗活塞式单元制动缸有 SYSZ（PDZ）型、STG 型以及 DAKOBZ8（进口）等（SYSZ 型与 PDZ 型结构相同，仅制动缸后盖材质有所不同，前者为冲压加工成型，后者为铸造加工成型），膜板式和皮碗活塞式两种单元制动缸的构造虽略有差异但其作用基本相同。型式及性能特点见表 3-1-3、表 3-1-4。

表 3-1-3　皮碗活塞式单元制动缸型式　　单位：mm

型号	$SYSZ_6$	$SYSZ_7$	$SYSZ_8$	$SYSZ_{10}$	STG_1	STG_2	STG_3	STG_4
缓解簧径	6.5	6.5	6.5	7	8	8	8	8
缓解簧自由高±3	90（120）	13（165）	13（165）	165	112	165	110	164

表 3-1-4　皮碗活塞式单元制动缸性能　　单位：mm

制动缸类型	型号	活塞行程	一次最大调整量	调整范围
盘型制动缸	STG_2	28～32	≥10	≥90（90～100）
	STG_4	22～26	≥8	≥90（90～100）
踏面清扫器	STG_1	16～20	≥5	≥80
	STG_3	16～20	≥5	≥80
盘型制动缸	$SYSZ_8$	20～24	≥8	≥100（100～110）
	$SYSZ_{10}$	28～30	≥8	≥100（100～110）

续表

制动缸类型	型号	活塞行程	一次最大调整量	调整范围
踏面清扫器	$SYSZ_6$	20～24	≥8	≥90（100～110）
	$SYSZ_7$	20～24	≥8	100～110
盘型制动缸	PDZ_8	20～22	≥8	≥90
	PDZ_{10}	20～22	≥8	≥90
踏面清扫器	PDZ_6	20～22	≥8	≥90

SP_2型单元制动缸结构如图 3-1-8 所示；SYSZ（PDZ）型单元制动缸结构如图 3-1-9 所示；STG 型单元制动缸结构如图 3-1-10 所示。

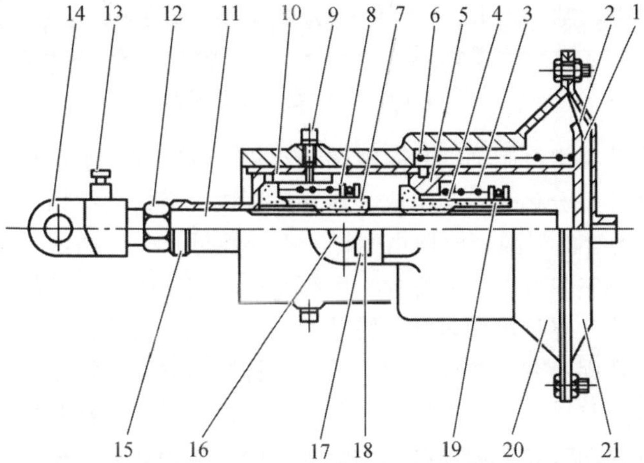

SP2 型单元制动缸的结构、原理和故障

1—橡胶膜板；2—活塞及杆；3—引导弹簧；4—引导螺母；5—引导挡铁；6—缓解弹簧；7—调整螺母；8—调整弹簧；9—导向螺栓；10—调整挡铁；11—螺杆；12—回程螺母；13—定位销；14—螺杆鼻子；15—护管；16—吊销；17—压板；18—螺栓；19—推力轴承；20—缸体；21—制动缸盖。

图 3-1-8　盘形制动基础制动装置示意图

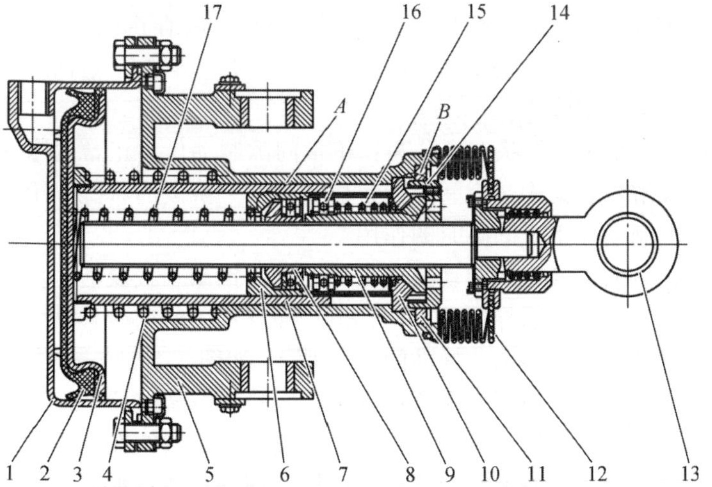

1—后盖；2—皮碗；3—活塞组成；4—缓解弹簧；5—前体；6—后调整螺母座；7—前套筒；8—后调整螺母；9—前调整螺母；10—前齿环；11—止环；12—防尘套；13—丝杠组成；14—前挡圈；15—前调整弹簧；16—轴承；17—后调整弹簧。

图 3-1-9　SYSZ（PDZ）型单元制动缸

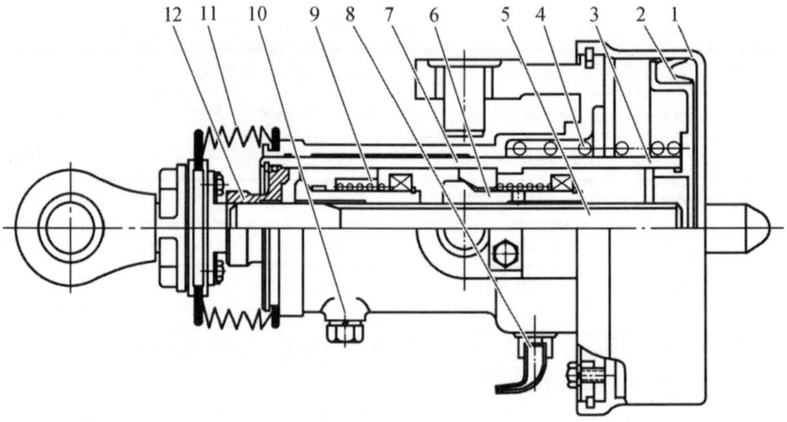

1—缸体组成；2—活塞体组成；3—活塞杆组成；4—缓解弹簧；5—丝杠组成；6—引导螺母组成；7—缸盖体组成；8—气孔堵组成；9—调整螺母组成；10—止挡螺丝；11—防尘套；12—导向套组成。

图 3-1-10　STG 型单元制动缸

上述 3 种单元制动缸均由制动缸和间隙调整器两部分组成。制动缸由缸体（前体）、后盖、膜板或皮碗、活塞及杆、缓解弹簧等组成。活塞杆制成中空筒形结构，内部安装间隙调整器部分。SP_2 型单元制动缸的间隙调整器由螺杆、引导螺母、引导挡铁、引导弹簧及轴承、调整螺母、调整挡铁、调整弹簧、导向螺栓、回程螺母、定位销及螺杆鼻子等组成。调整螺母及引导螺母与螺杆相连。螺母可相对螺杆转动。在两个螺母上装推力轴承，推力轴承与挡铁之间装弹簧。引导挡铁固定在活塞杆，它可随活塞杆纵向移动。调整挡铁与活塞杆之间可相对移动，在活塞杆及调整挡铁上开有槽，可使导向螺栓穿过活塞杆及调整挡铁，活塞杆上的槽开得较长，活塞杆移动时导向螺栓对其无影响，但调整挡铁上的槽较短，导向螺栓只能使调整挡铁移动一个“*A*”值的距离，“*A*”值的大小根据需要而设定。

两挡铁的左侧用斜面与两螺母接触。只有当挡铁与螺母脱开及弹簧给螺母推力时，螺母才能在螺杆上旋转而使螺杆伸长。旋转回程螺母可使螺杆回缩，定位销限制回程螺母的转动。

改进后的 SP 系列单元制动缸为便于闸片的安装与调整，取消了定位销，采用了啮合齿方式。

膜板式制动单元和皮碗式制动单元的间隙调整作用是一样的，下面以 SP_2 型膜板式制动单元为例，说明其间隙调整作用。

SP_2 型盘形制动单元的工作状态可分为：正常间隙制动位、正常间隙缓解位、过大间隙制动位、过大间隙缓解位。其中过大间隙缓解位又有第一阶段的状况和第二阶段的状况。

（1）合成闸片与制动盘正常间隙时的作用。

制动机制动时，压缩空气进入制动缸膜板的右侧，推动膜板及活塞向左移动，压缩复原弹簧，同时也带动引导挡铁、引导螺母、调整螺母和丝杆一起向左移动，此时调整挡铁也在调整螺母的推动下移动了一个距离（标准间隙 *A* 值），如图 3-1-11（a）所示。这时闸片正好与制动盘接触，即完成了制动作用。在此过程中，闸片间隙调整器不发生调整作用。

当制动机缓解时，压缩空气从制动缸膜板的右侧排出，活塞在复原弹簧的作用下，恢复到缓解位置。引导挡铁随着活塞退回到原位。这样，调整挡铁也退回原位，移动的距离正好是标准间隙 *A* 值，如图 3-1-11（b）所示。

（2）合成闸片与制动盘间隙过大时的作用。

制动机制动时，压缩空气进入制动缸膜板的右侧，推动膜板及活塞向左移动，同时带动引导挡铁、引导螺母、调整螺母和丝杠一起向左移动。因为合成闸片与制动盘的间隙过大，制动缸活塞所移动的距离超过了标准间隙 A 值，如图 3-1-11（c）所示。

设闸片与制动盘磨耗后，制动缸活塞增加的移动距离为 f，即丝杠向左移动了 $A+f$ 的距离。而此过程中，调整挡铁被导向螺栓挡住，仅移动了标准间隙 A 值，不能继续移动，调整螺母与调整挡铁的啮合部分脱开，在调整弹簧的作用下，推动轴承向右移动的同时，带动调整螺母在非自锁螺纹丝杠上旋转，很快调整螺母与调整挡铁重新啮合。此时，在调整螺母与护管间形成间隙 f。

制动机缓解时，闸片间隙调整器的动作分两阶段。第一阶段，制动缸膜板右侧的压缩空气排出，制动缸活塞在复原弹簧的作用下向右移动。在此过程中，引导挡铁和调整挡铁等随着制动缸活塞一起向右移动，所移动的距离为标准间隙 A 值，如图 3-1-11（d）所示。

第二阶段，膜板右侧的压缩空气继续排出，制动缸活塞在复原弹簧的作用下继续向右移动。引导螺母与引导挡铁脱开，在引导弹簧的作用下，推动轴承向右移动的同时，带动引导螺母在非自锁螺纹丝杠上旋转，很快引导螺母与引导挡铁重新啮合。在这一阶段丝杠没有移动，消除了闸片与制动盘磨耗后增加的间隙，如图 3-1-11（e）所示。

通过这两个阶段的缓解过程，闸片间隙调整器对超出标准值 A 的 f 值进行了调整，也就是消除了合成闸片与制动盘的磨耗所增大的闸片间隙，使闸片间隙又恢复到了标准值。

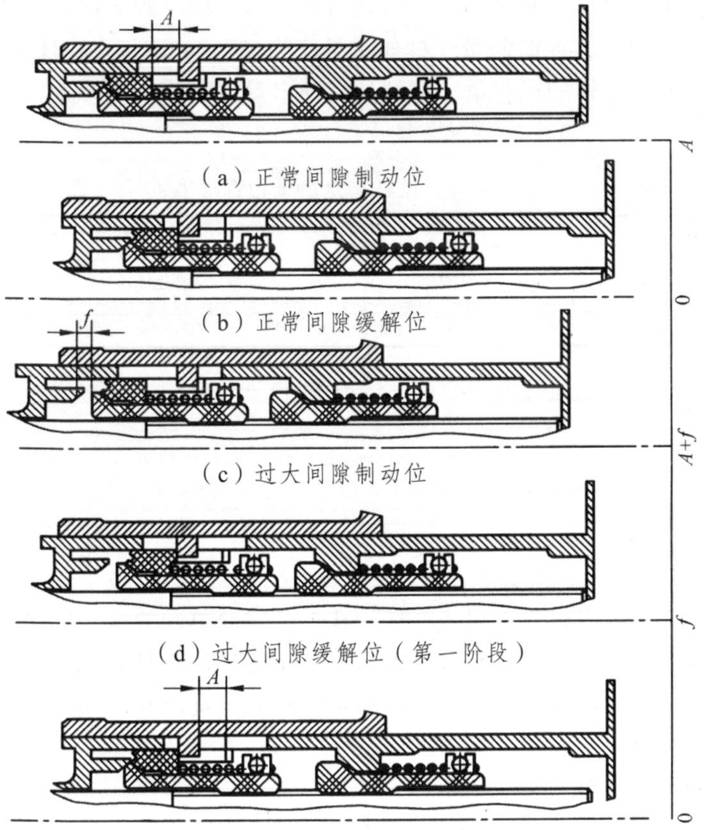

（a）正常间隙制动位

（b）正常间隙缓解位

（c）过大间隙制动位

（d）过大间隙缓解位（第一阶段）

（e）过大间隙缓解位（第二阶段）

图 3-1-11　SP_2 型盘形制动单元的作用原理

2. SP_2 型盘形制动单元的性能试验

SP_2 型盘形制动单元在检修后和装车前必须进行性能试验，试验合格后才能使用。性能试验的方法如下。

（1）试验准备。

将 SP_2 型盘形制动单元置于试验台架上，连接风管。开放塞门 3、19，关闭其他塞门。

（2）漏泄试验。

将容积风缸压缩空气的压力调整到 450 kPa。将操纵阀手把置于快充位，制动缸压力上升到最大值时，用肥皂水检查膜板周围和 M8 螺栓等处的漏泄情况。要求各处均不得有肥皂泡出现。

（3）耐压试验。

将容积风缸压缩空气的压力调整到 500 kPa。将操纵阀手把置于快充位，制动缸压力上升到最大值后，保压 5 min。要求 SP_2 型盘形制动单元各处均不得有破损、漏泄等现象出现。

（4）丝杠拉伸试验。

在缓解状态下用手拉动丝杠，至制动缸活塞杆达到最大行程为止。要求丝杠不得自动伸出，松开手后应能恢复到原位。

（5）丝杠调整量试验。

将容积风缸压缩空气的压力调整到 400 kPa，把丝杠调至最短。操纵阀手把置于快充位，制动缸压力上升到最大值时，测量制动缸活塞行程。然后操纵阀手把移至排气位，制动缸活塞杆应该顺利恢复到原位，此时测量丝杠伸出量应为 8 ~ 14 mm。按同样的方法进行多次充气、排气，并测量每次丝杠的调整量，直到丝杠伸出量达到最大值为止。

丝杠调整量应符合表 3-1-5 的要求。

表 3-1-5　丝杠调整量试验查标准

项　目	试验要求	项　目	试验要求
制动缸活塞行程/mm	28 ~ 30	调整范围/mm	95 ~ 100
闸片标准间隙 *A* 值	14 ~ 15	一次最大丝杆调整量/mm	8 ~ 14

试完一个循环之后，将丝杠退回原位（最短），再进行第二个循环试验，此次试验可以不测量调整量。

3. SP_2 型盘形制动单元的运用和检修

（1）安装。

SP_2 型制动单元在车辆上的安装方式如图 3-1-12 所示。螺杆鼻子安装在夹钳式杠杆上，制动单元外体上两翼吊耳安装在夹钳式杠杆销孔上。制动单元的定位销必须背向制动盘（面朝外）。当更换新闸片时，拉出定位销，用扳手将丝杆按顺时针方向（面向调整器方向）旋转，拧动回程螺母，就能使丝杆缩回体内，然后将定位销放入定位孔内锁闭。为了防锈，制动单元定位销均装有橡胶套。

（2）运用中的车辆检查。

① 列车制动机试验时，注意观察制动及缓解状态，查看每辆车转向架上的制动单元压力表显示出的数值。

② 试风检查时，必须在有地沟的线路上进行。仔细检查制动状态下的活塞杆行程，一般

在没有更换闸片的情况下，活塞杆行程应该是处于正常间隙值。活塞杆伸出量是 14 mm，若大于此值，用眼观察达到 20 ~ 25 mm 以上时，说明螺杆有卡死现象，应进行手动调整，拉开定位销，将螺杆上的回程螺母按逆时针方向拧出 1/4 圈，重新锁闭定位销即可。

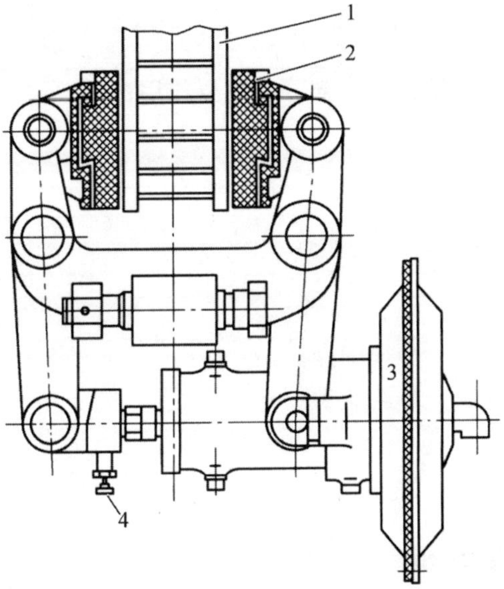

1—制动盘；2—合成闸片；3—SP_2 盘形制动单元；4—定位销。

图 3-1-12 制动单元安装方式

③ 在车下检查时，特别要检查在缓解状态下的活塞杆是否退回原位。如果没有退回原位，这可能是活塞杆生锈卡死造成的。因此，活塞杆要经常保持一层油膜，最好一个季度涂一次润滑油。

④ 闸片间隙一般应在 3 ~ 5 mm。缓解状态时，不应有卡住现象，应检查各杠杆及圆销是否灵活。

⑤ 在更换新闸片时，首先要拉开定位销，将螺杆顺时针拧回去，让闸片与制动盘的间隙增大，便于换新闸片。装上闸片后，让定位销进入销孔内定位。通过几次制动及缓解试验后，就能自动调整到正常间隙值。

⑥ 若发生意外故障时，可关门运行。待返回车辆段时再进行处理。为了减少摩擦阻力和防止生锈，各活动圆销允许加适当润滑油，特别是活塞杆，在制动状态伸出时应涂上润滑油。

任务二 人力制动机

任务描述

在运用车间，工长复查检车员检车工作时发现制动链条处于拉紧状态，人力制动机处于制动状态。故障原因：检车员在检修过程中手动操作缓解了手制动机手把，但是手把转动圈数不够导致缓解不到位，手动操作缓解手制动机手把后忘记使用检车锤拉人力制动机轴链，然后检查转向架制动部位的时候也没有观察制动闸瓦是否离开车辆踏面，导致人力制动机不缓解。假如你是一位新入职的货车检车员，在列检作业场顶岗作业时，棘手的人力制动机故障将你瞬间带回到学校课堂教学场景，本节的知识将引导你处理人力制动机故障。

任务目标

1. 知识目标

（1）熟知手制动机的基本结构及各部分的主要作用；

（2）熟悉手制动机的工作原理。

2. 能力目标

熟知《运规》，按规程检车。

3. 职业素养目标

（1）安全第一、预防为主、严规细操；

（2）协作意识、环保意识、节约意识。

知识储备

一、蜗轮蜗杆式手制动机

蜗轮蜗杆式手制动机由于结构简单，使用轻便灵活，制动力较大，在现有客车上大量使用，其构造如图 3-2-1 所示。

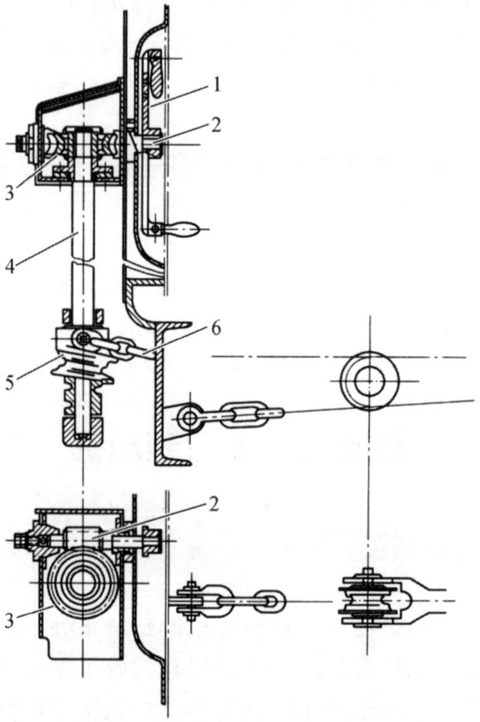

1—摇把；2—蜗杆；3—蜗轮；4—主轴；5—锥形链轮；6—制动链。

图 3-2-1　蜗轮蜗杆式手制动机

摇把 1 的转轴是一根蜗杆 2，顺时针方向转动摇把即带动蜗轮 3、主轴 4、锥形链轮 5 转动，把制动链 6 卷绕在锥形链轮上，拉动手制动拉杆，带动基础制动装置动作，发生制动作用。停止转动摇把时，依靠蜗轮蜗杆的自锁作用，使手制动机保持制动而不会自动缓解。反向转动摇把时，锥形链轮也反向转动，使制动链松开，并在转向架缓解弹簧作用下，使基础制动装置缓解。

主轴底下的链轮做成锥形，在开始制动时链条绕较大的圆周转动，可以缩短制动时间；制动后期链条绕较小的圆周转动，可以提高制动力。

二、螺旋拉杆式手制动机

螺旋拉杆式手制动机用在部分 22 型和 23 型客车上，其构造如图 3-2-2 所示。

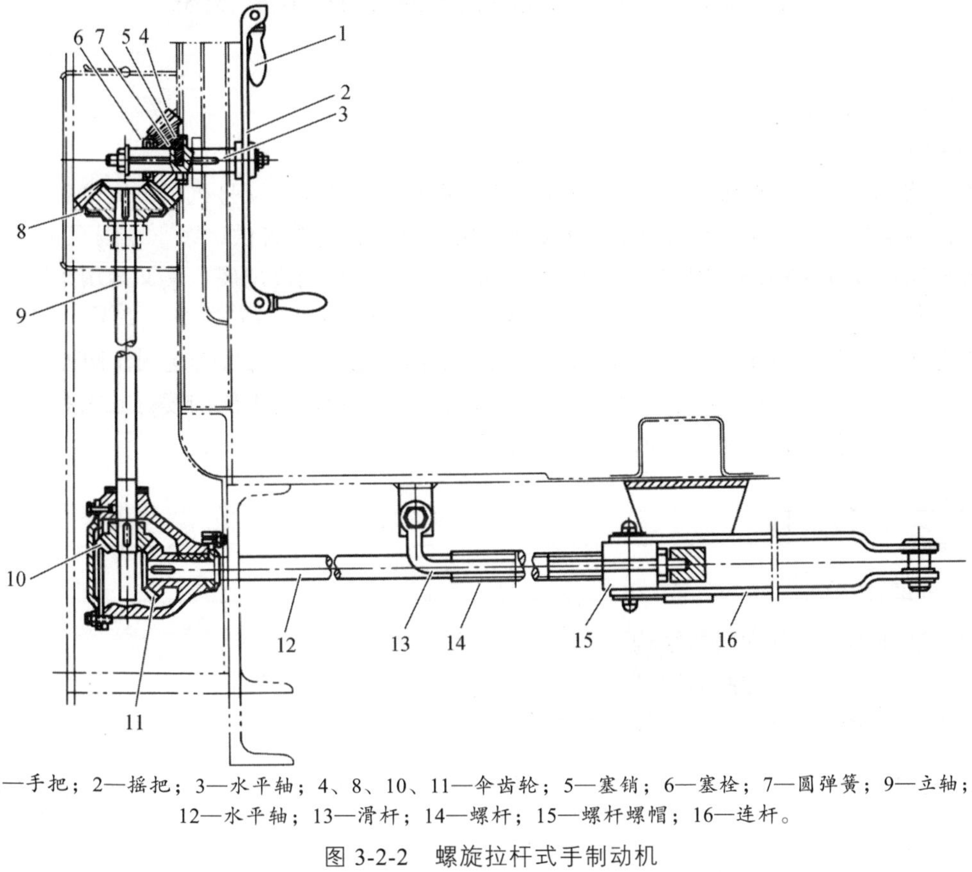

1—手把；2—摇把；3—水平轴；4、8、10、11—伞齿轮；5—塞销；6—塞栓；7—圆弹簧；9—立轴；12—水平轴；13—滑杆；14—螺杆；15—螺杆螺帽；16—连杆。

图 3-2-2　螺旋拉杆式手制动机

上部伞齿轮水平轴 3 的一端套装摇把 2，另一端装伞齿轮 4，当转动摇把时，可带动水平轴与齿轮一同转动。立轴 9 的上下两端各装有一个伞齿轮，上端伞齿轮 8 与水平轴伞齿轮 4 啮合，下端伞齿轮 10 与螺杆 14 左端伞齿轮 11 啮合，螺杆右端装有螺帽 15，螺帽上有凹槽与滑杆 13 套装在一起。当螺杆转动时，螺帽可在滑杆上左右滑动，螺帽上下部设有凸出的圆销与连杆 16 连接，连杆的另一端与手制动拉杆相连，为了保护伞齿轮，设有上伞齿轮外壳及下伞齿轮盒。

制动时，顺时针方向转动摇把，水平轴伞齿轮则随着转动，依次带动各伞齿轮和螺杆转动。随着螺杆的转动，螺帽向外滑动，因而牵动连杆及手制动拉杆向外移动，带动基础制动装置产生制动作用。缓解时，逆时针方向转动摇把，也因各伞齿轮的转动，带动螺杆回转，使螺帽及连杆向里移动，起缓解作用。

塞销 5 的用途是借助圆弹簧 7 的弹力，来固定伞齿轮水平轴及摇把的位置。当使用手制动机时，可将摇把向外拉出，这时塞销卡在伞齿轮中心孔内壁上的环状槽内。不使用手制动机时应将摇把推入端墙的凹槽内，这时水平轴及塞销也随之内移，塞销便卡在塞栓 6 的槽内，使摇把不致因振动而自由跳出，方便旅客在通过台通过。

任务三　104 型分配阀构造和作用性能

任务描述

2016 年×月 27 日 15 时 29 分，由××机务段配属 SS7C-×××号机车负责牵引任务的 K×××次客运列车（×××至×××，25G 型 DC 600 V 供电单管供风客车；编组 18 辆，××开机次：UZ1 + YW6 + RW1 + CA1 + YZ8 + Xl1，××车辆段配属，××运用车间担当车辆乘务工作）运行至××线×××站停车办客期间，因列车机后 6 位车辆（车号：YW25G×××）抱闸，经车辆乘务员关门排风处理后，16 时 19 分，K×××次客运列车限速 100 km/h 万源站开车，超站停 45 min。假如你是一位车辆乘务员，列车是否能继续行驶关系到旅客生命财产安全，预知故障处置，且听本节分析抱闸原因。

任务目标

1. 知识目标

（1）熟知 104 型分配阀的结构；

（2）理解 104 型分配阀的原理；

（3）具备 104 型分配阀故障处理能力。

2. 能力目标

（1）具备车辆乘务员应急故障处理能力；

（2）具备制动钳工岗位能力，能处理 104 型分配阀常见故障。

3. 职业素养目标

（1）安全第一、预防为主、严规细操；

（2）协作意识、环保意识、节约意识。

知识储备

一、104 型分配阀结构特点及简要作用原理

（一）104 型分配阀的结构特点

1. 采用二压力机构

二压力机构是指主活塞在 2 种压力控制下动作。例如，GK 型三通阀主活塞是在制动管及副风缸两种压力空气的压力差控制下作用。104 型分配阀的主活塞是在制动管及压力风缸两种压力空气的压力差控制下动作，即依靠制动管压力空气的压力变化引起与压力风缸的压力差来产生相应的动作，控制制动机形成充气缓解、常用制动、制动保压、紧急制动等各种不同的作用位置。

2. 采用间接作用方式

间接作用方式是与直接作用方式相对应的。直接作用方式是指制动管的压力变化通过作用部直接控制制动缸的压力变化。例如：GK 型三通阀、120 型控制阀。间接作用方式指制动管的压力变化通过中继部间接控制制动缸的压力变化。例如：104 型分配阀采用两种压力控制间接作用方式，制动管的压力变化控制作用部动作，引起压力风缸、容积室的压力变化；容积室的压力变化通过均衡部动作，控制制动缸压力的同步变化；压力风缸通过充气部动作，控制副风缸充气作用。压力风缸、容积室、均衡部、充气部等部分就是中继部。

104 型分配阀采用间接作用式，可以实现自动补风作用，即在制动保压位当制动缸压力空气漏泄时，能从副风缸自动得到补充，实现了制动力的不衰减性；同时还可以适用于不同直径的制动缸、采用简单的空重车调整装置。但是采用间接作用增加了中继部，制动、缓解波速在传播的过程中，由于中间多了一个转换环节，降低了制动机制动波、缓解波传播的速度，而制动机的制动波速是评定制动机性能的主要指标；另外，使阀的结构、作用原理变得复杂，掌握推广不容易。

3. 采用分部作用形式

三通阀的紧急制动与常用制动作用都由同一机构（即递动弹簧）控制，存在紧急制动作用不可靠、常用制动与紧急制动作用易于混淆的缺陷。104 型分配阀为了克服这一缺点，设计紧急制动与常用制动分开控制，专设紧急阀控制紧急制动作用。当紧急制动时，紧急阀能使制动管直通大气以确保全列车迅速、有效地产生紧急制动作用，提高紧急制动波速，改善紧急制动性能。

分配阀为了保证各种性能的良好性，并便于区分故障部分的检修、试验，除专设紧急阀部、充气部外还专设有保证局部减压作用的局减室和局减阀结构来提高制动作用灵敏度，以适应长大列车的需要；在 104 型分配阀中设有紧急增压阀，在紧急制动时提高制动缸压力，以进一步缩短制动距离，更好地适应高速旅客列车的要求。

4. 膜板滑阀结构

104 型分配阀中的重要部件主活塞采用膜板结构，代替了三通阀的金属活塞环，提高动作灵敏度，并消除了漏泄不稳定而产生的故障，并有利于检修。车辆制动机要求各种不同的制动机能够无条件混合编组，104 型分配阀采用两种压力控制就是为了与旧型三通阀混编，在提高性能的同时又使作用位置、压力、时间与旧型三通阀协调。但旧型三通阀为活塞环结构，其作用灵敏度低，漏泄不稳定，容易产生故障，104 型分配阀在设计时为提高制动机性能，采用膜板滑阀结构，减小运动阻力、提高动作灵敏度。

5. 采用新材料和新结构

分配阀采用了新材料和新结构，便于检修．延长了检修期，降低了成本。

（1）大量采用橡胶件代替金属件。采用 S 形和其他形式的橡胶膜板代替金属活塞环、采用橡胶夹心阀和各种 O 形橡胶密封圈代替金属密封件，减少工作阻力、减小维修工作量。

（2）增设滤尘器，以加强防止油垢、尘埃侵入阀内，有利于延长检修期。

（3）采用新品种的润滑油、润滑脂等润滑材料，可以适应不同地区运用条件的要求。

（4）客车 104 型和分配阀各零件尽量做到统一，可以互换，通用件多，减少了零件的规格，使制造和检修都方便。

（二）104 型分配阀的作用原理

104 型分配阀采用两种压力控制间接作用方式。制动管的压力变化通过控制作用部动作，引起压力风缸、容积室的压力变化；容积室的压力变化通过控制均衡部动作来实现对制动缸压力的同步控制；压力风缸通过控制充气部动作实现对副风缸充气作用的控制。作用原理如图 3-3-1 所示。

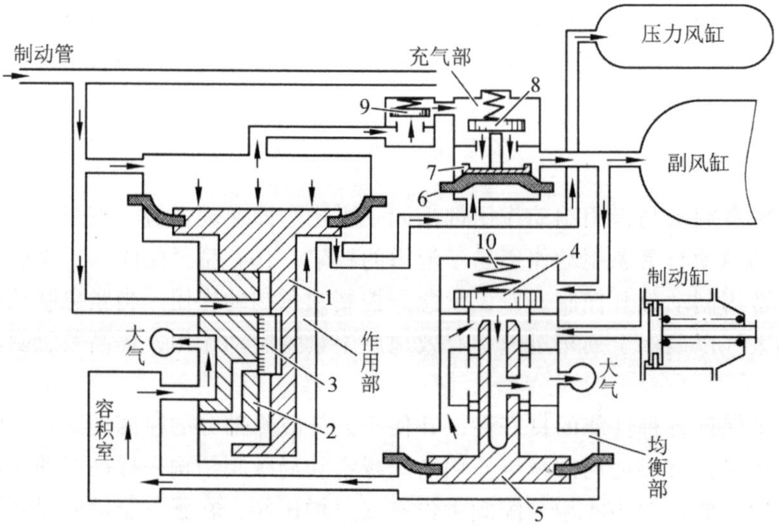

104 型分配阀作用原理

（a）充气缓解

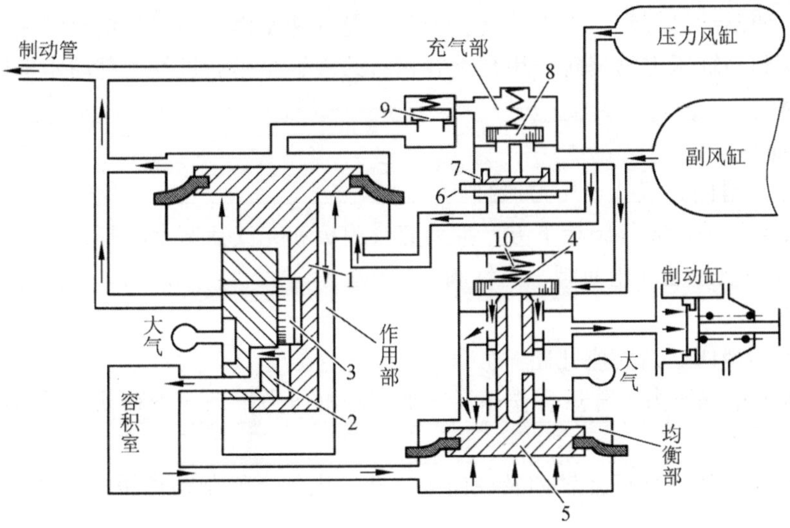

（b）减压制动

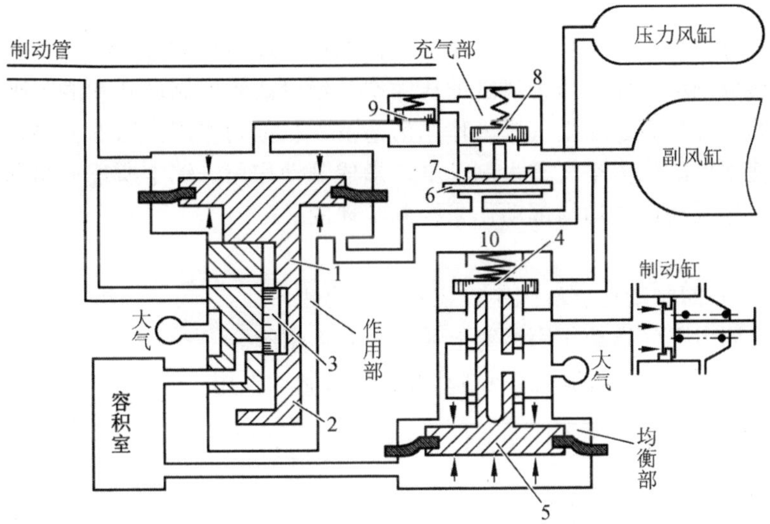

（c）制动保压

1—主活塞；2—滑阀；3—节制阀；4—作用阀；5—作用活塞；6—充气膜板；
7—充气活塞；8—充气阀；9—充气止回阀；10—作用阀弹簧。

图 3-3-1 104 型分配阀的作用原理

1. 充气缓解作用[见图 3-3-1（a）]

（1）形成。

制动管增压，制动管压缩空气进入作用部主活塞上部，推动主活塞 1 带动节制阀 3、滑阀 2 下移，到达充气缓解位，形成充气缓解通路。制动管压力空气经滑阀 2 的充气孔向压力风缸充气；同时进入充气膜板下方，推动充气膜板 6 和充气活塞 7 上移，充气活塞上的顶杆推开充气阀 8，使制动管的压力空气经过充气部向副风缸充气；同时，容积室压力空气经过滑阀与大气相通，容积室压力空气压力下降后，作用活塞 5 被制动缸压力推动向下移动，露出作用活塞杆上轴向孔及径向中心孔，制动缸压力空气经过作用活塞杆上轴向孔及径向中心孔排入大气，使制动机缓解。综上所述：副风缸充气速度由压力风缸的充气速度通过充气部动作来控制；制动缸压力的缓解作用是由容积室的缓解作用通过均衡部动作来控制实现的。

（2）通路。

① 充气通路。

a. 制动管→滑阀充气孔→压力风缸。

压力风缸空气进入充气膜板下方，推动充气膜板和充气活塞上移打开充气阀。

b. 制动管→顶开充气止回阀→充气阀→副风缸。

② 缓解通路。

a. 容积室→滑阀、滑阀座孔路→大气。

容积室压力空气压力下降后，作用活塞被制动缸压力推动向下移动，露出作用活塞杆上轴向及径向中心孔。

b. 制动缸→作用活塞杆上轴向及径向中心孔→大气，使制动机缓解。

2. 制动作用[见图 3-3-1（b）]

（1）形成。

制动时，制动管减压，压力风缸压力空气推动主活塞 1 带动节制阀 3、滑阀 2 上移，到达制动作用位，形成制动通路。压力风缸的压缩空气经过滑阀的制动孔和滑阀座上的容积室孔进入容积室；同时容积室压缩空气进入作用活塞下方，推动作用活塞 5 上移，作用活塞杆推开作用阀 4，使副风缸压力空气进入制动缸，形成制动作用。综上所述：制动缸的增压制动是由容积室的增压制动通过均衡部动作来控制实现的。

（2）通路。

① 压力风缸→阀制动孔、滑阀座容积室孔→容积室。

压力风缸的压力空气推动作用活塞上移，推开作用阀。

② 副风缸一作用阀与座的间隙→制动缸，形成制动作用。

3. 制动保压作用[见图 3-3-1（c）]

作用位置的形成分如下两步：

（1）作用部到达制动保压位。

实施制动保压时，制动管停止常用制动减压，而压力风缸压力空气继续充入容积室，当滑阀室（压力风缸）压力与制动管压力接近平衡时，在主活塞自重的作用下，主活塞带着节制阀下移（滑阀不动），切断了压力风缸向容积室充气的通路，容积室保压，作用部到达制动保压位。

（2）均衡部到达制动保压位。

容积室保压而副风缸压力空气继续充入制动缸，当制动缸压力与容积室压力接近平衡时，作用阀弹簧 10 压下作用阀，推动作用活塞下移，使作用阀与作用阀座及作用活塞杆顶端密贴，切断了副风缸向制动缸充气的通路，制动缸保压，均衡部到达制动保压位。

制动保压作用位置形成后，无空气通路，制动管、容积室、压力风缸、副风缸、制动缸都处于保压位。综上所述：制动缸的制动保压作用是由容积室的制动保压作用通过均衡部动作来控制实现的。

二、104 型分配阀的构造

104 型分配阀由主阀、中间体、紧急阀 3 部分组成，如图 3-3-2、图 3-3-3 所示。

104 型分配阀结构组成

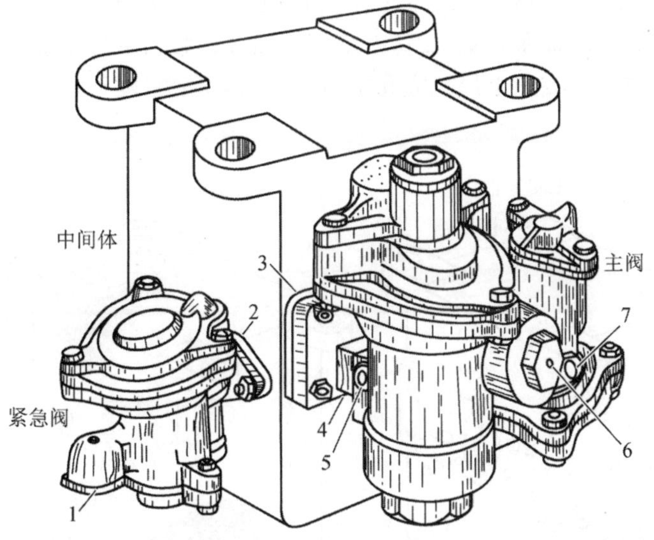

1—紧急阀排气口；2—紧急阀垫；3—主阀垫；4—局减室排气口；5—作用部排气口；6—局减阀大气孔；7—均衡部排气口。

图 3-3-2　104 型分配阀结构外形

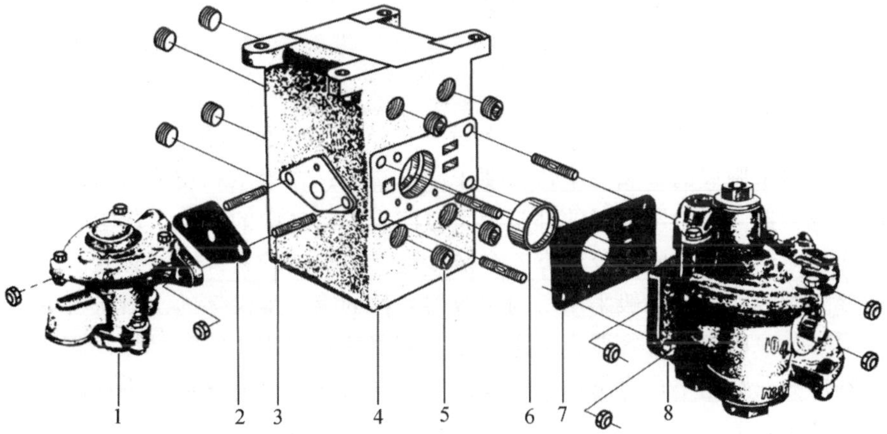

1—紧急阀；2—紧急阀垫；3—双头螺栓；4—中间体；5—螺堵；6—滤尘器；7—主阀垫；8—主阀。

图 3-3-3　104 型分配阀组成

（一）中间体

中间体用铸铁铸成，外观呈长方体。上面有 4 个吊耳用于与车体底架的连接，外部 4 个立面分别作为了主阀、紧急阀的安装座和制动管、压力风缸、副风缸、制动缸的管座，内部有三个独立的空腔经过通路与主阀、紧急阀相关孔连通，如图 3-3-4 所示。

中间体上紧急阀安装座在靠车体的外侧面，与紧急阀安装座相邻的右侧面为主阀安装座，与紧急阀安装座相邻的左侧面上方管座为压力风缸连接管座（ϕ19 mm），下方为制动管连接管座（ϕ25 mm），另一个侧面上方管座为副风缸连接管座（ϕ19 mm），下方为制动缸连接管座（ϕ19 mm）。

中间体的内部有 3 个独立的空腔，如图 3-3-4 所示，靠紧急阀安装座侧上角部为紧急室（容积 1.5 L，简称 *J* 室），下角为局减室（容积 0.6 L，简称 *Ju* 室），另外占中间体最大空间的为容积室（容积 3.8 L，简称 *R* 室）。这三室相互隔开，紧急室与紧急阀安装座上紧急室孔 *j'* 孔相通，局减室与主阀安装座上局减室孔 *ju* 相通，容积室有两条路分别通向主阀安装座上容积室孔 *r* 和 r_5。

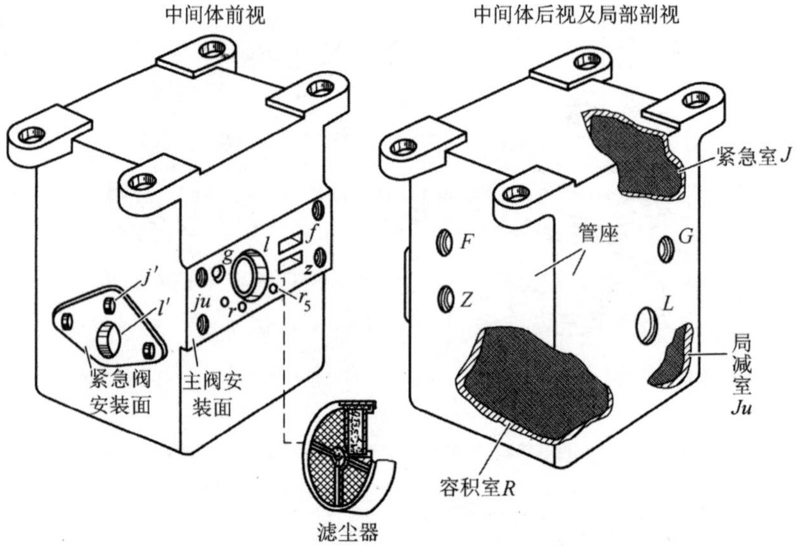

图 3-3-4　中间体

中间体在主阀安装面的列车管通路 *L* 上设一直径 50 mm 的圆孔，内装杯形滤尘器，该滤尘器是采用青铜粉末制成的金属滤尘器，便于卸下清洗；在紧急阀安装面的列车管通路 *l'* 上内装滤尘网。滤尘器、滤尘网的目的都是为了过滤压力空气中的水分、灰尘、锈垢等杂物。

中间体在相对的两个立面上分别有 4 个清沙孔，用螺堵拧紧，不得有漏泄。

104 型分配阀通路代号一般采用所通主容器名称的第一个汉字的汉语拼音的第一个字母来表示，大写字母一般表示主容器，主阀部通主容器的孔路用小写字母加注脚区别表示，紧急阀部通主容器的孔路用小写字母加注脚和注撇区别表示。分配阀各作用通路采用的汉语拼音字母代号的意义如下：

L（*l*）——制动管；*F*（*f*）——副（*Fu*）风缸；*R*（*r*）——容（*Rong*）积室；*Z*（*z*）——制（*Zhi*）动缸；*J*（*j*）——紧（*Jin*）急室；*Ju*（*Ju*）——局（*Ju*）减室；*D*（*d*）——大（*Da*）气；*G*（*g*）——压力风缸。

中间体各孔路（参看图 3-3-4）及代号如下：

管座：*F*——副风缸；*Z*——制动缸；*G*——压力风缸；*l*——制动管。

主阀安装座：*f*——副风缸孔；*z*——制动缸孔；*l*——制动管孔；*g*——压力风缸孔；*ju*——局减室孔；*r*、r_5——容积室孔。

紧急阀安装座：*j'*——紧急室孔；*l'*——制动管孔。

（二）主　阀

主阀是分配阀的心脏部件，它根据制动管不同的压力变化，控制制动机实现充气、缓解、制动、保压等作用。

主阀由作用部、充气部、均衡部、局减阀、紧急增压阀 5 部分组成，如图 3-3-5 所示。

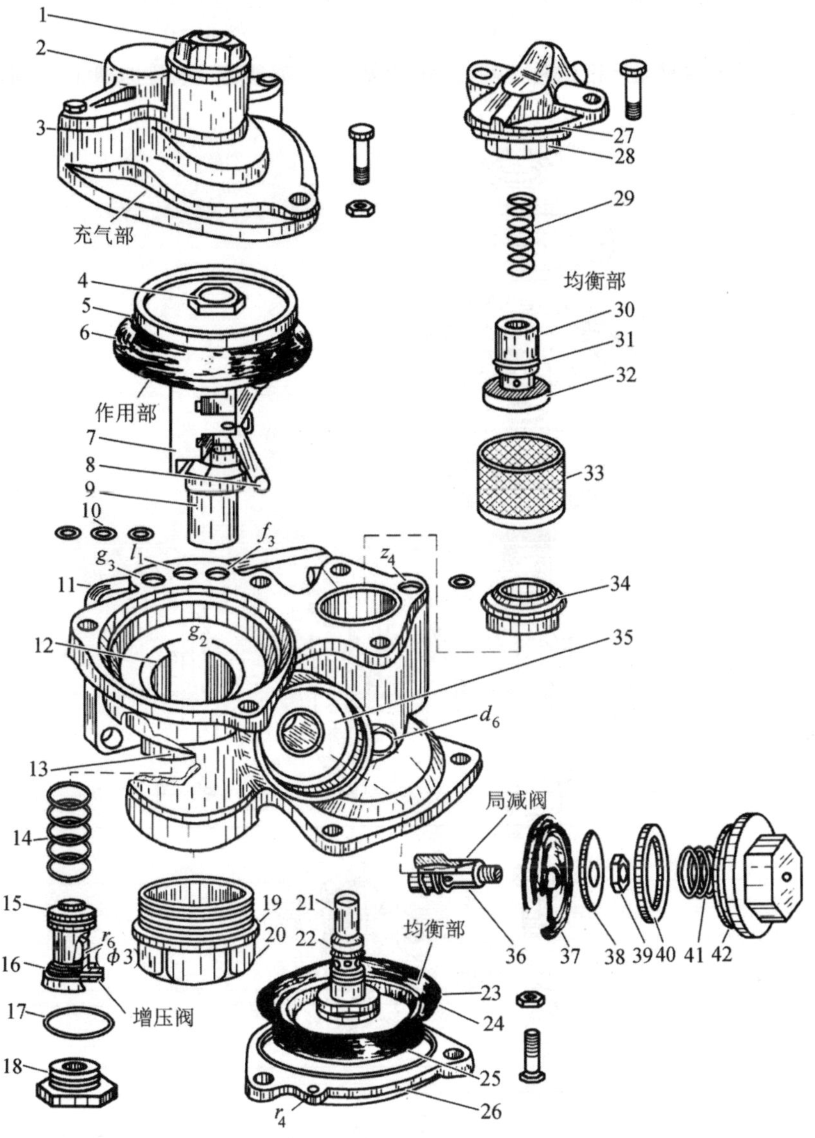

1—止回阀盖；2—充气阀体；3—主阀上盖；4—主活塞压板螺母；5—主活塞压板；6—主活塞膜板；7—滑阀；8—滑阀弹簧；9—主活塞杆；10—φ16 密封圈；11—主阀体；12—滑阀套；13—增压阀套；14—增压阀弹簧；15—增压阀；16—φ24 密封圈；17—φ40 密封圈；18—增压阀盖；19—φ75 密封圈；20—主阀下盖；21—作用活塞杆；22—φ15 密封圈；23—作用膜板；24—作用活塞；25—作用活塞压板；26—作用阀下盖；27—作用阀上盖；28—作用阀套；30—作用阀弹簧杆；31—φ19 密封圈；32—作用阀；33—滤尘套；34—作用阀座；35—局减阀套；36—局减阀；37—局减膜板；38—局减活塞；39—螺母；40—压圈；41—局减阀弹簧；42—局减阀盖；g_2、g_3—通工作风缸；l1—通制动主管（即制动主管）；f_3—通副风缸；d_6—均衡部排气口；r_3、r_4、r_6—通容积室；z_4—通制动缸。

图 3-3-5　104 型分配阀主阀

1. 作用部

主阀是分配阀的心脏部件，作用部是主阀的核心。它的用途是根据制动管压力空气与压力风缸压力空气之间产生的不同的压力差，推动主活塞带动滑阀、节制阀移动到不同的作用位置，实现制动机的充气、缓解、制动、保压等作用。

作用部构造如图 3-3-6 所示，由主活塞压板螺母 1、主活塞压板 2、主活塞膜板 3（ϕ126 mm）、密封圈 4（ϕ24 mm）、主活塞 5、主活塞杆 6、滑阀 10、滑阀弹簧及滑阀弹簧销 7、节制阀 9、节制阀弹簧 8、稳定杆 12、稳定弹簧 13、弹簧座 14 及挡圈 15、滑阀座 11、主阀下盖组成。

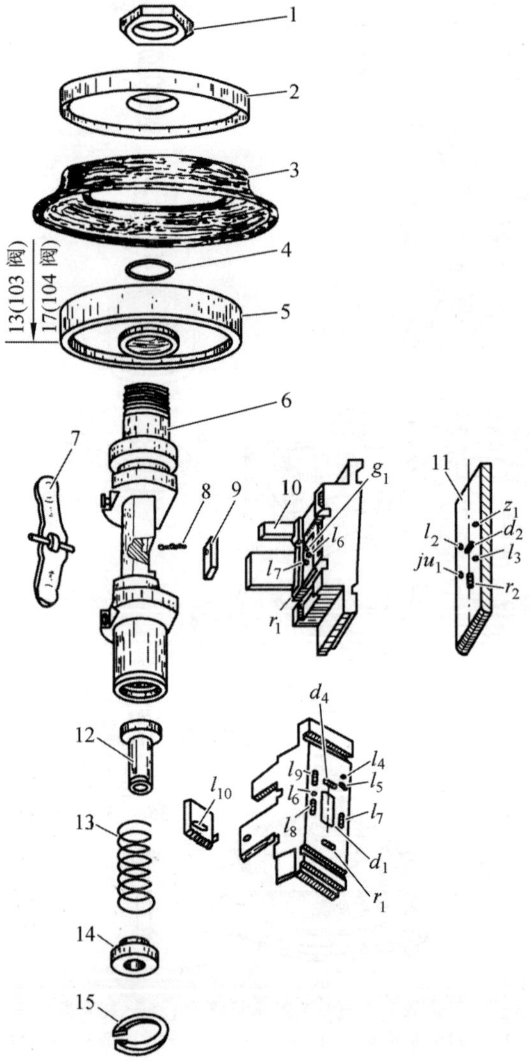

1—主活塞压板螺母；2—主活塞压板；3—主活塞膜板；4—ϕ24 密封圈；5—主活塞；6—主活塞杆；7—滑阀弹簧及销；8—节制阀弹簧；9—节制阀；10—滑阀；11—滑阀座；12—稳定杆；13—稳定弹簧；14—稳定弹簧座；15—挡圈。

图 3-3-6　作用部构造

由主活塞压板螺母 1、主活塞压板 2、主活塞膜板 3（ϕ126 mm）、密封圈 4（ϕ24 mm）、主活塞 5、主活塞杆 6 组装形成一个复合活塞，简称主活塞组件或复合的主活塞。组装后主活塞组件上侧通制动管，下侧滑阀室通压力风缸，由主活塞膜板及密封圈保证主活塞上、下侧的气密性。主活塞膜板组装后被主阀上盖压紧在作用部阀体上部凸缘上。

节制阀嵌在主活塞杆上的节制阀槽内，由节制阀弹簧将其压紧在滑阀背面的节制阀座上，节制阀随主活塞同步移动，分别连通或切断节制阀座（滑阀背面）上的各相关通路，配合滑阀所处的位置和连通的相关气路实现分配阀的不同作用性能。

滑阀由滑阀弹簧压紧在滑阀座上，并嵌于主活塞杆上、下两肩之间，滑阀与主活塞两肩之间有 4 mm 间隙，滑阀与主活塞单向行程相差 4 mm，当主活塞两侧（制动管与压力风缸）的压力差发生变化时，主活塞带动滑阀在滑阀座上移动，分别连通或切断滑阀座上的各相关通路，配合节制阀的位置和连通的相关气路，从而实现分配阀的充气、缓解、局部减压和制动等作用。

稳定杆、稳定弹簧靠稳定弹簧座和挡圈组装于主活塞杆的尾部，称为稳定装置。组装后，稳定杆的顶部依靠稳定弹簧的作用与滑阀下端面相接触，并且稳定弹簧有一定的预压力。这样使得作用部具有一定的稳定性，防止列车运行时由于制动管的压力波动或轻微漏泄引起主活塞动作而产生自然制动。

主活塞上端的 M12 内螺纹，便于检修时拧入螺纹头起子拔出主活塞组件。

滑阀、滑阀座、节制阀上的孔路如图 3-3-7 所示。

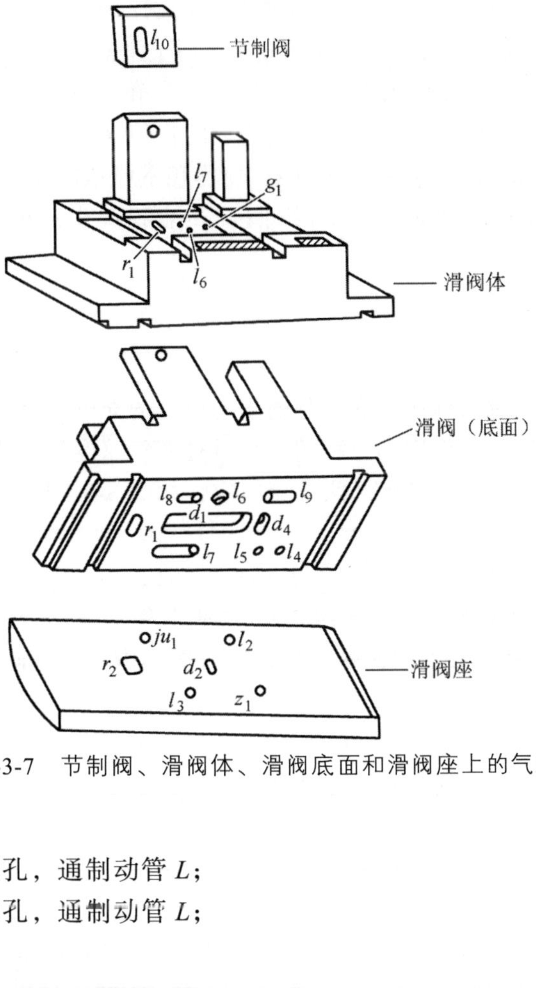

图 3-3-7　节制阀、滑阀体、滑阀底面和滑阀座上的气路孔

滑阀座气路：

l_2——制动管充气用孔，通制动管 L；

l_3——制动管局减用孔，通制动管 L；

r_2——容积室孔，经紧急增压阀部通向容积室 R；

Ju_1——局减室孔，通局减室 Ju；

z_1——滑阀座上的局减阀孔，通局减阀套径向孔，制动管二段局部减压压力空气经局减阀通制动缸；

d_2——缓解孔，经主阀作用部排气口通大气。

节制阀：

l_{10}——局减联络槽，制动作用开始时，连通第一段局部减压通路，将制动管的压缩空气送入局减室，产生第一段局减。

滑阀：

g_1（ϕ1.2）——充气限制孔，位于滑阀背面。

l_5——充气孔，与 g_1 暗通。充气时 l_5 对上滑阀座上的制动管充气用孔 l_2，形成 $l \to l_2 \to l_5 \to g_1$ 一滑阀室 $g_2 \to G$，向压力风缸充气。

l_6——局减孔，上下贯通，一段局部减压时对上滑阀座上的制动管局减用孔 l_3。

l_7——局减室入孔，上下贯通，一段局部减压时对上滑阀座上的局减室孔 ju_1。此时节制阀上的局减联络槽 l_{10} 同时对上 l_6 和 l_7,，形成气路：$l \to l_3 \to l_6 \to l_{10} \to l_7 \to ju_1 \to ju \to Ju$，然后经缩孔 I（ϕ0.8 mm）$\to D$，产生制动管第一段局部减压作用。

l_8——局减阀孔，二段局部减压时对上滑阀座上的制动管局减用孔 l_3。

l_9——局减阀入孔，与 l_8 暗通，二段局部减压时对上滑阀座上的局减阀孔 z_1，形成气路：$L \to l_3 \to l_8 \to l_9 \to z_1 \to$ 局减阀 $\to Z$，产生制动管第二段局部减压作用。

r_1——制动孔，上下贯通，制动时，与滑阀座上的容积室孔 r_2 相对，节制阀同时露出 r_1 孔，形成气路 $G \to$ 滑阀室 $g_2 \to r_1 \to r_2 \to R$，使容积室增压制动。

d_1——缓解联络槽，缓解时同时对上滑阀座上的容积室孔 r_2 和缓解孔 d_2，形成气路：$R \to r_2 \to d_1 \to d_2 \to D$，使容积室缓解。

注意：l_4 孔、d_4 孔是 103 型分配阀专用孔。

2. 充气部

充气部的用途是充气时根据作用部控制的压力风缸的充气速度控制制动管向副风缸充气的充气速度，即协调副风缸与作用部控制的压力风缸充气速度的一致性。

充气部由充气阀部和充气止回阀部两部分组成，如图 3-3-8 所示。

（1）充气阀部。

充气阀部由充气阀弹簧 2、充气阀 3（ϕ25 mm 橡胶夹心阀）、充气阀座 4、充气活塞 7、充气膜板 8（ϕ58 mm）、膜板垫 9、充气阀体 1、主阀上盖 11 等组成。

充气阀座外侧套以 ϕ35 mm 密封圈螺纹拧入充气阀体内，充气阀体用两根 M12 螺栓安装在主阀上盖上。

充气膜板下方通压力风缸，上方通副风缸，当压力风缸压力高于副风缸压力时，充气膜板被顶起，充气活塞上移，充气活塞顶杆顶开充气阀，于是从止回阀来的制动管压缩空气经开启的充气阀口充入副风缸。当副风缸与压力风缸压力接近相同时，在充气活塞、充气阀的自重以及充气阀弹簧作用下，充气阀下移关闭阀口，停止了向副风缸充气，这样即协调了副风缸与压力风缸充气速度的一致性。

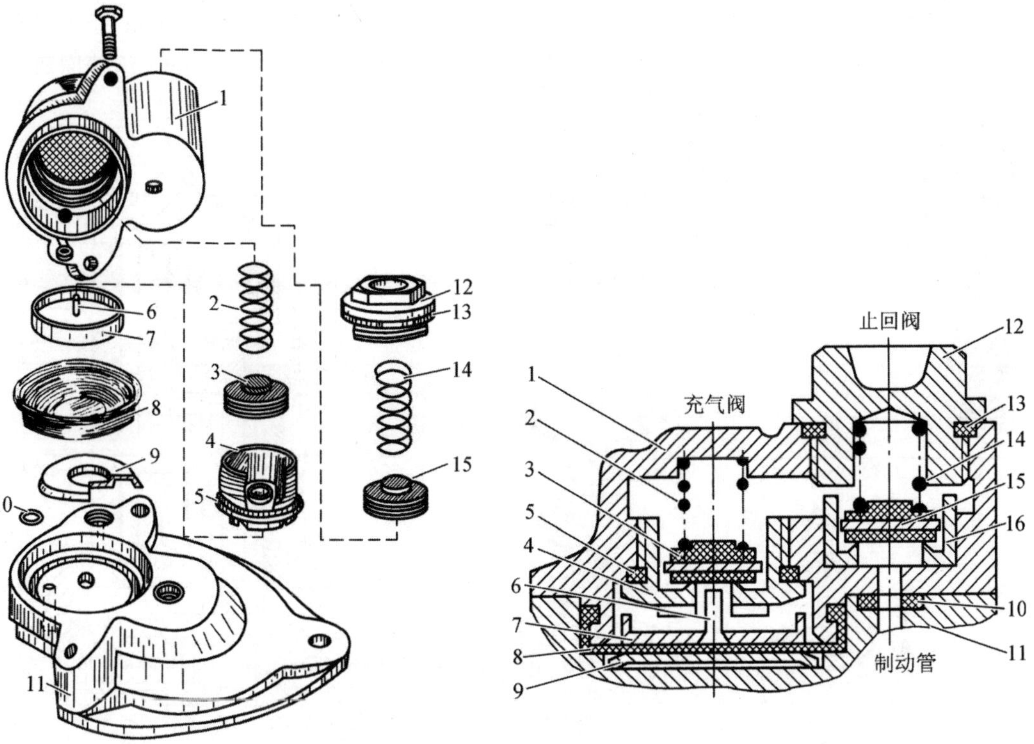

1—充气阀体；2—充气阀弹簧；3—充气阀（15）；4—充气阀座；5—ϕ35 密封圈；6—充气活塞顶杆；7—充气活塞；8—充气膜板；9—充气膜板垫；10—ϕ16 密封圈；11—主阀上盖；12—止回阀盖；13—ϕ40 密封圈；14—止回阀弹簧；15—止回阀；16—止回阀座。

图 3-3-8 充气部构造

（2）充气止回阀部。

由充气止回阀 15（ϕ25 mm 橡胶夹心阀）、充气止回阀弹簧 14、充气止回阀座 16（压入充气阀体内）、充气止回阀盖 12（套ϕ40 mm 密封圈螺纹拧紧在充气阀体）等组成。

充气阀与充气止回阀、充气阀弹簧与充气止回阀弹簧可互换通用。

充气止回阀上部通充气阀室，充气止回阀下部通主活塞上部即与制动管相通。

充气止回阀在当其下方制动管压力高于上方压力时被顶起离开止回阀座，制动管压缩空气流入充气阀上部，当充气阀开启时，随即向副风缸充气。当制动管压力低于止回阀上方压力时（如制动减压时），则止回阀在副风缸空气压力和止回阀弹簧作用下关闭，防止副风缸压缩空气逆流入制动管，造成局部增压，影响制动作用甚至造成自然缓解。

3. 均衡部

均衡部的用途是根据容积室的增压、减压或保压情况控制均衡部动作实现制动缸相应的增压、减压或保压作用，亦即协调制动缸与容积室的压力同步变化。

均衡部的构造由上、下两部分组成（见图 3-3-9）。均衡部上部分由作用阀上盖 1、密封圈 2（ϕ45 mm）、作用阀杆套 3、作用阀弹簧 4、作用阀杆 5、作用阀 8、密封圈 6（ϕ19 mm）、作用阀座 9、滤尘套 20 等组成。均衡部下部分由复合作用活塞（也叫作用活塞组件）、作用活塞杆套 10、缩孔堵Ⅱ（ϕ0.8 mm）、作用阀下盖 19 等组成。其中复合的作用活塞（作用活塞组件）由活塞压板螺栓 18、作用活塞压板 17、作用活塞膜板 15（ϕ116 mm）、密封圈 16（ϕ35 mm）、作用活塞 14、作用活塞杆 13 及其上的 2 个密封圈 12（ϕ15 mm）组装而成。

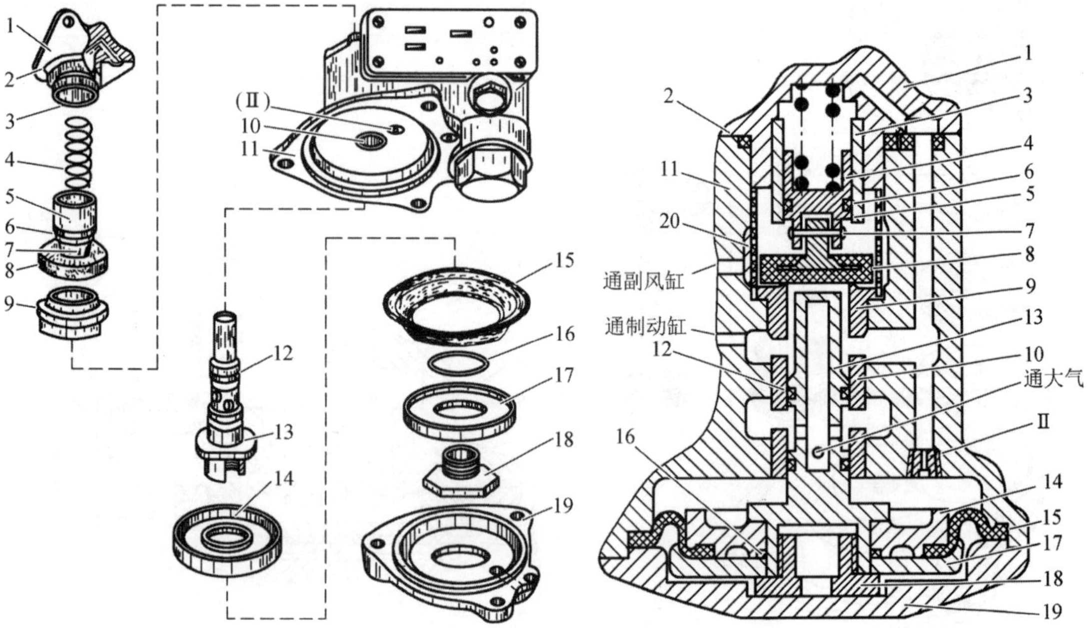

1—均衡部上盖；2—ϕ45 密封圈；3—作用阀杆套；4—作用阀弹簧；5—作用阀杆；6—ϕ19 密封圈；7—销；8—作用阀；9—作用阀座；10—作用活塞杆套；11—主阀体；12—ϕ15 密封圈；13—作用活塞杆；14—作用活塞；15—作用活塞膜板；16—ϕ35 密封圈；17—作用活塞压板；18—作用活塞压板螺母；19—作用阀下盖；20—滤尘套；Ⅱ—均衡部缩孔堵（ϕ0.8）。

图 3-3-9 均衡部构造

作用阀与作用阀杆用销子联接，而非固定联接，作用阀在作用阀杆上有一定的自由度，是为了克服加工或组装时作用阀与作用阀座的不同轴度而造成关闭不严密引起漏泄。

作用阀室滤尘套 20，制动时过滤副风缸进入主阀体的压缩空气。作用阀弹簧室（z_4）通制动缸，作用阀杆上的密封圈，用来防止副风缸压缩空气漏入制动缸，进而排入大气。作用活塞杆上半部设有轴向孔（ϕ8 mm）、中部 4 个径向孔（ϕ5.5 mm）经阀体通道通向大气，在径向孔上、下设两道密封圈（ϕ15 mm）以防止制动缸压缩空气漏入大气。

作用活塞下部经阀体通道通向容积室，即作用活塞下部反映容积室的压力。铜质缩堵孔Ⅱ，以螺纹形式拧在阀体作用活塞上部通向制动缸通路上，将制动缸与作用活塞上部连通，即作用活塞上部反映制动缸的压力，并控制制动缸压力与容积室压力同步（稳定地）变化。

作用活塞膜板组装后被作用阀下盖，将其外缘压紧在均衡部下缘上。它与作用活塞杆下部密封圈将作用活塞上、下部密封，保证作用活塞上、下部的气密性。

当作用部控制的容积室压力上升时，反映在作用活塞下部的压力上升，当作用活塞下部容积室的压力高于上部制动缸的压力，在作用活塞下、上部形成压力差后，作用活塞克服移动阻力上移，作用活塞杆顶作用阀离开作用阀座，副风缸压缩空气经作用阀室（f_4）、作用阀口径 z_3，向制动缸充气，使制动缸增压产生制动作用。当容积室保压后，副风缸继续向制动缸充气，制动缸压力与容积室压力接近平衡时，反映在作用活塞上、下的压力差被消除，在作用阀弹簧的弹力作用下，将作用阀压下与作用阀座密贴，停止了副风缸向制动缸充气，此时，作用活塞杆顶部仍与作用阀密贴，制动缸也不能经作用活塞杆轴向孔向大气排压缩空气，即制动缸形成了制动保压作用。当容积室排气缓解时，反映在作用活塞上部的制动缸压力高于下部的容积室压力，作用活塞被推着向下移动，作用活塞杆离开作用阀，上部轴向孔露出，则制动缸压缩空气经作用活塞杆上的轴向孔、径向孔排向大气，形成了制动缸的缓解作用。

4. 局减阀

局减阀的用途是在制动位产生第二阶段局减作用时，将制动管的压力空气送入制动缸，使制动管产生局部减压，确保后部车辆迅速产生制动作用，以提高制动波速，缓和列车纵向冲击，改善制动性能，缩短制动距离。

局减阀位于作用部与均衡部之间，参见图 3-3-5 所示。局减阀（见图 3-3-10）由局减阀套 3、局减阀 1、密封圈 2（ϕ24 mm）、局减膜板 4、局减活塞 6、压圈 5、局减活塞螺母 8、局减阀弹簧 7、局减阀弹簧垫 11、毛毡 10、局减阀盖 9 等组成。

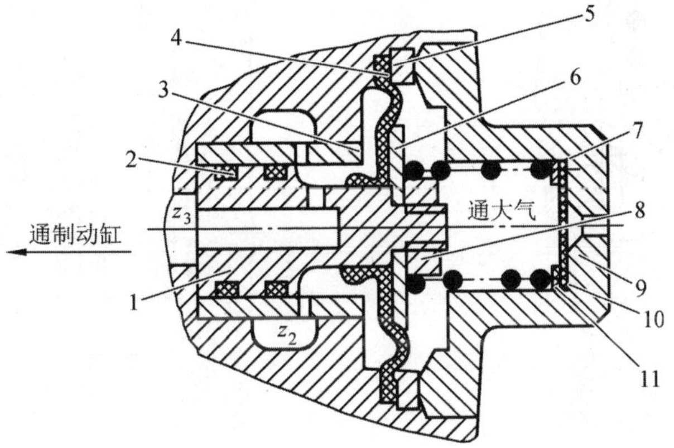

1—局减阀；2—密封圈；3—局减阀套；4—局减膜板；5—压圈；6—局减活塞；7—局减阀弹簧；8—螺母；9—局减阀盖；10—毛毡；11—局减阀弹簧垫。

图 3-3-10　局减阀

局减阀盖上有 ϕ3 mm 轴向孔使局减活塞外侧室通大气，在第二段局部减压结束，局减活塞外移时消除空气背压，提高局减阀关闭的灵敏度。局减阀盖利用螺纹将压圈和局减膜板紧固于主阀体上，局减阀弹簧垫将毛毡垫压紧在阀盖轴心孔内，防止尘土侵入。局减阀套上有 8 个 ϕ1 mm 径向孔（z_2），经阀体暗道通滑阀座上的局减阀孔（z_1）。

局减阀杆缩颈部分有两个 ϕ3 mm 径向孔经轴向孔通作用阀座下部（z）即通制动缸。局减阀杆的两个 ϕ24 mm 密封圈，平时，在局减阀弹簧作用下，局减活塞处于内侧开放位置，局减阀套上的 8 个径向孔（z_2）处于两密封圈之外，即开通滑阀座局减阀孔 z_1 孔到制动缸的第二段局部减压通路，这样在制动作用刚开始时，制动管压缩空气经滑阀座上的局减阀孔 z_1、局减阀套径向孔 z_2，进入局减阀充入制动缸，产生第二段局部减压。在当制动缸压力达 50～70 kPa 时，局减阀被推向外移完全压缩局减阀弹簧，局减阀套上的径向孔 z_2 处在两个密封圈之间，即切断制动管向制动缸充气的局部减压通路。第二段局部减压结束。

5. 紧急增压阀

紧急增压阀的用途是在紧急制动时使制动缸产生增压作用。即紧急制动时，将副风缸与压力风缸的压力空气一起送入容积室，提高容积室压力，通过均衡部提高制动缸压力，以获得更大的制动力，缩小制动距离，确保旅客列车行车安全。

需要指出的是，设计紧急增压阀，原来是为了与 LN 型制动机混编使用（LN 型制动机具有紧急增压作用），而 LN 型制动机多年来在运用中一直关闭附加风缸，紧急制动时无增压作用；如果列车中，车辆制动力相差太大，容易增大列车的纵向冲击、车轮擦伤，因此在紧急增压阀部加装了增压阀挡圈（如图 3-3-11 所示），限制增压阀的上移，停止紧急增压作用。需要恢复紧急增压作用时，取下增压阀挡圈即可。

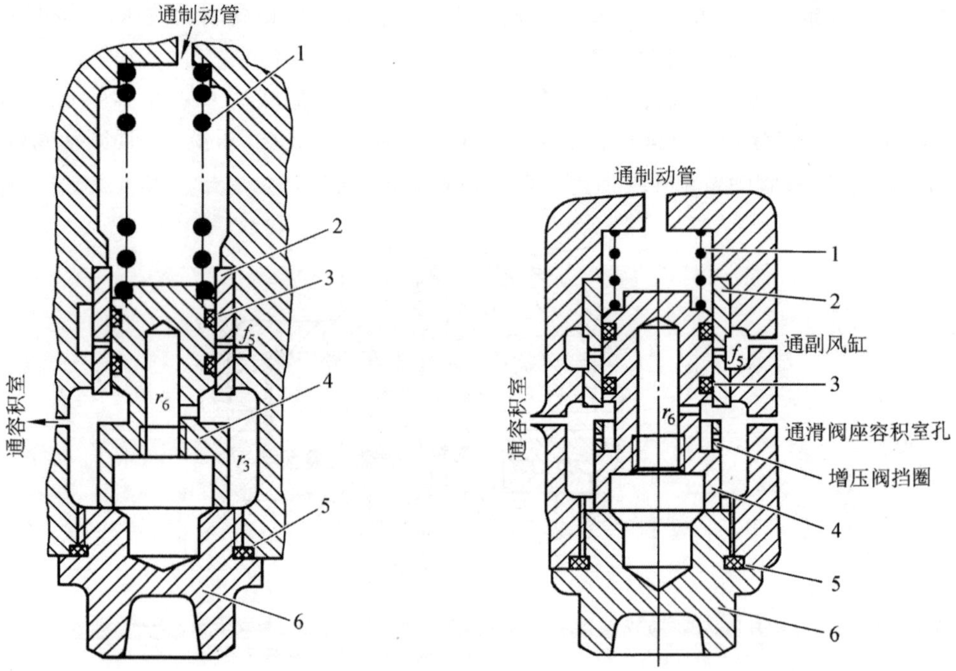

（a）增压阀　　（b）增压阀安装挡圈示意图

1—增压阀弹簧；2—增压阀套；3—ϕ24 密封圈；4—增压阀；5—ϕ40 密封圈；6—增压阀盖。

图 3-3-11　增压阀

紧急增压阀构造如图 3-3-11 所示，由紧急增压阀套 2、紧急增压阀弹簧 1、增压阀 4、两个密封圈 3（ϕ24 mm）、密封圈 5（ϕ40 mm）、紧急增压阀盖 6 等组成。

增压阀套压入主阀体内，有 8 个 ϕ1 mm 径向孔（f_5）经阀体通道通副风缸。增压阀上部通制动管，下部空腔 r_3 通容积室和滑阀座上的容积室孔 r_2，增压阀轴向中心孔下部 M12 螺纹部分是为拧入螺纹头起子，以便取出增压阀而设的，中部两个 ϕ3 mm 径向孔与轴向孔相通。在增压阀上套装的两个 ϕ24 mm 密封圈，以防止副风缸、制动管及容积室之间的漏泄窜气。

通常增压阀在制动管压力与增压阀弹簧作用下处于下方关闭位置。该位置，增压阀套上的 8 个 ϕ1 mm 的副风缸孔 f_5 处在增压阀上两道密封圈之间，即制动管、副风缸、容积室均不相通。在紧急制动减压时，增压阀上部的制动管压力急剧下降，而下部（r_3）容积室压力迅速上升，当容积室压力与制动管剩余空气压力形成的压力差能克服增压阀弹簧弹力、增压阀自重及移动阻力时，增压阀压缩增压阀弹簧上移，使增压阀下部密封圈露出增压阀杆套上的 8 个副风缸孔 f_5（开放位置），使副风缸与容积室经 f_5 相连通，除了压力风缸向容积室送压缩空气以外，副风缸也参与向容积室送压缩空气，容积室实现增压作用，则由容积室通过均衡部控制的制动缸同样实现了增压作用。事实上，紧急制动时压力风缸、副风缸、容积室、制动缸在实现增压作用时已相互连通，最终制动缸压力达到最大值也即 4 个容器的压力达到相互平衡。

（三）紧急阀

紧急阀是专为改善列车紧急制动性能而独立设置的，紧急阀的动作和作用不受主阀的牵制和影响。

紧急阀的用途是紧急制动减压时，产生强烈的制动管紧急局部减压（即紧急放风作用），加快制动管的排气速度，提高紧急制动灵敏度、可靠性和紧急制动波速，改善紧急制动性能。

紧急阀的结构如图 3-3-12 所示，可以分为上下两部分。

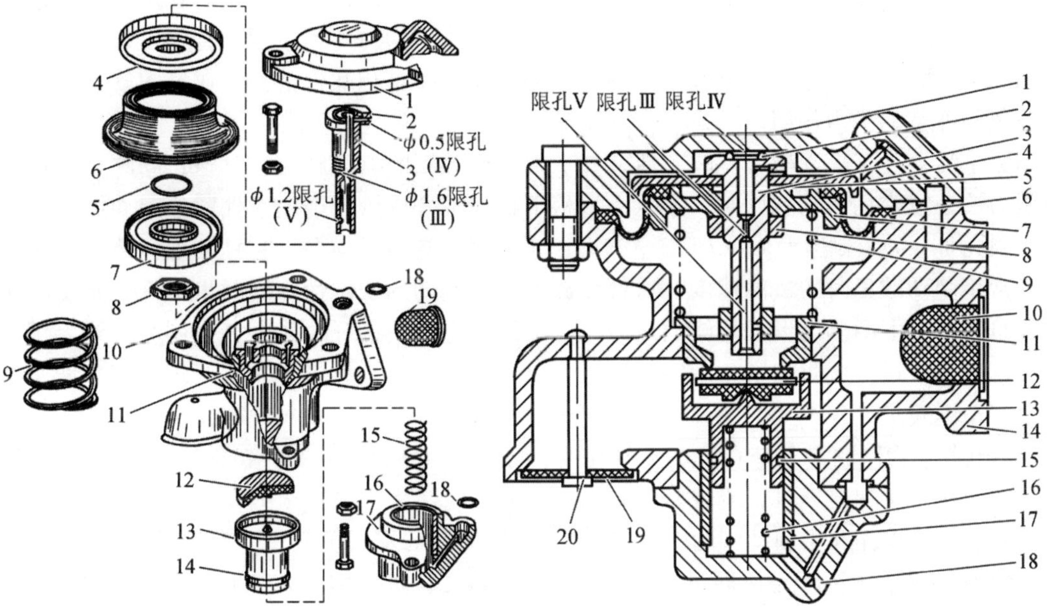

1—紧急阀上盖；2—ϕ16 密封圈；3—紧急活塞杆；4—紧急活塞；5—ϕ19 密封圈；6—紧急活塞膜板；7—紧急活塞压板；8—压板螺母；9—安定弹簧；10—滤尘网；11—放风阀座；12—放风阀；13—放风阀导向杆；14—紧急阀体；15—ϕ24 密封圈；16—放风阀弹簧；17—放风阀套；18—紧急阀下盖；19—排气保护罩垫；20—排气垫铆钉；l′—制动主管孔；j′—紧急室孔；Ⅲ—ϕ1.6 限孔；Ⅳ—ϕ0.5 限孔；Ⅴ—ϕ1.2 限孔。

图 3-3-12　紧急阀

紧急阀上部由紧急阀上盖 1、密封圈 2（ϕ16 mm）、复合紧急活塞（即紧急活塞组件）、安定弹簧 9 组成，复合的紧急活塞（即紧急活塞组件）由压板螺母 8、紧急活塞压板 7、紧急活塞膜板 6（ϕ100 mm）、密封圈 5（ϕ19 mm）、紧急活塞 4、紧急活塞杆 3 组成，通过压板螺母与紧急活塞杆上的螺纹将这些部件组合在一起。

紧急阀下部由紧急阀下盖 18、密封圈 21（ϕ16 mm）、放风阀套 17、密封圈 15（ϕ24 mm）、放风阀导向杆 13、放风阀弹簧 16、放风阀（橡胶夹心阀）12、放风阀座 11、紧急阀体 14、排气保护罩垫 19，排气垫铆钉 20、滤尘网 10 等组成。

紧急阀上盖用 3 条螺栓（M10 × 40）、螺母与紧急阀体联接紧固，并将紧急活塞膜板压紧在紧急阀体上部凸缘上，紧急活塞上方经紧急阀盖，紧急阀安装面上的孔连通中间体紧急室。紧急活塞下方及放风阀导向杆下方经安装面上的孔与制动管相通。

紧急活塞杆顶面圆槽中嵌装ϕ16 mm 密封圈稍突出顶面，在充气缓解时，紧急活塞下侧的制动管压力高于上侧紧急室压力，加之安定弹簧弹力的作用，紧急活塞处于上部极端位置，紧急活塞杆顶部密封圈凸出部分与紧急阀上盖内壁密贴，使制动管压力空气不能通过活塞杆顶部轴向孔通紧急室，只能经径向限孔Ⅳ通紧急室，这样防止了充气时容积较小的紧急室造成过充气，引起意外紧急制动。

空心的紧急活塞杆上部设一径向限孔Ⅳ（ϕ0.5 mm），中部轴向设一限孔Ⅲ（ϕ1.6 mm），下部设一径向限孔Ⅴ（ϕ1.2 mm）。

放风阀套嵌于紧急阀下盖内，下盖与阀体用两条螺栓（M10 × 40）紧固，放风阀导向杆上密封圈是为防止制动管压缩空气向大气漏泄而设的，导向杆下方通制动管是为了克服放风阀关闭状态下制动管压缩空气作用在放风阀面上的压力的，即不论制动管压力如何变化，只要未产生紧急排气作用，放风阀上下受的制动管压力总是相互抵消的，放风阀的关闭状态只受放风阀弹簧的弹力作用。

紧急活塞处于上方极端位时，活塞杆下端距离关闭的放风阀面有 4 mm 间隙，防止制动管压力波动或常用制动减压时，紧急活塞稍下移即推开放风阀产生意外紧急制动作用。

限孔Ⅲ，为控制紧急室（J）缩空气向制动管逆流速度而设的，它控制逆流速度相当于制动管常用制动减压时的最高速度，这就保证了常用制动的安定性；同时也保证了紧急制动时在紧急活塞上下两侧能形成足够的压力差，压缩安定弹簧推开放风阀产生制动管紧急排气。可见，限孔Ⅲ过大会影响紧急制动的灵敏度，甚至不产生紧急排气作用，过小则会使制动机常用制动不安定，易产生意外紧急制动作用。

限孔Ⅳ，为限制紧急室（J）的充气速度，防止紧急室过充气，引起意外紧急制动而设的。这是因为在列车初充气时，或者紧急制动后再充气时，为了加快全列车的充气速度，缩短充气时间，往往首先利用制动阀的一位进行高压（800 kPa 左右）充气，容积只有 1.5 L 的紧急室（J）很容易造成高于定压即过充气，当制动阀转二位进行定压充气时，立即在紧急活塞上下两侧形成一定的压力差，使紧急活塞产生动作而发生意外紧急排气作用，即引起充气时的意外紧急制动作用。直径 0.5 mm 的限孔Ⅳ，限制了制动阀一位充气时紧急室的充气速度，防止造成紧急室过充气，这样也就避免了充气时产生意外紧急制动。

限孔Ⅴ，为提高紧急制动灵敏度和限制紧急制动后紧急室（J）压缩空气排向大气的速度而设的。紧急制动减压，紧急活塞杆下移，下端接触放风阀后，紧急室压缩空气经过通路比限孔Ⅲ更小的限孔Ⅴ向制动管逆流，这样就加速了紧急活塞两侧的压力差的形成，迅速打开放风阀产生紧急排气作用，确保全列车迅速产生紧急制动作用。产生紧急排气作用后，紧急室的压缩空气只能经限孔 Ⅴ 排向大气，设计约在 15 s 排完，紧急活塞上下空气压力差消除，在安定弹簧弹力作用下上移，放风阀在放风阀弹簧弹力作用下上移与阀座密封关闭，此时充气缓解才有效。否则，制动管增压充气全部从放风阀排向大气，无法实现充气缓解作用。这样设计是在紧急制动后，为了防止列车未停车就要施行充气缓解作用，以避免低速缓解引起更大的列车纵向冲击，造成更大的危害。

（四）分配阀各部分孔路及代码

为了便于学习分配阀的各作用性能，除了要熟悉各部分零部件的结构组成之外，还要熟悉分配阀的各部孔路及代号。根据已介绍的104型分配阀的构造与孔路情况，参考各部分构造及相关图，以下将分配阀的各部孔路的名称及代号作一系统归纳介绍。

一般缸、腔、室采用其名称的第一个汉字的汉语拼音的第一个字母表示，大写字母一般表示主容器，主阀部通主容器的孔路用小写字母加注脚区别表示，紧急阀部通主容器的孔路用小写字母加注脚和注撇区别表示。

分配阀常使用的代号如下：L（l）——制动管；F（f）——副风缸；R（r）——容积室；Z（z）——制动缸；J（j）——紧急室；G（g）——压力风缸；Ju（ju）——局减室；D（d）——大气。

中间体管座（参看图 3-3-4）：F——通副风缸；Z——通制动缸；G——通压力风缸；L——通制动管。

主阀安装（座）面（参看图 3-3-4 中间体主阀安装座）：f、z、l、g、Ju、r、r_5、I。

紧急阀安装（座）面（参看图 3-3-4 中间体紧急阀安装座）：j'、l'。

中间体内空腔（参看图 3-3-4）：R、Ju、J。

主阀体内：按注脚顺序介绍，对滑阀、节制阀、滑阀座上的气路在相关位置上的作用参阅前边讲构造部分，这里不再赘述。

l_1——主阀体与上盖之间的制动管通道。

l_2——滑阀座上的制动管充气用孔。

l_3——滑阀座上的制动管局部减压用孔。

l_5——滑阀上的充气孔，与 g_1 暗通。

l_6——滑阀上的局减孔，上下贯通。

l_7——滑阀上的局减室入孔，上下贯通。

l_8——滑阀上的局减阀孔。

l_9——滑阀上局减阀入孔，与 l_8 暗通。

l_{10}——节制阀上的局减联络槽。

l_{11}——主活塞上部通充气止回阀下部的制动管通道。

l_{12}——紧急增压阀弹簧室。

f_1——充气止回阀室。

f_2——充气阀室。

f_3——充气活塞室及通副风缸通道。

f_4——作用阀室。

f_5——紧急增压阀套上的径向孔。

r_1——滑阀上的制动孔，上下贯通。

r_2——滑阀座上容积室孔。

r_3——紧急增压阀室下部空间。

r_4——作用活塞下部通容积室暗道。

r_5——主阀安装面上的容积室孔，经 r_4 通作用活塞下部。

r_6——紧急增压阀室中部径向孔。

z_1——滑阀座上的局减阀孔。

z_2——局减阀套上的径向孔，通滑阀座上的局减阀孔 z_1。

z_3——作用阀座下部空间，通制动缸 Z。

z_4——作用阀弹簧室，通制动缸 Z。

d_1——滑阀上的缓解联络槽。

d_2——滑阀座上的缓解孔，与作用部排气口 d_3 相通。

d_3——作用部排气口（容积室排气口），通大气 D。

d_5——作用活塞杆轴向孔与中部径向孔。

d_6——均衡部排气口（制动缸排气口），通大气 D。

ju_1——滑阀座上的局减室孔，通局减室 Ju。

g_1——滑阀上的充气限孔（ϕ1.2 mm），与充气孔 l_5 暗通。

g_2——滑阀室，通压力风缸 G。

g_3——充气膜板下方，通压力风缸 G。

紧急阀部气路代号：（小写加注脚和注撇）

j_1'——紧急活塞上部室，通紧急室 J。

l_2'——紧急活塞下部的安定弹簧室，通制动管 L。

l_3'——放风阀弹簧室，通制动管 L。

分配阀设 5 个缩孔（限孔）：

缩孔Ⅰ（ϕ0.8 mm）——主阀安装面上局减室排气口，限制 Ju 排气速度；

缩孔Ⅱ（ϕ0.8 mm）——作用活塞上部通制动缸 Z 的缩孔，使制动缸 Z 压力正确反映到作用活塞上部；

限孔Ⅲ（ϕ1.6 mm）——紧急活塞杆中部轴向限孔，常用制动减压时，限制 J→Ⅲ→L 逆流速度，保证制动机常用制动的安定性，紧急减压时，限制 J→Ⅲ→L 逆流，保证紧急制动作用的灵敏度；

限孔Ⅳ（ϕ0.5 mm）——紧急活塞杆上部径向限孔，限制紧急室的充气速度，防止紧急室过充而引起意外紧急制动；

限孔Ⅴ（ϕ1.2 mm）——紧急活塞杆下部径向孔，提高紧急制动灵敏度并限制紧急制动后，紧急室 J→L 的逆流速度，确保停车后，才能施行充气缓解。

三、104 型分配阀的作用

104 型分配阀设有充气缓解、常用制动、制动保压和紧急制动等 4 个作用位置。现将各作用位的实现过程、气路以及主要性能叙述如下。

充气缓解位

（一）充气缓解位（参看彩色插页图 3-3-13）

向制动管充气增压时，压缩空气进入中间体后一路经滤尘器进入主阀；另一路经滤尘网进入紧急阀。进入主阀的压缩空气到主活塞上侧，在主活塞上、下两侧形成压力差，主活塞带动节制阀、推动滑阀下移，主活塞下移至主活塞下缘接触主阀体即下方极端位，即到达了作用部的充气缓解位，形成了充气缓解位。

充气缓解位置滑阀与滑阀座连通了如下气路（图 3-3-14）：

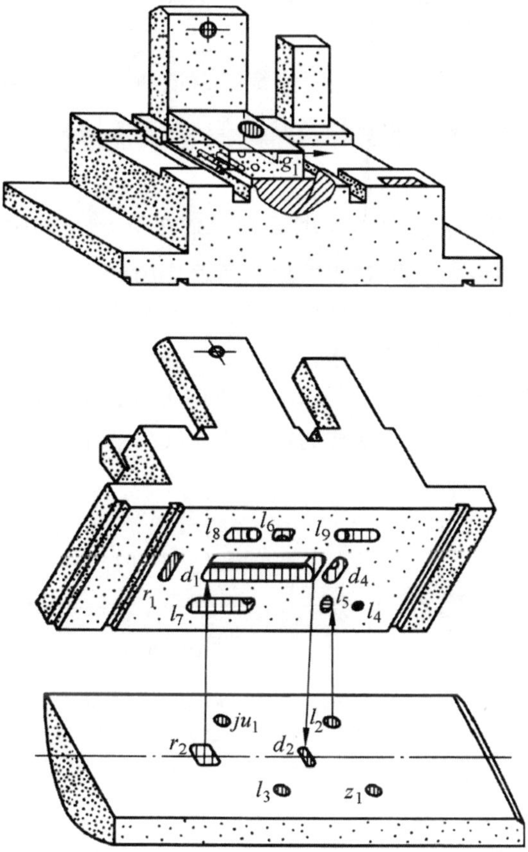

图 3-3-14　作用部充气缓解位通路

1. 充气通路

（1）压力风缸充气。滑阀座上的制动管充气用孔 l_2 与滑阀上的充气孔 l_5 相对，开始向压力风缸充气。

（2）副风缸充气。压力风缸压力的上升反映在充气膜板下方 g_3，当略高于反映在充气活塞室 f_3 的副风缸压力时，充气活塞上移，克服充气阀弹簧弹力及充气活塞、充气阀自重，充气活塞顶杆将充气阀顶离充气阀座，制动管的压缩空气顶起充气止回阀经 l_{11}→止回阀口→f_1→f_2→充气阀口—f_3 开始向副风缸充气，这即由压力风缸充气通过充气部间接地控制实现了副风缸的充气。当副风缸压力与压力风缸压力接近平衡时，在充气阀弹簧作用下，充气阀下移关闭，也停止了向副风缸充气。

作用阀室 f_4 与副风缸相通，为制动作用做好了准备。

分配阀的增压阀套径向孔 f_5 与副风缸相通，做好了紧急增压作用的准备。

（3）分配阀的增压阀弹簧室的制动管压力使增压阀均处于下方位置，增压阀关闭。此外，滑阀上的局减孔 l_6、局减室入孔 l_7 分别与滑阀座上的制动管局部减压用孔 l_3、局减室孔 ju_1

相对，做好了产生一段局部减压作用的准备。

（4）紧急室充气。制动管压缩空气进入紧急阀部，将紧急活塞顶到上方极端位，活塞杆顶部密封圈与紧急阀上盖密贴，制动管压缩空气只能经紧急活塞杆轴向孔限孔Ⅲ、径向孔限孔Ⅳ向紧急室充气，限孔Ⅳ通路最小（ϕ0.5 mm），限制了向紧急室的充气速度，防止了紧急室的过充气。

（5）制动管的压缩空气同时进入放风阀弹簧室 l_2' 抵消安定弹簧室 l_1' 作用在放风阀上部的制动管压力。放风阀依靠放风阀弹簧作用与放风阀座密贴关闭。

2. 缓解通路

（1）容积室缓解。滑阀座上的容积室孔 r_2 和缓解孔 d_2 与滑阀座上的缓解联络槽 d_1 同时相对，开始了容积室向大气排气，即容积室形成缓解作用。

（2）制动缸缓解。容积室缓解，反映在作用活塞下方 r_4 的压力下降，经缩孔Ⅱ反映在作用活塞上部的制动缸压力推作用活塞下移，使作用活塞杆离开作用阀，制动缸压缩空气经作用活塞杆轴向孔和径向孔 d_5→均衡部排气口 d_6→排向大气，制动缸开始缓解，这即由容积室缓解通过均衡部间接地控制实现了制动缸的缓解。充气缓解作用气路归纳如下。

充气：

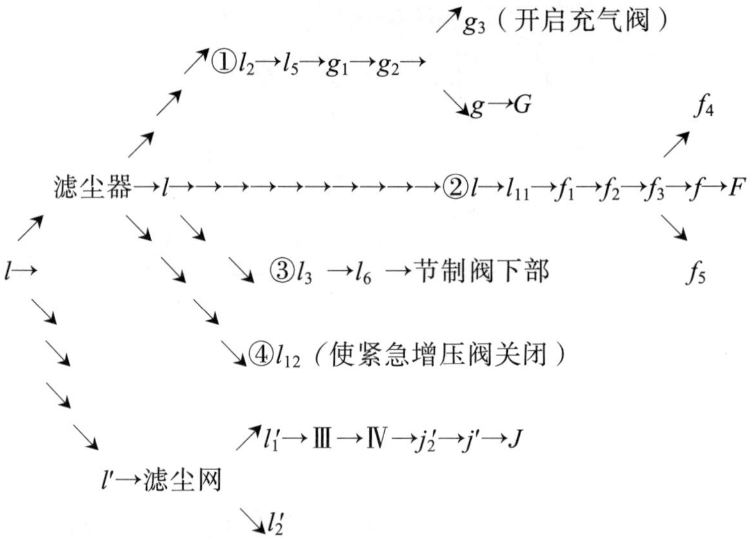

缓解：

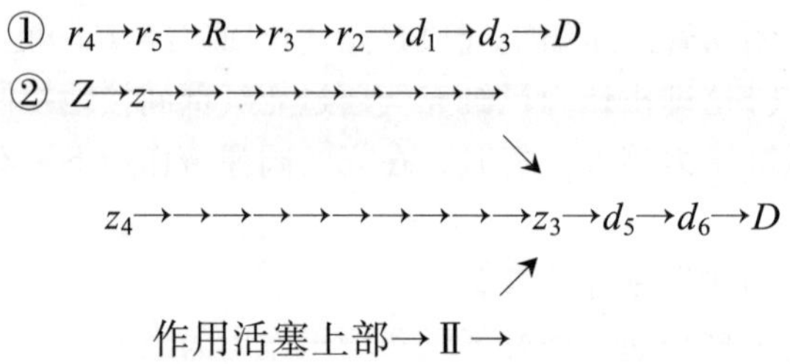

初充气时，上述缓解气路存在，但因各容器无压缩空气，故排气口均无排气现象。

3. 制动机的稳定性

制动机的稳定性，即指在制动管缓慢减压速度（如制动管漏泄等）下不发生制动作用的性能。

因自动制动机的特点是制动管减压时产生制动作用，当列车分离、制动管管路破裂或拉动紧急制动阀时，都可使制动管减压而达到自动制动，以实现停车确保行车安全的目的，但制动管的接头部位很多，不可避免的有压缩空气漏泄现象。制动机的稳定性就是保证列车在这些非正常减压的轻微漏泄速度下，制动机不发生制动作用而正常运行的性能。

分配阀是靠下述两顶措施来实现其稳定性的：

（1）压力风缸向制动管逆流。列车正常运行过程，分配阀呈充气缓解作用位。此时若制动管缓慢减压（如漏泄），则有逆流气路：$G \to g \to g_2 \to g_1 \to l_5 \to l_2 \to l \to L$，使得压力风缸与制动管压力同步下降，在主活塞两侧不能形成压力差，主活塞不会上移而产生制动作用。

（2）主活塞杆尾腔内稳定部的作用。由于组装后，稳定弹簧的预压力通过稳定杆帽作用在滑阀上，滑阀靠滑阀弹簧压紧在滑阀座上，节制阀靠节制阀弹簧压紧在滑阀上。主活塞两侧须具有一定向上的压力差才能克服主活塞、节制阀的自重、节制阀在滑阀上的移动阻力以及稳定弹簧的弹力而压缩稳定弹簧上移到一段局部减压位进而产生制动作用。由于上述压力风缸向制动管逆流的作用，制动管缓慢减压时，主活塞两侧不能形成克服自重和移动阻力压缩稳定弹簧的压力差而动作，不能上移到一段局部减压位，也就不能产生制动作用，这就保证了制动机的稳定性。

分配阀实现制动机的稳定性的减压速度设计规定为：单车试验中制动管达定压后，以 40 kPa/min 的减压速度下，制动机不得发生制动作用；在 705 试验台上要求在 50 kPa/min 的减压速度下，分配阀不得产生局部减压和制动作用。

（二）常用制动位

制动管施行常用制动减压时，压力风缸的压缩空气来不及经：$g_1 \to l_5 \to l_2$ 向制动管逆流，主活塞两侧形成一定压力差，主活塞首先克服自重及移动阻力，压缩稳定弹簧带动节制阀上移，产生第一阶段局部减压；然后再带动滑阀上移到制动位，产生第二阶段局部减压及制动作用。现将制动作用产生过程叙述如下：

减压制动位

1. 第一阶段局部减压（参看彩色插页图 3-3-15）

当主活塞两侧形成一定压力差，即能克服主活塞、节制阀自重以及节制阀的摩擦阻力，压缩稳定弹簧上移 4 mm，主活塞杆下肩与滑阀接触而停止，形成第一阶段局部减压作用。此时因滑阀与滑阀座静摩擦阻力大于压缩稳定弹簧所需的力，故滑阀未动。

该位置（气路如图 3-3-16 所示），节制阀遮住了滑阀背面的 g_1 孔，停止了压力风缸向制动管的逆流；节制阀上的局减联络槽 l_{10} 连通了滑阀顶面的局减孔 l_6 和局减室入孔 l_7，使在充气位时已经局部连通的 $l_3 \to l_6$ 和 $l_7 \to ju_1$ 两条通路经局减联络槽 l_{10} 连通，则制动管（L）压缩空气—滑阀座上的制动管局减用孔 $l_3 \to$ 滑阀上的局减孔 $l_6 \to$ 节制阀上的局减联络槽 $l_{10} \to$ 滑阀上的局减室入孔 l_7—滑阀座上的局减阀孔 ju_1—主阀安装（座）上的局减室孔 ju—中间体内局减室 Ju 再经主阀安装面上的缩孔Ⅰ（$\phi 0.8$ mm）排向大气，使制动管产生了第一阶段局部减压作用。同时节制阀露出了滑阀上的制动缸孔 r_1，为制动作用做好了准备。

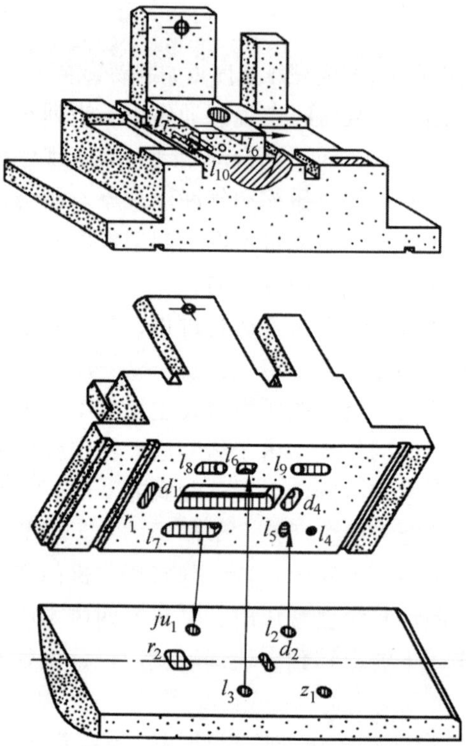

图 3-3-16　作用部第一阶段局部减压通路

缩孔 I 作为局减室的排气口，其作用是限制局减室的排气速度，一段局部减压送入局减室的压缩空气来不及排出，局减室的压力上升，局部减压速度减慢，当制动管与局减室压力接近平衡时，局部减压通路上的压缩空气流动接近停止，这也就为滑阀向上移动而切断一段局部减压气路减小了阻力。局减室内的压缩空气经缩孔 I 缓慢排大气。

第一阶段局部减压加快了制动管减压速度，促使全列车制动作用迅速产生。提高制动波速，缩短制动距离，缓和列车冲击力。

2. 制动及第二阶段局部减压（参看彩色插页图 3-3-17）

第一阶段局部减压的产生，加之 G→逆流气路的切断，使主活塞两侧迅速形成更大的压力差，克服滑阀的移动阻力，主活塞带动节制阀、滑阀上移到极端位即制动位。第一阶段局部减压通路被滑阀切断，一段局部减压作用结束，制动作用与第二段局部减压作用同时产生。

（1）第二阶段局部减压（图 3-3-18）。

制动位，滑阀上的局减阀孔 l_8 局减阀入孔 l_9、分别与滑阀座上的制动管局部减压用孔 l_3 局减阀孔 z_1 相对，使得制动管压缩空气经 $l_3 \to l_8 \to l_9 \to z_1 \to$ 局减阀套径向孔 $z_2 \to$ 作用阀下部 $z_3 \to z$ 送入制动缸 Z，形成了制动管的第二阶段局部减压。由于制动作用也同时产生，该局部减压作用将制动管的压缩空气与副风缸压缩空气一起送入制动缸，当制动缸压力达 50 ~ 70 kPa 时，局减活塞压缩局减阀弹簧关闭局减阀套上径向孔 z_2，第二阶段局部减压作用结束，并且可以确保最后部车辆制动缸最少也有 50 ~ 70 kPa 的压力，有效地减轻了列车制动时的纵向冲动。

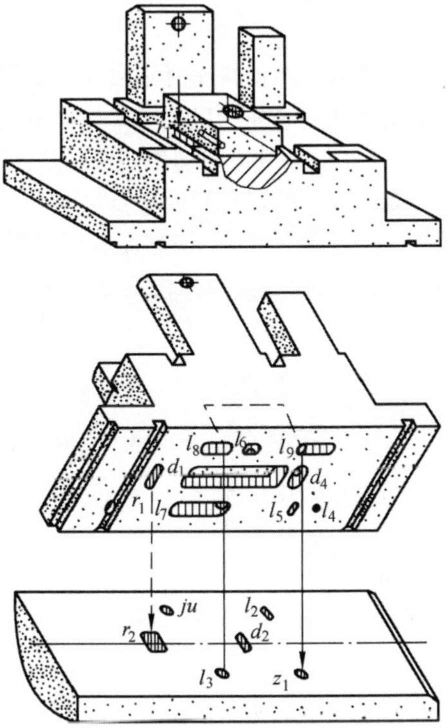

图 3-3-18　作用部制动及第二阶段局部减压通路

第二阶段局部减压与第一段局部减压一起加快了制动管的减压作用由前及后的传播，确保全列车制动作用的迅速产生，并使列车前后部车辆产生制动作用的时间差缩短，即提高了制动波速；有效地减轻了列车制动时的纵向冲动。

（2）容积室充气。

滑阀上移到制动位，同时使滑阀上的制动孔 r_1 与滑阀座上的容积室孔 r_2 相对，而节制阀在第一阶段作用部制动及第二阶段局部减压时已将滑阀顶面的 r_1 孔露出，形成了局部减压通路压力风缸 G 压缩空气→滑阀室 g_2→滑阀制动孔 r_1→滑阀座容积室孔 r_2→增压阀下部 r_3→容积室 R，使得容积室压力增加，产生制动。

（3）制动缸充气。

由于容积室与作用活塞下部是连通的，容积室增压制动，其压力空气经主阀安装面上的容积室孔 r_5→作用活塞下侧 r_4 推作用活塞上移，顶开作用阀，使得副风缸压缩空气经作用阀室 f_4→作用阀口→作用阀下部空间 z_3→z 向制动缸 Z 充气，制动缸产生增压制动作用。

制动缸压缩空气同时进入作用阀弹簧室 z_4，抵消制动缸压缩空气和容积室压缩空气（通过作用活塞杆）共同作用在作用阀下部的背压。

制动缸压缩空气经缩孔Ⅱ反映到作用活塞上部，使得作用活塞能根据容积室增压情况准确地控制制动缸的同步增压。

在常用制动位，制动管减压后反映在 l_{12} 的制动管剩余压力（加之增压阀的自重、弹簧弹力和移动阻力）不小于容积室反映在 r_3 的压力，故紧急增压阀仍处在下方位置，未产生任何动作和作用。

3. 安定性

制动机的安定性是指制动机在常用制动减压时不发生紧急制动作用的性能。制动管常用制动减压时，紧急活塞下侧安定弹簧室 l'_1 压力随之下降，紧急室 J 的压缩空气经限孔Ⅳ→Ⅲ→l'_1 向制动管逆流，当逆流速度小于制动管减压速度时，在紧急活塞两侧形成较小的压力差，压紧急活塞稍下移使活塞杆顶端凹穴中的密封圈脱离紧急阀上盖，紧急室的压缩空气经密封圈与紧急阀盖的大间隙→Ⅲ→l'_1 向制动管逆流。该逆流速度接近于常用制动减压时制动管的最大减压速度。故紧急活塞两侧不能形成足以压缩安定弹簧下移，使活塞杆下部接触放风阀的压力差。故放风阀仍呈关闭状态，紧急阀不产生紧急排气作用，即保证了常用制动的安定性。

常用制动各气路归纳如下：

（1）第一阶段局部减压。

$L \to l \to l_3 \to l_6 \to l_{10} \to l_7 \to ju_1 \to ju \to Ju \to ju \to$ 缩孔Ⅰ$\to D$。

（2）第二阶段局部减压。

$L \to l \to l_3 \to l_8 \to l_9 \to z_1 \to z_2 \to z_3 \to z \to Z$。

当制动缸压力达 50 ~ 70 kPa 时，第二阶段局部减压结束。

（3）容积室充气。

① $G \to g \to g_2 \to r_1 \to r_2 \to$ 紧急增压阀下部 $r_3 \to r \to R \to r_5 \to r_4$。

② $F \to f \to f_5 \to r_3 \to r \to R \to r_5 \to r_4$（紧急增压作用）。

（4）制动缸充气。

↗$z \to Z$

$F \to f \to f_4 \to$ 作用阀口 $\to Z_3 \to z_4$

↘缩孔Ⅱ→作用活塞上侧

（5）紧急室逆流。

① $J \to j' \to j'_1 \to$ Ⅳ → Ⅲ $\to l'_1 \to l' \to L$，紧急活塞稍下移，形成气路②。

② $J \to j' \to j'_1 \to$ Ⅳ及紧急活塞杆顶部密封圈与阀盖间隙→Ⅲ$\to l'_1 \to l' \to L$，保证常用制动作用的安定性。

③ $l'_2 \to l' \to L$。

制动保压位

（三）制动保压位（参看彩色插页图 3-3-19）

制动管施行常用制动减压。当制动管减压量未达到最大有效减压量时（定压 600 kPa，最大有效减压量为 170 kPa），将自动制动阀手把置于保压位，使制动管停止减压而保压。此时由于作用部仍处于制动位，压力风缸经滑阀和滑阀座上的制动通路继续向容积室充气，使压力风缸压力继续下降，与压力风缸相通的主活塞下部压力继续下降。当主活塞两侧的制动管与压力风缸的空气压力接近平衡时，在主活塞及节制阀的自重和稳定弹簧弹力作用下，主活塞带动节制阀下移 4 mm（滑阀不动），主活塞杆上肩部与滑阀上端面接触而停止，形成了作用部的制动保压（图 3-3-20）。

此位置，节制阀盖住了滑阀背面的制动孔 r_1，切断了压力风缸向容积室充气的通路，压力风缸停止了减压，容积室停止了增压，即形成了容积室的制动保压作用。

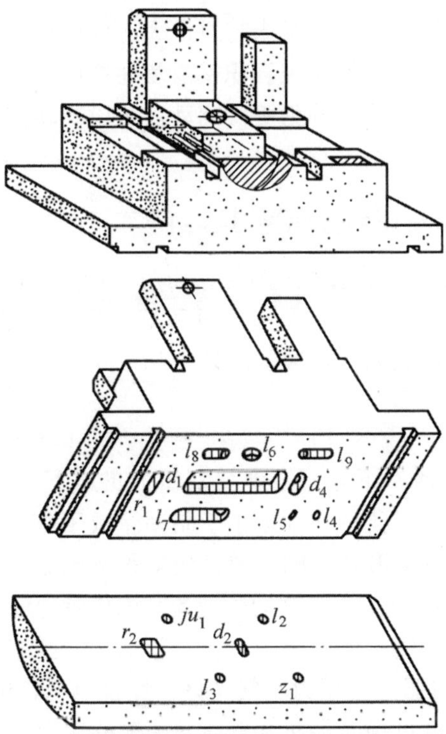

图 3-3-20　作用部制动保压位

容积室形成保压，即作用活塞下侧形成保压。在均衡部，副风缸经作用阀口继续向制动缸充气，当经缩孔Ⅱ反映在作用活塞上侧的制动缸压力与作用活塞下侧的容积室压力接近平衡时，在作用阀弹簧的弹力作用下，作用阀推作用活塞杆下移与作用阀座密贴，关闭了副风缸向制动缸充气的通路。此时作用活塞杆顶部与作用阀仍密贴，制动缸排气通路仍未开通，即形成了均衡部的制动保压位，制动缸停止了增压，形成了制动保压作用。

两种压力控制、间接作用方式的分配阀在制动保压位具有自动补风作用，使制动机具有制动力不衰减的性能。

由于分配阀属间接控制作用式，制动缸的压力受容积室压力通过均衡部间接控制，并且配置较大容积的副风缸储存压缩空气源。因此，长大下坡道运行因制动时间长，闸瓦磨耗引起制动缸活塞行程伸长，使得制动缸容积增大或因制动缸漏泄，均会引起制动缸压力下降，则反映在作用活塞上侧压力下降，作用活塞两侧作用力失去保压位的平衡，作用活塞下侧的容积室压力推作用活塞上移，重新顶开作用阀使副风缸向制动缸充气。制动缸压力恢复到与容积室压力重新平衡后，作用阀再一次关闭，停止副风缸向制动缸补充压缩空气，这一过程即自动补风作用，保证实现了制动力不衰减的性能。分配阀的这一性能，加之配设较大容积的副风缸，特别适应于长大下坡道运行。

在制动管减压量小于最大有效减压量时，制动保压后，操纵制动管恢复减压，主活塞两侧形成压力差带动节制阀压缩稳定弹簧上移，使节制阀重新露出滑阀顶面的制动孔 r_1 由于滑阀在保压位和制动位未动作，滑阀上的制动孔 r_1 与滑阀座上的容积室孔 r_2 一起相对齐。当 r_1 孔被节制阀露出时，又恢复了压力风缸向容积室充气，容积室恢复增压制动，由容积室通过均衡部控制的制动缸压力，开始恢复增压制动。

在满足常用制动减压和制动管减压量未超过最大有效减压量的前提条件下，反复地操纵制动管减压、保压，通过作用部控制实现容积室反复地增压、保压，再通过均衡部控制实现了制动缸反复地增压、保压的过程，称为阶段制动。阶段制动作用便于机车乘务人员根据需要调整制动力，并确保列车在预定地点准确停车。

（四）紧急制动位（参看彩色插页图 3-3-21）

紧急制动位

制动管紧急减压，主阀部除紧急增压阀外，均与常用制动相仿，只是由于制动管减压速度快，各部动作迅速，第一阶段和第二阶段局部减压作用效果不明显，这里仅介绍与常用制动作用区别之处。

1. 紧急制动排气作用

制动管紧急减压，紧急活塞下方安定弹簧室压力迅速下降，紧急室压缩空气经限孔Ⅳ（ϕ0.5 mm）→Ⅲ→l'_1 向制动管逆流，速度远小于制动管减压速度，紧急活塞稍压缩安定弹簧下移，紧急活塞杆顶部密封圈离开紧急阀上盖，使紧急室压缩空气经紧急活塞杆顶部密封圈与阀盖的大间隙→Ⅲ（ϕ1.6 mm）→l'_1 向制动管逆流，该逆流速度仍远不能补偿制动管的减压速度，故在紧急活塞上、下两侧迅速形成压力差，紧急活塞压缩安定弹簧下移，使紧急活塞杆底端面与放风阀接触，此时紧急室压力空气 J 只能经Ⅲ→Ⅴ（ϕ1.2 mm）→l'_1 向制动管逆流。直径更小的限孔Ⅴ使逆流速度更慢，促使紧急活塞两侧的压力差骤然增加，进一步压缩安定弹簧，克服放风阀弹簧的弹力而迅速打开放风阀。制动管的压缩空气经放风阀口→排气保护罩垫→大气，形成紧急制动制动管排气（放风）作用，即制动管产生紧急局部减压。确保全列车制动机的紧急制动作用的迅速产生，提高紧急制动波速，缓和列车纵向冲动，缩短紧急制动距离，确保列车运行安全。

紧急排气（放风）作用产生后，紧急室 J，的压缩空气仍然只能经限孔Ⅴ的限制逆流到放风阀弹簧室 l'_1 排向大气，约需 15 s 左右才能排完。在紧急室压缩空气排完之前，放风阀一起呈开启状态，若此时向制动管充气，充入的压缩空气经放风阀口全部排向大气，制动管不能增压实现充气缓解作用，只有当紧急室的压缩空气排净，安定弹簧使紧急活塞上移，放风阀弹簧推放风阀上移与放风阀座密贴关闭，此时向制动管充气才能实现制动机的充气和缓解作用。设计紧急排气（放风）后紧急室排气约 15 s，是为了在施行制动管紧急减压时确保停车后才能施行缓解作用，防止紧急减压后尚未停车就开始充气缓解，造成列车产生剧烈的纵向冲动和可能引起断钩等事故的发生。

2. 紧急增压阀作用

紧急制动时，制动管急剧减压，压力风缸向容积室充入压缩空气，当反映在增压阀下侧的容积室压力能克服增压阀上部 l_{12} 急剧减少的制动管剩余压力、增压阀弹簧弹力以及增压阀自重和移动阻力时，增压阀被推向上移，增压阀下部密封圈处于增压阀套径向孔 f_5 上方位置，紧急增压阀呈开放状态。副风缸也开始经增压阀套径向孔 f_5 向容积室充气，实现了容积室增压，则由容积室通过均衡部控制的制动缸，实现了紧急制动增压作用。由于副风缸同时也向制动缸充气，故此位置，压力风缸、副风缸、容积室、制动缸 4 个容器相互连通。四容器压力最终达到相互平衡，制动缸压力较常用制动时最大压力增压 10% ~ 15%（与副风缸的容积有关）。紧急制动增压作用，保证了旅客列车紧急制动时具有足够的制动力，缩短制动距离，以确保旅客列车的运行安全。

3. 常用制动转紧急制动作用

在施行常用制动减压后，遇意外紧急情况需立即停车时，对列车管转施紧急减压，使列车紧急停车，此作用称为常用制动转紧急制动作用。

由于分配阀单独设有紧急阀，常用制动减压后转紧急制动减压，仍能通过每辆车制动机的紧急阀产生制动管的紧急排气（放风）作用，使全列车迅速产生紧急制动作用。

事实上该作用在常用制动减压刚开始（制动管减压量不超过 100 kPa），后部车辆还未产生常用制动时，转紧急制动作用效果较显著。

因为对于旅客列车，如果全列车已产生了常用制动，转紧急减压，全列车各紧急阀产生紧急排气（放风）作用也已失去了紧急制动的意义，若紧急增压阀没有停止使用，能够实现紧急制动增压作用，提高制动力，在缩短制动距离方面具有较好的效果。如果紧急增压阀停止使用，因各压力风缸仍是与常用制动一样经 $r_1 \rightarrow r_2$ 向容积室充气，实现制动作用，就没有实际意义。

紧急制动作用气路归纳如下：

（1）第一阶段局部减压。

$L \rightarrow l \rightarrow l_3 \rightarrow l_6 \rightarrow l_{10} \rightarrow l_7 \rightarrow ju_1 \rightarrow ju \rightarrow Ju \rightarrow ju \rightarrow$ 缩孔 Ⅰ $\rightarrow D$。

（2）第二阶段局部减压。

$L \rightarrow l \rightarrow l_3 \rightarrow l_8 \rightarrow l_9 \rightarrow z_1 \rightarrow z_2 \rightarrow z_3 \rightarrow z \rightarrow Z$。

当制动缸压力达 50 ~ 70 kPa 时，第二阶段局部减压结束。

（3）容积室充气。

① $G \rightarrow g \rightarrow g_2 \rightarrow r_1 \rightarrow r_2 \rightarrow$ 紧急增压阀下部 $r_3 \rightarrow r \rightarrow R \rightarrow r_5 \rightarrow r_4$。

② $F \rightarrow f \rightarrow f_5 \rightarrow r_3 \rightarrow r \rightarrow R \rightarrow r_5 \rightarrow r_4$（紧急增压作用）。

（4）制动缸充气。

104 型分配阀制动缸压力受容积室压力控制实现紧急增压作用。

$\nearrow z \rightarrow Z$

$F \rightarrow f \rightarrow f_4 \rightarrow$ 作用阀口 $\rightarrow Z_3 \rightarrow z_4$

$\searrow$ 缩孔 Ⅱ → 作用活塞上侧

（5）紧急阀作用。

① 紧急室逆流。

a. $J \rightarrow j' \rightarrow j'_1 \rightarrow$ Ⅳ → Ⅲ → $l'_1 \rightarrow l' \rightarrow L$，紧急活塞稍下移，形成气路 b。

b. $J \rightarrow j' \rightarrow j'_1 \rightarrow$ Ⅲ → $l'_1 \rightarrow l' \rightarrow L$，紧急活塞进一步下移，形成气路 c。

c. $J \rightarrow j' \rightarrow j'_1 \rightarrow$ Ⅲ → Ⅴ → $l'_1 \rightarrow l' \rightarrow L$，

② 紧急放风。

$L \rightarrow l' \rightarrow l'_1 \rightarrow$ 放风阀口 $\rightarrow D$。

③ 放风阀弹簧室逆流。

$l'_2 \rightarrow l'_1 \rightarrow$ 放风阀口 $\rightarrow D$。

四、104 型制动机试验常见故障及判断处理

（一）充气时排气口漏气不止

1. 主阀作用部排气口漏气

原因：滑阀漏泄。滑阀漏泄，漏的是压力风缸的压缩空气，因此可关闭制动支管上的截断塞门来判断（单车试验时手把放Ⅲ位）：如排气口继续漏气，则为滑阀漏泄。

2. 局减室排气口漏

原因是节制阀或滑阀漏泄。

3. 主阀均衡部排气口漏泄

原因是作用阀漏泄或作用阀导向杆密封圈漏泄，这样的故障往往是由于作用阀阀面上有夹砂、油垢等杂物使作用阀不能密贴于阀口上而造成的。

4. 紧急阀喇叭口漏泄

因为紧急放风阀密封不良所引起的漏泄较为少见，大部分原因为放风阀阀面上沾有油垢、砂粒或放风阀导向杆导向不良而影响阀面不能密贴于阀座所致。

在列检作业时如遇分配阀喇叭口漏气，可用检点锤轻轻敲振放风阀盖，可能消除由于放风阀导向杆导向不良所引起的漏泄；如果是由于放风阀夹有杂物引起的漏泄，可关闭车辆两端的折角塞门，再摘开一端的软管（摘开前应将与其相邻的车辆折角塞门关闭好），然后打开折角塞门，使分配阀发生紧急制动放风作用，这样有可能将杂物排除。如果上述两种方法均不能排除故障，则应更换紧急阀。

（二）制动灵敏度试验时制动力过强

在客货车辆运用中均曾经发现过个别车辆在制动灵敏度试验时闸瓦猛击车轮，制动力过强的现象，这是由于作用活塞上部缩孔Ⅱ堵死，致使容积室压力上升顶开作用阀，使副风缸的压缩空气进入制动缸，当副风缸的压缩空气进入制动缸时，不能同时进入作用活塞上方，使作用活塞上部无压力，作用阀不能适时关闭，造成制动缸压力过高。

（三）不出闸

列车管减压时，制动缸活塞杆推不出来，可做如下判断：

（1）检查局减室排气口是否排气，如有排气现象说明作用部良好；否则，可能是主活塞膜板穿孔，或压力风缸管路、缓解阀等漏泄。

（2）检查均衡部排气口是否漏气，如果漏气，可能为作用活塞杆密封圈不良。

（3）检查制动缸管路及制动缸活塞皮碗是否漏泄。

如上述情况均良好，则为作用活塞阻抗过大。

（四）缓解不良

充气缓解时，如制动缸活塞杆不能恢复原位，可做如下判断：

（1）检查作用部排气口是否有缓解排气声，如果没有，可能为主活塞膜板穿孔。

（2）检查均衡部排气口是否有缓解排气声，如果没有，而作用部排气正常，则可能为作

用阀脱胶，此时脱开的胶皮会随着作用活塞杆下移而捂住作用活塞杆口，使制动缸不能缓解。

（3）如作用部排气口排气声源源不断并持续时间很长，则可能为作用活塞膜板穿孔，致使作用活塞不能随容积室压力下降而回到原位，这时，制动缸压缩空气通过该穿孔经容积室排入大气，排气一直进行到制动缸活塞杆完全缩回至原位为止。

（4）如果均衡部和作用部排气都正常，而制动缸活塞杆仍不恢复原位，则可能是制动缸活塞杆弯曲别劲，或制动缸缓解弹簧折断。

（五）自然缓解

制动保压作用时，制动缸保压不住发生自然缓解时，可做如下判断：

（1）检查作用部和均衡部排气口是否有缓解排气声，如果这两个排气口都排了气，则可能是压力风缸管路或缓解阀等处漏泄，这部分漏泄时，会使主活塞下方空气压力下降，主活塞下移，导致车辆制动机发生缓解作用。

（2）作用部排气口不排气，均衡部排气口排气，则可能是均衡部下盖漏泄，使作用活塞下方的空气压力下降，作用活塞下移而使分配阀发生缓解作用。

（3）如果作用部和均衡部排气口都未排气，则可能为制动缸活塞皮碗或制动缸管路漏泄。

（六）起非常

起非常在分配阀方面一般是由于限孔Ⅳ或Ⅲ阻塞，或安定弹簧软弱所造成。在列车队里，可采用分段制动查找起非常的分配阀。

五、104 型分配阀的性能

104 型分配阀在设计时充分考虑了必须与旧型三通阀混编使用的条件。因此，104 型分配阀在作用性能、作用压力及时间参数等方面与旧型三通阀均相近。在制动灵敏度、紧急制动性能及制动力不衰减等方面，分配阀有明显的改进。104 型空气制动机的单车试验性能如表 3-3-1 所示。

表 3-3-1　单车制动性能

性能		阀型		
		103 阀	104 阀	备注
定压/kPa		500	600	
压力风缸初充气时间（0 ~ 200 kPa）/s		50 ~ 60	25 ~ 30	
常用制动稳定性/kPa		>40	>40	
制动及保压作用	灵敏度（四位）/kPa	<20	<20	
	制动缸压力初越升/kPa	50 ~ 70	50 ~ 70	
	最大有效减压量/kPa	140	170	
	全制动制动缸压力/kPa	350 ~ 370	410 ~ 430	103 阀重车位
	空重车调整	手动二级	无	
	安定性（五位）/kPa	140	170	
	制动缸自动补风作用	有	有	

续表

性能			阀型		
			103 阀	104 阀	备注
缓解作用	灵敏度（二位），开始缓解		<20	<20	实验台<15 s
	缓解时间/s	全缓解	5 ~ 7	5 ~ 7	
		减速缓解	20 ~ 29	—	
紧急制动作用	灵敏度（六位）/kPa		<80	<80	
	压力上升时间/s		二段（7 ~ 11）	增压（3 ~ 5）	
	常用转紧急		有	有	
	增压		—	10% ~ 15%	

任务四　104 型电空制动机

任务描述

104 型电空制动机采用电信号传输控制制动机，一旦电路传输出现故障会自动切换到空气制动机，原理和 104 型制动机一样。假如你是运用专职，本任务的学习将为你解答企业生产案例，为你将来从事的职业活动奠定理论基础。

任务目标

1. 知识目标

（1）了解 104 型电空制动机基本结构及各部分的主要作用；

（2）熟悉 104 型电空制动机的工作原理。

2. 能力目标

能正确处理 104 型电空制动机常见故障。

3. 职业素养目标

（1）安全第一、预防为主、严规细操；

（2）协作意识、环保意识、节约意识。

104 型电空制动机的结构组成

一、104 型电空制动机的组成

104 型电空制动机是在 104 型空气制动机的基础上增设电磁阀安装座（包括 3 个电磁阀），一个 40 L 的缓解风缸和车端导线连接装置等组成，104 型电空制动机双管供风如图 3-4-1 所示。

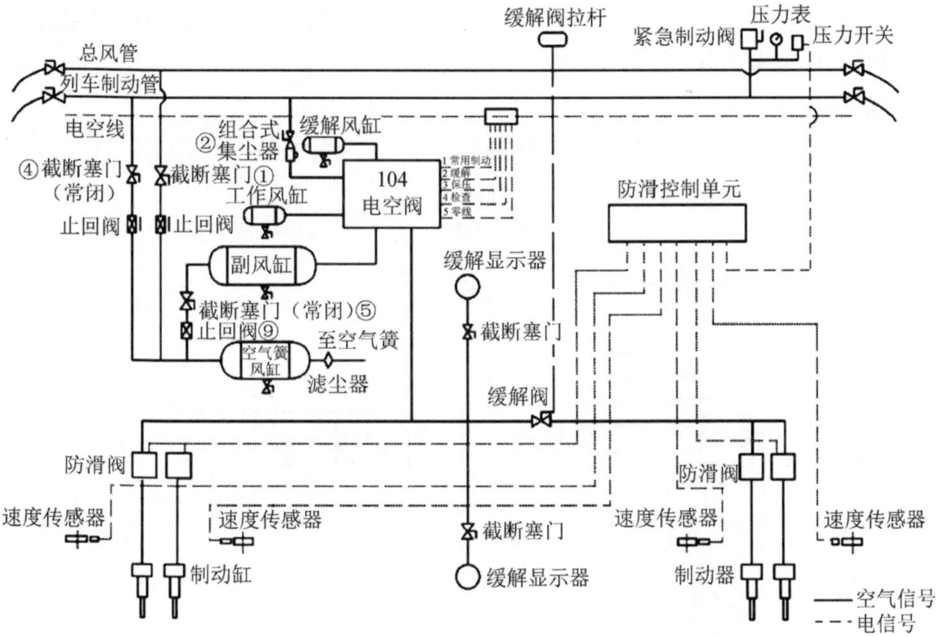

图 3-4-1　104 型电空制动机双管供风示意图

104 型电空制动机主要由制动管、制动支管、截断塞门及集尘器组合体、104 型电空分配阀、副风缸、压力风缸、制动缸和缓解风缸、五芯电缆、电缆连接器（连接电缆、插头、插座）等组成。

电缆为五芯（$4\times4\ \text{mm}^2+1\times2.5\ \text{mm}^2$）电缆，其中一芯（$2.5\ \text{mm}^2$）为 4 号导线，用于检查，另外四芯（$4\ \text{mm}^2$）分别为 1 号（制动）导线、2 号（缓解）导线、3 号（保压）导线和 5 号零线。接线方式如图 3-4-2 所示。

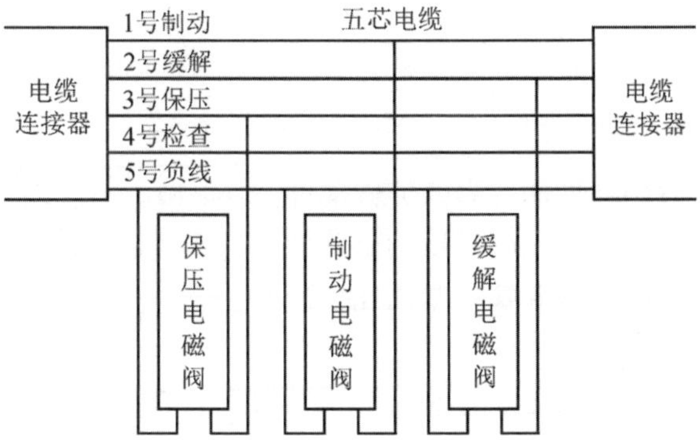

图 3-4-2　104 型电空制动接线简图

用来安装 3 个电磁阀的电磁阀安装座（图 3-4-3）设于 104 型空气分配阀的中间体与主阀之间（参看图 3-4-1），这样就构成了 104 型电空分配阀。图 3-4-3（a）所示为电磁阀安装座的空气通路简图；而图 3-4-3（b）是面向与主阀安装面相接触的电磁阀安装座观看时的视图，可以看出，安装座上所安装的 3 个电磁阀在横向呈一排安装，自左至右分别为保压电磁阀、制动电磁阀、缓解电磁阀，而图 3-4-3（a）的 3 个电磁阀系上下排列是为了表示空气通路的方便。

增设了电磁阀安装座后，原 104 阀的中间体与主阀间的同名空气通路依旧相通。

电磁阀安装座主要由座体、止回阀、止回阀弹簧、止回阀座、止回阀盖、ϕ2.0 mm 缩孔堵、电磁阀盖等组成。

电磁阀安装座上方的止回阀，为副风缸向缓解风缸充气之用。但当副风缸压力低于缓解风缸压力时，缓解风缸内的压力空气不能向副风缸逆流。

该安装座底下设有防尘胶垫，胶垫盖住了两个排气口，其中一个是 104 阀容积室排气口，另一个排气口是制动管排气口，其上拧人一个ϕ2.0 mm 缩孔堵，用以限制该车辆电空制动时的制动管排气速度。

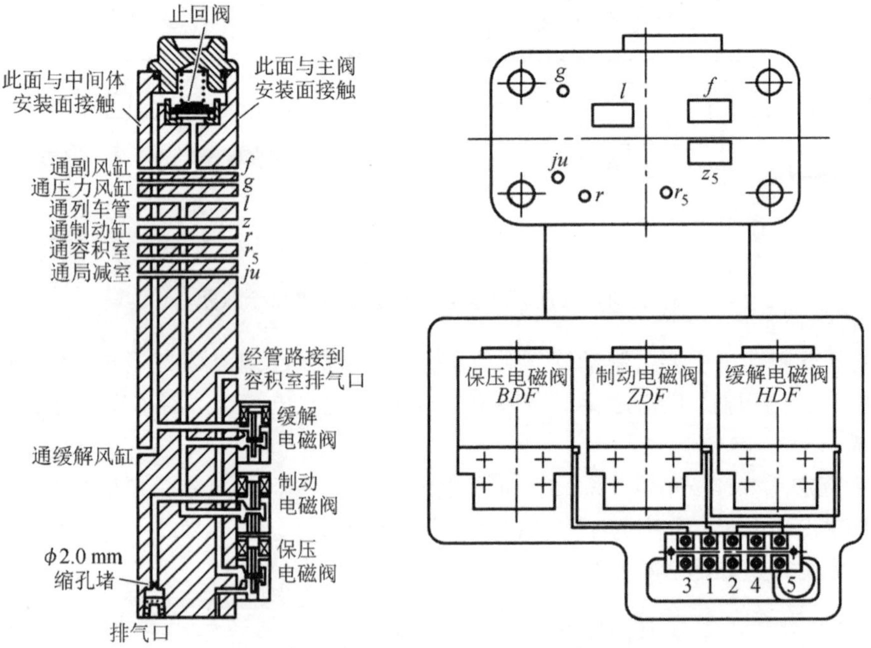

（a）显示空气通路简图　　（b）侧视图（显示接主阀安装面 3 个电磁阀及接线端子）

图 3-4-3　104 型电空制动机电磁阀安装座

电磁阀是保证了电空制动性能可靠的关键部件。104 型电空制动机的 3 个电磁阀的型号相同，以保证互换性，其中保压电磁阀用的是其常开通路，而制动电磁阀和缓解电磁阀用的是其常闭通路。电磁阀用 4 个 M6 螺柱紧固在电磁阀安装座上，为保证安装密封，设有专门的电磁阀胶垫。

制动电磁阀的常闭状态（失电）切断制动管通大气的通路，制动电磁阀得电时开通制动管向大气的排气通路。

缓解电磁阀用于控制缓解风缸与制动管的通路，得电时连通，失电时切断。

保压电磁阀控制容积室与大气的通路，得电时切断，失电时连通。

缓解风缸内的压缩空气由副风缸通过充气止回阀充至与副风缸相近的压力。制动过程中，当副风缸压力降低时，缓解风缸应保持压力不变。

主阀的容积室排气口用一根连接管接到电磁阀安装座后，通过安装座内部的气路与保压电磁阀相连通。当保压电磁阀失电时，该气路与安装座下端面的排气口（即前面所讲的“容积室最终排气口”）相通。所以容积室压力空气是否能排入大气，除了取决于主阀中的主活塞、滑阀的位置外，还取决于保压电磁阀的得电、失电情况。如果主阀虽处于充气缓解位，容积室压力空气已经到达主阀的容积室排气口，但保压电磁阀为得电工况，其内部的气路处于切断状况，则容积室压力空气仍不能排入大气而保持原有压力，这样，主阀中的均衡部仍处于制动中立位，制动缸仍保持原有压力。

104 型电空制动机增设的 40 L 缓解风缸用管子与电磁阀安装座相连接，并通过安装座内部气路，一路与缓解电磁阀相连接，另一路与设在安装座内的止回阀相连接。缓解风缸的用途是：当列车制动后施行电空缓解时，缓解导线及列车中每一车辆的缓解电磁阀同时得电，于是，各车缓解风缸的压力空气（定压空气）经缓解电磁阀内的通路充入制动管，由于各车的制动管同时增压，各车的 104 阀同时动作，处于充气缓解位，各车产生缓解作用。可以看出，由于缓解风缸与缓解电磁阀的配合作用，不仅可使列车中各车辆的缓解作用发生得早，而且前、后车辆缓解作用的一致性也好。因此，此风缸也称为“加速缓解风缸”。当缓解风缸压力降低（由于它向制动管充气）而低于副风缸压力（来自机车的制动管压力空气通过处于充气缓解位的主阀向副风缸充气，所以副风缸在增压）时，副风缸压力空气经安装座内的止回阀充入缓解风缸，最后使缓解风缸充到与副风缸压力一样，达到定压。

二、104 型电空制动机综合作用

104 型电空制动机原理

1. 充气缓解位（即运转位）

104 型分配阀处于充气缓解位。

3 个电磁阀均不得电，常开的保压电磁阀使容积室压缩空气排大气的通路畅通，即容积室压缩空气→d_3孔→保压管→保压电磁阀→大气。

2. 常用制动位

当司机施行电空制动时，制动导线得电，列车中各车辆的制动电磁阀 ZDF 得电。制动管压力空气除通过机车制动机中的中继阀排入大气外，还通过每辆车上的制动电磁阀→ϕ2.0 mm 缩孔堵→安装座排气口排入大气。由于制动管减压，主阀作用部的主活塞由充气缓解位上移至制动位，104 阀的主阀先后产生两段局减作用，压力风缸压力空气充入容积室，容积室增压，通过均衡部的动作，副风缸压力空气充入制动缸，车辆产生制动作用。

电磁阀得电时间的长短决定着制动管的减压量。

3. 制动保压位

当施行电空常用制动而制动管减压量达到要求时，制动导线失电，制动电磁阀 ZDF 失电，该电磁阀内的空气通路被切断，于是制动管停止排气。当 104 阀的主活塞下方的压力风缸压力降到与制动管压力相等时，主活塞带着节制阀稍下移，节制阀切断压力风缸通向容积室的通路，容积室停止增压。在均衡部，当制动缸压力上升到等于容积室压力时，副风缸向制动缸的充气通路被切断，于是制动缸处于保压状态。

在制动导线、制动电磁阀失电的同时，保压导线及保压电磁阀 BDF 得电，使容积室通往大气的整个通路中，除了在主阀作用部处的一段通路被节制阀切断以外，还在保压电磁阀内的气路处被切断，从而使容积室压力空气不能排出，而处于保压状态。

如再次要求制动缸增压，司机只要将自阀手柄在制动区中再次右移，于是又重复前面所述的制动工况以及制动后的保压工况，也即制动电磁阀再次得电，然后又失电，而保压电磁阀对应地再次失电，然后又得电。因此，这两个电磁阀分别交替得电、失电，可获得制动机阶段制动作用。

4. 制动后的缓解位

当机车司机施行电空完全缓解时（自阀手柄扳至运转位），缓解导线、缓解电磁阀 ZDF 得电，与此同时，保压导线、保压电磁阀 BDF 失电。由于列车中每辆车的缓解电磁阀得电，它们连通了本车缓解风缸至制动管的通路，使缓解风缸压力空气迅速充入制动管，所以前、后部车辆的缓解作用的一致性大为改善。由于制动管增压，104 阀主阀作用部的主活塞下移至充气缓解位，列车管压力空气向压力风缸充气；容积室压力空气→作用部滑阀处的通路→主阀容积室排气口→电磁阀安装座的连接管-保压电磁阀 BDF（失电时）内的气路 →电磁阀安装座的排气口→大气。由于 104 阀一直处于充气缓解位以及保压电磁阀一直处于失电工况，所以上述容积室通大气的通路永远畅通，因而其压力一直降到零。通过主阀均衡部的动作，制动缸压力空气经均衡部排气口排入大气，制动缸压力一直降到零，制动缸得到完全缓解。

5. 制动后的阶段缓解位

当机车司机施行电空阶段缓解时（自阀手柄在制动区分段左移），一开始时，缓解导线、缓解电磁阀 HDF 得电和保压导线、保压电磁阀 BDF 失电的情况与上述“电空完全缓解”时相同，容积室排气减压，通过均衡部动作，制动缸排气缓解。当制动缸压力降到符合司机要求的压力时（此制动缸压力应与司机操纵的自阀手柄在制动区内扳置的位置相对应），保压导线、保压电磁阀 BDF 重新得电，保压电磁阀内的一段气路关闭，切断了容积室压力空气排入大气的通路，容积室不再排气减压，容积室保压，相应地，通过均衡部的动作，也即当制动缸压力降到与容积室压力相平衡时（实际上是降到稍低于容积室压力时），作用活塞与其活塞杆稍上移而关闭了活塞杆顶端的排气口，于是，制动缸的排气通路被切断，制动缸保压。

如再次要求制动缸降压，司机只要将自阀手柄在制动区中再次左移，这时，保压电磁阀 BDF 再次失电，容积室再次排气，便可实现制动缸排气降压。因此，保压电磁阀 BDF 交替失电，得电，可获得制动机阶段缓解作用。尽管 104 型分配阀为一次缓解阀，但在它处于缓解位时，保压电磁阀间断地得失电，控制容积室的阶段性排气，从而得到了制动机的阶段缓解作用。

6. 紧急制动位

紧急制动时，紧急阀与空气制动时一样动作，同时制动电磁阀得电，当制动管空气压力降至 0，在 5 s 以后制动电磁阀失电。

104 电空制动电磁阀的得失电情况如表 3-4-1 所示。

表 3-4-1　电空制动电磁阀的得失电情况

电磁阀	运转位	常用制动位	保压位	缓解位	阶段缓解	紧急位
制动电磁阀	失电	得电	失电	失电	失电	先得后失
保压电磁阀	失电	失电	得电	得电	失电得电失电	失电
缓解电磁阀	失电	失电	失电	得电	得电失电得电	失电

三、104 型电空制动机常见故障及处理

（1）电磁阀不动作时，检查各电缆是否有断路现象。如果电线回路均正常，则可能是电磁阀内部被卡住，轻轻地敲击或振动就能恢复正常。若仍无效果，或许是电磁阀有其他不易排除的故障，更换电磁阀。

（2）在制动位时，制动管减压过快或过慢，检查电磁阀安装座下方制动管排气口的缩堵是否正常；如果失电后，制动电磁阀排风不止，可判断为电磁阀阀口被异物垫住不能关严，动作几次可将异物吹掉，若仍无效果则须更换电磁阀。

（3）在制动保压位时，缓解风缸的压力保不住，随副风缸或制动管的空气压力往下降。其原因如下：

① 电磁阀座上的充气止回阀有故障。如破损或被异物垫住，造成缓解风缸压缩空气向副风缸逆流，处理方法是整修或清理阀口。

② 缓解电磁阀的阀口被灰尘垫住，使缓解风缸与制动管相通，此时，处理电磁阀即可。

如果在制动后施行电空缓解时，缓解时间长或速度较慢，即与空气制动机缓解接近，则可以认为缓解风缸内的压缩空气保不住。

（4）在阶段缓解时，电空阀的阶段缓解性能不明显，甚至没有阶段缓解性能。出现这种故障的原因有两种可能：一是由于电磁阀座至主阀 d_3 孔的外接管有漏泄，只要排除即可。二是保压电磁阀得电后未能切断所控制的空气通路，动作几次后有可能吹去垫住阀口的异物，如不能奏效则应更换电磁阀。

任务五　F8 型分配阀

任务描述

Z××× 列车进站司机施加制动调速，发现制动力偏弱，司机通过无线列调对讲机通知车辆乘务员核实制动力偏弱原因。假如你是一位乘务员见习生，亲身体会此种经历，此时的你疑惑迷蒙不知所措。触碰列车制动系统，踏上时光隧道，回想本节课堂知识，设置防护号志，进行制动机试验，按规章流程处置故障现象，朦胧的疑惑将迎刃而解。

任务目标

1. 知识目标

（1）熟知 F8 型分配的结构；

（2）理解 F8 型分配阀的原理。

2. 能力目标

（1）具备 F8 型分配阀故障处理能力；

（2）具备车辆乘务员应急故障处理的能力。

3. 职业素养目标

（1）安全第一、预防为主、严规细操；

（2）协作意识、环保意识、节约意识。

知识储备

一、F8 型空气分配阀的特点

F8 型分配阀是为适应旅客列车速度提高对车辆制动机性能的要求而设计的。设计和制造过程中，充分分析研究了我国铁路客车原有制动机的优缺点，同时也吸取了国外先进制动机的一些优点。因此，在结构和性能上都具有较先进的水平。

（1）F8 型分配阀采用三压力控制为主，二压力控制为辅的混合控制机构。主阀为三压力（即制动管、压力风缸和制动缸的空气压力）机构平衡阀；辅助阀为二压力（制动管和辅助室的空气压力）机构平衡阀。因此 F8 型分配阀具有自动补风作用，即当制动缸有轻微漏泄时，副风缸可自动向制动缸进行补充压缩空气，使制动缸的空气压力不衰减，而且制动缸压力与制动缸活塞行程无关。

（2）F8 型分配阀取消了金属滑阀和金属活塞环结构，采用橡胶膜板活塞和柱塞结构。消除了金属活塞环及滑阀的漏泄，提高了分配阀的动作灵敏度；也使分配阀的制造和检修更为方便，减少了维修工作量，大大地延长了检修周期。同时，分配阀的阻力受润滑状态的影响甚小，因此其作用稳定可靠。

（3）F8 型分配阀具有良好的制动管局部减压作用。采用了第一阶段、第二阶段两个阶段的局减作用，提高了制动管的制动波速，使列车制动的一致性更好，减少了列车的纵向冲动，更适合较长编组的旅客列车。

（4）具有良好的阶段缓解性能，提高了列车操纵的灵活性。并有阶段缓解与一次性缓解的转换装置，便于与其他类型制动机混编运行。

（5）F8 型分配阀仍然采用常用制动与紧急制动分部作用的方式。在紧急制动时，制动管压缩空气直接从辅助阀排入大气，产生强烈的紧急局减作用，提高列车的紧急制动波速。而在常用制动时又不发生紧急局减作用，既保证了常用制动的安定性，又具有良好的常用制动转紧急制动的性能。

（6）F8 型分配阀可与国内任何型号客车三通阀、分配阀无条件混编，可以编组至 25 辆，使用阶段缓解性能时，司机操纵更方便、安全，列车运行品质平稳，乘客舒适度更好。

（7）F8 型分配阀是结合我国国情，并吸收国外先进经验而设计制造的，其结构与我国内燃机车主型制动机——JZ-7 型制动机相近，多数零部件可与之互换使用。

F8 型分配阀是目前国内最接近 UIC（国际铁路联盟）标准的分配阀，近年来已随车出口到伊朗、缅甸等国家。

二、F8 型空气分配阀的构造

F8 型分配阀构造组成

F8 型分配阀作为空气制动装置主控部件，在车下安装布置如图 3-5-1 所示，配设压力风缸、副风缸和制动缸。

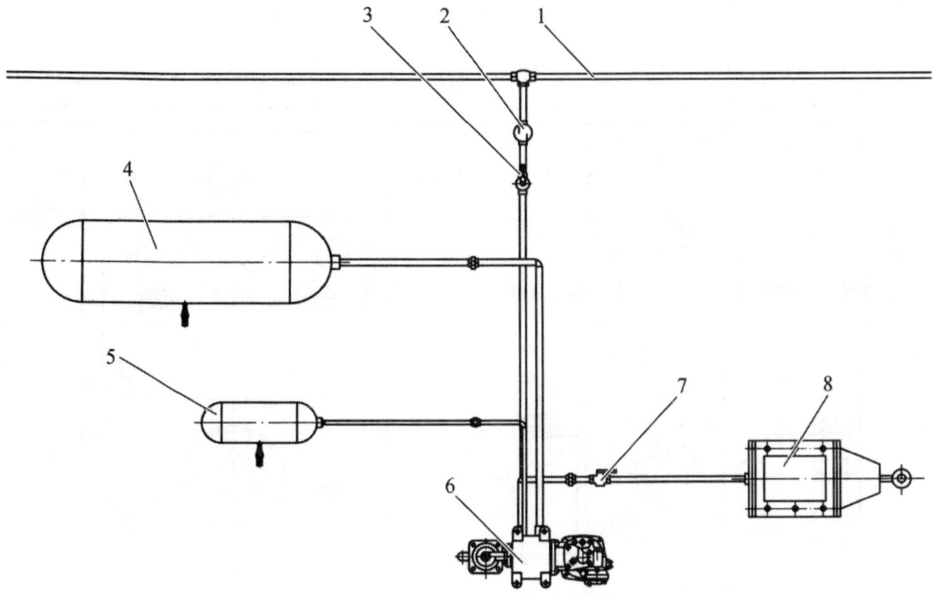

1—制动管；2—集尘器；3—截断塞门；4—副风缸；5—压力风缸；
6—F8 型分配；7—缓解塞门；8—制动缸。

图 3-5-1　F8 型分配阀安装布置示意图

F8 型分配阀由主阀、辅助阀和中间体（也称管座）等 3 部分组成，如图 3-5-2 所示。

图 3-5-2　F8 型客车分配阀

（一）中间体

中间体用铸铁制成，既可以作为主阀、辅助阀及制动管和各风缸连接管路的安装座，又在中间体内设有各种暗道通路和空腔，直接参与 F8 型分配阀的作用。中间体的构造如图 3-5-3 所示。

中间体主要由中间体 1、螺堵 2、螺盖 3、滤尘器 4、防尘垫 5、安装螺柱等组成。

中间体内设有两个空腔，一个是容积为 0.8 L 的局减室，一个是容积为 3 L 的辅助室。另外还有一些内部通路。在制动管的内部通路上加装有一个圆筒型滤尘器，对进入 F8 型分配阀主阀的压缩空气进行过滤。滤尘器的外侧安装有螺盖，以便于取出清洗和更换滤尘器。

主阀和辅助阀分别安装在中间体的两个垂直侧面上。中间体的上平面有 4 个吊装孔，用于将中间体吊装在车体下。

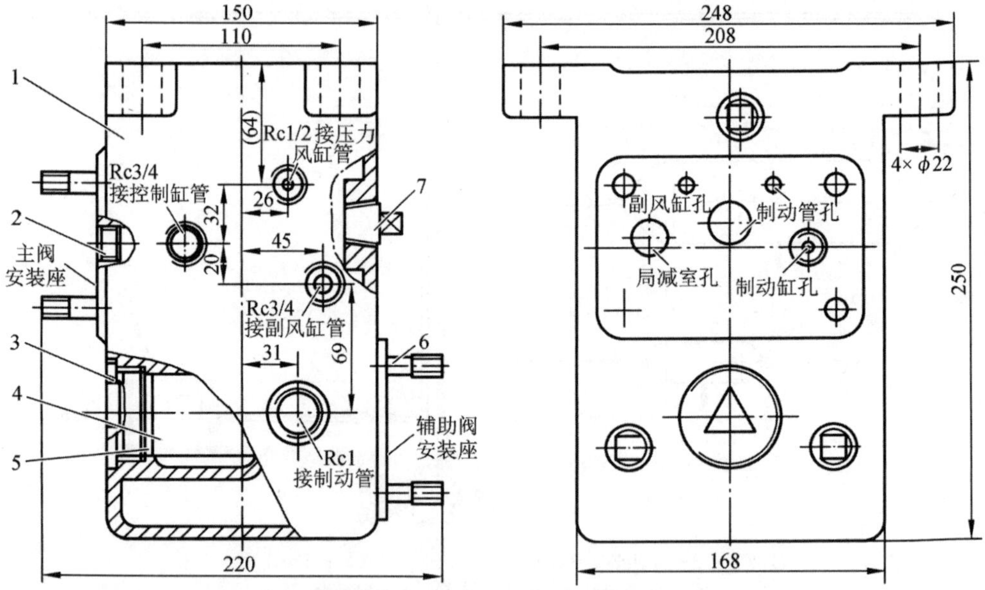

1—中间体；2—螺堵（制动缸压力限制堵）；3—螺盖；4—滤尘器；5—防尘垫；6—双头螺栓；7—螺堵。

图 3-5-3　F8 型分配阀中间体组成

在中间体的一个垂直侧面上设有连接制动系统的螺孔，分别连接制动管 ϕ25 mm、副风缸 ϕ18 mm、压力风缸 ϕ12.5 mm、制动缸 ϕ18 mm。

中间体的主阀安装面上设置有一个制动缸限制螺堵，一般情况下不用，必须将它卸掉，否则会影响制动缸的压力上升时间，影响制动机的正常作用。但是当需要与空重车调整阀等附属装置配套使用时，必须选用合适的带有固定缩孔的螺堵。

（二）主阀部分

F8 型分配阀的主阀部分是由主控部、充气阀、限压阀、副风缸充气止回阀、局减阀、转换盖板等组成，如图 3-5-4 所示。

1. 主控部

主控部主要由平衡阀组成 4、主阀杆 11、小活塞 17、小膜板 18、主活塞 20、大膜板 21、局减阀套 36、缓解柱塞 37、制动弹簧 39、缓解阀 33 等组成。其用途是根据制动管压缩空气压力的变化，通过制动管、压力风缸、制动缸三者压力的平衡作用产生制动机的制动、缓解、保压等基本作用。

主活塞安装在主控部的主阀体与下阀体之间。先将主活塞 20、大膜板 21、主活塞压板 22 装在一起，用螺钉将主活塞压板拧紧在主活塞上，然后将 O 形密封圈、装好的主活塞套装在缓解柱塞 37 的上部，并用压紧螺母将其固定在缓解柱塞上。缓解柱塞的上部有一个轴向中心孔，上端部装有一个透气的硬心。在缓解柱塞的中部装有一个 O 形密封圈，下部装有两个 O 形密封圈，下部的两个 O 形密封圈之间有径向孔与轴向中心孔相通。主活塞与阀下体之间装有制动弹簧 39。

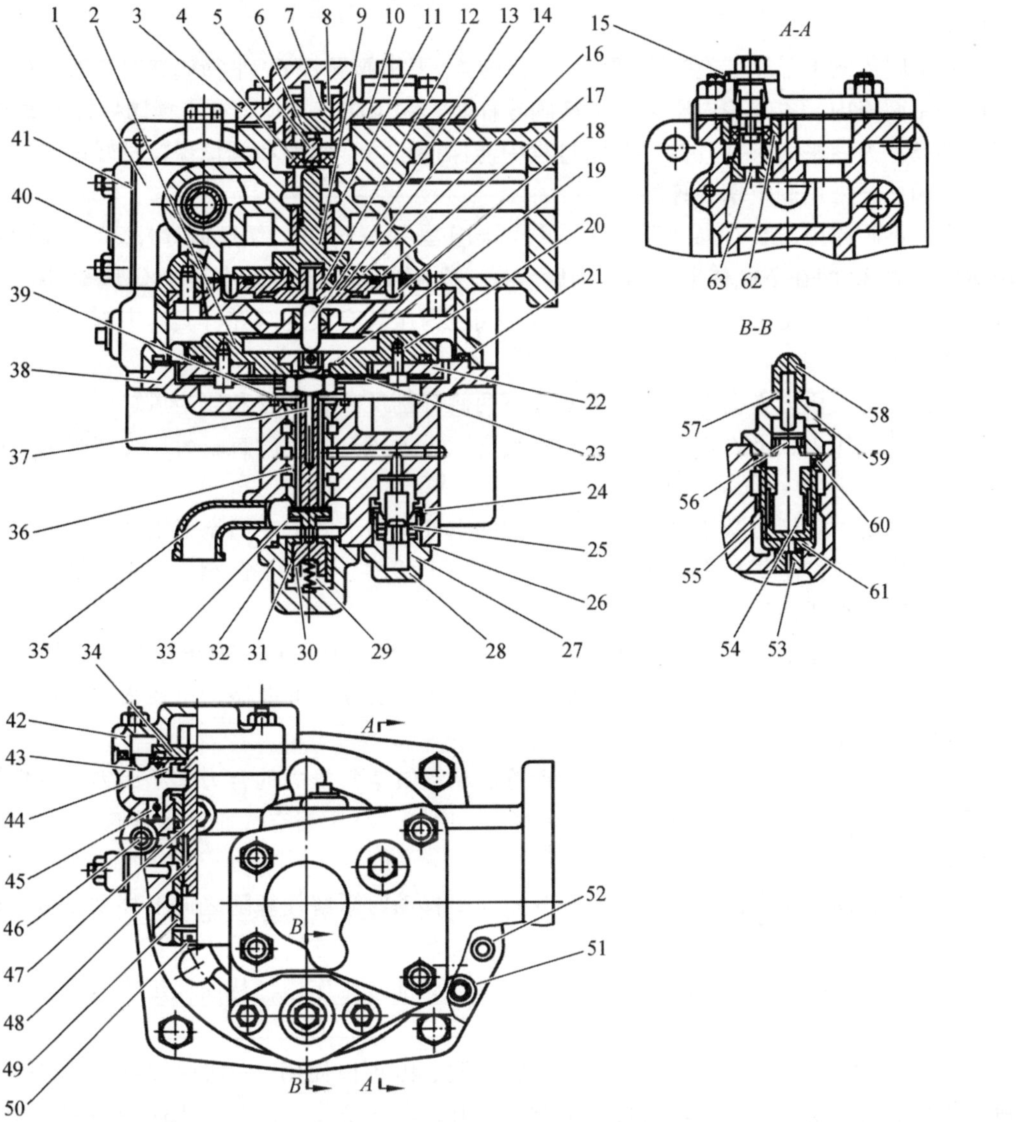

1—主阀体组成；2—中体组成；3—主阀上盖组成；4—平衡阀；5—固定销；6—导杆；7—平衡阀弹簧；8—套用O形密封圈；9—O形密封圈；10—主阀上盖垫；11—主阀杆；12—顶块；13—顶杆；14—压帽；15—螺堵；16—压板；17—小活塞；18—小膜板；19—排风阀O形密封圈；20—主活塞；21—大膜板；22—压板；23—硬心；24—弹簧；25—止回阀橡胶垫；26—止回阀；27—止回阀弹簧；28—螺盖；29—保压弹簧；30—导杆；31—O形密封圈；32—缓解阀盖；33—缓解阀组成；34—膜板托；35—放风弯头；36—缓解阀套；37—缓解柱塞；38—主阀下体；39—制动弹簧；40—转换盖板；41—转换盖板垫；42—充气阀盖；43—充气阀膜板；44—压板；45—充气阀弹簧；46—缩堵；47—排气堵；48—充气柱塞；49—充气阀套；50—排气罩；51—大胶垫；52—胶垫；53—大缩堵；54—限压阀弹簧；55—限压阀；56—弹簧托；57—调整螺柱；58—螺母；59—限压阀盖；60—限压阀套O形密封圈；61—限压阀套；62—止回阀套；63—缩堵。

图 3-5-4　F8 型分配阀的主阀部分

依次将小活塞压板 16、小膜板 18、小活塞 17、O 形密封圈套装在主阀杆的端部，用压帽 14 拧紧。主阀杆上装有一个 O 形密封圈 9。在主阀体内压装有主阀杆导向套，小活塞组成就装入主阀杆导向套内，然后用螺钉将中体固定在主阀体内，中体把小膜板的外缘压紧在主阀体上。中体的中心压装有顶杆导向套，顶杆导向套内装有 O 形密封圈。顶杆 13 装入顶杆导向套。

在主阀体的上部压装有平衡阀座。平衡阀 4、平衡阀导杆 6、平衡阀弹簧 7 安装在与此相对应的主阀盖内。主阀盖内压装有平衡阀导杆套。为了防止漏泄，在平衡阀导杆上装有 O 形密封圈 8。为使平衡阀在开放、关闭过程中能保持正位，阀面和阀口保持良好接触，平衡阀与平衡阀导杆采用固定销 5 连接。

主阀下阀体内压装有局减阀套 36、缓解阀座。缓解阀 33、缓解阀导杆 30、保压弹簧 29 用缓解阀盖 32 装在下阀体上。与平衡阀一样，缓解阀导杆上也装有一个 O 形密封圈 31，缓解阀与缓解阀导杆也采用固定销连接。缓解阀盖内压装有缓解阀导杆套。主阀下体上还装有放风弯头 35。

主控部是三压力平衡机构，主活塞上下两侧分别反映制动管和压力风缸压力，小活塞上方反映制动缸压力，下方通大气。通过制动管、压力风缸、制动缸三者压力的平衡作用产生 F8 型分配阀的制动、缓解、保压等基本作用。

（1）当制动管施行减压时，主活塞下侧的空气压力下降，主活塞上下两侧形成一定的压力差，在压力风缸空气压力的作用下，主活塞向上移动，打开平衡阀，使副风缸的压缩空气进入制动缸，形成制动作用。

（2）制动管停止减压（阶段缓解时为停止增压）时，制动缸压力还在上升（或下降），当压力风缸、制动管和制动缸三者压力平衡时，平衡阀关闭，此时制动缸压力保持不变，主阀处于保压位状态。

（3）当制动管空气压力增大时，制动管和制动缸空气压力的合力大于压力风缸作用在主活塞上的力，使主活塞向下移动，打开缓解阀，使制动缸压缩空气通过缓解阀组成排向大气，主控部处于缓解位。

（4）在制动管压力下降，主活塞刚开始向上移动时缓解柱塞随之向上移动，打开制动管与局减阀套之间的联络通路，制动管的压缩空气，经缓解柱塞上的中间孔、局减阀套，顶开止回阀，进入中间体中的局减室，使制动管发生局部减压作用，从而促进主阀迅速动作进入制动位，又可促进制动波速的传递。

（5）一次性缓解和阶段缓解的转换：转换盖板 40 可以使用“一次性缓解”或“阶段缓解”两个位置安装。安装在“阶段缓解”位时，具有阶段缓解作用。当与无阶段缓解的制动机混编运行时，转换盖须放置在“一次性缓解”位安装，此时制动机施行缓解，压力风缸压缩空气可经局减阀套、转换盖板上的孔和槽直接进入制动管，达到一次性缓解的目的。由于缓解时压力风缸压缩空气直接迅速进入制动管，既提高了制动管的再充气速度，又加速了主阀的缓解作用，这对于较长编组列车的后部车辆加速缓解是很有意义的。

2. 充气阀

充气阀主要由充气阀盖 42、充气阀膜板托 34、充气阀膜板 43、充气阀膜板压板 44、充气阀弹簧 45、充气柱塞 48、充气阀套 49 等组成。

充气阀的作用：

在缓解位时，制动管压缩空气经充气阀套 9、充气阀杆 48 向压力风缸充气。

在缓解位时，局减室压缩空气经充气阀套 9、排气罩 50 排入大气。

在制动位时，制动缸压缩空气推动充气阀膜板 43，压缩弹簧 45，移动充气柱塞 48，切断局减室通大气的通路，切断制动管与压力风缸之间的联络通路，以保证主阀的正常作用。

3. 限压阀

限压阀主要由限压阀盖 59、限压阀套 61、限压阀套 O 形密封圈 60、大缩堵 53、限压阀弹簧 54、限压阀 55、调整螺柱 57、螺母 58 等组成。

限压阀的作用是：限制常用制动和紧急制动时的制动缸最高压力值，其限制值可由调整螺柱调整，调整后由螺母锁紧。一般常用制动时，限压阀不限制制动缸压力，而使用常用制动过量减压时，制动缸压力可继续上升，直达到紧急制动时最高制动缸压力值。

4. 副风缸充气止回阀

副风缸充气止回阀主要由止回阀套 62、缩堵 63、螺堵 15、止回阀弹簧 27、止回阀 26 等组成。

副风缸充气止回阀的作用是：沟通制动管向副风缸的充气通路并防止副风缸压缩空气向制动管逆流，保证主阀正常工作。

5. 局减阀

局减阀主要由止回阀 26、止回阀弹簧 27、螺盖 28 等组成。

局减阀的作用是：主阀产生局减作用时，制动管压缩空气经局减阀向局减室充气，并防止局减室压缩空气向制动管逆流。

（三）辅助阀部分

辅助阀部分主要由辅助阀活塞 8、辅助阀套 10，形密封圈Ⅱ和 12、辅助阀杆 5 常用排风堵 13、紧急排风堵 14、紧急放风阀组成 1 等组成，如图 3-5-5 所示。

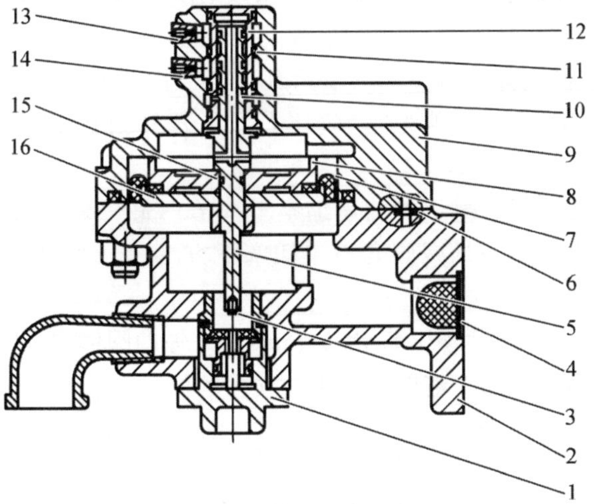

1—紧急放风阀组成；2—辅助阀组成；3—触头；4—滤尘网；5—辅助阀杆；6—胶垫；7—膜板；8—辅助活塞；9—辅助阀上盖；10—辅助阀盖；11—排风阀 O 形密封圈；12—阀杆 O 形密封圈；13—常用排气限制堵；14—紧急排气限制堵；15—柱塞 O 形密封圈；16—活塞压板。

图 3-5-5 F8 型分配阀的辅助部分

辅助阀采用二压力平衡机构，辅助阀活塞上方为辅助室压缩空气，下方为制动管压缩空气。从主阀来的压力风缸压缩空气经上方通路充入辅助室内和膜板 7 上方，辅助室与制动管压缩空气达到平衡。制动时由于制动管减压，辅助阀到达制动位，辅助室压缩空气经过常用制动排风堵 13 和紧急制动排风堵 14 排入大气。

辅助阀的作用是：

（1）车辆制动后再充气缓解时，制动管空气压力增大，压力风缸的压缩空气再次经辅助阀套 10、辅助阀杆 5 上的联络槽充入辅助室，压力风缸压力迅速下降从而加速主阀的缓解作用。

（2）当制动管以紧急制动减压时，辅助阀活塞下方的空气压力迅速降低，依靠辅助室空气压力推动辅助阀活塞 8 和辅助阀杆 5 向下移动，打开下方的紧急放风阀，产生制动管紧急放风作用。

三、F8 型分配阀的作用

F8 型分配阀的作用性能有：充气缓解作用、常用制动作用及稳定性和安定性、制动保压作用及自动补风作用、阶段缓解保压作用、紧急制动作用等 5 个作用位置。

（一）充气缓解作用（图 3-5-6）

充气缓解作用

初充气时，制动管空气压力增大，压缩空气经制动管、制动支管、截断塞门和远心集尘器进入 F8 型分配阀的中间体，一路由滤尘器、主阀安装面孔 a_1 进入主控部；另一路经辅助阀安装面孔 a'_1 滤尘网进入辅助阀活塞下方 a'_2。

进入主控部的压缩空气，经主阀暗道 a_2 进入主活塞上方空间 a_3（同时进入 a_4），推动主活塞向下移动，压缩制动弹簧，直到主活塞外缘碰到下阀体，此时主阀处于充气缓解位，制动管向副风缸、压力风缸和辅助室充气。

（1）副风缸充气：制动管的压缩空气→a_1→a_2→副风缸充气止回阀→b_1→b→副风缸。另外，经副风缸充气止回阀后从 b_1 进入主阀平衡阀的空腔 b_2。

由于副风缸充气止回阀弹簧有一定的预紧力，实际上，副风缸充不到定压值，一般情况下，在制动管定压为 600 kPa 时，副风缸空气压力可充至 560 kPa 以上，而定压为 500 kPa 时，副风缸空气压力可充至 460 kPa 以上。

（2）压力风缸充气：主活塞上方的压缩空气→a_5→充气阀杆沟槽 a_6→转换盖板槽 a_7→a_8→缩堵→下阀体通路 a_9→局减阀套→主活塞下方 c_1→上阀体通路 c_2→中间体通路 c_3→压力风缸。

（3）辅助室充气：由于制动管压缩空气经 a'_1 进入辅助阀体内 a'_2（同时进入放风阀下方 A'_3），推动辅助阀活塞向上移动，辅助阀处于充气缓解位。

制动管的压缩空气经 c_4—辅助阀暗道 c_5→辅助阀套→辅助阀杆→辅助阀活塞上方 f_1→f_2→f_3→辅助室。

再充气时，即制动机在制动后进行充气缓解，当制动管增压后，是主控部原来的三压力平衡状态被打破，制动管和制动缸的压缩空气作用合力（向下）大于压力风缸的压缩空气向上的作用力，主阀向下移动，到达充气缓解位。此时，压力风缸、副风缸和辅助室的充气通路与初充气时相同。

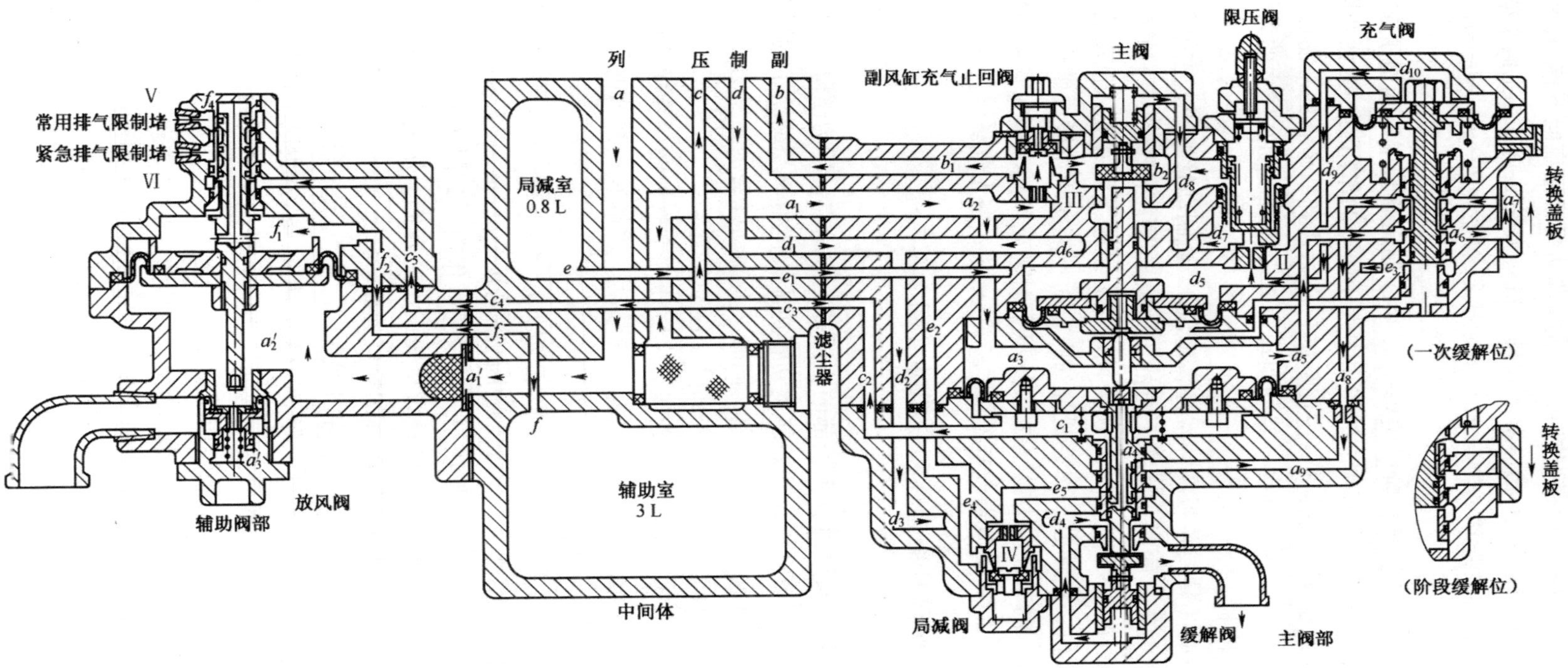
列
压
制
副
副风缸充气止回阀
主阀
限压阀
充气阀
常用排气限制堵
紧急排气限制堵
V
VI
局减室
0.8 L
辅助室
3 L
滤尘器
中间体
辅助阀部
放风阀
局减阀
缓解阀
主阀部
转换盖板
(一次缓解位)
转换盖板
(阶段缓解位)

图 3-5-6 充气缓解位

（4）制动缸缓解：主控部在缓解位时，主活塞带动缓解柱塞向下移动，打开缓解阀。制动缸的压缩空气→d→d_1→d_2→d_3→d_4→缓解阀排气口→大气。同时，主阀小活塞上方d_5的压缩空气也经限制阀底部的大缩堵→限压阀套→限压阀沟槽→d_6→d_2→d_3→d_4→缓解阀排气口→大气。

使用阶段缓解时（转换盖板在阶段缓解位），由于制动管从增压到增压停止，主阀小活塞上方制动缸压力下降，直到主控部向上的作用力大于向下的作用力，主活塞即向上移动，关闭缓解阀口，制动缸停止向大气排气。主控部的三压力达到一个新的平衡点，此时制动缸仍保留有一定的空气压力，车辆仍具有一定的制动力。缓解时制动缸压力的大小可以通过控制制动管的增压量得到控制。

使用一次性缓解时（转换盖板在一次性缓解位），当制动管增压，主控部到达缓解位后，制动缸压缩空气排向大气，同时主活塞下方的压力风缸压缩空气经c_1→局减阀杆→局减阀套→a_9→a_8→a_7→a_6，流向主活塞上方a_3，压力风缸压力迅速下降并充入制动管。此时，主控部不可能回到缓解保压位，制动缸一次性缓解到底，而不能实现阶段缓解作用。

（5）局减室排气：制动缸压力排至 20 kPa 以下时，充气阀活塞在弹簧力作用下移动，打开充气阀杆尾部气路，局减室压缩空气经e（e_2）→e_1→e_3→大气。

常用制动作用

（二）常用制动作用及稳定性和安定性（图 3-5-7）

（1）常用制动作用。

当制动管以常用制动减压时，主控部的主活塞上方的空气压力下降，而主活塞下方压力风缸压缩空气，开始向制动管逆流，但由于受缩堵Ⅰ的限制，其逆流速度较慢，随之主活塞上下形成一定的压力差，同时又有制动弹簧的预紧力作用，推动主活塞并带动缓解柱塞、主阀杆等向上移动。主控部处于制动位置。

此时，由于缓解柱塞向上移动，切断压力风缸压缩空气向制动管逆流的通路，使主活塞上下两侧的压力差进一步增大，主活塞迅速向上移动。缓解阀在弹簧的作用下，关闭制动缸与大气的通路。

第一阶段局减作用：主活塞上方的压缩空气经a_3→缓解柱塞中心孔a_4→缓解柱塞径向孔→缓解柱塞与局减阀套的沟槽→e_5→局减阀中的缩堵Ⅳ→e_4→e_3→e_2→e_1→e→局减室，同时经通路e_3→充气阀排气口排入大气，形成第一阶段局减作用，如图 3-5-8 所示。

第一阶段局减作用进一步促进了制动管空气压力的降低，使主活塞迅速向上移动。打开主阀上方的平衡阀，形成副风缸向制动缸的充气通路。

副风缸压缩空气→b→b_1→b_2→打开的平衡阀口→b_3→d_8→限压阀套和限压阀→d_7→d_6→d_1→d→制动缸。同时制动缸压缩空气又经d_7→大缩堵Ⅱ→d_5→主阀小活塞上方，又经d_9→d_{10}→充气阀活塞的上侧，压缩充气阀弹簧，使充气阀向下移动，充气阀杆上的橡胶密封圈切断局减阀通大气的通路，第一阶段局减作用结束。

但制动管压缩空气向局减室充气的通路并没有切断，局减室空气压力将继续增加，一直到局减室空气压力与制动管空气压力平衡为止，即第二阶段局减结束。

在常用制动过程中，由于制动管空气压力低于副风缸空气压力，因此，副风缸止回阀被关闭。

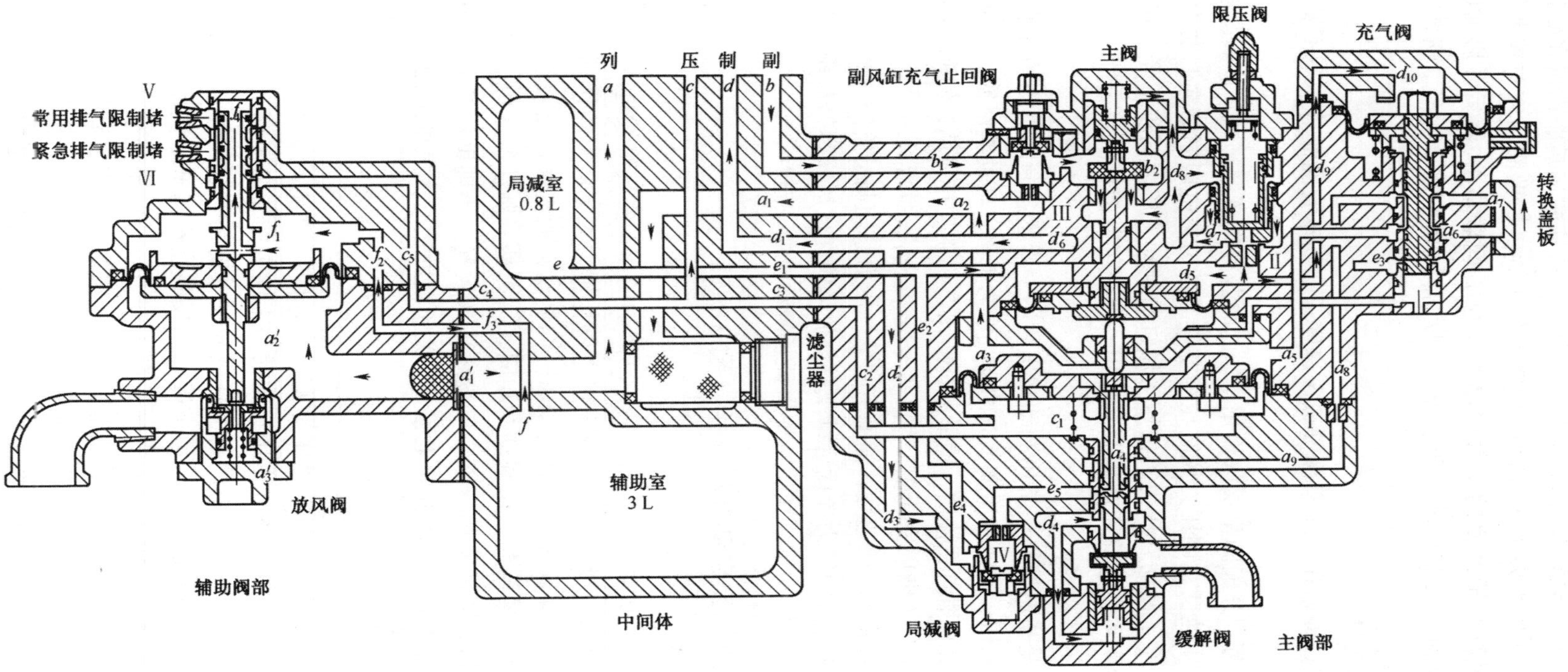

常用排气限制堵
紧急排气限制堵
V
VI
放风阀
辅助阀部
局减室
0.8 L
辅助室
3 L
中间体
列
压
制
副
滤尘器
副风缸充气止回阀
主阀
限压阀
充气阀
转换盖板
局减阀
缓解阀
主阀部

图 3-5-7　常用制动位

常用制动初期，辅助室的空气压力几乎不变，制动管减压后，作用在辅助阀活塞上下侧压力失去平衡，当其压力差大于辅助阀的动作压差时，辅助阀活塞与辅助阀杆一起向下移动，先遮断压力风缸与辅助室的空气通路（c_5与f_1间联络），然后开启辅助室与常用排气堵的空气通路，使辅助室的压缩空气从常用制动排风堵V排入大气，辅助阀处于常用制动位置。

（2）制动机的稳定性。

制动机的稳定性，即指在列车管缓慢减压速度（如列车管漏泄等）下不发生制动作用的性能。

列车正常运行过程，分配阀呈缓解作用位。此时若列车管缓慢减压（如漏泄），此漏泄速度小于制动管最小减压速度，则压力风缸压缩空气经压力风缸限制堵向制动管逆流，制动管压力下降的同时也补偿了制动管压力，使压力风缸与制动管压力同步下降，在主活塞两侧不能形成压力差，主活塞不会上移而产生制动作用，保证了制动机的稳定性。

（3）制动机的安定性。

制动机的安定性是指制动机在常用制动减压时不发生紧急制动作用的性能。

制动管常用制动减压，辅助阀活塞下方的空气压力下降，辅助阀活塞的上下两侧形成常用制动压力差，辅助阀活塞稍向下移动，辅助阀杆露出常用制动排风堵，辅助室的压缩空气除经常用制动排风堵排向大气（辅助室压缩空气→f_3→f_2→f_1→f_4→缩堵V→大气），辅助室排气速度不小于制动管常用制动最大减压速度，辅助室的空气压力紧随制动管空气压力下降，使辅助阀活塞上、下方不能形成更大的压力差而继续下移，放风阀在放风阀弹簧作用下保持与放风阀座密贴，保证了不产生紧急制动排风作用，即保证了制动机的安定性。

（三）制动保压作用及自动补风作用（图 3-5-9）

制动保压作用

（1）制动保压作用。

在常用制动过程中，制动管停止减压后，副风缸的压缩空气继续进入制动缸及小活塞上方空间，当作用在主阀上向下的作用力大于向上的作用力时，主阀小活塞和主活塞一起向下移，平衡阀关闭，此时副风缸向制动缸的充气通路被切断，副风缸停止向制动缸供气。主阀的其他通路与常用制动时相同，主阀处于制动保压位。

制动管停止减压后，辅助室的压缩空气继续排入大气，当辅助阀活塞上侧的压力低于下侧压力时，辅助阀活塞带动辅助阀杆向上移动，关闭辅助室与大气的通路，辅助室停止排气，辅助阀也处于保压位状态。

（2）自动补风作用。

制动保压位，主控部三压力机构处于平衡状态，即制动管压力与制动缸压力作用在主活塞与小活塞上向下的压力与压力风缸作用在主活塞上向上的压力平衡。

长大下坡道运行因制动时间长，闸瓦磨耗引起制动缸活塞行程伸长，使得制动缸容积增大或因制动缸漏泄，均会引起制动缸压力下降，则反映在小活塞上侧压力下降，主控部三压力机构失去保压位的平衡，机构向上的力大于向下的力，主活塞和小活塞上移，主阀杆再次推开平衡阀，使副风缸向制动缸和小活塞上方充气。当制动缸恢复到原平衡压力时，主活塞和小活塞下移，平衡阀再一次关闭，停止副风缸向制动缸补送压力空气。这一过程即自动补风作用，保证实现了制动力不衰减的性能。分配阀的这一性能，适应于长大下坡道运行。

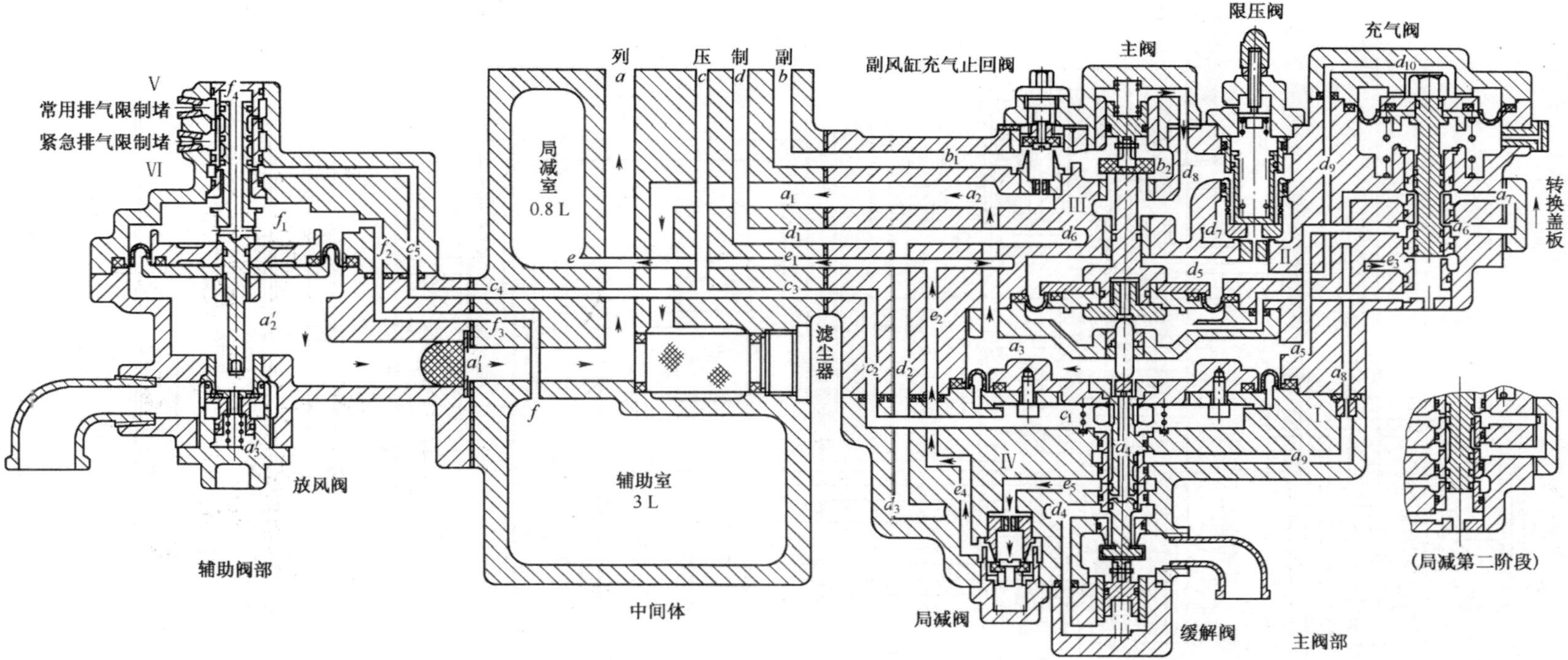

图 3-5-8　常用制动位（局减减压作用）

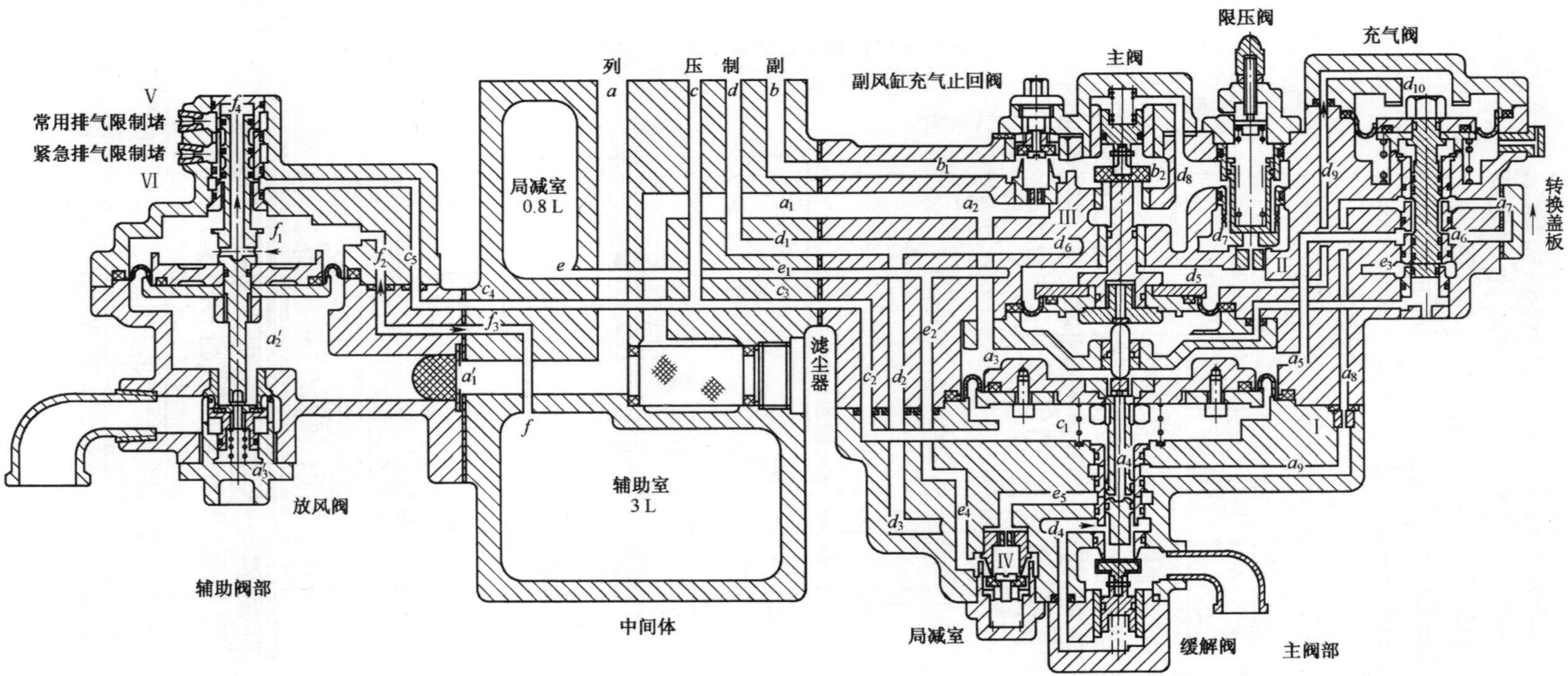

限压阀
充气阀
主阀
列
压
制
副
a
c
d
b
副风缸充气止回阀
V
常用排气限制堵
紧急排气限制堵
VI
局减室
0.8 L
转换盖板
放风阀
辅助室
3 L
滤尘器
辅助阀部
中间体
局减室
缓解阀
主阀部

图 3-5-9 制动保压作用

（四）阶段缓解保压作用（图 3-5-10）

阶段缓解保压作用

当转换盖板装于阶段缓解位置时，F8 型分配阀具有阶段缓解作用，就是在充气缓解时制动管停止增压，制动缸压力也相应地停止向大气排气，实现制动机的阶段性缓解动作。

在转换盖板阶段缓解位，由于转换盖板切断了压力风缸与制动管的直接联络通路，主控部处于缓解位时，压力风缸的压缩空气就不能直接向制动管逆流，其空气压力基本保持不变。当制动管停止增压，而作用在小活塞上方的制动缸压力与作用在主活塞上方的制动管压力的合力小于压力风缸空气向上的作用力时，主活塞向上移动，使制动管、制动缸和压力风缸三者压力维持平衡状态。此时，主活塞带动缓解柱塞向上移动，缓解阀关闭，切断了制动缸向大气的排气通路，F8 型分配阀的主阀从充气缓解状态进入阶段缓解保压位。

只有在制动缸空气压力降至 20 kPa 以下，充气阀在其弹簧作用下向上移动，充气阀杆重新沟通压力风缸与制动管的联络通路，压力风缸的压缩空气先向制动管逆流，等压力风缸空气压力小于制动管空气压力后，制动管向压力风缸充气。

阶段缓解保压位是在充气缓解作用后施行的制动管保压状态，所以缓解柱塞、主活塞、主活塞杆等都处于下方位置（即缓解阀刚关闭的位置），此时制动管与局减室的联络通路处于被切断状态；而制动保压位是在常用制动作用后施行的制动管保压状态，缓解柱塞、主活塞、主活塞杆等都处于上方位置（平衡阀刚关闭的状态），此时制动管与局减室的联络通路是连通的。

（五）紧急制动作用（图 3-5-11）

紧急制动作用

紧急制动时，主控部的动作与常用制动时相同，只是由于制动管的减压速度比常用制动时快，主控部的动作更迅速。另外，主活塞上下两侧形成的压力差也比常用制动时大得多，所以平衡阀处于全开状态，副风缸的压缩空气迅速进入制动缸，制动缸的压力迅速上升。

同时，由于制动管紧急减压，辅助阀活塞下方的空气压力骤降，辅助阀活塞的上下两侧形成较大的压力差，辅助阀活塞迅速向下移动，辅助阀杆压缩放风阀弹簧，顶开紧急放风阀，使制动管的压缩空气从放风阀迅速排入大气，达到紧急排风的目的。此时，辅助室的压缩空气除经常用制动排风堵排大气外，辅助室与紧急排风堵Ⅵ的联络通路也被打开，辅助室的压缩空气经两路同时排入大气。

当制动缸空气压力超过限压阀弹簧的预紧力时，限压阀向上移动，关闭副风缸向制动缸的充气通路，此时，虽然主阀处于紧急制动状态，但制动缸的空气压力不能继续上升，制动缸的最高压力值受限压阀的控制。限压阀的限压值可根据不同的要求进行调整。

紧急制动时，制动管的空气压力迅速降至 0 后，辅助室的压缩空气继续由两路排入大气，需经 10 ~ 15 s 降至 0，在此过程中，放风阀一直处于开放状态，制动管无法施行再充气。因此，F8 型制动机在紧急制动后，必须保持 15 s 以后，才能施行充气缓解作用。

四、F8 型空气分配阀的常见故障

1. 充气时主阀缓解阀排气口排气不止

原因：① 缓解柱塞密封不良，压力风缸压缩空气经滑阀漏泄。② 平衡阀密封不良，副风缸压缩空气经由平衡阀漏泄。

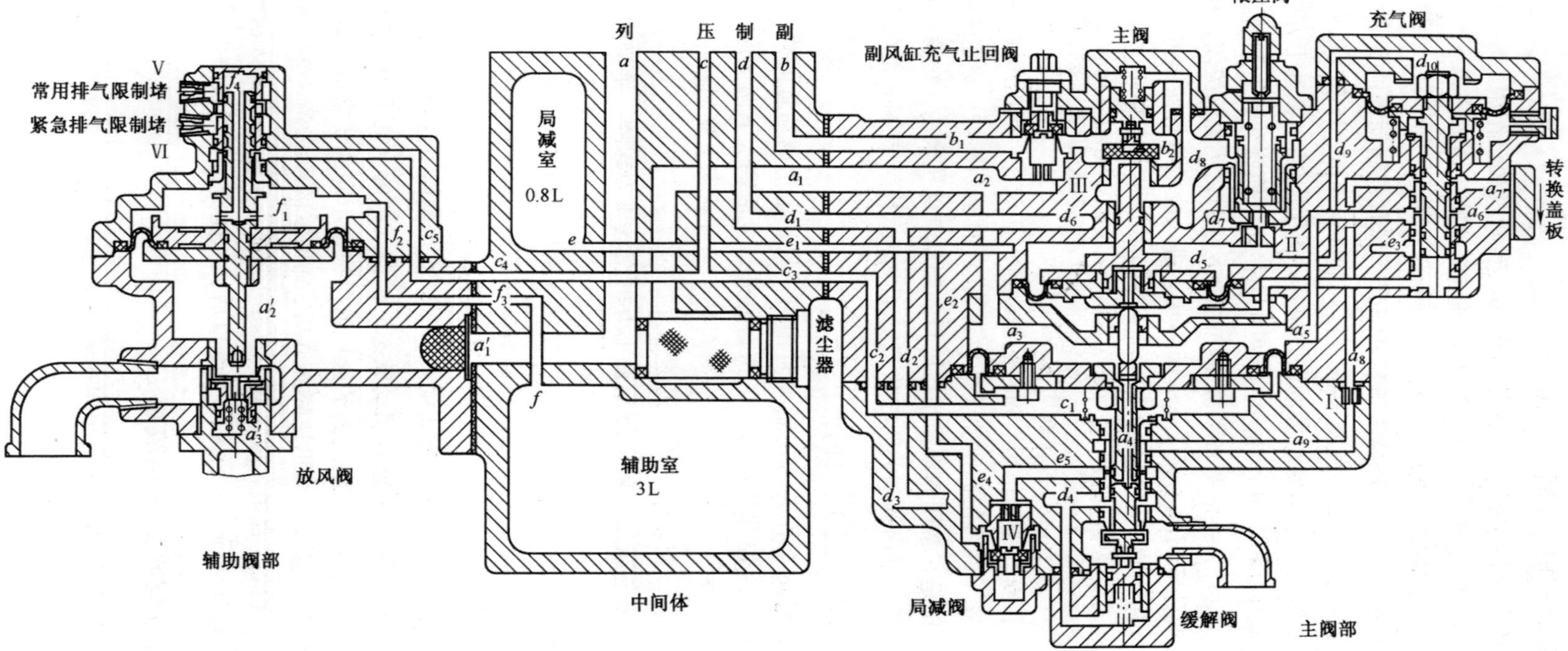

列
压
制
副
a
c
d
b
局减室
0.8L
辅助室
3L
中间体
滤尘器
副风缸充气止回阀
主阀
限压阀
充气阀
转换盖板
局减阀
缓解阀
主阀部
放风阀
辅助阀部
常用排气限制堵
紧急排气限制堵
V
VI
I
II
III
IV

图 3-5-10　阶段缓解位

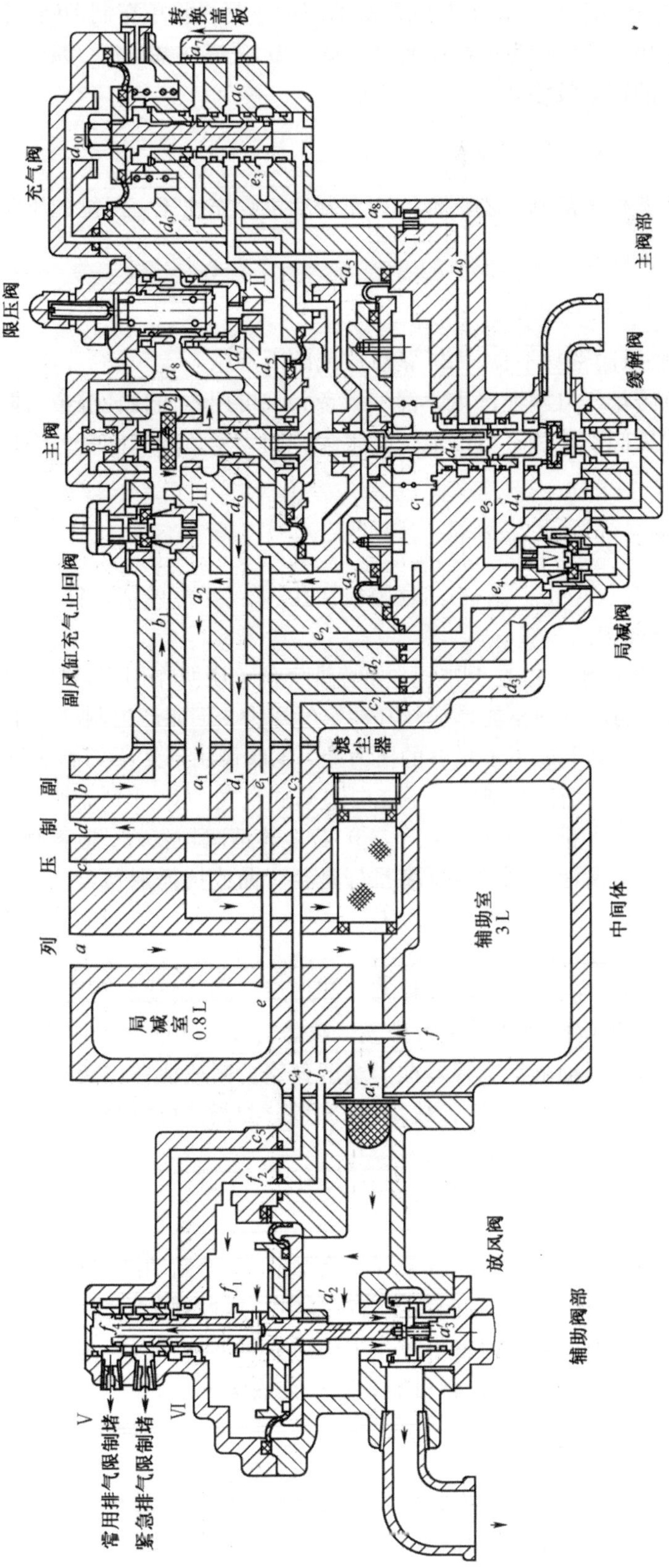
转换盖板
充气阀
限压阀
主阀
副风缸充气止回阀
列 压 制 副
局减室
0.8 L
辅助室
3 L
中间体
滤尘器
主阀部
缓解阀
局减阀
放风阀
辅助阀部
常用排气限制堵
紧急排气限制堵

图 3-5-11　紧急制动位

判断：② 若是平衡阀漏泄，漏的是副风缸的压缩空气。将单车制动阀手把置于保压位，若制动机发生制动作用，可判断为平衡阀密封不良。② 缓解柱塞漏泄，漏的是压力风缸的压缩空气。此时，漏气的声音较小。

2. 充气时充气阀下方排气口漏气

原因是充气阀活塞杆下部密封圈漏泄。列车制动主管充往压力风缸的压缩空气经此排入大气。

3. 充气时辅助阀排气口漏泄

原因：① 紧急放风阀密封不良。② 紧急放风阀不落座。

判断：如果紧急阀排气口漏泄严重，漏气声音大，可用木槌轻轻敲击辅助阀，若漏泄停止，可判断为紧急放风阀不落座；若漏泄依然很大，则为紧急放风阀密封不良，阀面与阀座不密贴。

4. 制动时制动机不发生制动作用

原因：① 大活塞膜板穿孔。② 小活塞膜板穿孔。③ 小塞的活塞杆过短。④ 缓解阀漏泄。⑤ 制动缸及管路漏泄。

判断：① 检查缓解阀排气口是否排气，如有排气现象说明作用部良好；制动缸的压缩空气经缓解阀排入大气，制动缸内不能形成较高的空气压力，不能产生制动作用。② 大活塞膜板穿孔时，大活塞上下两侧形成不了足够的压力差，主阀作用部达不到制动位。③ 小活塞的活塞杆过短时，不能打开平衡阀，副风缸不能向制动缸充气。④ 小活塞膜板穿孔时，制动缸的压缩空气会从充气阀下方排气口排入大气。⑤ 若上述情况均良好，检查制动缸管路是否漏泄、制动缸活塞皮碗是否漏泄、制动缸活塞推杆是否弯曲或抗托别劲。

5. 缓解不良

原因：① 主活塞膜板穿孔。② 缓解柱塞下部过短。③ 制动缸不良。

判断：① 检查主阀缓解阀排气口是否排气。若排气口排气正常，说明主阀已经缓解，故障在制动缸。可能是由于制动缸活塞杆弯曲、缓解弹簧折断或活塞皮碗缺油，阻力过大等造成的。② 若主阀缓解阀排气口不排气，故障在 F8 型分配阀。可能是主活塞膜板穿孔或缓解柱塞下部过短等。

6. 自然缓解

原因：① 缓解阀漏泄。② 压力风缸及气管路漏泄。③ 制动缸漏泄。

判断：① 检查缓解阀排气口是否漏泄。若有漏泄，这可判断为缓解阀阀口漏泄。② 若压力风缸及管路漏泄，压力风缸压力将下降，主阀活塞将下移到缓解位，缓解阀排气口将出现排气现象。③ 上述现象都不存在，就可能是制动缸漏泄。

7. 起非常

原因是辅助阀的放风阀弹簧软弱或紧急放风阀活塞杆的下段过长。

判断：在列车队里，可采用分段查找的方法将故障的车辆找出来。

任务六　F8 型电空制动机

任务描述

F8 型电空制动机采用电信号传输控制制动机，一旦电路传输出现故障会自动切换到空气制动机，原理和 F8 型制动机一样。假如你是运用专职，对新员工入职技能培训，列举电空制动机故障，本任务的学习将为你解答企业生产案例，为你将来从事的职业活动奠定理论基础。

任务目标

1. 知识目标

（1）熟知 F8 型电空制动机基本结构及各部分的主要作用；

（2）理解 F8 型电空制动机的工作原理。

2. 能力目标

（1）能正确处理 F8 型电空制动机常见故障；

（2）具备车辆乘务员的职业技能。

3. 职业素养目标

（1）安全第一、预防为主、严规细操；

（2）协作意识、环保意识、节约意识。

知识储备

F8 型电空制动机的电空制动装置主要由 F8 型电空阀及电空阀箱组成。

F8 型电空制动机是在不改变原 F8 型分配阀结构、性能的基础上，增设电空制动部分，1992 年通过铁道部组织的专家技术审查，1994 年起在广深线快速列车上投入运用，现大量应用在 25K 型新造客车上。运用表明，F8 型电空制动机的作用性能比空气制动机有明显的改进和提高，特别是在减少列车冲动和缩短制动距离方面效果显著。电空制动部分与 F8 型分配阀采用相似的结构形式，多数橡胶件和部分零部件可以互换。F8 电空制动机的双管供风制动系统如图 3-6-1 所示。

F8 型电空制动机

一、F8 型电空制动机的构造

F8 型电空制动机除 F8 型空气制动系统外，还增设了电空阀箱和截断塞门。电空阀箱用 4 个 M16 的安装螺栓吊装在车下，箱背面有一个穿电线的口，以便连接车下的电空制动电路。

电线穿入后须包扎好以防止受潮。电空阀箱内有 RS 电空阀、紧急电空阀、过渡板及连接电路。电线引入线必须牢固地固定在接线排柱上。

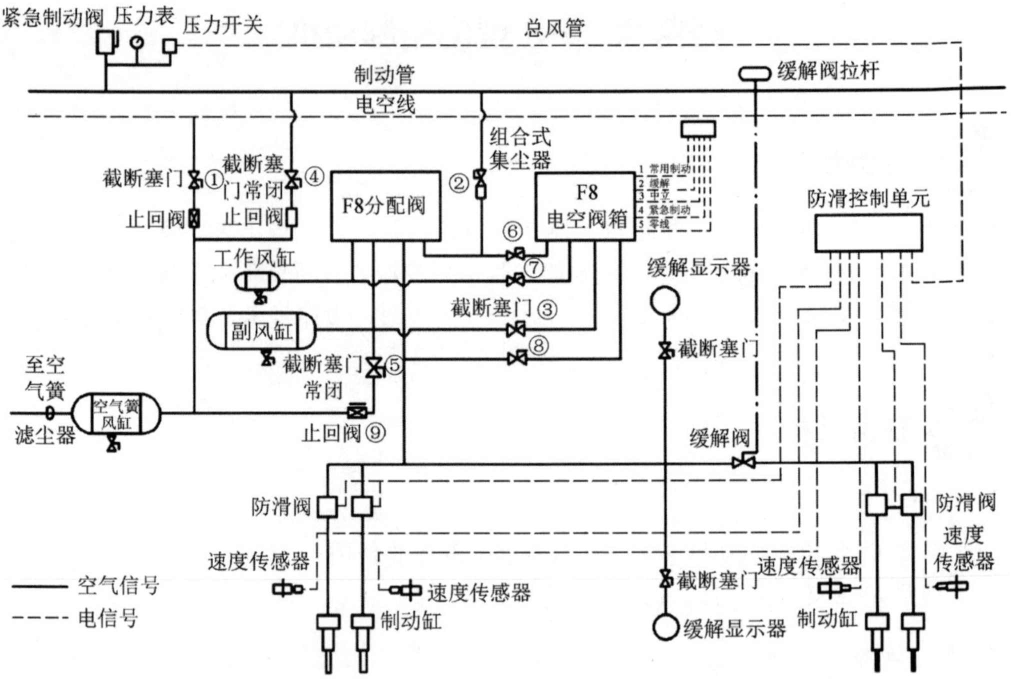

图 3-6-1　F8 型电空制动机的制动系统

F8 型电空制动机的电空制动采用五线制，即常用制动线、缓解线、保压线（备用）、紧急制动线和负线。F8 型电空阀箱的外形如图 3-6-2 所示。

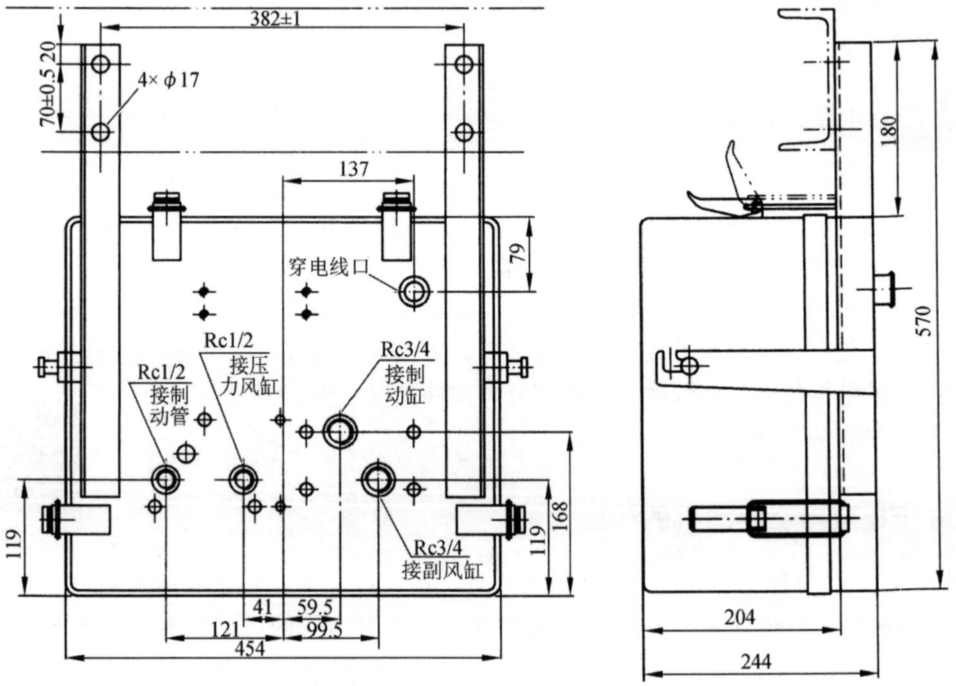

图 3-6-2　F8 电空阀箱的外形尺寸

（一）RS 电空阀部分

RS 电空阀部分包括 RS 电空阀体、常用制动限制堵、常用制动电磁阀、缓解电磁阀等，如图 3-6-3 所示。RS 电空阀和过渡板一起，用 3 个连接螺栓安装在电空阀箱内。

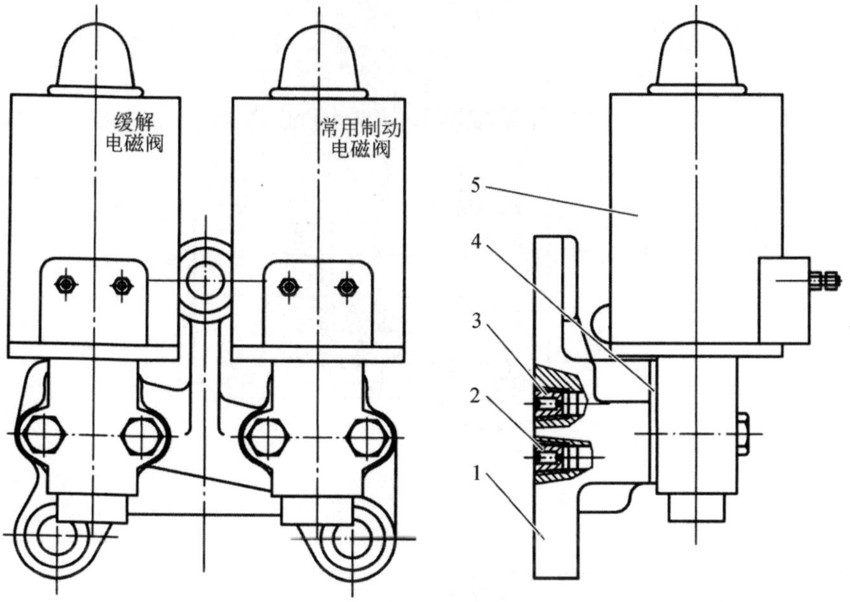

1—RS 电空阀体；2—常用制动限制堵；3—缓解限制堵；4—胶垫；5—电磁阀。

图 3-6-3　RS 电空阀

常用制动电磁阀的作用是：电空常用制动时，提高制动管的压缩空气减压速度，加速电空制动作用。缓解电磁阀的作用是：初充气时，沟通压力风缸与制动管的空气通路，提高压力风缸初充气的速度；再充气时，加速压力风缸压缩空气向制动管的逆流速度，达到迅速缓解的目的。

（二）紧急电空阀部分

紧急电空阀如图 3-6-4 所示。由紧急阀体 1、放大阀体 2、放大阀杆 3、上盖 4、中心顶 5、调整螺丝 6、限压阀弹簧 7、限压阀上体 8、限压阀 9、限压阀密封圈 10、限压阀套 12、限压阀杆 13、止回阀套 14、止回阀 17、止回阀弹簧 8、下盖 19、紧急限制堵 20、电磁阀 30 等组成。

放大阀的作用是：在电空紧急制动时，放大副风缸至制动缸的压缩空气通路截面，提高电空紧急制动时副风缸压缩空气向制动缸的充气速度，改善电空紧急制动性能，同时，使制动管与大气相通，产生电空紧急制动附加排风。限压阀的作用是在电空紧急制动时，限制制动缸的最高压力值。电磁阀的作用是在电空紧急制动时，控制放大阀的作用。

二、F8 型电空制动机的作用

F8 型电空制动阀具有充气缓解位、常用制动位、保压位和紧急制动位等 4 个作用位置。

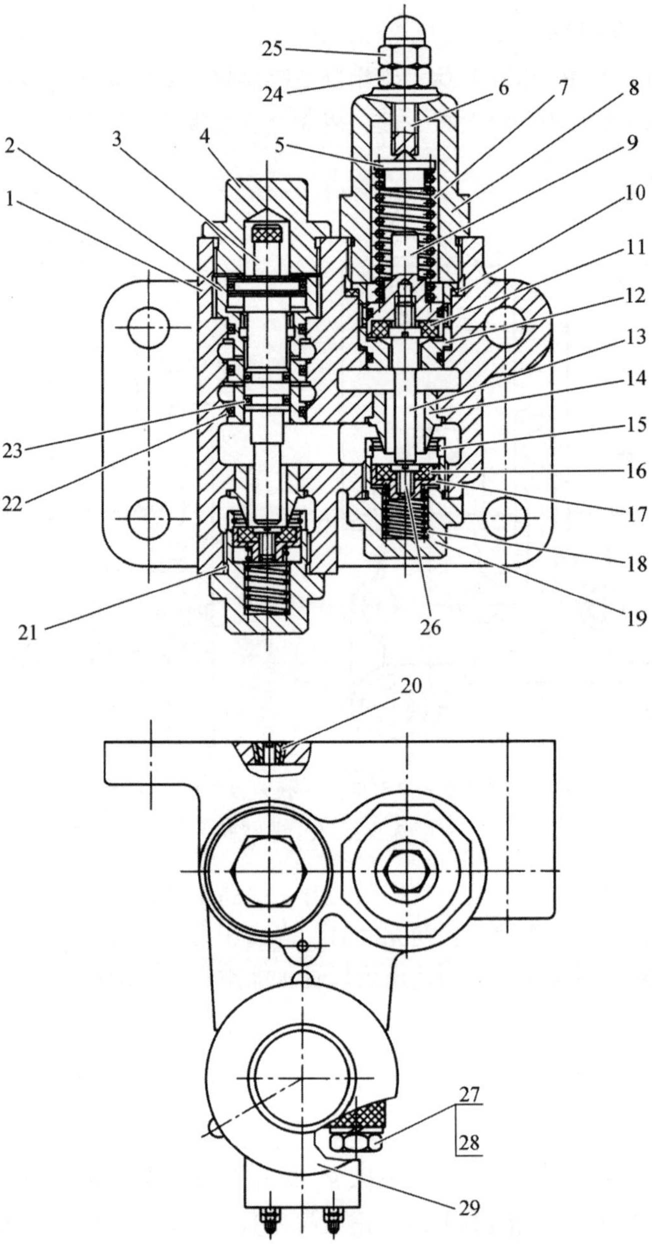

1—电空紧急阀体；2—放大阀套；3—放大阀杆；4—上盖；5—中心顶；6—调整螺丝；7—限压阀弹簧；8—限压阀上体；9—限压阀；10—限压阀密封圈；11—O 形密封圈；12—限压阀套；13—限压阀杆；14—止回阀套；15—止回阀挡圈；16—止回阀胶垫；17—止回阀；18—止回阀弹簧；19—下盖；20—紧急限制堵；21、22、23—O 形密封圈；24—螺母；25—盖形螺母；26—螺钉；27—螺栓；28—弹簧垫圈；29—FK 型电磁阀。

图 3-6-4　F8 紧急电空阀组成示意图

（一）充气缓解位（图 3-6-5）

初充气时，缓解电磁阀励磁，制动管压缩空气经 $g \to g_1 \to g_5 \to g_6 \to$ 缓解电磁阀 $\to m_3 \to m_2 \to$ 限制堵 $A \to$ 过渡板上 $m_1 \to m$，充向压力风缸（同时还可经 F8 型分配阀向压力风缸充气）。压力风缸可充至定压。

另一路，制动管压缩空气可经 $g \to g_1 \to g_8 \to g_9 \to g_{10} \to g_{11} \to g_{12}$，到放大阀套外侧，由于放大阀处在上端位置，所以制动管压缩空气不能与大气相通。

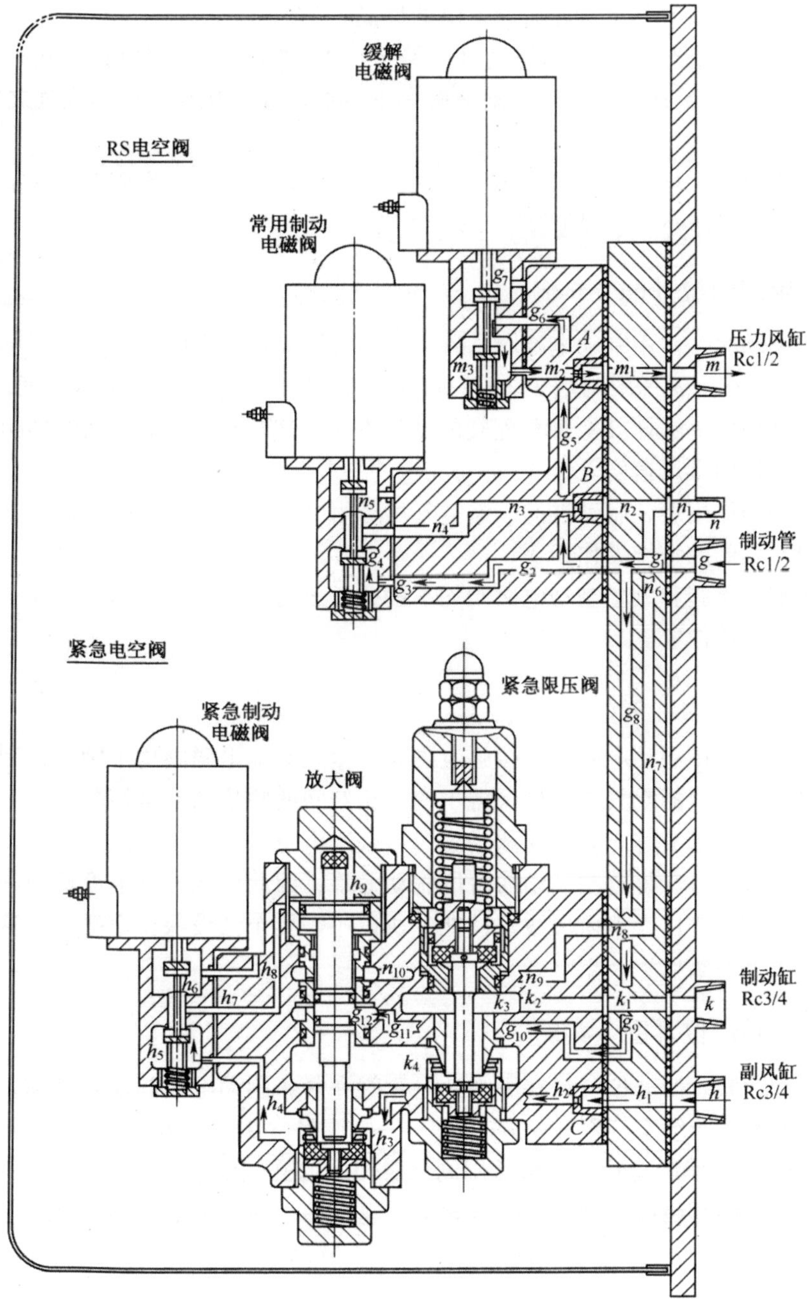

图 3-6-5　F8 电空制动机的充气缓解位

副风缸压缩空气经 $h \to h_1 \to h_2 \to h_3 \to h_4 \to h_5$，此时紧急制动电磁阀无电，阀口关闭。制动缸经 F8 型分配阀与大气相通，呈缓解状态。

制动后再充气缓解时，由于压力风缸的空气压力比制动管的空气压力高，所以，压力风缸压缩空气经 $m \to m_1 \to$ 限制堵 $A \to m_2 \to m_3 \to g_6 \to g_5 \to g_1 \to g$，向制动管逆流，使制动管的增压速度提高，起到加速缓解的作用。限制堵 A 控制压力风缸的充气速度和逆流速度，达到即满足一次性缓解的要求，又具有满足阶段缓解的性能。

常用制动电磁阀无电常用制动排气口被关闭，制动管压缩空气经由 $g \to g_1 \to g_2 \to g_3 \to g_4$，到达常用制动电磁阀下方。但常用制动电磁阀下方的制动管压缩空气与大气之间的通路被切断。

紧急制动电磁阀无电，制动管通副风缸的空气通路被切断。放大阀上部气室 $h_9 \to h_8 \to h_7 \to h_6 \to$ 大气，放大阀杆处于上端位置。

（二）常用制动位（图 3-6-6）

电空常用制动时，常用制动电磁阀励磁，制动管压缩空气经由 $g \to g_1 \to g_2 \to g_3 \to g_4$，经常用制动电磁阀 $n_5 \to n_4 \to n_3 \to$ 限制堵 $B \to n_3 \to n_1 \to$ 大气，加快了制动管的减压速度，使 F8 分配阀迅速发生制动作用，这样 F8 型分配阀的动作不受空气制动波传递时间的影响。限制堵控制制动管有较合适的排风速度。

发生常用制动作用后，制动缸的压缩空气可经由 $k \to k_1 \to k_2 \to k_3 \to k_4$，进入紧急制动电空阀腔体内，但对该阀的动作无作用。

此时，缓解电磁阀和紧急制动电磁阀均不励磁，压力风缸的空气压力不变，放大阀和紧急限压阀均处于初始位置。

（三）保压位（图 3-6-7）

在保压位时，常用制动电磁阀、缓解电磁阀、紧急制动电磁阀均不励磁，制动管、压力风缸、副风缸和制动缸的空气压力均保持不变，相互间的联络通路被切断。

在此位置时，如果缓解电磁阀间歇励磁，可获得电空制动的阶段缓解作用；如果常用制动电磁阀间歇励磁，可获得电空制动的阶段制动效果，因此保压位是不可缺少的位置。

由于 F8 型分配阀已具有阶段缓解性能，所以不需要单独设保压电磁阀，这为简化电空制动结构提供了方便条件。

（四）紧急制动位（图 3-6-8）

在电空制动的紧急制动位时，常用制动电磁阀和紧急制动电磁阀同时励磁，常用制动电磁阀励磁后，制动管压缩空气经 $g \to g_1 \to g_2 \to g_3 \to g_4$，经常用制动电磁阀 $\to n_4 \to n_3 \to$ 限制堵 $B \to n_2 \to n_1 \to n \to$ 大气，使制动管产生与常用制动时相同的排气效果。

紧急制动电磁阀励磁后，副风缸的压缩空气经由 $h \to h_1 \to$ 限制堵 $C \to h_2 \to h_3 \to h_4 \to h_5 \to h_7 \to h_8 \to h_9$，进入放大阀杆上部，推动放大阀杆向下移动，完成以下工作。

1. 制动管压缩空气排入大气

制动管压缩空气经由 $g \to g_1 — g_8 \to g_9 \to g_{10} \to g_{11} \to g_{12} \to$ 放大阀杆与套的间隙 $\to n_{10} \to n_9 \to n_8 \to n_7 \to n_6 \to n_1 \to n \to$ 大气。此时，制动管排大气的通路不受限制堵的限制，排气速度较快，且与常用制动的排气叠加，制动管减压速度骤增，强烈地刺激 F8 型分配阀立刻进入紧急制动位，使列车中各车辆同步起紧急制动作用。最大限度地改善了由于列车中制动时间差而引起的列车冲动。列车编组越长，减少冲动的效果越明显。

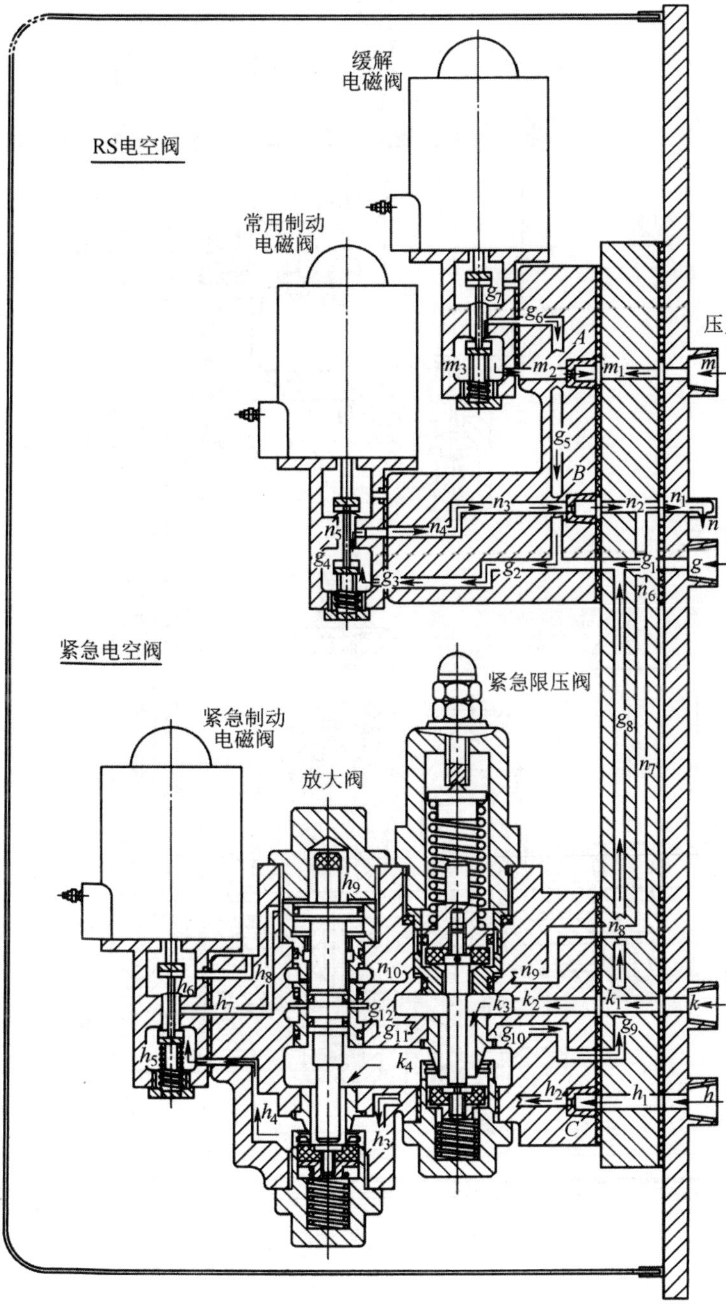

图 3-6-6　F8 电空制动机的常用制动位

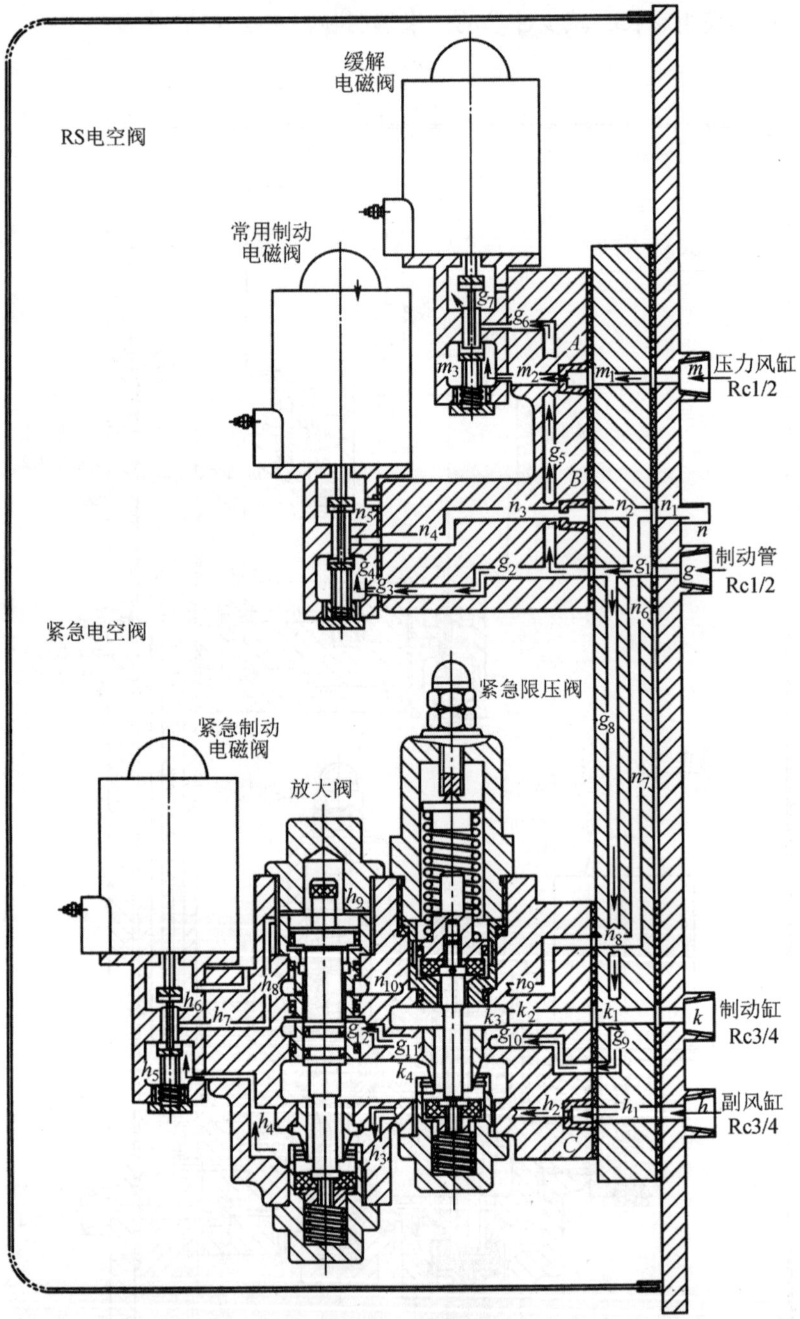

图 3-6-7　F8 电空制动机的制动保压位

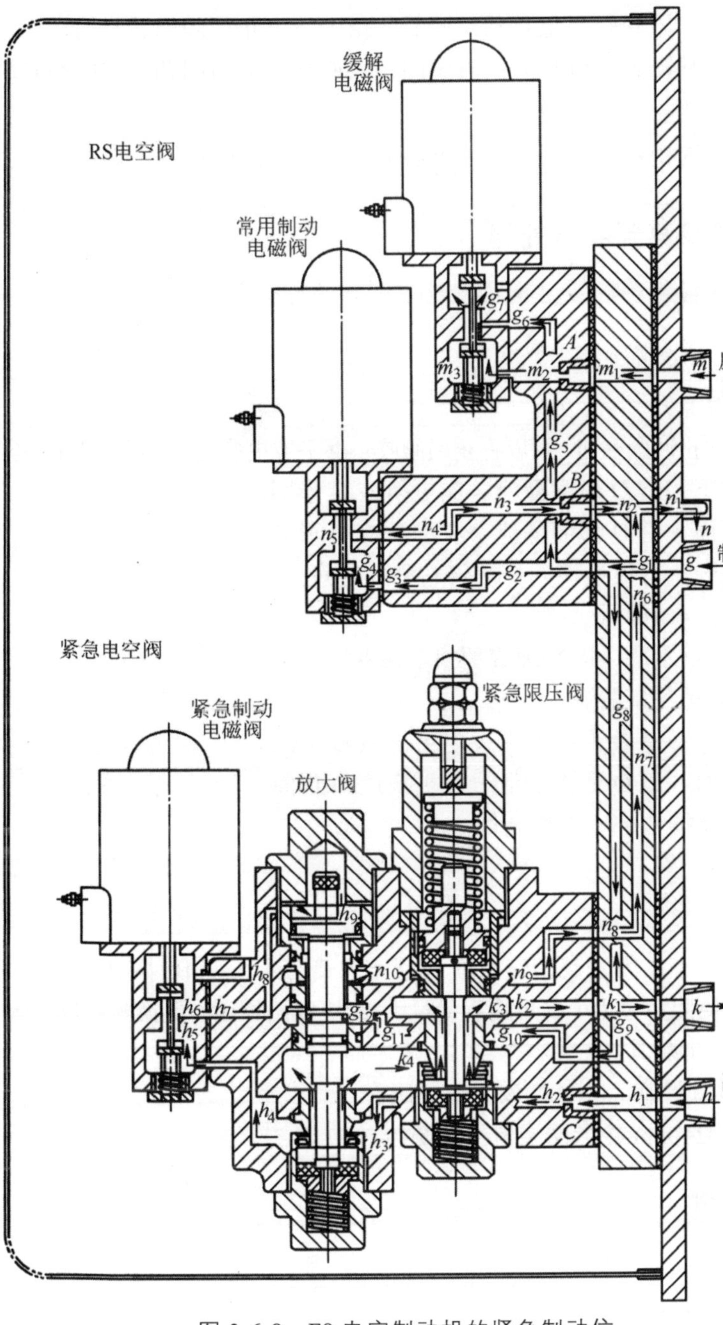

图 3-6-8　F8 电空制动机的紧急制动位

2. 开放副风缸向制动缸的充气通路

放大阀杆向下移动，压缩止回阀弹簧，打开下方止回阀。副风缸压缩空气经 $h \to h_1 \to$ 限制堵 $C \to h_2 \to h_3 \to$ 左侧止回阀 $\to k_4 \to$ 右侧止回阀 $\to k_3 \to k_2 \to k_1 \to k$，进入制动缸。此时副风缸压缩空气除经 F8 型分配阀进入制动缸外，又增加了一条新通路，相当于扩大了副风缸向制动缸充气的通路截面，缩短了制动缸的升压时间。制动缸的升压时间可由限孔堵 C 的孔径来调节。

制动缸升压后，压缩空气经限压阀杆及其套的间隙，作用在限压阀活塞上，当该作用力大于限压阀弹簧力时，限制阀向上移动，同时，由于下方止回阀弹簧力的作用，右侧止回阀和限压阀杆一起向上移动，右侧止回阀被关闭，切断副风缸与制动缸之间的联络通路，停止从该通路向制动缸增压。

制动缸限压值的大小，可用调整螺丝来调节限压阀弹簧的预紧力而改变。

三、常见故障及其判断与处理

（一）紧急电空阀

1. 充气缓解时的漏泄

（1）制动缸压力上升。

① 放大阀下部的止回阀漏泄：可以将止回阀胶垫磨平或更换之；也可以磨平阀座口或更换之。

② 放大阀套最下一道 O 形圈漏泄，应更换该 O 形圈。

③ 放大阀杆下面一道 O 形圈漏泄，应更换该 O 形圈。

④ 放大阀杆过长，可更换该阀杆或将它稍加磨短。

（2）电磁阀座排气口漏泄。

原因是电磁阀阀口不严，应修理或更换电磁阀。

（3）制动管附加排气口漏泄。

① 放大阀套中间一道 O 形圈漏泄，应更换该 O 形圈。

② 放大阀杆上面一道 O 形圈漏泄，应更换该 O 形圈。

③ 阀体内部气路漏泄，应更换阀体。

2. 制动位时故障

（1）不限压。

① 限压阀弹簧调整压力过高，应重新调整，弹簧有永久变形时应更换之。

② 限压阀 O 形圈阻力过大（O 形圈压量过大），应找出原因，更换限压阀、阀套或 O 形圈。

（2）限压阀盖上孔漏泄。

① 限压阀 O 形圈漏泄，应更换该胶垫或阀套。

② 限压阀套上 ϕ24 mm O 形圈漏泄，应更换该 O 形圈。

（二）RS 电空阀

1. 充气时的故障

（1）初充气时附加排气孔漏泄。

可能是常用制动电磁阀漏泄——电磁阀胶垫有缺陷或有异物。可清除异物或更换电磁阀。

（2）初充气时胶垫附近漏泄。

可能是电磁阀胶垫未装好，重新安装。

2. 制动时的故障

（1）常用制动时达不到排气时间要求。

可能是常用排风堵中心孔（应为 ϕ1.7 mm）偏大或偏小或安装错误，应重新选用。

（2）常用电磁阀胶垫处漏泄。

应重新安装或更换胶垫。

3. 缓解时的故障

（1）缓解时压力风缸降压过快，达不到时间要求。

可能是缓解排气堵中心孔偏大（应为ϕ0.8 mm）或螺纹太松，可更换或重新安装。

（2）缓解电磁阀安装胶垫附近漏泄。

可能是电磁阀胶垫未装好，应重新安装。

任务七　空重车自动调整装置

任务描述

×××双层客车司机撂闸发现制动距离偏短，司机通过无线列调对讲机通知车辆乘务员核实制动力过大原因，车辆乘务员联控司机设置防护号志，检查发现机后3位车辆1、2、3、4、5、6、7、8位闸瓦磨耗严重，检查该车手制动机处于松弛状态。实施列车制动机性能试验，3位车辆缓解后自然施加制动，随后对该车进行关门排风处理。车辆乘务员向司机递交《旅客列车制动关门限速证明书》，限速100 km/h运行，车辆乘务员撤除防护号志、联控司机可以开车，超站停52 min。假如你是车辆乘务员，发现行车故障该如何处置？本节知识将为你答疑解惑。

任务目标

1. 知识目标

（1）熟知U5A空重车自动调整装置的结构及原理；

（2）熟知KZF3型和KZF4型空重车自动调整阀的结构、原理及检修。

2. 能力目标

（1）处理重车自动调整装置故障；

（2）会写制动故障分析报告。

3. 职业素养目标

（1）安全第一、预防为主、严规细操；

（2）协作意识、环保意识、节约意识。

知识储备

双层空调客车的载客数量大，空车和重车时的重量相差悬殊，为了保证空车和重车时车辆的制动率相近，设立空重车自动调整装置，制动时根据车辆的质量（载客量）的不同自动调整制动力。1993年，我国引进日本的U5A型空重车自动调整阀，20世纪90年代初浦镇车辆工厂生产的KZF3型空重车自动调整阀，20世纪90年代中后期铁科院在KZF3型空重车自动调整阀的基础上改造的KZF4型空重车自动调整阀（能与日本的U5A型空重车自动调整阀互换安装使用，阀座和橡胶垫通用，其性能也接近），既可用于每辆车两套制动系统的方案，也可用于每辆车一套制动系统的方案。普通双层客车的制动系统有两种形式，即一套制动系统配置和两套制动系统配置的方式。其组成如图 3-7-1（a）、（b）所示。

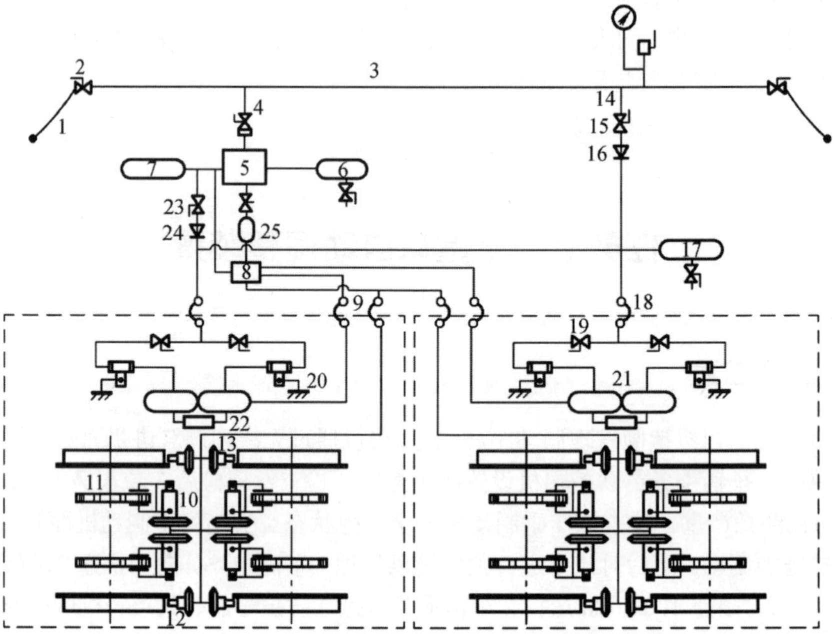

（a）一套制动系统配置方案示意图

1—制动软管连接器；2—折角塞门；3—制动主管；4—截断塞门；5—104 型空气分配阀；6—工作风缸；7—副风缸；8—空重车自动调整阀；9—连接软管；10—SP_2 型盘形制动单元；11—H300 制动盘；12、13—SP_4 型踏面清扫器；14—空气弹簧管路支管；15、19、23—塞门；16、24—单向阀；17—空气弹簧风缸；18—连接软管；20—高度调整阀；21—空气弹簧；22—差压阀；25—缓冲小风缸（先导风缸）。

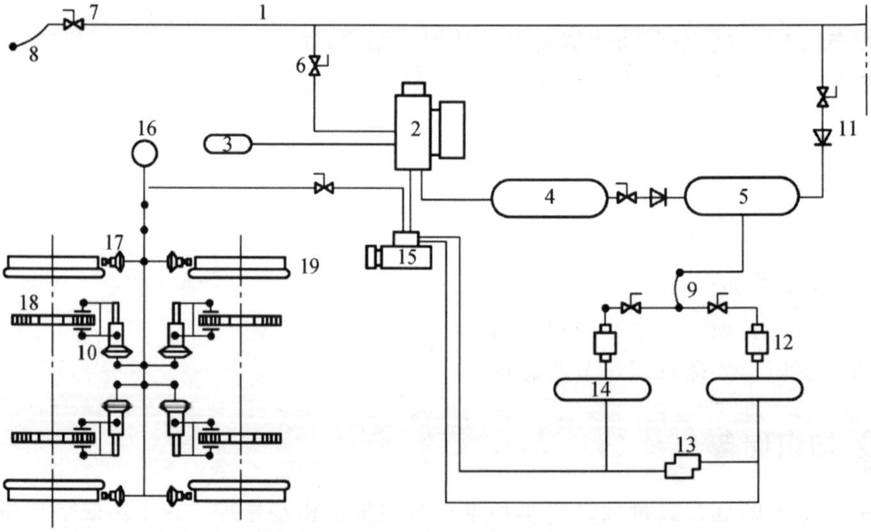

（b）两套制动系统配置方案的半辆车示意图

1—制动主管；2—104 型空气分配阀；3—工作风缸；4—副风缸；5—空气弹簧风缸；6—截断塞门；7—折角塞门；8—制动软管连接器；9—连接软管；10—SP_2 型盘形制动单元；11—单向阀；12—高度调整阀；13—差压阀；14—空气弹簧；15—空重车自动调整阀；16—压力表；17—SP_4 型踏面清扫器；18—H300 制动盘；19—轮对。

图 3-7-1　制动系统配置方案

一、U5A 型空重车自动调整阀

U5A 空重车自动调整阀的结构及原理

双层客车研制的初期，由于国产空重车自动调整阀在性能和稳定性方面存在着一些问题，会造成轮对的擦伤现象。为了保证双层客车的正常运行，进口了一些日本的 U5A 型空重车自动调整阀。

（一）U5A 型空重车自动调整阀的构造

U5A 型空重车自动调整阀的阀体为铸铝合金材质，用 4 个 M12 螺栓紧固在安装阀座上，安装阀座与阀体之间有带滤尘网的橡胶垫。U5A 型空重车自动调整阀同样也由四部分组成，即测重部、杠杆部、压力作用部和空气压力给排部，其作用原理与 KZF3 型和 KZF4 型空重车自动调整阀相似，仅结构布置方式不同。压力作用部和空气压力给排部是串联式的，如图 3-7-2 所示。

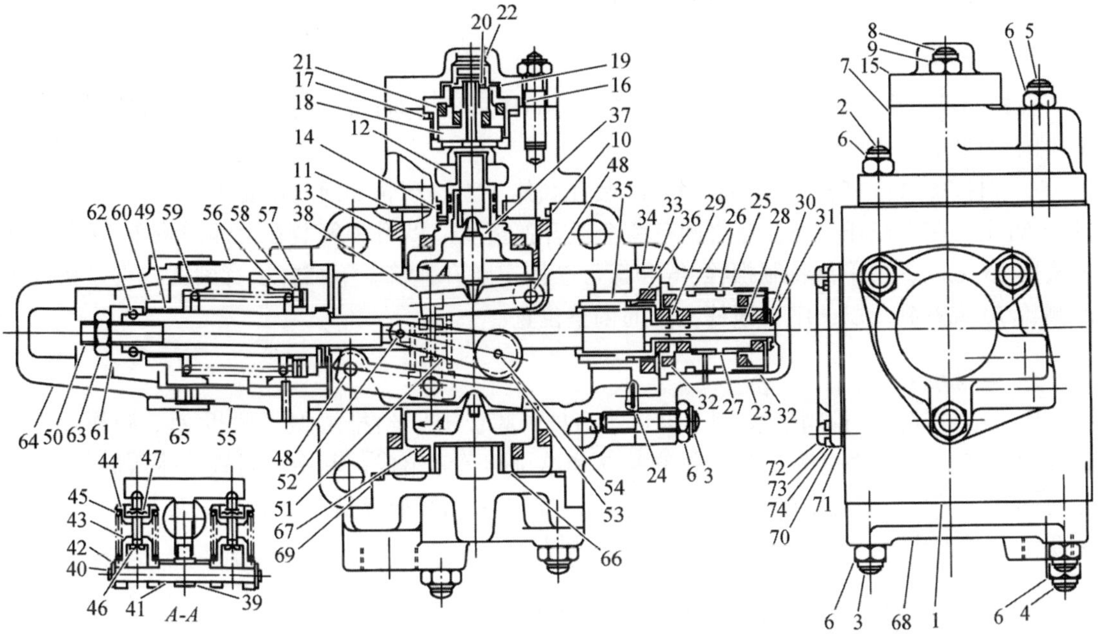

1—阀体；2、3、4、5、6、8—螺栓；7—给风阀腔；9、47—螺母；10、11、17、24、26、29、34、69—O 形密封圈；12—给排阀活塞；13—给排阀膜板；14—给排阀弹簧；15—给排阀盖；16—给排阀导套；18—给排阀；19—膜板套；20—卡环；21—膜板；22—复原弹簧；23—测重膜板腔；25—小膜板导套；27—小膜板活塞；28—活塞连杆；30、73、74—垫圈；31—卡环；32—小膜板；33—大膜板导套；35—大膜板活塞；36—大膜板；37—阀杆；38—上杠杆；39—下杠杆；40—下杠杆轴；41—套；42—卡环；43—下部弹簧座；44—上部弹簧座；45—跃升弹簧；46—平槽特制螺栓；48、52—销；49—弹簧推杆；50—滚轮推杆；51—滚轮支架；53—滚轮；54—滚轮轴；55—测重弹簧腔；56—测重弹簧座；57—推力轴承；58—轴承环；59—测重弹簧；60—调节螺套；61—调节螺母；62—弹性销；63—六角锁紧螺母；64—测重弹簧盖；65—锁紧螺母；66—先导活塞；67—先导膜板；68—下盖；70—侧盖；71—十字平头螺栓；72—弹性垫圈。

图 3-7-2　U5A 型空重车自动调整阀的构造

1. 测重部

测重部是通过输入与空气弹簧压力有关的压力信号（测重压力）来控制滚柱支点的位移，达到调整的目的。测重部右侧是测重膜板。左侧是测重弹簧。测重部右侧部分包括膜板腔室 23、小膜板导套 25、大膜板导套 33、活塞连杆 28、小膜板活塞 27、大膜板活塞 35、两个小膜板 32 和一个大膜板 36 等零件。测重压力 1 通入左端小膜板和大膜板之间的气室，测重压力 2 通入膜板腔室右端的小膜板室。测重压力 1 和测重压力 2 的大小决定了滚柱支点的移动量。因此将车辆前部和后部的空气弹簧压力分别输入到测重压力 1 和测重压力 2 的风管，就可以获得较精确的车辆载重量变化函数。

在测重弹簧腔 55 和测重弹簧盖 64 内的测重弹簧部，包括滚轮推杆 50、弹簧推杆 49、测重弹簧 59、测重弹簧座 56、推力轴承 57、两个轴承环 58、调节螺套 60、调节螺母 61 等零件。

调节螺套用于调节止挡位置，以便在空车状态测重压力不能正确反映空气弹簧或测重阀压力的情况下，也能获得足够的制动压力。调节螺母用于调节制动缸压力。

2. 压力作用部

压力作用部接受 104 型空气分配阀（通过先导风缸、即缓冲小风缸）的压缩空气。有先导活塞 66、先导膜板 67 和下盖 68 等组成。

3. 杠杆部

杠杆部是一个机械连接机构，它将作用部的作用压力通过杠杆传递到压力给排部，通过给排阀达到制动、保压及缓解的目的。

上杠杆 38 和下杠杆 39 均通过销 48 装在阀体 1 上、滚轮 3 通过滚轮支架 51 连接在滚轮推杆 50 上。在上杠杆和下杠杆之间有两个跃升弹簧 45。跃升弹簧装在上部弹簧座 44 和下部弹簧座 43 之间，用平槽特制螺栓 46 和螺母 7 固定跃升弹簧。下杠杆上有刻度，可以从透明的侧盖 70 观察到，以便掌握滚柱支点的调整位置。

4. 压力给排部

压力给排部由给排阀活塞 12、自封式给排阀膜板 13、给排阀 18、膜板 21、膜板套 19、给排阀导套 16、复原弹簧 22、给排阀腔 7 和给排阀盖等组成。其中自封式给排阀膜板 13 的导向是通过该膜板固定在阀体 1 上。给排阀、膜板和用复原弹簧固定的膜板套，沿着给排阀导套作上下运动。

（二）U5A 型空重车自动调整阀的作用原理

1. 支点的位移量控制输出压力

空重车自动调整阀的输出压力取决于滚轮支点的位移量。当空重车自动调整阀的测重压力分别进入测重膜板腔 *a* 和 *b* 时，其合力推动弹簧推杆与滚轮推杆左移与测重弹簧建立平衡的位置，在此期间作为支点的滚轮也向左移动，到达相应的位置。图 3-7-3 是空车位，图 3-7-4 是重车位。

2. 缓解位

如图 3-7-3 和图 3-7-4 所示，当 104 型空气分配阀处于缓解状态时，空重车自动调整阀的气室 *c* 的空气压力为 0。先导活塞回到底部，下杠杆、滚轮、上杠杆、阀杆和给排阀活塞，在给排阀活塞弹簧的作用下向下移，给排阀在其上部小弹簧作用下关闭给排阀的大阀口，即关闭 104 型空气分配阀或副风缸由给排阀上方通向制动缸的通路，并且打开给排阀活塞顶端的小阀口，使制动缸的压缩空气经过给排阀活塞中心的通路由下方向右通大气，呈缓解状态。

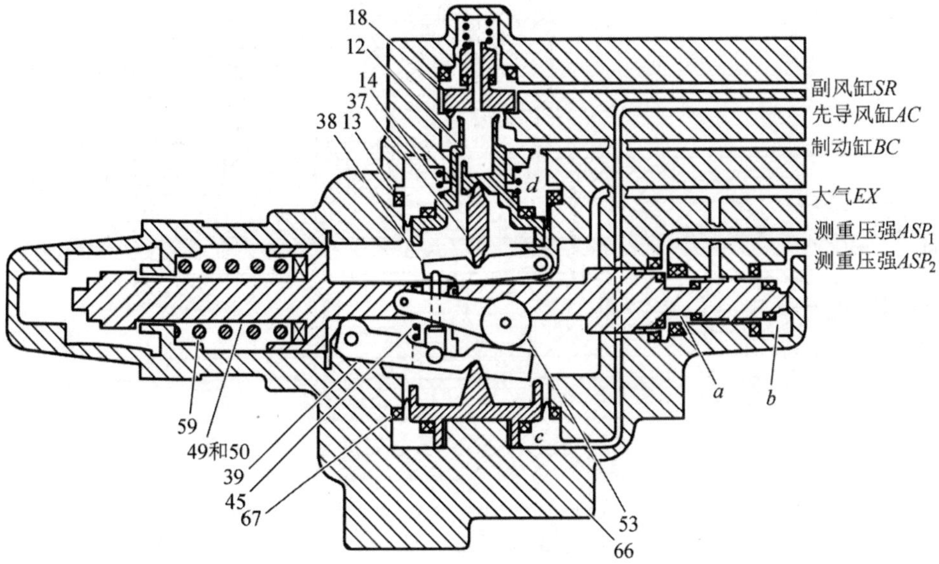

图 3-7-3　缓解状态时 U5A 型空重车自动调整阀的作用（空车状态）（图注同图 3-7-2）

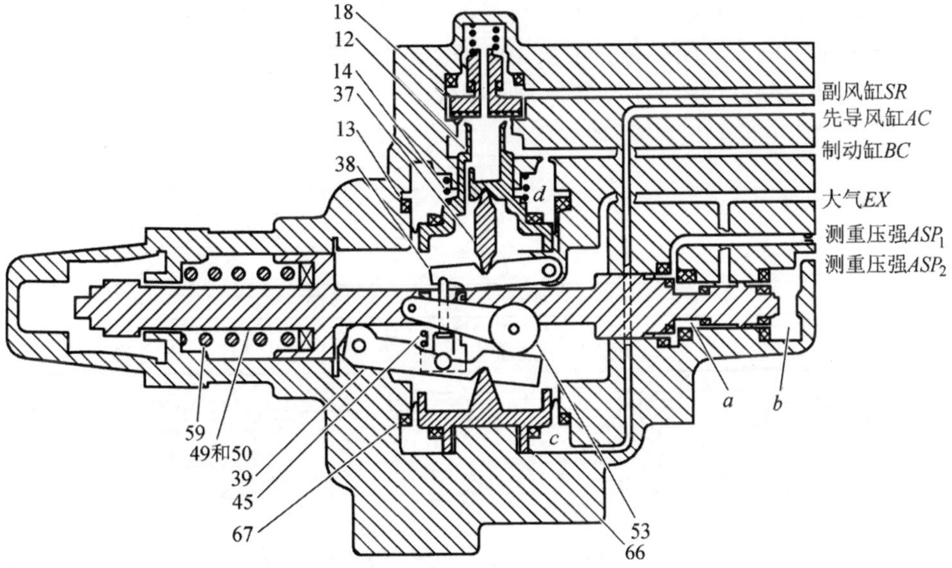

图 3-7-4　缓解状态时 U5A 型空重车自动调整阀的作用（重车状态）（图注同图 3-7-2）

3. 制动位

制动时，104 型空气分配阀（通过先导风缸）的压缩空气进入到 c 室，先导活塞向上移动，通过杠杆作用，给排阀活塞也同时向上移动，首先关闭给排阀小阀口，然后推着给排阀上移，使大阀口开放，由 104 型空气分配阀（或副风缸）来的压缩空气进入制动缸，达到制动目的，如图 3-7-5 所示。

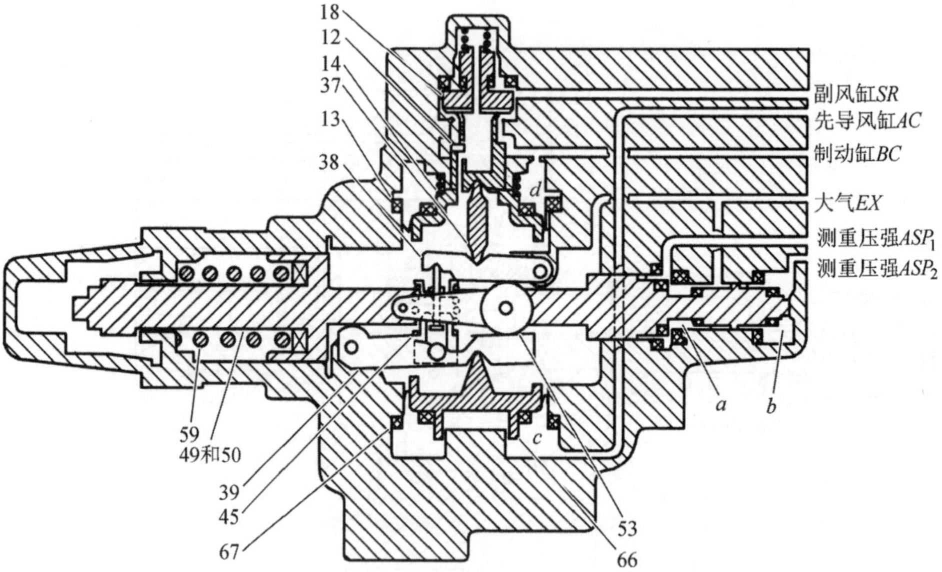

图 3-7-5　制动状态时 U5A 型空重车自动调整阀的作用（图注同图 3-7-2）

4. 保压位

在压缩空气进入制动缸的同时，一部分压缩空气也进入给排阀膜板上部的气室 *d* 内，推动给排阀活塞向下移动，在杠杆支点的参与下，当 *d* 室的压力与压力作用部 *c* 室的压力达到平衡时，给排阀的大阀口关闭，停止了从 104 型空气分配阀（或副风缸）来的压缩空气向制动缸充气，呈制动后的保压状态，如图 3-7-6 所示。

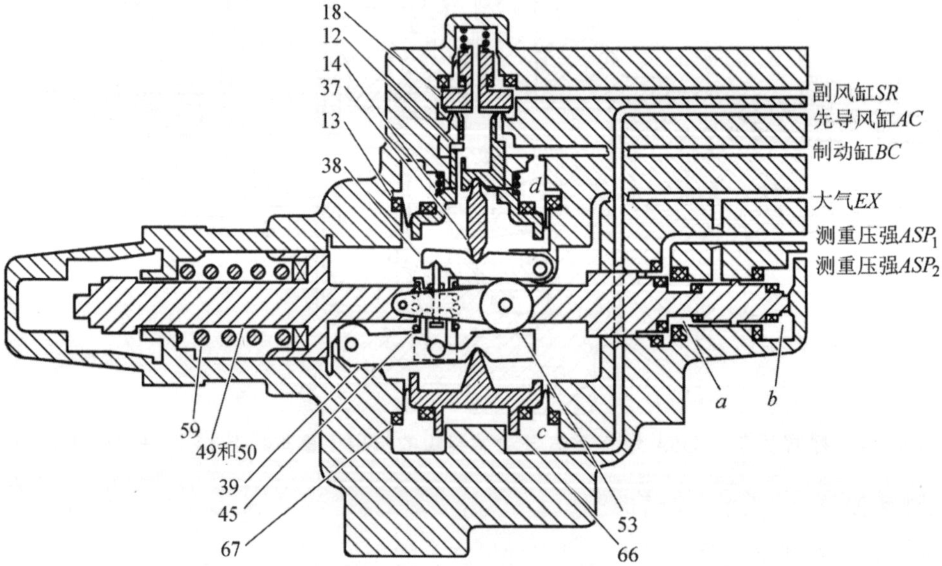

图 3-7-6　保压状态时 U5A 型空重车自动调整阀的作用（图注同图 3-7-2）

如果由于制动缸产生的漏泄，使制动缸压力下降，给排阀活塞会自动地打开给排阀的大阀口，重新向制动缸补风，直到恢复漏泄前的制动缸压力。

5. 压力跃升

在列车管的减压量较小的情况下，由 104 型空气分配阀来的压缩空气进入 c 室，先导活塞向上移动，推动下杠杆、跃升弹簧、上杠杆和给排阀活塞一起上移，使给排阀的大阀口开放，由 104 型空气分配阀（或副风缸）来的压缩空气进入制动缸。在这个动作中，由于跃升机构作为受力支点，力臂大，进入制动缸的压缩空气的压力较大，保证在较小的列车管减压量情况下，制动缸有足够的空气压力克服制动系统的杠杆阻力，实现制动作用，如图 3-7-7 所示。

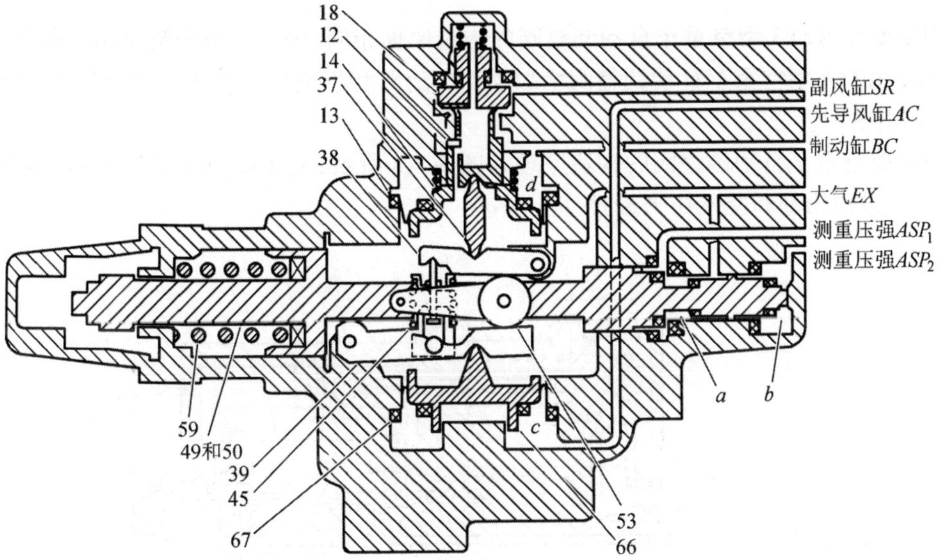

图 3-7-7　U5A 型空重车自动调整阀的压力跃升作用（图注同图 3-7-2）

（三）U5A 型空重车自动调整阀的输出压力调整

（1）将测重部的测重压力 1 和测重压力 2 调整到空车位。

（2）普通双层客车采用 U5A 型空重车自动调整阀时，在缓解状态下，空车位空气弹簧的空气压力为 270 kPa，重车位空气弹簧的空气压力为 420 kPa；在施行制动时，空车制动缸的空气压力为 230 kPa，重车制动缸的空气压力为 330 kPa。如果制动缸的压力不符合要求，可以松开紧固螺母、调节螺套、滚轮推杆，顺时针方向转动调节螺母，使推杆向左移动，制动缸的空气压力就会增大；相反，逆时针方向转动调节螺母，使滚轮向右移动，制动缸空气压力则降低。快速客车的 U5A 型空重车自动调整阀性能试验的数据，按照各生产厂家的设计要求进行调整。

（3）将测重部的测重压力 1 和测重压力 2 调整到重车位，对车辆施行制动作用，校验制动缸的空气压力值。

（4）调整完毕后，装上弹性销，把滚轮轴固定在弹簧推杆上。拧紧紧固螺母，检查空车位和重车位的制动缸压力值是否稳定。

二、KZF4 型空重车自动调整阀

双层空调客车的载客数量大，空车和重车时的重量相差悬殊，为了保证空车和重车时车辆的制动率不变，必须设立空重车自动调整阀。浦镇车辆厂生产的双层客车曾采用 KZF3 型空重车自动调整阀，运行在上海—南京之间。铁道部科学研究院在 KZF3 型空重车自动调整阀的基础上加以改进，研制成功了 KZF4 型空重车自动调整阀。KZF4 型空重车自动调整阀能与日本的 U5A 型空重车自动调整阀互换安装使用，阀座和橡胶垫通用，其性能也接近，既可用于每辆车两套制动系统的方案，也可用于每辆车一套制动系统的方案。

（一）KZF4 型空重车自动调整阀的构造

KZF4 型和 KZF3 型空重车自动调整阀的构造原理相同。为了适应每辆车用一套空重车自动调整阀，KZF4 型空重车自动调整阀增加了空气通路和流量，安装座面与 U5A 型空重车自动调整阀相同。

KZF4 型空重车自动调整阀的构造原理如图 3-7-8 所示，它主要由 4 部分组成，即测重部、杠杆部、压力作用部和空气压力给排部。

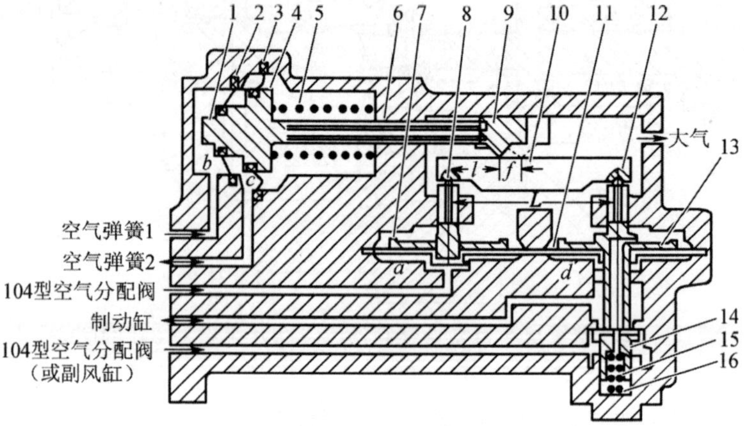

1—小活塞；2—小膜板；3—大膜板；4—大活塞；5—弹簧；6—活塞杆；7—作用活塞；8—作用活塞杆；9—支点；10—杠杆；11—膜板；12—给排杆；13—给排活塞；14—给排阀；15—O 形密封圈；16—给排阀弹簧。

图 3-7-8　空重车自动调整阀的构造原理

1. 测重部

测重部由小活塞 1、小膜板 2、大膜板 3、大活塞 4、弹簧 5 和活塞杆 6 组成。两个活塞分别测得两个空气弹簧内的空气压力进行平均，且与弹簧 5 进行平衡，使活塞杆向右移动一定的距离，即与车辆的载重相适应，达到空重车自动调整阀的自动测重目的。

2. 杠杆部

杠杆部由支点 9 和杠杆 10 组成。支点的位置取决于测重部弹簧压缩的位移量，即取决于空气弹簧的压力变化。

3. 压力作用部

压力作用部由活塞 7、作用活塞杆 8 和膜板 11（8 字形）组成。由 104 型空气分配阀来的压缩空气，首先进入作用活塞的膜板下方 a 室内，推动作用活塞和作用活塞杆上移产生作用，以便控制杠杆的各种作用。

4. 空气压力给排部

空气压力给排部由给排杆 12、给排活塞 13、给排阀 14、O 形密封圈 15 和给排阀弹簧 16 组成。空气压力给排部是执行由 104 型空气分配阀或副风缸向制动缸充气、保压和排气的机构。

5. 安装阀座

安装阀座是联系空重车自动调整阀和空气管路的接口。安装阀座有两种形式，一种安装阀座可不必接副风缸管路，由 104 型空气分配阀来的压缩空气进入作用活塞的膜板下方 *a* 室内和空气压力给排部，制动缸的压缩空气全由 104 型空气分配阀供给。另一种安装阀座有一根管子通副风缸，由 104 型空气分配阀（通过缓冲小风缸）来的压缩空气只进入作用活塞的膜板下方 *a* 室内，仅起到压力信号控制作用，制动缸的压缩空气全由副风缸供给。两种安装阀座的作用性能一样，制动与缓解的作用时间没有什么区别。

图 3-7-9（a）是 KZF4 型空重车自动调整阀以 104 型空气分配阀制动输出为风源的安装阀座，由 104 型空气分配阀来的压缩空气进入空重车自动调整阀的压力作用部，同时又进入空气压力给排部。制动时副风缸的压缩空气经 104 型空气分配阀，通过空重车自动调整阀进入制动缸。图 3-7-9（b）是 KZF4 型空重车自动调整阀以 104 型空气分配阀副风缸为风源的安装阀座，该安装阀座设有副风缸管路，104 型空气分配阀（通过缓冲小风缸）来的压缩空气只进入空重车自动调整阀的压力作用部。制动时，制动缸的压缩空气由副风缸通过空重车自动调整阀直接供给。

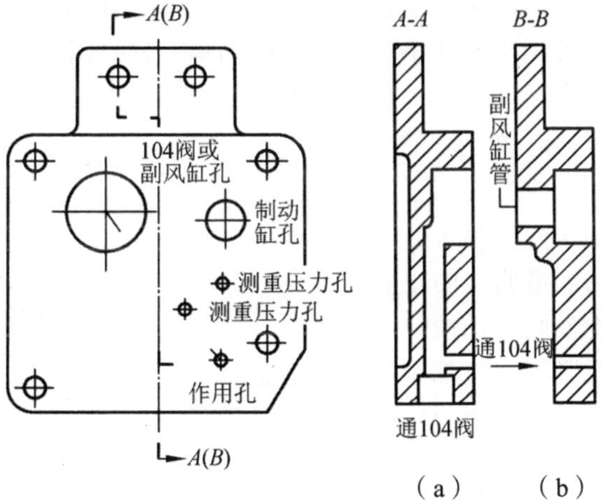

图 3-7-9　KZF4 型空重车自动调整阀的安装阀座

（二）KZF4 型空重车自动调整阀的作用原理

如图 3-7-8 所示，从空气弹簧 1 管路和空气弹簧 2 管路来的压缩空气分别进入测重部的 *b* 室和 *c* 室，推动活塞 1 和活塞 2 右移，与弹簧 5 平衡，使活塞杆和支点移动到相应的位置。

1. 制动作用位

由 104 型空气分配阀来的压缩空气进入 *a* 室，并推动膜板及作用活塞杆上移，通过杠杆及支点使压力给排杆向下移动，压开给排阀，来自 104 型空气分配阀（或副风缸）的压缩空气进入制动缸，同时也进入 d 室参与平衡。此时建立如下方程式：

$$p = p_1(l+f)/[L-(l+f)]$$

式中 p——由分配阀或副风缸进入 d 室的压缩空气建立的压力（kPa）;

p_1——由分配阀进入 a 室的压缩空气建立的压力（kPa）;

l——小臂长度（mm）;

f——支点的位移量（mm）;

L——杠杆的长度（mm）。

2. 保压作用

当 a 室和 d 室的压力通过指点及杠杆的作用达到平衡后，给排阀在给排阀弹簧的推动下，关闭给排阀的阀口，使空重车自动调整阀处于保压状态。

3. 缓解作用

作用活塞膜板下方 a 室压力降低，此时施于给排阀上的作用力不再平衡，给排活塞及给排阀一起向上移动，脱开给排阀，制动缸的压缩空气由给排阀杆中的通路由上方排入大气，呈缓解状态。

（三）KZF3 型和 KZF4 型空重车自动调整阀的组装和试验

1. KZF3 型和 KZF4 型空重车自动调整阀的组装

在生产组装 KZF3 型和 KZF4 型空重车自动调整阀时，仔细检查各零件，各零件应符合图纸尺寸及公差要求。零件加工表面不应有明显的伤痕，并且清除毛刺，用煤油清洗干净，用压缩空气吹干，阀杆、阀套和运动部件上涂低温润滑脂，按照图纸进行组装。各橡胶件不允许沾上油脂，组装完毕后外体应涂油漆。

组装时注意事项：

（1）调整支点时必须用专用扳手。

（2）支点要涂足够的润滑脂，防止生锈。

（3）橡胶件禁止沾上油脂、油渍。

（4）滑动配合零件及紧固螺钉都应涂上润滑脂。

（5）紧固盖板螺钉时，不要用力过猛，防止滑扣。

2. KZF3 型和 KZF4 型空重车自动调整阀的试验

组装好或经检修的 KZF3 型和 KZF4 型空重车自动调整阀要在三阀试验台上进行性能试验，只有经试验合格后才能装车运用。试验方法如下。

（1）试验准备。

将 KZF3 型和 KZF4 型空重车自动调整阀安装在试验台阀座上并紧固，把容积风缸压力调整到 420 kPa。开放塞门 5、10、11、14、15，关闭其他塞门。

（2）气密性试验。

将操纵阀手把置于快充位，待空气弹簧风缸Ⅰ和空气弹簧风缸Ⅱ的压力上升到最大时，操纵阀手把移至中立位，同时打开塞门 8。测试制动（风）缸压力下降速度，要求每分钟不得超过 10 kPa。在空重车自动调整阀各结合部位涂肥皂水，检查漏泄情况。要求各结合部位不得有漏泄现象。

试验完毕后，将操纵阀手把置于排气位，关闭塞门 8。

（3）性能试验。

试验空车位时，将空气弹簧风缸Ⅰ和空气弹簧风缸Ⅱ的压力调整到 270 kPa。将操纵阀手把置于快充位，记录制动（风）缸的最大压力值；缓解后，再将测重阀手把置于慢充位，记录制动（风）缸的最大压力值。重复几次，检查制动（风）缸最大压力值是否稳定。

试验重车位时，将空气弹簧风缸Ⅰ和空气弹簧风缸Ⅱ的压力调整到 420 kPa。将操纵阀手把置于快充位，记录制动（风）缸的最大压力值；缓解后，再将测重阀手把置于慢充位，记录制动（风）缸的最大压力值。重复几次，检查制动（风）缸最大压力值是否稳定。

如果制动缸压力不符合要求，应对空重车自动调整阀进行输出压力调整。

空重车自动调整阀性能试验数据应符合表 3-7-1 的要求。

表 3-7-1　KZF3 型和 KZF4 型空重车自动调整阀性能试验数据

空重车状态	空气弹簧压力/kPa	制动缸压力/kPa
空车位	270	230 ± 10
重车位	420	330 ± 10

任务八　防滑检测装置

任务描述

2 月 3 日，K× × ×次列车到达陇海线× ×管内× ×站停车办客。0 时 25 分，K× × ×次待避列车期间，车辆乘务员通过无线列调对讲机听到司机向车站反映车辆有漏风现象。假如你是一位客列检专职，漏风现象直接影响到列车安全行驶，如何运用检车流程和故障分析处置该故障，通过本任务的学习你将获得答案。

任务目标

1. 知识目标

（1）熟知防滑装置的功能；

（2）掌握防滑装置故障检修。

2. 能力目标

（1）TFX1 型电子防滑器的组成及试验方法；

（2）具备乘务员应急故障处理能力。

3. 职业素养目标

（1）安全第一、预防为主、严规细操；
（2）协作意识、环保意识、节约意识。

知识储备

一、防滑装置的功能

制动过程中的滑行就是由于制动力超过了轮轨之间的黏着力，车轮被“抱死”而导致转动速度急剧减小的现象；无论是运行在高速区段还是低速区段的动车组，这种现象都有可能发生。轮轨之间的滑行会延长制动距离并使车轮的踏面擦伤。踏面擦伤后，不仅降低乘车的舒适性，也会给转向架部件带来附加的冲击力，使其寿命缩短。所以，应尽可能地防止滑行现象的发生。解决这一问题的办法就是在动车组中加装防滑装置，以控制制动过程中的制动力，使它小于并接近于即时的黏着力。

列车的防滑性能如何直接影响到车辆的紧急制动距离：防滑性能优良，则车辆可充分利用轮轨间黏着，实现最短的紧急制动距离；否则，滑行会造成车轮的擦伤和紧急制动距离的不可控。因此，防滑装置在高速动车组上的作用更加突出。

防滑装置的功能就是通过在各车轴或牵引电机上安装速度传感器，对轮对的转动速度进行检测，当滑行即将发生的短暂临界阶段将其检测出，并及时动作，使作用在车轮上的制动力迅速降低至黏着力以下，以防止车轮滑行，恢复轮轨的黏着状态。在黏着恢复以后，还要根据不同的情况保持或增加制动力。防滑装置不仅可以有效控制轮对的滑行擦伤，还可以充分利用轮轨间的黏着。

由于轮轨间黏着是随机变化的，动车组的防滑装置应根据车轴速度或减速度变化的大小和变化趋势进行制动力的调节，既要防止车轮滑行擦伤又要防止制动力过度丧失。采用速度差、滑移率和减速度 3 种判别模式可以相互弥补使用单一判别模式造成滑行的漏检或错检。

在进行滑行检测时，车辆基准速度的选取是关系到防滑装置作用性能重要基本参数之一。因为车辆实际速度并不完全与车轴速度相等，特别是在牵引和制动过程时其误差更大。通常防滑装置所采用的车辆基准速度都是以参考速度为计算依据，称为第五轴速度。

防滑装置的主要功能有：

1. 利用最佳粘着防止滑行功能

防滑装置能够通过对速度传感器的不断采样、计算判断，当车轮速度突变时使防滑排风阀动作，保持轮轨间的最佳黏着，防止车轮擦伤。

2. 自检和试运转功能

系统在上电后对系统各部分进行上电自检，并在列车运行中对系统进行动态监督。试运转通过按钮控制，当按下复位按钮时，各轴防滑排风阀依次动作。

3. 故障信息存储和显示功能

在上电自检、动态监督和试运转过程中，如果出现故障，存储故障代码并在数码管上显示出来。

4. 数据通信功能

主机通过通信接口与外部计算机进行通信，相互交换信息，主要用于传输故障信息及防滑排风阀动作时四轴的速度和减速度值、列车速度等。

5. 轮径补偿功能

由于车轮磨耗等原因，车轮轮径产生的偏差会影响车辆参考速度计算，从而直接影响防滑装置的作用性能。因此，为了消除轮径磨耗的影响，提高防滑检测精度，在对各轴速度进行比较时，通常要对轮径进行修正，这就是所谓轮径补偿作用。这一过程可以在非牵引和制动的惰行状态下，经过多次测定各轴速度并与原储存数据比较，计算出修正系数，并存储该修正系数。

6. 邻轴补偿功能

邻轴补偿功能用于因速度传感器或其他原因造成某根轴速度信号丧失造成该轴防滑失效。在该状态下，因失效轴滑行状态无法辨别，其防滑作用是根据其相邻轴的防滑控制方式进行控制，以避免该轴滑行或擦伤。

7. 保护功能

如果由于某种原因，使防滑排风阀动作超过规定时间，则通过软件和硬件的保护作用，强行使防滑排风阀复位，使其失电，并显示故障代码。

二、滑行检测机理

防滑控制模块（WSP）对经过调理的速度传感器信号进行采样、处理，并根据事先规定的控制逻辑来判断是否发生了滑行。当车速发生突变也就是将要滑行时，车轴速度、减速度也要发生变化，如果这些变化超过判据设定值，主机便发出控制信号，通过防滑排风阀使制动缸减压、保压、增压来调节制动缸压力，从而有效地利用和改善轮轨间的黏着，发挥最大的制动力。

滑行的检测方法主要有减速度检测、速度差检测和滑行率检测 3 种。

1. 速度差检测

速度差检测是以同一辆车内 4 个轴的速度以及制动指令发出后以一定减速度减速的假想轴（也称第五轴速度）中速度最高的轴为基准，当车轮的速度与基准的速度差高于某一设定值时，就判断为滑行，如图 3-8-1 所示。

2. 减速度检测

当车辆的 4 根轴以接近的速度同时滑行，通过速度差来判别显然就不行了，这时只有采用减速度控制。减速度检测是根据车轮本身转动速度减少的比例 β 来判断是否滑行。当车轮速度发生突变时，减速度相应增大，当减速度值超过某一设定值时，就判断为滑行，如图 3-8-2 所示。

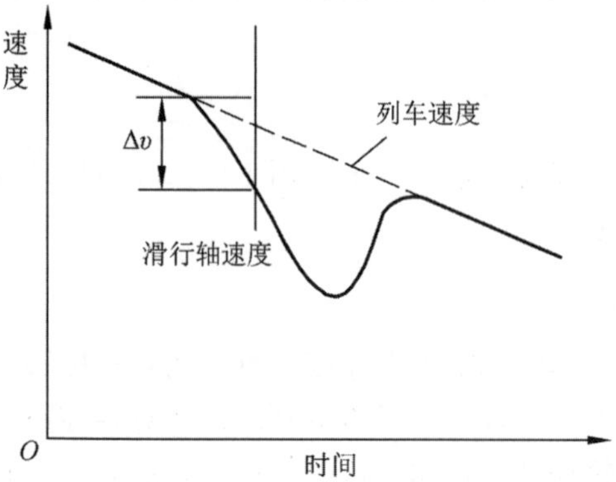

图 3-8-1　速度差检测

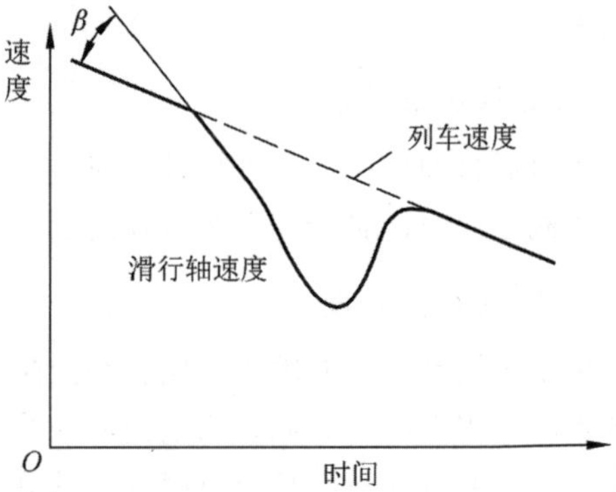

图 3-8-2　减速度检测

3. 滑行率检测

要得到最大的轮轨黏着，必须使车轮保持一定的滑行率，滑行率检测方法是根据轮轨接触点的滑行率 λ 来判断轮对是否发生了滑行，滑行率 λ 的定义为：

$$\lambda=（轮心速度-轮轨接触点相对于轮心的速度）/轮心速度$$

由以上公式可以看出，当轮对做理论上的纯滚动和完全滑行时的 λ 值分别为 0 和 1，考虑到轮轨间的黏着，轮对实际运行时的 λ 值应介于二者之间。

滑行率的控制作为一个辅助控制与速度差同时作用，既防止了仅用滑行率在低速范围检测微小滑行造成制动力不足，也防止了仅用速度差在高速范围内由于存在轮径差而容易引起微小滑移检测错误而造成制动力不足。

在实际运用中，滑行检测要以减速度检测为主并要和作为后备的速度差检测、滑行率检测方法一起使用。

三、防滑检测装置的结构及工作原理

防滑器的结构组成

制动防滑器是高速制动系统中的重要组成部分，微处理器控制的防滑器主要用于装有盘形制动机的客车系统中，也可用于机车作为防空转和防滑装置。目前我国客车上使用的电子防滑器主要有 TFX1 型、MGS2 型和 AS20C 型等 3 种，本节中以 TFX1 型为例来介绍电子防滑器的构造与工作原理。电子防滑器的主要功能：

（1）制动时能有效地防止轮对因滑行而造成的踏面擦伤。

（2）制动时能根据轮轨间黏着的变化调节制动力，以充分利用轮轨间的黏着，得到较短的制动距离。

（一）TFX1 型电子防滑器的组成

TFX1 型电子防滑器主要由速度传感器、TFX1 型防滑器主机、防滑器充排电磁阀和压力开关及连接电源等部分组成，如图 3-8-3 所示。

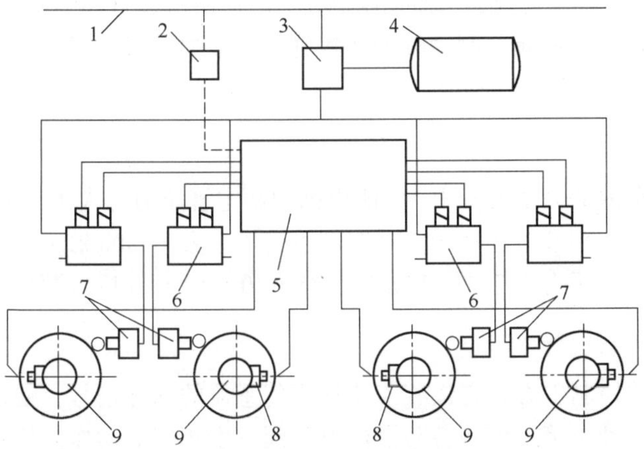

1—制动主管；2—压力继电器；3—空气分配阀；4—副风缸；5—防滑器主机；6—防滑排风阀；
7—制动缸；8—速度传感器；9—轴 1、轴 2、轴 3、轴 4。

图 3-8-3　TFX1 型电子防滑器组成

1. 速度传感器

速度传感器的输出是防滑控制中速度计算的基础，其精度非常重要。

动车的速度传感器安装在牵引电机的轴端，拖车的速度传感器安装在车轴端部（前盖上），如图 3-8-4 所示。考虑到维修的方便，采用了无磨耗的非接触式速度传感器。在牵引电机轴端安装感应盘时，依靠牵引电机轴的转动产生感应电压。因为牵引电机轴通过大小齿轮与车轮相连，所以感应出的脉冲频率与感应齿盘的齿数、大/小齿轮的齿数比、车轮转动速度（列车速度）成比例。因此，根据感应齿盘的齿数、齿轮的齿数和车轮直径，就可计算出车轮的转动速度。

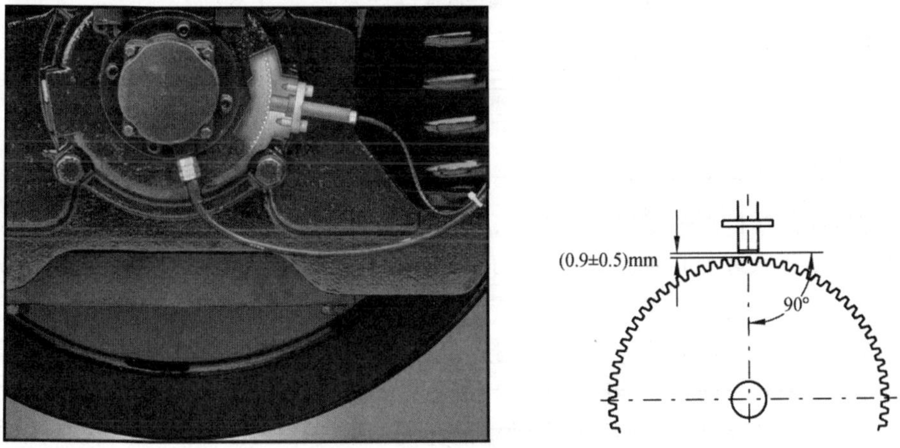

图 3-8-4　速度传感器

在齿轮箱和车轴端部安装速度传感器时，工作原理与前者完全相同。而感应齿盘的齿数则根据车种的不同而异。

2. 防滑电磁阀

防滑电磁阀是防滑装置的执行机构，它可以根据滑行检测器发出的控制信号进行动作，实现制动缸的排风、保压、充风，从而控制制动力，使防滑装置起到防滑并控制黏着的作用。防滑电磁阀安装于空气分配阀与制动缸的连接管上，根据主机的指令，它控制相应的制动缸的排气和再充气。

3. 压力开关

压力开关装在车内的制动支管上，它能根据制动主管压力的大小，自动关闭和接通 TFX1 型防滑器的电源，以达到节电的目的。当制动主管压力大于 200 kPa 时，压力开关使防滑器电源接通，当制动主管压力小于 160 kPa 时，经（30 ± 2）min 后电源自动关闭。

4. TFX1 型防滑器主机

主机是防滑器的控制中心，它接收 4 路速度传感器的脉冲信号，通过对该信号的调理、计算、比较，作出各种决策，控制各防滑器电磁阀发生相应的动作，使相应的制动缸排气或充气。

防滑器的主机安装于车辆上部乘务员室内，其电源由车辆蓄电池直流 48 V 提供，设有极性保护，瞬态干扰滤波网络及自动通断环节。在 34 V 到 62 V 电压变化范围内，该系统能稳定可靠地工作。

主机面板如图 3-8-5 所示，上设 3 个功能按钮，即“诊断”“显示”和“清除”。一个电源灯，一个两位 LED 显示器，在显示器右下还有一故障小灯。

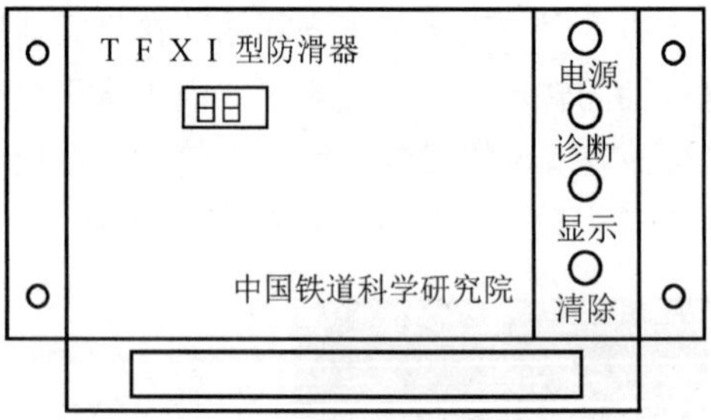

图 3-8-5　TFX1 型防滑器主机面板布置示图

（二）防滑电磁阀的结构

防滑排风阀的结构形式虽然千差万别，但就现有防滑排风阀来说，不论是国内还是国外，其设计要求和工作原理都几乎完全相同，它们主要由中间体、侧体、膜板、电磁先导部分等组成。

当防滑器主机关闭而无防滑功能时，排风阀对正常的制动和缓解不会产生不利影响。当防滑器主机开启而具有防滑功能时，通过控制电磁阀的通断电形成电磁铁心的动作，改变空气通路，引起膜板的移动，从而达到制动缸的充气、排气和保压作用，控制制动缸的压力，实现防滑功能。

防滑阀的结构如图 3-8-6 所示，其中 D 口与动车组制动控制单元的中继阀连接，C 口与制动缸（CRH2 型动车组为增压缸，其余车型为制动缸）相连接。主要组成部分包括阀体、侧板、电枢绕组，两个电磁阀 VM_1、VM_2 及对应的内、外阀座。阀体上有充、排气膜板 V_1 和 V_2 及对应的两个膜板座、控制腔 SC 和 SD 以及气室 U 和 T，通过控制腔和气室压力控制膜板开通和关闭。

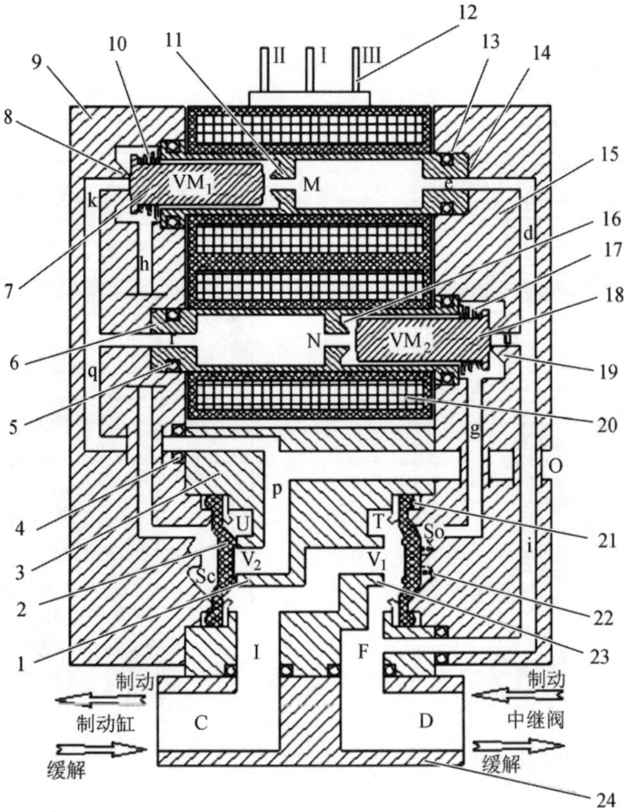

1、23—膜板座；2—排气模板 V_2；3—阀体；4、5、13—密封圈；6、14、24—阀座；7—电磁阀 VM_1；8、19—外部阀座；9、15—侧板；10、17—弹簧；11、16—内部阀座；12—接线柱；18—电磁阀 VM_2；20—电枢及绕组；21—进气模板 V_1；22—膜板弹簧。

图 3-8-6　防滑排风阀的结构原理图

（三）防滑电磁阀的工作原理

防滑电磁阀有排气（缓解）、保压和充气（制动）3 个作用，其作用原理如图 3-8-7 所示。

1. 无防滑功能时的制动和缓解作用

此时电磁阀 VM_1、VM_2 均不励磁。通道 k、u 关闭，通道 M、N 打开。

制动时，来自制动控制装置中继阀的压力空气流到进风口 D，经 T 室作用在进气模板 V_1 上，由于控制室 SD 经 SD→g→开启的阀座 N→r→q→O 通大气，因此进气模板 V_1 被推至右端极限位置，进气模板 V_1 打开；同时 F 室的压力空气经 F→i→d→e→M→h→SC，在排气模板 V_2 左侧控制室 SC 室压力与 U 室压力的压差作用下（注意 V_2 右侧→p→O 通大气），排气模板 V_2 关闭。这样，D→F→V_1 左侧→Z→C 通路打开，车辆进行正常的制动。

缓解开始时，C→Z→V_1 左侧→F→D 通路畅通，当进气模板 V_1 右侧弹簧压力高于 T 室压力时，进气模板 V_1 关闭，U 室的剩余空气打开排气模板 V_2，排尽制动缸 C 的剩余空气。

2. 有防滑功能时的排气作用

接到排气指令的同时电磁阀 VM_1、VM_2 均励磁。通道 k、u 打开，通道 M、N 关闭，变成排气缓解位置。

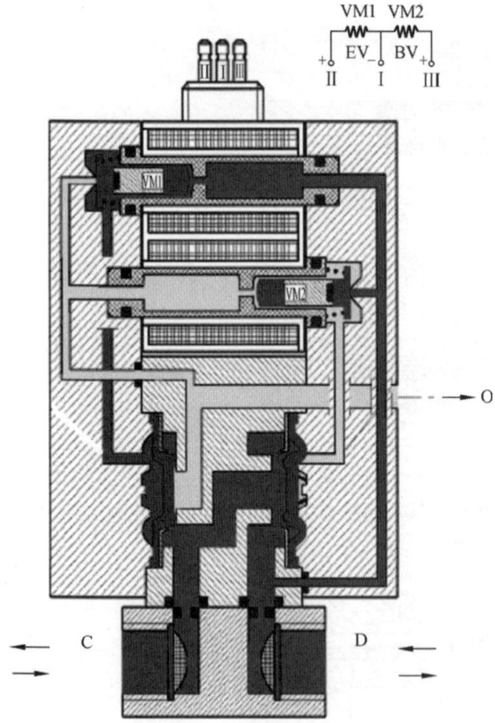

充气作用

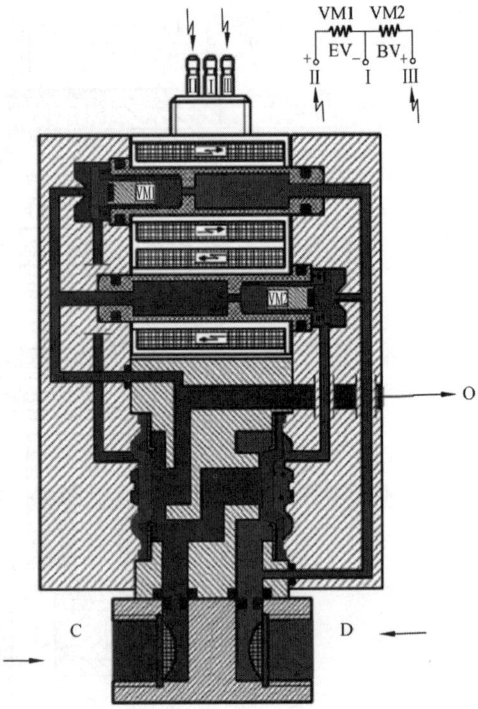

排气作用

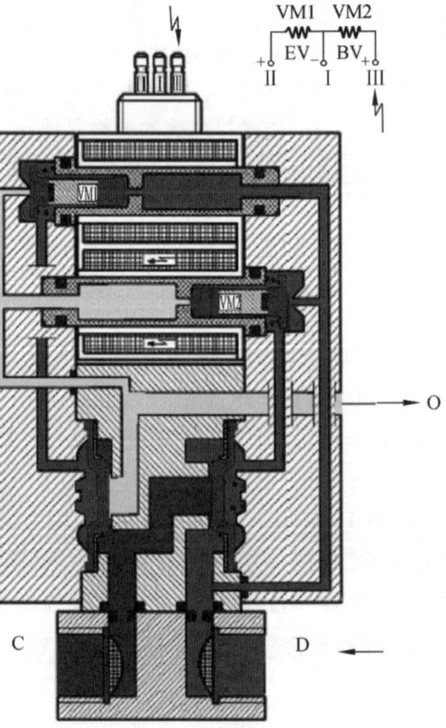

保压作用

图 3-8-7　防滑电磁阀的工作原理

压力空气经 F→i→u→g→SD，SD 室压力上升，与 T 室压差很快达到平衡，模板弹簧将进气模板推至左端位置，SD 室压力继续上升，弹簧力 + SD 室压力与 T 室压力的压差越来越大，进气模板保持关闭，从而 D→F→V_1 左侧→Z→C 的通路关闭，这时中继阀 D 处来的空气压力不管如何增加，也不会增加制动缸的压力；同时控制室 SC 的空气经 SC→h→k→q→O 通大气，U 室的压力空气打开排气模板 V_2，制动缸 C 的空气经通路 D→Z→V_2 右侧→p→O 排大气。

3. 有防滑功能时的再制动（充气）作用

此时电磁阀 VM_1、VM_2 均不励磁。通道 k、u 关闭，通道 M、N 打开。

来自中继阀 D 的压力空气经 T 室作用在进气模板 V_1 上，由于控制室 SD 的空气经 SD→g→N→r→q→O 通大气，因此，迅速降为与大气压力相同，在 T 室空气压力作用下，进气模板 V_1 被推向右端位置，进气模板 V_1 再次打开（若制动缸空气尚未排尽，在 T 室和 V_1 左侧空气压力的共同作用下，进气模板 V_1 打开更快）；同时来自 D 的压力空气经 F→i→d→e→M→h→SC，SC 室压力迅速上升，在 SC 室压力与 U 室的压差作用下（V_2 右侧→p→O 通大气），排气模板 V_2 迅速关闭，制动缸的空气不再排大气。这样，D→F→V_1 左侧→Z→C 通路再次打开，车辆再次进入制动充气状态。

4. 有防滑功能时的压力保持（保压）作用

此时电磁阀 VM_1 不励磁、VM_2 励磁。通道 k、N 关闭，通道 M、u 打开。

压力空气经 F→i→u→g→SD，SD 室压力迅速上升，与 T 室压差很快达到平衡，模板弹簧将进气模板推至左端位置，SD 室压力继续上升，弹簧力 + SD 室压力与 T 室压力的压差越来越大，进气模板保持关闭，从而 D→F→V_1 左侧→Z→C 的通路关闭；同时压力空气经 F→i→d→e→M→h→SC，SC 室压力迅速上升，排气模板 V_2 迅速关闭。这时制动缸既不排风也不充气，形成压力保持（保压）状态。

在保压状态时，若使 VM_1 间断地励磁（得电），制动缸便会间断地排风，实现阶段缓解。若保持 VM_1 始终励磁（得电），而 VM_2 间断地励磁（得电），制动缸便会间断地充气，实现阶段制动。

（四）防滑器工作原理

防滑器的工作原理

TFX1 防滑器系统采用了两种防滑判据，即减速度和速度差。

运行中 4 路速度传感器的脉冲信号经主机进入处理后，按照一定的时间间隔采样，分别计算出各轴的速度和减速度，并将各轮对的转动线速度与车辆运行速度进行比较得到相应的速度差，再将各轴的减速度和速度差分别与相应的判据进行比较。制动过程中当其轴的速度差或减速度分别达到有关的判据标准时，主机立即控制该轴的防滑充排电磁阀动作，以使相应的制动缸阶段排气或一次排气，从而达到防止轮对滑行，并根据轮轨黏着关系变化而调节制动力的目的。当轮对恢复转动时，根据各轴不同的加速度或速度差可实现各轴制动缸的阶段充气或一次再充气。

四、TFX1 型防滑器的试验方法

防滑器故障维修

TFX1 型防滑器应按 TFX1 型防滑器接线图检查无误后按下列试验办法通过方可交车。

（一）压力开关及防滑排风阀漏泄试验

（1）压力开关漏泄试验。单车试验器手把置于1位，制动主管压力充足至定压（600 kPa）后，用肥皂水检查压力开关及接管各连接处不得发生明显的漏泄现象。

（2）防滑排风漏泄试验。待制动系统充风至定压后，用单车试验器施行紧急制动，用肥皂水检查排风阀排风及各连接处，不得发生明显的泄漏现象。

（二）TFX1防滑器诊断试验

（1）试验前，先将单车试验器手把置于1位，使制动系统充风缓解。

（2）若故障灯点亮，应按“显示”按钮3 s左右，显示器先显示“88”后，则连续显示故障代码，根据所显示的故障代码，对相应的故障部件进行修理或更换，故障排除后，清除存储器中的故障代码。防滑系统应在排除已有故障的情况下再进行系统诊断和试验。用单车试验器施行紧急制动后再进行这项试验。当单车试验器手把置于紧急制动位时，应同时用秒表计时，以方便后续的电源自动通、断功能试验。按下“诊断”按钮约3 s，显示器先显示“88”，此后开始执行本按钮的功能，连续按如下显示进行诊断和试验。

“87”　　CPU自检　　“86”RAM自检

“85”　　ROM自检　　“83”各速度传感器检查

对于每一条轮对制动缸，其试验过程如表3-8-1所示。

表3-8-1　制动缸风压时间

阶段排风	1.0 s	阶段充风	1.0 s
排风保压	1.0 s	保压	1.0 s
一次排风	2.0 s	充风	1.0 s
保压	5.0 s		

每条轮对经历的试验时间为12 s，轮对之间的试验间隔时间为10 s。试验人员可沿车听各轮对制动缸充、排风的音响，并确认制动机是否真正缓解以判断其功能是否正常。

上述诊断试验完成后，“82”熄灭。若诊断过程中某部分有故障，则出现故障信息。检修人员应如前述进行处理，故障处理后应清除故障代码并再次进行诊断试验，直到无故障信息出现为止。

（三）防滑器主机电源自动通、断功能试验

（1）施行紧急制动后已开始计时，此状态延续（30 ± 2）min，应自动关断电源。

（2）电源自动接通试验，主机电源自动切断后，将单车试验器手把移至2位缓慢充风，当列车管压力升至超过200 kPa时主机电源应自动接通。

（四）TFX1型防滑器操作使用说明

1. 电源通断功能

防滑器外部供电电源为直流48 V（启动40 V，工作范围34 ~ 62 V）具有电源自动通断功能。当车辆处于停车状态，列车管无风压时，按下“诊断”或“显示”按钮，电源即可接

通。当松开按钮（30±2）min 后，电源自动关断。面板上“电源”灯亮表示防滑器电源接通并投入运行。防滑器主机开始显示一固定信息。

2. 诊断”功能按钮的使用

此功能按钮只在车辆停车状态下使用，速度高于 3 km/h 时使用无效。在执行本功能之前，先施行常用全制动或紧急制动，可直观地确认各轴制动机的制动和缓解状态。按下此按钮约 3 s，显示器先显示“89”之后，开始执行本按钮的功能，连续按如下显示进行诊断和试验。诊断结束后若有故障，则显示故障信息码，若无故障则显示“88”或“88.”。“诊断”功能执行过程中，若车辆运行速度高于 3 km/h 时，诊断操作将自动停止，并转入防滑程序的运行。

“87”—CPU 自检；　　“86”—RAM 自检；

“85”—ROM 自检；　　“83”—各速度传感器检查；

“82”—各防滑排风阀检查、试验；各轮对制动缸进行充、排风试验。各轮对的试验间隔为 10 s。上述诊断完成后，“82”熄灭。

TFX1 型防滑器的所有功能代码见表 3-8-2。

表 3-8-2　TFX1 型防滑器功能代码信息表

显示功能代码	意　　义
88	系统各部件正常
89	按钮开关已按下，其功能已开始执行
87	CPU 自检
86	RAM 自检
85	ROM 自检
83	各速度传感器检查
82	各防滑排风阀检查
81	下面将显示偶然性故障代码
99	故障代码已被清除

3. “显示”功能按钮的使用。

利用此按钮显示故障代码。根据故障代码进行相应的维修或更换。按下本功能按钮约 3 s，显示器先显示“89”，然后每隔 1 s 显示一个固定性故障代码；显示完固定性故障代码后，接着显示“81”，表示后面将在显示偶然性故障代码（曾经发生过的故障，但现已恢复正常的故障代码），随后每隔 1 s 逐一显示偶然性故障代码，直到显示结束。面板上观察窗口内显示的信息代码的含义见表 3-8-2 所示。

4. “清除”功能按钮的使用

此功能按钮必须和“显示”按钮联合操作使用。故障部件修复更换后，应使用“清除”按钮和“显示”按钮按如下方法清除故障代码：按下“显示”按钮 3 s 后，将顺序显示各故障代码，当显示器上出现一故障代码后，按动一次“清除”按钮，原故障代码变为“99”，表示该故障代码已被清除；再出现下一个故障代码时，再按动一次“清除”按钮，故障代码变为“99”，该故障代码也被清除；以此类推。偶然性故障代码的清除也采用同样的方法。该故障代码清除后显示信息应相应改变，若全部故障已被清除，则应显示“88”。

5. 防滑器显示信息说明

在未按“显示”按钮的情况下，防滑器只显示一个信息码。当速度部件和防滑排风阀同时出现故障时，显示器将优先显示防滑排风阀的故障代码；在防滑排风阀的充、排风电磁阀同时出现故障时，优先显示充风电磁铁的故障代码。当出现防滑排风阀的故障信息或“5.0”“7.0”“..”的故障时必须用“显示”按钮来显示具体的故障代码。

6. 故障的处理

TFX1 型防滑器正常运行情况下完全自动工作，非专职人员请勿按动按钮。正常运行时将显示“88”或“88.”。当出现“88.”的信息时，表示系统某部件曾经出现过偶然性故障，但现在已恢复正常，目前不影响正常使用。应显示并记录其故障代码并予以清除，以便进一步监视观察。故障部件维修更换后，若故障代码没能及时清除，也将出现“88.”。当出现某轴速度传感器固定性故障代码时，由于 TFX1 型防滑器具有邻位互补功能，因此，只要相应轴的防滑排风阀无故障，该轴防滑保护作用将与相邻轴相同。其防滑保护功能得到部分补偿。但在停车状态下应及时修复，然后清除代码并通过系统自诊断进行确认。当出现某轴防滑排风阀固定性故障代码时，该轴的防滑保护功能将失效。在停车状态下应及时修理或更换，然后清除故障代码并通过系统自诊断进行确认。当出现“..”故障信息时，表示全部速度部件或全部防滑排风阀或两者均出现固定性故障，该台防滑器已全部失去防滑保护作用，应切除防滑器直流 48 V 供电，并及时进行系统检查和维修，正常后重新投入运行。

任务九　制动监测系统

任务描述

×××列车司机进站撂闸发现列车管排风速度慢，制动力不足，紧急时刻司机操纵 LBJ 向 KLW 发排风制动信号，触发尾部车辆实施紧急制动。紧急停车后司机通过无线列调对讲机通知车辆乘务员核实制动力过小原因。假如你是一位车辆乘务员，深知列车制动力过小的危害性，轻者延迟制动距离，重者追尾造成重大事故，欲知故障如何分析和处理，且读本节知识。

任务目标

1. 知识目标

（1）制动监测系统组成及常见故障；

（2）旅客列车尾部安全防护装置的结构及维护。

2. 能力目标

（1）具备车辆乘务员应急故障处理能力；

（2）熟练掌握 KLW 的运用方法。

3. 职业素养目标

（1）安全第一、预防为主、严规细操；

（2）协作意识、环保意识、节约意识。

知识储备

一、制动监测系统的组成

系统的网络拓扑结构采用对等式网络结构，使列车任意车厢的网络节点都能接收全列的通信数据。利用 TCDS 系统结构对 25G 型客车制动系统进行在线监测，即在 25G 型客车上安装制动监测系统。该系统应具备以下功能：

（1）实时采集列车管、制动缸、副风缸、总风管压力数据，监测制动系统运行状态。相比于 KAX-1 型客车行车安全监测诊断系统，增加了对副风缸压力的监测。

（2）全列各监测单元通过列车网络共享监测数据，进行综合故障诊断分析。对影响行车安全的严重故障进行全列声音提示，指导乘务员采取紧急措施保障运行安全。

（3）提供人机交互接口。实时显示全列制动系统的状态、压力数据以及工作曲线，可以进行车顺号、制造号的设置。

（4）具备与 TCDS 的接口。监测数据及报警信息实时传输至地面监控中心，准确反应制动监测数据和报警的变化情况。

系统利用 25G 型客车中预留的贯通全列的 39 芯连接器中的 2 根双绞屏蔽线实现列车网络通信；每节车厢安装 1 个制动监测单元，每个单元由制动监测主机、制动缸压力传感器、列车管压力传感器、副风缸压力传感器及连接线缆组成，且在首尾车增加总风管压力传感器。制动监测主机通过分析各传感器采集的数据，进行实时故障诊断和报警，并且通过列车网络实现全列监测数据的共享；监控车厢（广播车）内安装的制动监测主机与 TCDS 主机连接，实现车地无线通信功能；首、尾车内安装集中显示终端，接收并显示全列制动监测数据及报警（见图 3-9-1）。

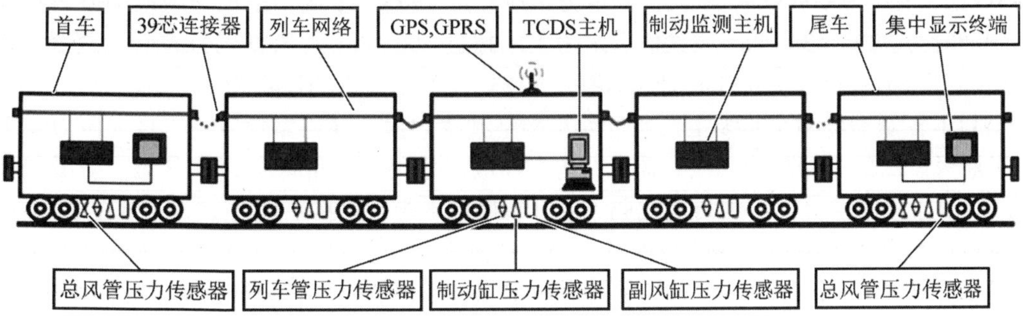

图 3-9-1　制动监测系统的结构

（一）系统网络拓扑结构

25G 型客车在 39 芯连接器中预留了双绞屏蔽线，因此利用 lonWorks 技术可实现全列车网络连接。lonWorks 作为通用型测控网络，它既可以作为列车总线，又可以作为车厢总线，其网络结构灵活；lonWorks 技术支持列车重新编组，具有良好的适应性，适用于各种轨道车辆，还适用于固定或可变编组的列车。为便于各节车厢网络共享数据，系统的网络拓扑结构采用对等式网络结构，使列车任意车厢的网络节点都能接收全列的通信数据，弥补了 KAX-1 所采用的双网冗余的星形网络结构存在的弊端。在每节车厢的网络节点上安装 1 块网关板卡，用于实现全车网络的连接。制动监测主机可依据监测的总风管压力数据自动识别首、尾车并投入终端电阻。当自动投入终端电阻失败时，可通过中间车/首尾车按钮人工设置中间车及首尾车。

（二）制动监测单元硬件结构

每个车厢的制动监测单元通过车厢 4 个角的 39 芯连接器中的 3 根引线接入 lonWorks 网络。制动监测单元可与防滑器进行通信。系统硬件结构如图 3-9-2 所示。

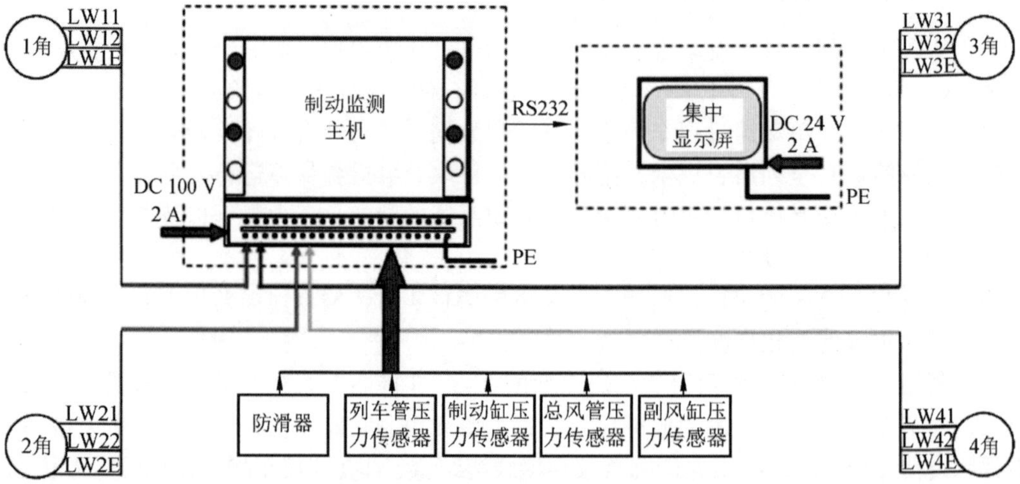

图 3-9-2　制动监测单元硬件结构

数据采集模块完成列车管压力、制动缸压力、副风缸压力、总风管压力等 4 个模拟量通道信号的采集，判断传感器的故障信息。所采集的 4 个通道的信号特性为列车管压力的最小值为 0 kPa，定压为 600 kPa，最大值设定为不应超过 750 kPa；制动缸压力的最小值为 0 kPa，紧急制动时为 420 ~ 430 kPa，最大值设定为不应超过 500 kPa；总风管压力的最小值为 0 kPa，最大值设定为不应超过 750 kPa。该模块中 A/D 转换的刷新周期设定为 200 ms。

全列车各制动监测车厢级主机通过列车网络共享数据，并将车顺号、车号、压力采集数据、车厢级诊断的制动故障代码、速度、防滑器故障代码、车厢制动/缓解状态、防滑器厂商代码、制动监测车厢级主机供货商代码、主机软件版本等数据传输给 TCDS 车载主机，TCDS 车载主机进行列车级制动系统综合诊断，诊断信息在制动监测车厢级主机数码管和集中显示屏上显示。TCDS 车载主机同时向各制动监测车厢级主机定时发送报警信息、时间同步信息、速度信息等。

（三）制动故障报警方式

一级报警时，各车厢级主机数码管闪烁显示故障车车顺号和故障代码，同时蜂鸣报警，并在集中显示屏显示故障车车号、车顺号、各压力值及故障名称。二、三级报警时，各车厢级主机数码管显示故障车车顺号和闪烁显示故障代码，并在集中显示屏显示故障车车号、车顺号、各压力值及故障名称。同时发生多个二、三级报警时，数码管定时循环显示。

制动故障报警级别及故障代码见表 3-9-1。

表 3-9-1　制动故障报警级别及故障代码

序号	故障名称	故障判据	报警级别	故障代码
1	自然制动（过充）	符合 TB/T 3188—2007 规定，且列车管压力大于 630 kPa 以上定义为过充。在过充压力恢复到正常压力时，减压过快可能引起某车辆制动，判定该车辆为自然制动（过充）	3	301
2	异常制动（过充）	列车管压力大于 630 kPa 引起的异常制动，判定该车辆为异常制动（过充）	3	302
3	异常制动	符合 TB/T 3188—2007 规定，且全列 2/3 及以上车辆为缓解状态，其余车辆为制动状态，判定这些车辆为异常制动	3	303
4	异常缓解	符合 TB/T 3188—2007 规定，且全列 2/3 及以上车辆为制动状态，其余车辆为缓解状态，判定这些车辆为异常缓解	3	304
5	自然制动	符合 TB/T 3188—2007 规定，且列车管未减压，车辆的制动机发生制动作用（制动缸压力大于 30 kPa），判定该车辆为自然制动	3	305
6	自然缓解	符合 TB/T 3188—2007 规定，且列车管发生减压制动并持续保压，制动缸产生制动作用后在 1 min 内缓解，判定该车辆为自然缓解	3	306
7	缓解作用不良	符合 TB/T 3188—2007 规定，且列车管减压，车辆制动机发生制动作用后，在列车管充风缓解过程中（列车管压力大于 580 kPa），制动缸不缓解（大于 30 kPa），判定该车辆为缓解作用不良	3	307
8	通信等待	车辆接收不到网络上的通信报文，判定该车辆为通信等待	3	308
9	列车传感器故障	列车管传感器短路或开路，无电流信号，判定该车辆为列车管传感器故障	3	309
10	制动传感器故障	制动缸传感器短路或开路，无电流信号，判定该车辆为制动缸传感器故障	3	310
11	副风缸传感器故障	副风缸传感器短路或开路，无电流信号，判定该车辆为副风缸传感器故障	3	311
12	总风管传感器故障	总风管传感器短路或开路，无电流信号，判定该车辆为总风管传感器故障	3	312

续表

序号	故障名称	故障判据	报警级别	故障代码
13	列车压力管偏高	列车管压力值大于 650 kPa，且持续时间大于 2 min，判定该车辆为列车管压力偏高	3	313
14	截断塞门关闭	保持不变，而相邻车的列车管压力有制动缓解变化（大于 50 kPa），判定该车辆为截断塞门关闭	2	201
15	无制动作用	符合 TB/T 3188—2007 规定，且列车管发生制动减压大于 50 kPa，车辆制动缸压力小于 30 kPa 不产生制动作用，判定该车辆为无制动作用	2	202
16	副风缸压力下降	当车辆制动保压时，副风缸压力在一直下降，判定该车辆为副风缸压力下降	2	203
17	严重自然制动	制动缸压力大于 50 kPa，同时列车速度大于 5 km/h 时，判定该车辆为严重自然制动	1	101
18	严重异常制动	当异常制动故障持续时间大于 5 min，且制动缸压力大于 50 kPa，同时列车速度大于 5 km/h 时，判定该车辆为严重异常制动	1	102
19	严重缓解不良	当发生缓解作用不良故障持续时间大于 5 min，且制动缸压力大于 50 kPa，列车速度大于 5 km/h 时，判定该车辆为严重缓解不良	1	103
20	折角塞门关闭	符合 TB/T 3188—2007 规定，且当全列车的列车管压力值被分为不同的两组时（大于 100 kPa），判定两车辆之间的折角塞门关闭	1	104

二、旅客列车尾部安全防护装置

（一）结构介绍

客车列尾系统由 800 MHz 机车电台（简称 LBJ）和旅客列车尾部安全防护装置（简称 KLW）两部分组成。LBJ 安装在机车驾驶室内，由司机负责操作。具有列车尾部风压查询、风压自动提示、辅助排风制动和列车防护报警等功能。

KLW 分为过渡式和固定式两种形式，如图 3-9-3 所示。过渡式 KLW 由主机及风管延长管等附属装置组成，主机挂在列车尾部客车运行方向左侧的侧灯插上。固定式 KLW 由主机及风管、电源插座、车顶天线、馈线等附属装置组成，KLW 主机安装在列车尾部客车内，主要功能为列车尾部风压检测和数据上传功能、辅助排风制动功能、风压报警和电压欠压报警功能、状态信息和风压数据存储功能，过渡式具有列车尾部边灯功能。

客车列尾系统通过在 LBJ 输入 KLW 的 ID 号，建立本务机车与 KLW 的唯一对应关系，LBJ 上显示 KLW 的 ID 号、KLW 上显示机车号。

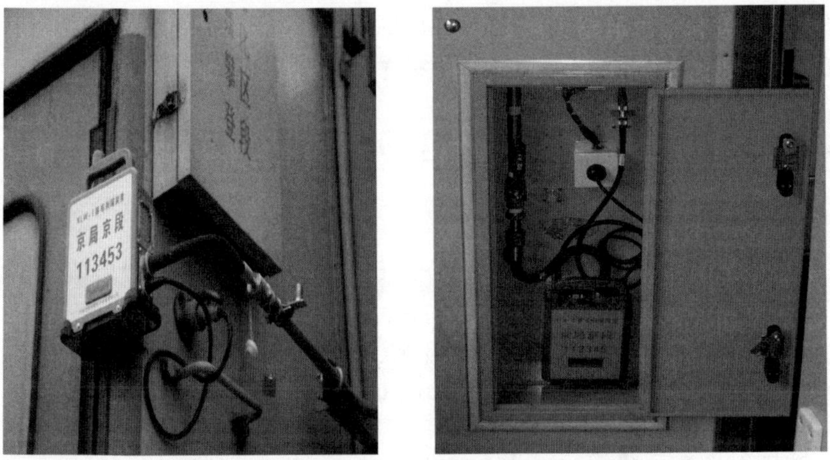

图 3-9-3　KLW 过渡式和固定式安装示意图

（二）主要工作方法

1. 建立列尾连接关系

KLW 开机后自动进入待机状态（不主动发送任何信息），上电后为检测 LED 显示灯的好坏，先显示“8.8.8.8.8.8.8.8.”（强制显示时间为 2 s）。显示本机的 KLW ID，显示格式为 ID.××××××。司机在 LBJ 控制盒上输入 KLW ID，按确认键后发送包含机车号和 KLW ID 的输号命令信息，KLW 对输号命令信息包含的 KLW ID 进行判断，如与本机一致则存储并显示机车号，同时向 LBJ 发送包含机车号和 KLW ID 的输号应答信息，双方建立连接关系，LBJ 发出声光提示。LBJ 和 KLW 之间以 KLW ID 作为基础进行一对一通信。已经建立列尾连接关系的 KLW 不再响应其他 LBJ 发出的输号命令信息。

2. 查询风压

司机按下风压查询按键，LBJ 向 KLW 发送手动风压查询命令信息，KLW 收到后对风压查询信息中包含的 KLW ID 和机车号进行判断，如与本机 KLW ID 和机车号一致则向 LBJ 返回风压信息，LBJ 发出声光提示。KLW 返回风压信息后显示当前风压值，显示格式为“1P×××”，显示 8 s。

3. 列尾风压动态显示

LBJ 自动向 KLW 发送风压查询命令信息时，KLW 返回风压信息并显示当前风压值，显示格式为“2P×××”，显示 8 s。如果 KLW 连续 5 min 未接收到 LBJ 发送的任何信息，自动进入待机状态。KLW 处于待机状态时，如果接收到 LBJ 发送的风压查询命令信息、辅助排风制动信息或输号命令信息，KLW 收到后对信息中包含的 KLW ID 进行判断，如与本机 KLW ID 一致则向 LBJ 返回相应的应答信息，恢复为连接状态。

4. 辅助排风制动

司机手动操控模拟车长阀制动模式，触发尾部车辆实施紧急制动. 司机按下排风按键，LBJ 向 KLW 连续发送 5 帧排风制动信息，KLW 收到后对排风制动信息中包含的 KLW ID 和机车号进行判断，如与本机 KLW ID 和机车号一致则进行辅助排风制动并返回应答信息，LBJ

发出声光提示。KLW 返回应答信息后显示开始排风前的风压值，显示格式为“3P×××”直至排风结束。排风结束后，KLW 显示每秒闪烁 1 次的当前风压值，显示格式为“F×××”，显示 8 s。

KLW 一次排风时间为 30 s，辅助排风制动应触发列车紧急制动。

5. 风压自动报警

列车主风管风压低于 560 kPa 时，异常告警（自动），风压欠压：设定值（560±10）kPa。

KLW 每隔 20 s 自动向 LBJ 发送风压报警信息，LBJ 收到后发出声光提示。KLW 发送风压报警信息后，显示每秒闪烁 1 次的当前风压值，显示格式为“F×××”，显示 8 s。司机按下确认按键后，LBJ 向 KLW 发送应答信息，KLW 收到后停止发送风压报警信息。

6. 供电电压欠压自动报警

供电电源欠压：DC 38±1 V（额定电压 DC 48 V）。

LBJ 语音提示：供电电压低于 40 V 时，KLW 每隔 20 s 自动向 LBJ 发送供电电压欠压报警信息，LBJ 收到后后发出声光提示。KLW 发送供电电压报警信息后，显示每秒闪烁 1 次的电压报警状态，显示格式为“-UL-”，显示 8 s。司机按下确认按键，LBJ 向 KLW 发送应答信息，KLW 收到后停止发送供电电压欠压报警信息。

7. 解除连接关系

司机输入 6 个 0 并按下确认按键，LBJ 向 KLW 发送销号命令信息，拆除列尾连接关系并发出提示音。KLW 收到后对消号命令信息包含的 KLW ID 和机车号进行判断，如与本机一致则进入待机状态，删除存储的机车号并显示本机的 KLW ID。

（三）KLW 主机常见故障判断与处理

1. 运用故障

（1）KLW 主机不能正常开机。

KLW 主机开机后，如果出现不显示 ID、列尾指示灯不亮等情况，应检查电源电缆，确保电源电缆和插头外观良好并可靠连接至尾部车辆 DC 48 V 电源插座（绿皮车配电盘接边灯保险下），如果仍未能排除故障现象，应更换 KLW 主机。

（2）连接 KLW 主机后出现风压泄漏。

列车发车前，连接 KLW 主机后如果出现风压泄漏，应更换 KLW 主机以判断风压泄漏具体部位。

（3）LBJ 不能与 KLW 主机建立连接关系。

列车发车前，如果 KLW 主机上电正常，而 LBJ 未能与 KLW 主机建立连接关系时，有可能是频率干扰或机车乘务员输入的 KLW 主机 ID 不正确导致。首先车辆乘务员应检查 KLW 主机外壳 ID 标志与数码管显示的 ID 是否一致，不一致时应以数码管显示的 ID 为准，通知机车乘务员重新输号进行连接。如果 LBJ 多次输号仍未能与 KLW 主机建立连接关系，车辆乘务员应更换 KLW 主机并重新进行连接，如仍未排除故障，可能是 LBJ 存在故障，应由机车乘务员通知电务部门对 LBJ 进行处理。

（4）KLW 主机显示的机车号不正确。

LBJ 与 KLW 主机建立连接关系后，如果 KLW 主机显示的机车号不是本次列车本务机车的机车号，表明 KLW 主机误与其他机车建立了连接关系，车辆乘务员应重新插拔 KLW 主机的电源插头，通知本次列车的本务机车乘务员输号，重新建立连接关系，确保 KLW 主机显示正确的机车号。

（5）KLW 主机显示的风压数值不正确。

列车发车前，如果 KLW 主机显示的风压数值与实际值偏差过大时，首先应确认车辆折角塞门是否打开、制动软管连接是否正确，如仍未排除故障，应更换 KLW 主机。

（6）客车列尾系统不能正常使用。

在列车运行过程中，如果客车列尾系统出现故障无法正常使用时，机车乘务员应及时通知车辆乘务员按有关规定核对风压，维持运行至前方机车换挂站后，车辆乘务员更换 KLW 主机。列车在隧道、路堑等不利于无线电波传输的区段运行时，如果客车列尾系统出现短时间的通信失效，属于正常情况，无须处理。

2. 电源故障

（1）故障现象：电源故障通常表现为上电不显示 ID、列尾指示灯不亮。

（2）故障判断和处理。

① 测量电源模块输入电压是否为 DC 48 V，无输入电压时，需更换 KLW 主机电源电缆。

② 测量电源模块输出电压是否为 DC 7.5 V，无输出电压时，需更换电源模块。

③ KLW 主机列尾指示灯不亮时，需重新连接主机内部指示灯板电源电缆。

④ KLW 主机单侧列尾指示灯 LED 损坏数量超过 2 只及 2 只以上时，更换指示灯板。

⑤ KLW 主机数码管显示不全时，应检查数码管与主控板的连接线是否松动或损坏，需加以紧固或更换连接线。

3. 通信故障

（1）故障现象。

通信故障通常表现为 KLW 开机后列尾指示灯和 ID 正常显示，但无法与 LBJ 建立连接，或具有风压自动提示、电压自动提示功能但不应答风压查询命令和排风命令等。

（2）故障判断和处理。

① 按压电台 PTT 键，如果电台发射灯不变红，检查电台电源线是否脱落，脱落时重新焊接电源线，如电台发射灯仍不变红，说明电台损坏，需更换电台。

② 按压电台 PTT 键，如果电台发射灯变红，进行如下处理：检查天线连接是否脱落或损坏，连接脱落时重新连接，损坏时更换天线；检查电台音量旋钮封印是否脱落，脱落时应更换电台；检查电台和主控板之间的连接线是否脱落或损坏，脱落时重新连接，损坏时更换连接线。

③ 如故障现象仍未消除，说明主控板可能出现故障，需更换主控板。

4. 传感器和电磁阀故障

（1）故障现象。

传感器故障表现为 KLW 主机显示的风压值始终为 0 或与实际值偏差过大，电磁阀故障表现为接收到排风命令时报告排风但无排风动作或排风量不达标。

（2）故障判断和处理。

① 风压值偏差过大时应使用检测台校准 KLW 主机风压。

② 风压校准失败时，检查传感器到主控板的连接线是否脱落或损坏，脱落时重新连接，损坏时更连接线。

③ 检查风压传感器是否损坏，损坏时更换传感器。

④ 接收到排风命令时报告排风，如果有排风电流无排风动作或排风量不达标，可能是电磁阀堵塞，需清洗电磁阀（维修组或厂家专业清洗）。

⑤ 接收到排风命令时报告排风，无排风电流和排风动作，可能是电磁阀故障，需更换电磁阀。

5. 风压泄漏

KLW 主机出现风压泄漏时，处理方法如下：

（1）检查风管接头胶圈，胶圈老化时更换；

（2）检查风管接头处紧固螺套，紧固螺套失效时更换；

（3）检查进气嘴处喉箍是否出现松动或失效，加以紧固或更换；

（4）检查电磁阀和风压传感器的密封状态，作用不良时更换密封材料；

（5）如故障现象仍未消除，说明电磁阀内部结构中的密封胶垫可能出现位置不当或失效，需打开电磁阀调整胶垫位置或更换胶垫。

6. 结构故障

（1）故障现象。

KLW 主机操作不当或剧烈振动时，可能出现活动部件与连接件失效的情况，如机壳变形或断裂、插头插座松动、风管接头泄漏等。

（2）故障判断和处理。

① 活动部件与连接件松动时，使用机械工具加以紧固。

② 机壳变形或断裂影响使用时，更换机壳。

任务十　高度调整阀/差压阀

任务描述

×××次列车运行中发现机后 10 位车辆倾斜，机后 3 车辆横向振动剧烈，司机与车辆乘务长沟通后，限速运行至车站客列检核实故障原因，设置防护号志，列检员发现 10 位车辆 1 位端 1 位侧高度调整阀的进气阀针阀螺纹卡座松动，产生窜风现象，导致车辆 1 位侧空气弹簧充气过高，车体倾斜。假如你是一位车辆乘务员，深知车体倾斜严重影响列车的运行品质，危及乘客的生命安全，通过本任务的学习，你将了解车体倾斜故障产生的原因，掌握高度调整阀/差压阀的结构原理及检修。

任务目标

1. 知识目标

（1）熟知高度调整阀/差压阀装置结构、原理；

（2）熟练掌握高度调整阀/差压阀的检修。

2. 能力目标

（1）具备车辆乘务员的应急故障处理能力；

（2）具备车辆制动系统故障排查能力和维修能力。

3. 职业素养目标

（1）安全第一、预防为主、严规细操；

（2）协作意识、环保意识、节约意识。

知识储备

高度调整阀和差压阀是空气弹簧悬挂系统中的重要部件，虽然不属于制动系统，但与制动系统有着密切关系，因为空气制动机空重阀的压强信号取自于空气弹簧。高度调整阀与差压阀的状态好坏，直接影响到空气弹簧是否能正常工作，所以也影响到空气制动系统。

高度调整阀的构造及原理

一、高度调整阀

高度调整阀主要是维持车体在不同载荷下都能与轨面保持一定的高度。当车辆载荷发生变化，高度调整阀根据载荷的增减，自动增减空气弹簧中的空气量，从而使空气弹簧的高度保持最佳状态，保证前后车辆之间的可靠连挂。车辆直线运行时，车辆在正常的振动情况下，高度调整阀不发生进、排气作用。当车辆通过曲线时，由于车体的倾斜，使得转向架左右发生载荷增减，高度调整阀可产生进气和排气作用，使左右空气弹簧保持基本一致，从而减小车体的倾斜，保证车辆的安全运行，同时也提高乘客的舒适感。另外，空气弹簧有泄漏时，高度调整阀也可自动补风，以保证空气弹簧的正常高度。

（一）高度调整阀的构造

普通双层客车和准高速客车采用的 LV-3 型高度调整阀的构造如图 3-10-1 所示。高度调整阀一般由高度控制机构、进排气机构和延时机构等 3 部分组成。

高度调整阀的主轴 6、活塞 3、吸入阀 4 和缸盖 5 等部件全部浸泡在硅油中。在主轴上装有弹簧支架 8 和减振器支架 9，可在主轴上自由回转，弹簧支架和减振器支架同时接触缓冲弹簧。在主轴旋转时，转动缓冲弹簧，由此产生的力，带动减振器支架，连动突起的活塞，使进气阀和排气阀动作。连杆在水平位置约 ± 45°范围内旋转时，设在本体内的限位机构能够限制缓冲弹簧产生过度动作。充气阀与风源相连，排气阀与空气弹簧相连。在空气弹簧的充气通路上设有充气止回阀，是为了当总风管漏泄时，阻止空气弹簧内的压缩空气向风源回流而排出。

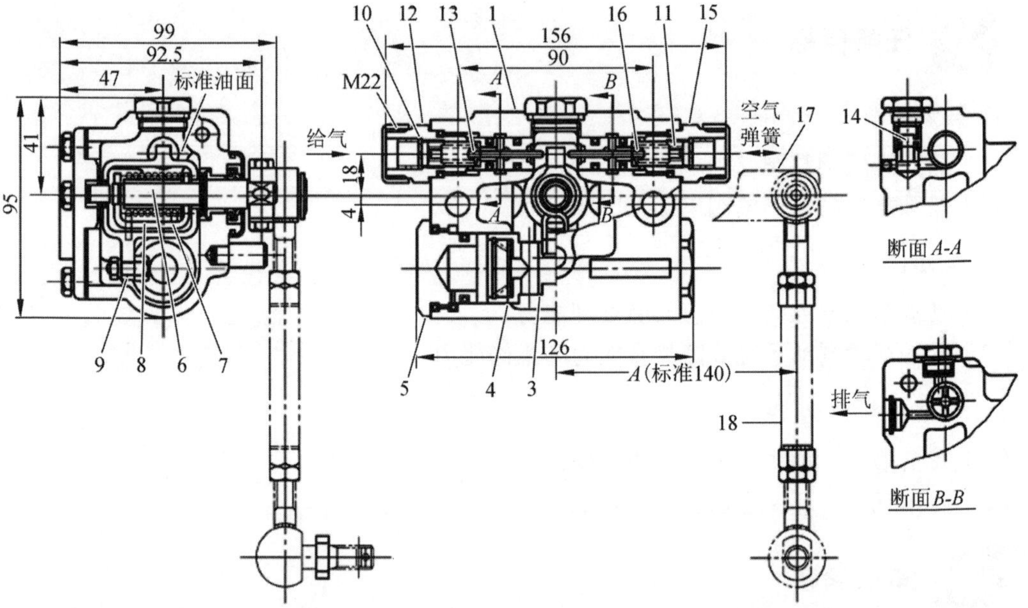

1—阀体；3—活塞；4—吸入阀；5—缸盖；6—主轴；7—缓冲弹簧；8—弹簧支架；9—减振器支架；10—过滤网；11—空气节流阀；12—充气阀体；13—充气阀；14—充气止回阀；15—排气阀体；16—排气阀；17—杠杆；18—高度调节杆。

图 3-10-1　高度调整阀组成

高度调整阀的延时机构主要是由液压减振器活塞、止回阀片、止回阀弹簧、缸盖、硅油等组成。其中液压减振器活塞、止回阀片、止回阀弹簧、缸盖等部件全部浸泡在硅油中。在液压减振器活塞上有一个径向孔通轴向孔，在活塞的两端各有一个吸入阀片及弹簧，活塞两端与缸盖之间各形成一个油腔。如图 3-10-2 所示，在活塞两端与缸盖之间的阀体上设有小孔 *a*，在作用时使油腔内的油液通过 *a* 孔流入中央油室，从而产生阻力作用，阻止减振器支架的转动。

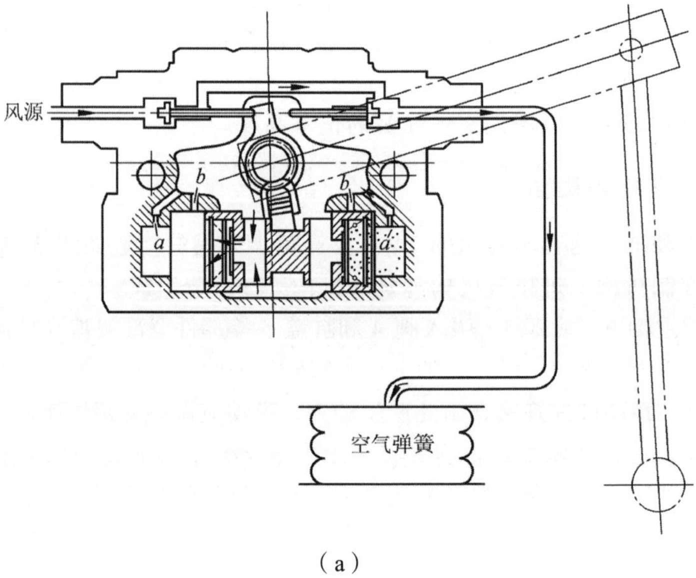

（a）

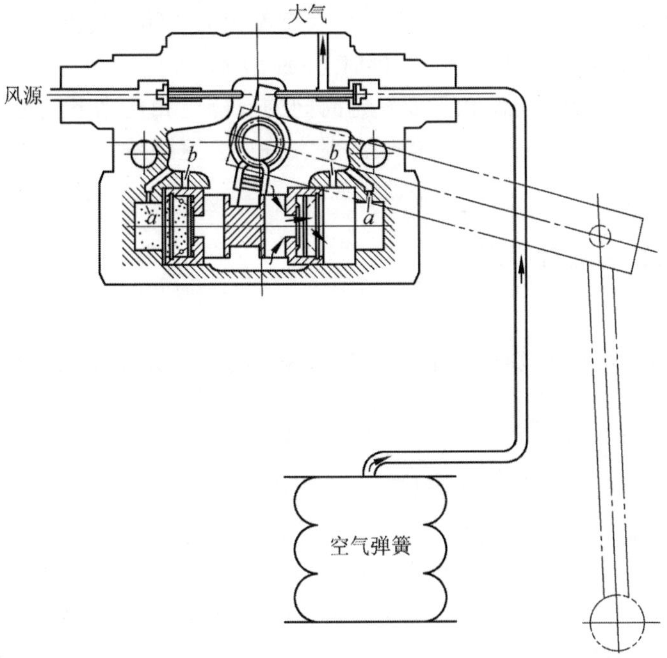

（b）

图 3-10-2　高度调整阀充、排气阀

延时机构的主要用途是在作用时由液压减振器的阻尼作用阻止减振器支架的转动，使减振器支架经（3 ± 1）s 后才能顶开空气弹簧充气阀或排气阀，从而产生延时作用。

（二）高度调整阀的作用原理

空气弹簧在车体载荷增加时，如图 3-10-2（a）所示，空气弹簧的内压顶不住，因而被压缩，高度降低。此时控制机构的连杆向上动作，带动主轴旋转，由于延时机构的作用，一定时间后打开进气阀，空气弹簧风缸中的高压空气进入空气弹簧，使空气弹簧高度增加，并使连杆逐渐恢复到水平状态，此时进气阀迅速关闭，空气弹簧恢复至原来设定高度。

相反，空气弹簧在车体载荷减小时，如图 3-10-2（b）所示，空气弹簧的内压将过剩，因而空气弹簧伸长，高度增加。此时控制机构的连杆向下动作，带动主轴旋转，由于延时机构的作用，一定时间之后打开排气阀，空气弹簧内的压力空气由排气阀排入大气，空气弹簧的高度随之下降，同时连杆逐渐恢复到水平状态，排气阀迅速关闭，空气弹簧高度恢复至原来设定位置。

1. 车辆通过曲线时的调整作用

车辆在曲线上运行时，由于外轨的超高要使车辆向曲线内侧倾斜，形成内侧空气弹簧加载、外侧空气弹簧减载，同时又由于曲线长度较长，车辆在曲线上运行时间较长，所以经（3 ± 1）s 后高度调整阀产生调整作用。

2. 车辆运行时的延时作用

车辆在运行时由于振动使弹簧高度发生变化，杠杆要快速上下转动，带动主轴、弹簧支架、减振器支架动作，使减振器活塞快速左右移动，由于液压减振器的阻尼作用，使减振器支架的顶端突台不能顶开充气阀或排气阀，空气弹簧内的压缩空气保持不变。只有当杠杆转动经（3 ± 1）s 后调整阀才能起作用，即延时（3 ± 1）s。

进气阀和排气阀的开启动作，需要一定时间的间隔。相比之下，进气阀和排气阀的关闭动作却要迅速得多，这便是高度调整阀的最大特点。这种效果的产生，是由于延时机构的作用。

（三）高度调整阀的检修与试验

1. 高度调整阀的检修

（1）高度调整阀在 A3、A4 级修程时，须彻底分解、清除污垢。滤网在 A3 级时须清洗，A4 级时须更新。

（2）A4 级修程时要求：

① 止回阀垫不平整时磨平；弹簧衰弱、自由高不符合要求时更新。

② 网板须清洗干净，防尘挡板锈蚀严重者更换。

③ 过滤器状态须良好，清洗后仍作用不良者，更新。

④ 主轴组成各零件状态须良好，尼龙套圆柱面有压痕时应改变 90°位置后再与活塞进行组装，主轴组成作用不良时，须用专用工装进行拆装，主轴与弹簧支架孔拆前应做标记，以免组装时损伤零件。

⑤ 活塞组成的锥簧衰弱时更换，膜片阀与阀口接触面须研磨平整。

⑥ 组装时阀杆端部与减振器支架两侧位置须均匀(可用增减阀体两端的调整垫片来进行调整)。

⑦ 主轴组成后旋转连杆应在 + 45°范围内作用灵活。

⑧ 组装后从上侧注入硅油，油面在进、排气阀中心处 ± 5 mm 高度。注油后静置 24 h，观察阀体表面，不得有渗油现象。

⑨ 高度阀调节杆组成须更新，进口阀的高度阀调节杆允许用同类国内产品代替。

2. 高度调整阀的试验

高度调整阀检修后应在试验台上按以下要求进行试验：

（1）气密性试验。

① 在供气阀充至 600 kPa 压缩空气后，对阀体表面供排阀与网体连接处以及铆钉处涂以肥皂水，不得有冒泡现象。

② 当风缸充至 600 kPa 压缩空气后，对阀的排气口及贯通阀的阀盖处用肥皂水进行漏泄试验，不得有冒泡现象。

③ 把总风阀关闭后.打开供气阀与供气管的连接，对供气阀的供风口进行回流漏泄检查，不得有冒泡现象。

（2）性能试验。

① 试验标准杆长为 140 mm，室温（20 ± 5）°C。

② 不感应区试验：将检测端置于高度阀未给气或排气的任一位置，给气通路向大气开放，将空气弹簧通路与 600 kPa 的压缩空气连接，并将检测端轻轻地向排气方向移动，测出空气由排气口开始排出时的检测端位置。然后，将空气弹簧通路向大气开放，对给气通路一侧，

也按此法进行，测出空气由空气弹簧通路开始排出时的检测端位置。要求所测定的两个位置的距离为 6 ~ 14 mm。

③ 动作滞后时间试验：杠杆从水平位迅速向上或向下变位 20 mm 处开始计时至供、排气阀开始供排气的时间须为（3 ± 1）s。

④ 流量试验：总风压力 500 kPa，打开供气阀开始计时，至 40 L 风缸的空气压强达到 2 000 kPa 时为止所需时间。或者把风缸充满 500 kPa 压缩空气后.打开排气阀开始计时，至压强降到 300 kPa 时所需时间。该时间须小于 40 s。

二、差压阀

差压阀结构及原理

差压阀是保证一个转向架两侧空气弹簧的内压之差不能超过保证行车安全规定的某一定值的装置。左右两个空气弹簧内压之差超过定值时，差压阀自动沟通左右空气弹簧，使压差维持在该定值以下。由于空气弹簧在进、排气时间和速度上的差异等原因，使得静止或运行中转向架左右两侧空气弹簧内压有区别，以及一侧空气弹簧空气泄漏或破损，可造成车体的异常倾斜，使车体脱轨稳定性降低，因此，为保证车辆安全运行，在空气弹簧悬挂系统中必须设有差压阀。

（一）差压阀的构造

差压阀的构造如图 3-10-3 所示，阀体 1 上有两个ϕ11 mm 的螺栓孔，可用两个 M10 螺栓固定在转向架上。从空气弹簧来的管道，通过活节 9 连接阀体 1 上压入阀座 2，用橡胶制的单向阀 3 被弹簧 4 顶住在阀座 2 上。另外，接头 5 将过滤网 7 四周固定接头 5 穿过密封件 6 固定在阀体 1 上。活节 9 和连接螺帽 10 将密封件 11 紧固在接头 5 上。另外，单向阀 3 和弹簧 4 之间有垫片 12（厚 0.1 mm）、13（厚 0.2 mm），改变垫片的数量，可进行压强值的微调。

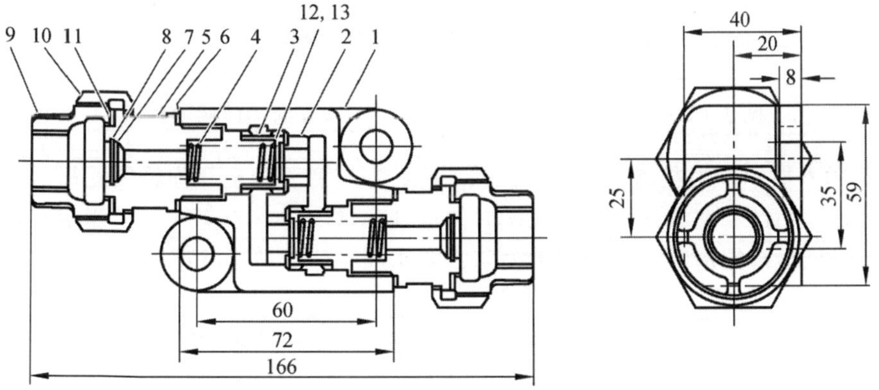

1—阀体；2—阀座；3—单向阀；4—弹簧；5—接头；6、11—密封件；7—过滤网；8—挡圈；9—活节；10—连接螺帽；12、13—垫片。

图 3-10-3 差压阀组成

（二）差压阀的作用原理

1. 通常状态

如图 3-10-4 所示，呈现出差压阀的通常状态单向阀①、②分别在阀座中就位，维持左右两侧空气弹簧的压差在规定值以下。

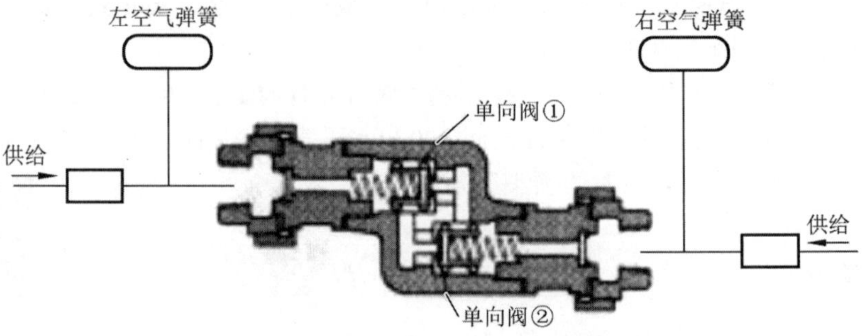

图 3-10-4　差压阀通常状态的作用

2. 产生异常压差的状态

如图 3-10-5 所示，当右侧空气弹簧内压强下降，左右两侧空气弹簧压差超过规定时，单向阀②打开，左右两个空气弹簧被沟通，左侧空气弹簧内的压力空气向右侧空气弹簧充入，当两侧压差降低至规定值时，单向阀②关闭，差压阀又处于通常状态。

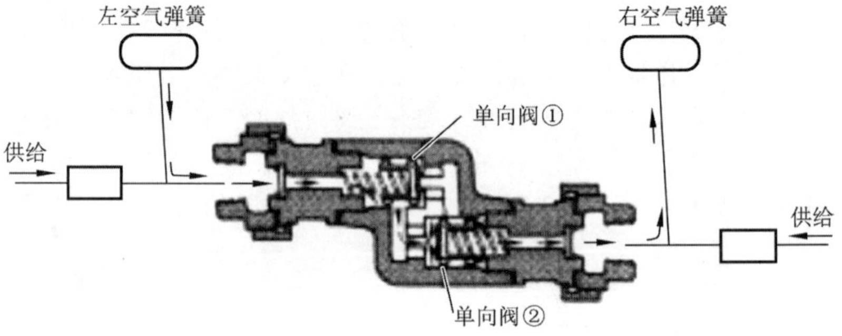

图 3-10-5　左空气弹簧压强高于右空气弹簧时差压阀的作用

如图 3-10-6 所示，当左侧空气弹簧压强下降，左右两侧两空气弹簧压差超过规定时，单向阀①打开，左右两个空气弹簧被沟通，右侧空气弹簧内的压力空气向左侧空气弹簧充入，当两侧压差降低至规定值时，单向阀①关闭，差压阀又处于通常状态。

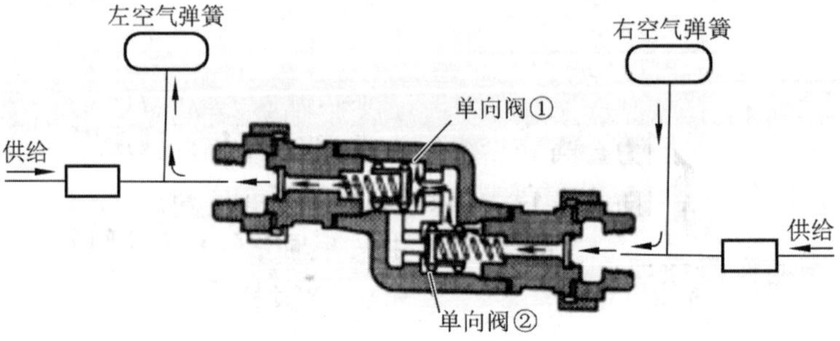

图 3-10-6　右空气弹簧压强高于左空气弹簧时差压阀的作用

（三）差压阀的检修与试验

1. 差压阀的检修

（1）差压阀在日常检修及 A1、A2 级修程时，须作外观检查及性能试验，作用不良时，分解检修。

（2）差压阀 A3 级修程时按以下要求检修：

① 差压阀须分解，彻底清除污垢。

② 清洗滤网，橡胶件全部更新。

③ 阀体裂损或螺纹不良时报废。

（3）差压阀 A 级修程时按以下要求检修：

① 滤尘网、密封垫更新。国产差压阀弹簧、柱阀组成更新。

② 进口单向阀的胶垫损坏、弹簧衰弱时更新。

③ 阀体内须无损伤，单向阀在阀体孔内能灵活滑动。

④ 组装时单向阀圆周各爪部位与阀座孔接触处及弹簧表面螺纹各连接处均须涂少量硅脂。

2. 差压阀的试验

差压阀分解检修后须在试验台上进行气密性和动作压差试验，其性能须符合以下要求：

（1）气密性试验：

将阀的一侧接 600 kPa 的压缩空气，另一侧接风缸，用肥皂水检测阀体表面及连接处不得有漏泄（对阀两侧封闭进行）。

（2）动作压差试验：

将阀的一侧配管通大气，另一侧的配管通过差压阀经压力空气，测定从通大气端的通路开始排气时的供气压强值。该测定须对阀的两侧通路分别进行，要求供气压强为 150_{-10}^{+20} kPa。

单元习题

1. 试述客车双闸瓦式基础制动装置的构造，并分析其作用过程。

2. 试述盘形制动基础制动装置的基本组成，并分析其作用过程。

3. 简述 SP_2 型单元制动缸的结构及原理。

4. 试述蜗轮蜗杆式手制动机的构造和使用方法。

5. 104 型分配阀主阀由哪几部分组成？并说明各部分的作用。

6. 熟练掌握 104 型分配阀主阀和紧急阀各部分的构造及各零部件的配合关系。

7. 简述 104 型分配充气缓解、减压制动位、制动保压位和紧急制动位产生过程（动作、位置）及气路。

8. 简释制动机的稳定性、安定性。分配阀是如何保证制动机的稳定性、安定性的？

9. 试分析 104 分配阀是如何保证制动力不衰减性能的。制动力不衰减性能有何用途？

10. F8 型分配阀的主阀有何作用？其构造上由哪些零部件组成？

11. F8 型分配阀有哪些作用位置？

12. F8 型分配阀的充气缓解位是如何形成的？试述 F8 型分配阀充气缓解位的空气通路过程。

13. F8 型分配阀的阶段缓解作用是如何形成的？

14. F8 型分配阀的常用制动位是如何形成的？

15. F8 型分配阀常用制动位时的第一阶段局减与第二阶段局减的空气通路有何不同？

16. F8 型分配阀如何实现常用制动保压作用？如何实现自动补风作用？

17. F8 型电空制动阀有哪些作用位置？

18. 试述 F8 型电空制动阀的充气缓解位、常用制动位、保压位、紧急制动位的空气通路。

19. F8 型电空制动阀如何限制制动缸的最高空气压力值？

20. 试述 F8 型电空制动阀常见故障处理。

21. 104 型保压电磁阀部分有何作用？

22. 试述 104 型电空制动装置充气缓解作用原理、常用制动作用原理、保压作用原理、阶段缓解作用原理、紧急制动作用原理。

23. 熟悉 104 型电空制动机常见故障及处理方法。

24. 熟悉 F8 型电空制动装置的运用、故障判断与处理方法。

25. 熟知 U5A 客车空重调整装置结构及原理。

26. 熟知列车防滑装置的结构组成、作用、原理及常见故障处理。

27. 试述列车制动系统监控的组成。

28. 试述客车尾部安全防护装置的作用。

项目四　制动机性能试验

思政课堂

伍洪章，中共党员，中国铁路成都局集团有限公司重庆西车辆段重庆西运用车间货车检车员，高级技师，1992 年参加工作，2013 年被授予重庆市五一劳动奖章，2015 年被评为全国铁路劳动模范，2017 年被授予全国五一劳动奖章。

一把检车锤、一支手电筒、一件黄马夹，浸透着他的心血与汗水，见证了他追逐梦想的历程，记录着他奋斗历程中的动人故事。他坚持标准十年如一日，无论风霜雪雨，还是高温酷暑，规定步伐一步不乱、手部动作一丝不差，从而练就一身高超的技艺；车辆技术快速经历变革，他坚持学研埋头到深夜，查阅资料探索方法，对比故障、透彻分析。工作至今，他已安全检车 30 多万辆，发现典型故障 300 多件，带头解决安全技术难题 10 余个，形成“车钩五步分解”等 7 项工作法，先后参加 30 多次大型技能竞赛并 10 次夺冠，成为该段货车运用检车领域学技练功的领头人。

伍洪章作为作业组长，先后带领车间技术骨干承担重点运输任务检车工作 120 余次，参与车辆故障和行车信息调查处理 300 多起，带队为 100 余列中欧班列（重庆）提供安全保障，先后牵头开展应急救援演练培训 12 次，成为该段最值得信赖的技术领军人物。他通过摸索，采用自己总结的“一二三四”教学法、车辆配件标签教学法、微视频教学法、图片直观教学法等方式，先后培养出了 300 多名优秀青工，其中已有 9 名学员晋升为了班组工长，5 名学员竞聘到管理岗位。由他训练的 30 岁以下青年职工参加国铁集团货车运用技能大赛取得优异成绩，1 人荣获全国青年岗位能手，4 人获得全路“火车头奖章”，6 人获得“全路技术能手”，7 人获得“全路青年岗位技术能手”，为列车运行安全充实了坚强的护航力量。

2014 年 7 月，伍洪章劳模创新工作室正式成立。对于伍洪章来说，这既是对他过去工作的肯定，又是新的挑战，意味着他不仅要做好自己的本职工作，而且要带领大家总结经验、开展研究，运用聪明才智研发创新成果。2018 年，伍洪章劳模创新工作室被中华全国铁路总工会命名为“火车头劳模和工匠人才创新工作室”。2019 年 11 月，“伍洪章劳模和工匠人才创新工作室”代表成都局集团公司参加全路职工技术创新成果展，受到行业专家的高度认可。

项目导入

概况：2020 年 3 月 6 日，×××次××站 2 时 45 分开车，2 时 53 分因不明原因起非常停于××站至××站间上行线 K144＋363 m 处，3 时 20 分区间开车，3 时 33 分到××站。构成行车设备故障 G2，原因是紧急阀活塞杆 2.5 定位孔偏小，属制造质量不良。列×××全部责任。

处置情况：2020 年 3 月 6 日 3 时 36 分，局集团公司车辆调度值班员×××通知××车辆段调度值班员×××，×××次列车（编组 56 辆）在××站起非常，××站 4 道停车。××车辆段立即启动应急预案，安排嘉峰运用车间前往处置。3 时 46 分，××运用车间值班干部×××带队到达现场。经查，3 月 6 日 2 时 45 分×××次（编组 56 辆）××局××站开车，2 时 53 分运行至××站至××站 K144＋363 m 处起非常停车，经司机检查后于 3 时 20 分开车。3 时 33 分到达××站 4 道。××运用处置人员对该列车进行全面检查，车辆配件齐全，技术状态良好，无异常情况。3 时 59 分，由车站组织，司机和列检人员参加，利用本务机车进行试验，第一次制动机试验减压 50 kPa，列车制动机制动、缓解正常，第二次制动机试验减压 170 kPa，列车制动机制动、缓解正常，司机提出当减压 100 kPa 时出现起非常现象，第三次制动机试验减压 170 kPa，列车制动机制动、缓解正常，第四次制动机试验减压 170 kPa，列车制动机出现起非常现象，利用分割法对车辆进行试验检查，5 时 21 分发现机后 3 位车辆制动时起非常。5 时 36 分通知××车站甩车。

故障车辆情况：车辆段技检作业情况：3 月 4 日 4 时 10 分，×××车辆段××运用车间××列检四班二组接车站通知技检 10 道×××次（编组 56 辆），4 时 30 分开始作业，5 时 28 分技检作业完毕，试风作业中未发现异常。经车站简略试风后于 3 月 4 日 16 时 00 分开×××次。

假如你是一位职业教师，以多年的从教经验总结出了“故障—问题—理论—方法—创新”五环衔接制动案例教学法，精准定位学生从事的职业，以理论引导企业案例分析，培养学生实践创新能力，重视非职业能力的开发，让企业与学校间学情互换，培养高质量“零”距离从事运用岗位和检修岗位的人才。

知识目标

（1）认识单车试验器的结构；

（2）熟练操作单车试验器的性能试验；

（3）认识列车试验器的结构；

（4）熟练操作列车试验器的性能试验。

能力目标

（1）运用单车试验器排查制动系统故障；

（2）运用列车试验器排查制动系统故障。

任务一　单车制动性能试验

任务描述

×××年××月 11 日 16 时 24 分，××局××线接红外线调度通知：×××次（编组 57

辆）通过××上行 THDS 探测站时发现：机后第 37 位车辆运行左侧第 4 轴疑似抱闸一级，16 时 27 分拦停于××站，17 时 43 分关门处理后开车。18 时 45 分进××站调查后将该车辆甩下，耽误本列，构成铁路行车设备 G2 车辆故障。检查该车制动机配件齐全，现车 1 位、5 位、7 位闸瓦有鎏铁，且 1-7 位闸瓦均磨耗至瓦背，8 位闸瓦磨耗剩余厚度为 10 mm，现车 1-8 位轮辋均有热变色、踏面有异常磨痕，有明显抱闸迹象。单车试验，120 阀制动后无法缓解，120 制动阀主阀试验数据有 2 项不合格。假如你是新入职的货车检车员，熟知单车制动试验是检验技术质量、分析和判断故障的最后屏障，关乎车辆是否能参与生产运输，本节知识将为你的职业活动提供实践技能。

任务目标

1. 知识目标

（1）认识单车试验器的结构；

（2）熟练操作单车试验器的性能试验。

2. 能力目标

（1）根据单车试验故障现象，具备分析故障和处理故障的能力；

（2）具备检车员应急故障处理能力。

3. 职业素养目标

（1）安全第一、预防为主、严规细操；

（2）协作意识、环保意识、节约意识。

知识储备

一、单车试验器

单车试验器有手动回转阀式和微机控制式两种。新造的车辆或车辆制动机经过检修（包括车辆定期检修或处理制动故障）后，须进行单车制动性能试验（简称单车试验），检查其制动装置的检修质量是否符合要求。货车及代用客车制动机，用货车单车试验器进行试验；客车制动机用客车单车试验器进行试验。

（一）手动回转阀式单车试验器

客车用单车试验器与货车用单车试验器的构造作用均相同，操作方法也基本相似，只是客车用单车试验器的制动阀通路比货车的稍大些。单车试验器由连接风管、给风阀 3、风笛 2、放风塞门 6、双针压力表 4、单车制动阀 5 和远心集尘器 1 等主要部件组成，如图 4-1-1 所示。

这些配件都装在带构架的小车上，以便于使用，如图 4-1-2 所示。

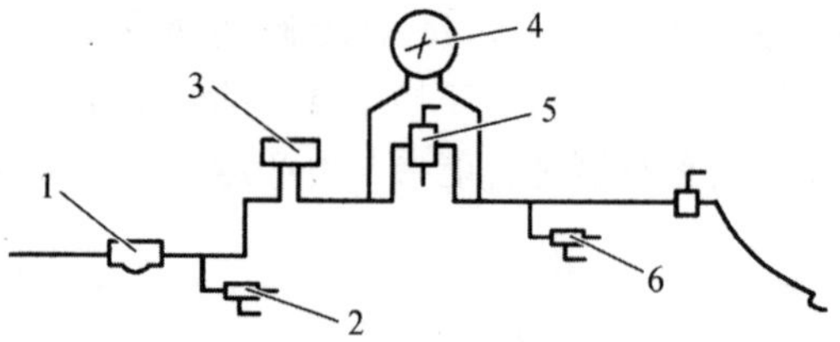

1—远心集尘器；2—风笛；3—给风阀；4—双针压力表；5—单车制动阀；6—放风塞门。

图 4-1-1　单车试验器组成示意图

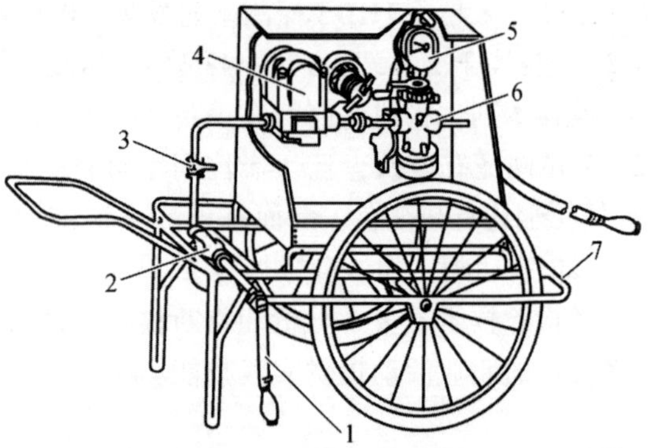

1—连接风管；2—远心集尘器；3—排风塞门；4—给风阀；5—双针压力表；6—回转阀；7—构架。

图 4-1-2　单车试验器

1. 给风阀（也称调压阀）

用途：用以将总风缸的风压调整至规定压力后送往车辆制动机的一个部件。

种类：种类有 B-6 型、M-3-A 型和 702 型 3 种，目前主要使用 702 型给风阀。

构造：702 型给风阀由调整部、供给部和给风阀体组成，如图 4-1-3 所示。

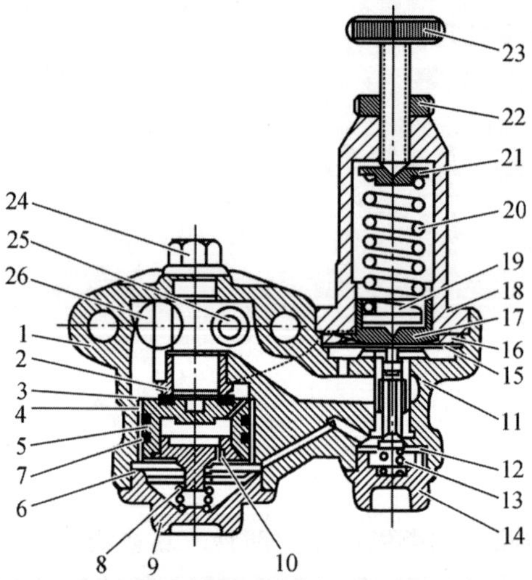

1—给风阀体；2—供给阀套；3—阀口垫圈；4—活塞套；5—供给活塞；6—活塞盖；7—O 形密封圈；8—供给弹簧；9—供给阀外盖；10—锥孔堵；11—调整阀套；12—调整阀；13—调整阀弹簧；14—调整阀盖；15—膜片；16—膜片压圈；17—调整弹簧座；18—调整弹簧盒；19—弹簧顶头；20—调整弹簧；21—调整弹簧压座；22—锁紧螺母；23—调整手轮；24—盖；25—风源通口；26—制动管口。

图 4-1-3　702 型给风阀构造图

作用过程：702 型给风阀的作用位置有供给位和停止供给位两个，在供给位时能根据总风缸和制动管压力差的大小自动调整供给阀阀口的大小，即自动调整供给速度；当总风缸和制动管的压力相等时自动关闭供给阀停止供给。

需要调整制动管压力时先松开锁紧螺母，转动调整手轮，加强或减弱调整弹簧的压力，即可得到所需要的风压，调整完毕后拧紧锁紧螺母。

单车制动阀的用途是将给风阀送来的压缩空气转送到车辆制动管使之增压；或将车辆制动管的压缩空气排向大气使之减压；或关闭给风阀通向车辆制动管和制动管通向大气的通路，从而使车辆制动机分别产生充气缓解、制动、保压作用。

单车制动阀外形如图 4-1-4 所示。阀内有回转阀 1、回转阀座 4、心轴 3 及弹簧 2 等零件，见图 4-1-5。弹簧装在心轴 3 下面的孔内，心轴下面的键则装在回转阀 1 的键槽内，回转阀则放在回转阀座上，心轴上端套装着手把。转动手把，则回转阀在座上转动，于是开闭相应的通路。

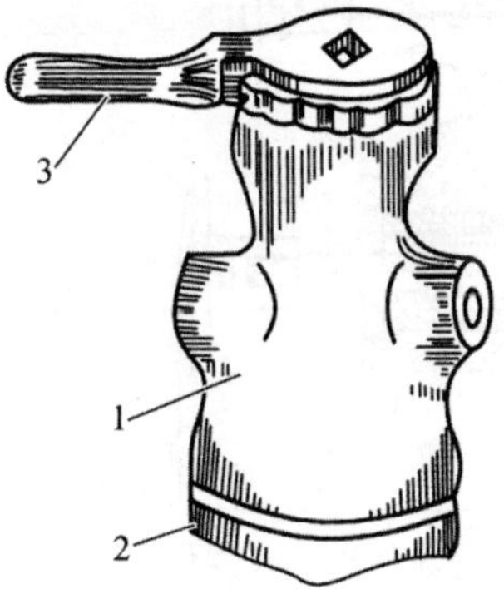

1—阀体；2—回转阀座；3—手把。

图 4-1-4 单车制动阀外形

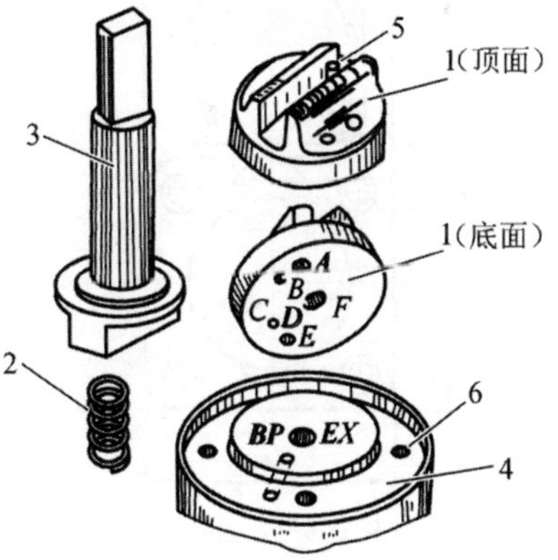

1—回转阀；2—回转阀弹簧；3—心轴；4—回转阀座；5—销子；6—螺孔。

图 4-1-5　单车制动阀零件

2. 回转阀

回转阀手把各位置（见图 4-1-6）的用途：

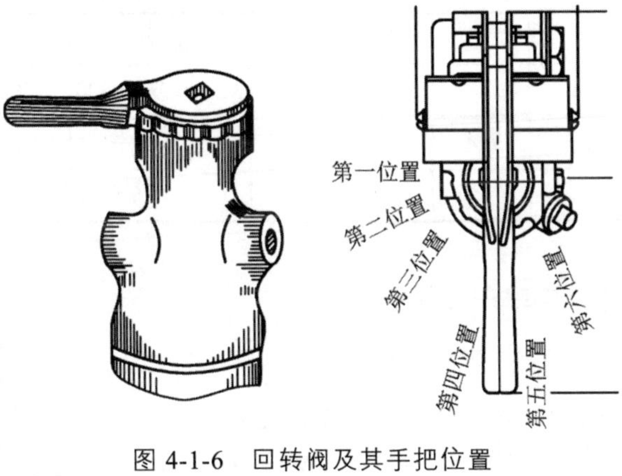

图 4-1-6　回转阀及其手把位置

① 第一位置——急充气位，是向车辆制动管急速充气的位置，用于充气缓解。

② 第二位置——缓充气位，是向车辆制动管缓慢充气的位置，用于缓解感度试验。

③ 第三位置——保压位，是使车辆制动管风压保持一定压力的状态，用于制动管漏泄试验和制动保压等。

④ 第四位置——感度制动位（又称缓制动位置），是使车辆制动管缓慢减压的位置，用于制动感度试验。

⑤ 第五位置——全制动位，是使车辆制动管以常用制动最大减压速度减压的位置，用于制动安定试验。

⑥ 第六位置——紧急制动位，是使车辆制动管急速减压的位置，用于紧急制动试验。

3. 排风阀

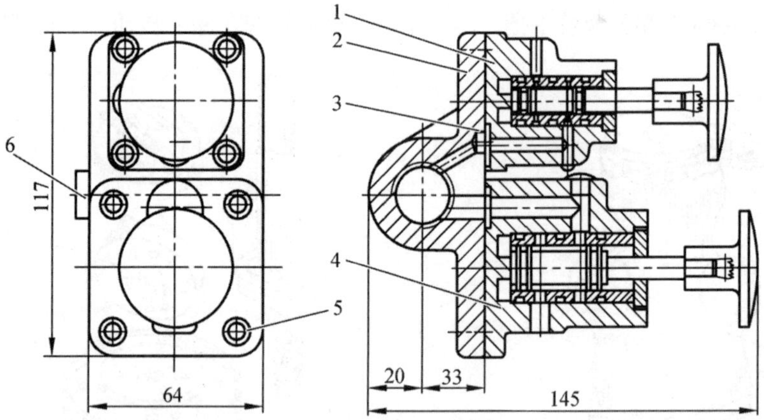

1—常用排风阀；2—管座；3—密封圈；4—紧急排风阀；5—内六角螺钉；6—塞堵。

图 4-1-7 排风阀

排风阀（见图 4-1-7）有常用制动排风阀和紧急制动排风阀，分别用于试验 120 型制动机的安定试验和紧急制动试验，安装在回转阀通向制动管的管路上。

手动回转阀式充风或排风时间表应符合表 4-1-1 的规定。

表 4-1-1 手动回转阀式充风或排风时间表

回转阀手把位置		一位	二位	四位	五位	六位
充风或排风起止压力/kPa			从 50 升至 150	从 500 降到 400	从 500 降到 300	从 500 降到 200
货车	孔直径参考尺寸/mm	6.4	0.6	0.9	2.0	3.7
	时间/s		50 ~ 52	15 ~ 16.5	8 ~ 9	3.5 ~ 5

（二）货车微机控制式单车试验器

1. 微机控制单车试验器的功能和特点

WD-1A 微控单车试验器适用于 KZW-4GA 型、KZW-4GB 型、TWG-1A 型、TWG-1B 型、TWG-1C 型、TWG-1D 型、KZW-4 型、KZW-6 型、KZW-A 型及其他试验方法与之相同的空重车调整装置试验。试验可用微机自动控制，也可手动操作。试验项目及自检项目可进行自动连续试验，也可进行某项目单独试验。显示屏提供列车管和制动缸压力值实时曲线图，对试验全程实施监控。外观结构如图 4-1-8 所示。

图 4-1-8 WD-1A 微控单车试验器

2. WD-1A 微控单车试验器技术指标

（1）工作电压：12 V ± 10%

（2）工作温度：－10 ~ 60 °C

（3）相对湿度：≤85%

（4）总风压力：600 kPa

（5）压力变送器精度：0.2 级（输入 0 ~ 800 kPa，输出 4 ~ 20 mA）

（6）外形尺寸（长 × 宽 × 高）：740 mm × 500 mm × 955 mm

（7）自重：75 kg

3. 微机控制单车试验器组成

根据功能原理划分，系统主要包括：气路控制部分、手动按钮控制部分、微机自动控制部分及电源和其他部分，其原理框图如 4-1-9 所示。

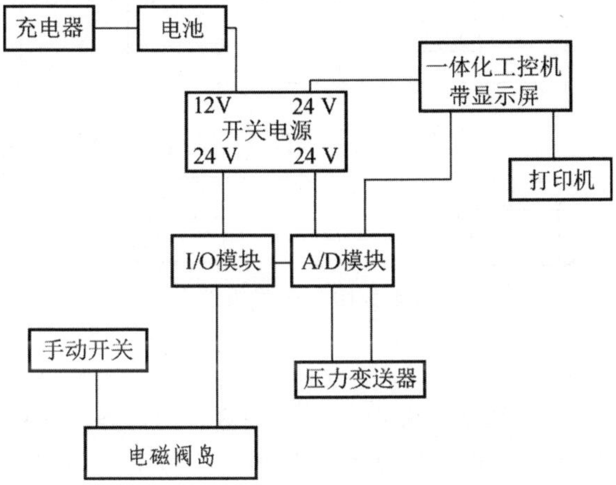

图 4-1-9　原理框图

4. 气路控制部分

气路控制部分主要由过滤调压阀、电磁阀岛、双针压力表、压力变送器、空气管路组成。气路原理图如图 4-1-10 所示。

（1）过滤调压阀：对风源压力空气进行过滤，以防杂质等阻塞空气通路，同时对风源提供的空气压力进行调整，调整范围为 0 ~ 1 000 kPa（本系统所需定压为 500 kPa）。

（2）电磁阀岛：在微机控制或手动按钮控制下动作，使空气通路导通或关闭，其作用相当于原单车试验器的操纵手把。

（3）双针压力表：指示风源压力和列车管压力，精度为 1.0 级。

（4）压力变送器：将相应风压以电信号的形式提供给微机系统，以便完成试验过程中自动控制。采用精度为 0.2 级的压力变送器提高了测量数据的准确性。

（5）其中：快充——快充电磁阀，其得电导通相当于手动单车试验器一位；慢充——慢充电磁阀，其得电导通相当于手动单车试验器二位，通路上有直径 0.6 mm 的缩孔（可调）；感度——感度电磁阀，其得电导通相当于手动单车试验器四位，通路上有直径 0.9 mm 的缩孔（可调）；安定——安定电磁阀，其得电导通相当于手动单车试验器五位，通路上有直径 2.0 mm 的缩孔（可调）；紧急——紧急电磁阀，其得电导通相当于手动单车试验器六位，通路上有直径 2.9 mm

的缩孔（可调）；改安定——120 阀安定试验电磁阀，通路上有直径 3.7 mm 的缩孔（可调）；改紧急——120 阀紧急试验电磁阀，通路上有直径 6.0 mm 的缩孔（可调）；变送器 1——列车管压力变送器；变送器 2——制动缸压力变送器。

注：① 当所有电磁阀都失电时，所有的空气通路都被切断，相当于原单车试验器的三位（保压位）。② 基本孔径：如相应孔径不合格调整相应的截流阀即可。

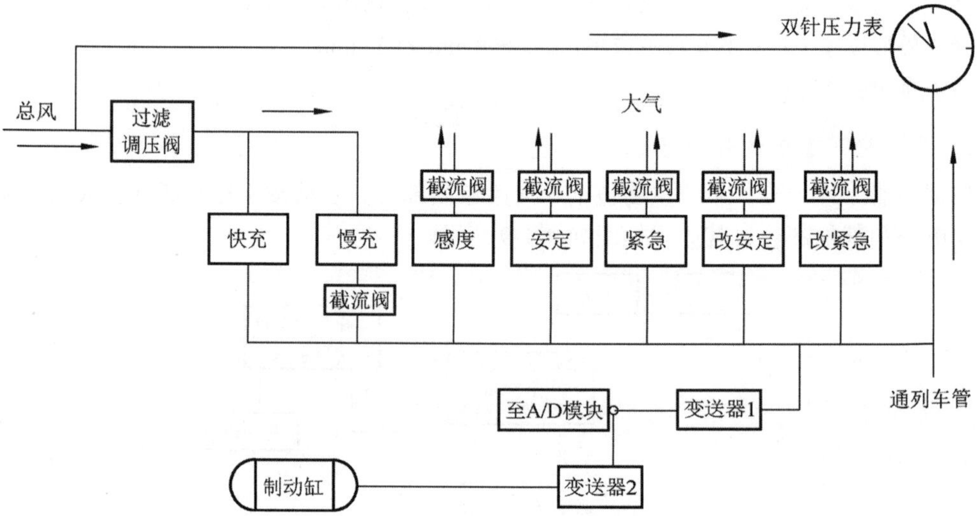

图 4-1-10　气路原理图

5. 手动按钮控制部分

将面板上的“手动/自动”切换开关扳向手动一侧，此时操作面板左下方的 7 个按钮手动有效，同时微机失效。7 个电磁阀受此 7 个按钮控制，按下某一按钮，则按钮上的灯将亮，同时相应电磁阀得电，进行相应的充排风。

6. 微机自动控制

将操作面板上的微机/手动切换开关扳向微机侧，此时 7 个电磁阀将由微机来控制，同时 7 个按钮失效。但相应的指示灯亮，表示该电磁阀动作起到提示的作用。

7. 微机手动试验

将操作界面调到手动试验界面，然后可按界面上的提示即可开始做手动试验。此操作一般在检修车辆时不用进行程序试验，简单便捷的情况下，或是手动按钮有故障时替代其作用（灵活地运用此方式可以提高检测水平及缩减试车试验时间）。

8. 电源及其他部分

电源部分由充电器、蓄电池、开关电源组成。充电器的充电电压请勿任意调整；蓄电池为一个 12 V、33AH 的蓄电池构成；开关电源输入电压范围为 9 ~ 15 V，输出电压为 + 5 V、– 5 V、+ 12 V、– 12 V、+ 24 V、– 24 V 并与输入电压隔离。

9. 微机控制单车试验器充风或排风时间（适合 104 型客车制动机）

微机控制单车试验器充风或排风时间应符合表 4-1-2。

表 4-1-2　微机控制单车试验器充风或排风时间表

单阀位置	充风或排风/kPa	孔径参考尺寸/mm	时间/s
急充风位		ϕ6.4	
缓充风位	50 升至 150	ϕ0.6	50 ~ 52
保压位			
感度试验位	500 降至 400	ϕ0.9	15 ~ 16.5
安定试验位	500 降至 300	ϕ2.0	8 ~ 9
紧急制动位	500 降至 200	ϕ3.7	3.5 ~ 5
安定试验位（改进型 120 阀）	500 降至 300	ϕ2.8	4 ~ 5
紧急制动位（改进型 120 阀）	500 降至 200	ϕ6.0	1.5 ~ 2.5

（三）客车电空单车试验器

电空单车试验器用于装有电空制动机的客车，在检修后进行性能试验。目前有 104 型和 F8 型两种电空单车试验器。电空单车试验器外形如图 4-1-11 所示。

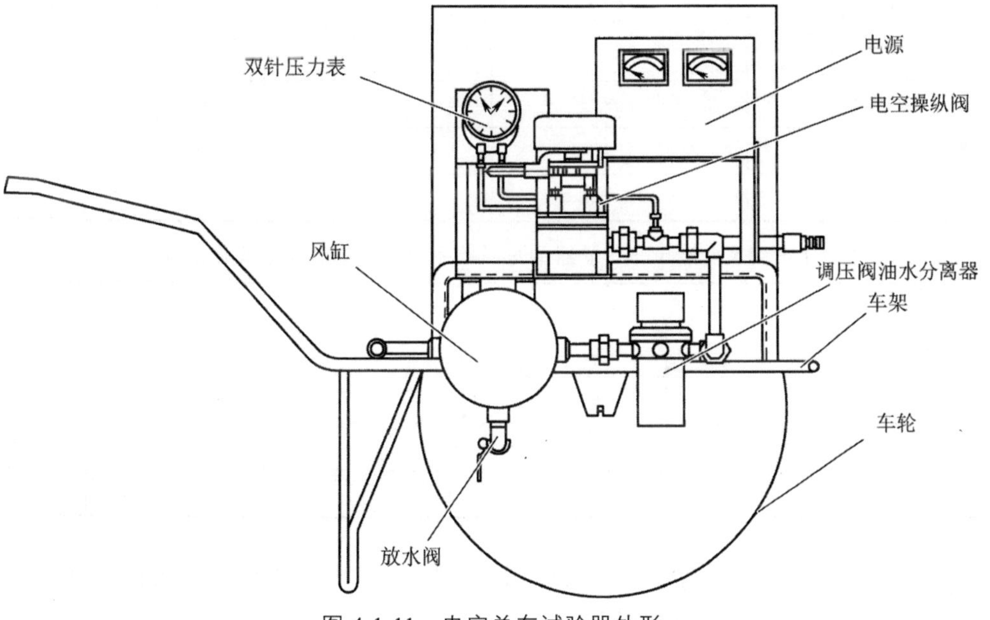

图 4-1-11　电空单车试验器外形

（1）电气系统：电源电压为 AC 220 V；试验器输出电压为 DC 85 ~ 110 V。

（2）104 电空单车试验器操纵阀各作用位置的用途和充排气时间如表 4-1-3 所示。

（3）F8 电空单车试验器操纵阀各作用位置的用途和充排气时间如表 4-1-4 所示。

（4）104 电空单车试验器的操纵阀手把位置与各电磁阀得失电的关系如表 4-1-5 所示（ + 为得电、 – 为失电）。

（5）F8 电空单车试验器的操纵阀手把位置与各电磁阀得失电关系如表 4-1-6 所示（ + 为得电， – 为失电）。

表 4-1-3　104 操纵阀各作用位置的用途和充排气时间

操纵阀手把位置	一	二	三	四	五	六	七
	快充	慢充	保压	感度	电空	安定	紧急
孔径/mm	6.4	1.0		1.2	1.4	2.4	4.8
压力变化/kPa		50 ~ 150		500 ~ 400	500 ~ 300	500 ~ 300	500 ~ 200
时间/s		19 ~ 20		10 ~ 11.5	18 ~ 20	6 ~ 7.5	3 ~ 3.5

表 4-1-4　F8 操纵阀各作用位置的用途和充排气时间

操纵阀手把位置	一	二	三	四	五	六
	快充	慢充	保压	感度	安定	紧急
孔径/mm	6.4	1.0		1.2	2.4	4.8
压力变化/kPa		50 ~ 150		500 ~ 400	500 ~ 300	500 ~ 200
时间/s		19 ~ 20		10 ~ 11.5	6 ~ 7.5	3 ~ 3.5

表 4-1-5　104 电空单车试验器手把位置与各电磁阀得失电关系

104 操纵阀手把位置 电磁阀	一	二	三	四	五	六	七
缓解	+	+	−	−	−	−	−
保压	−	−	+	−	−	−	−
制动	−	−	−	+	−	+	+

表 4-1-6　F8 电空单车试验器的操纵阀手把位置与各电磁阀得失电关系

F8 操纵阀手把位置 电磁阀	一	二	三	四	五	六
缓解	+	+	−	−	−	−
常用制动	−	−	−	+	+	+
紧急制动	−	−	−	−	−	+

（6）风缸：由储风缸、副风缸、制动主管容积风缸、工作风缸、制动缸、辅助（室）风缸、局减（室）风缸等。各风缸容积如表 4-1-7 所示。

表 4-1-7　各风缸容积

名　称	副风缸	储风缸	制动主管容积风缸	工作风缸	制动缸	局减（室）风缸	辅助（室）
风缸容积/L	100	80	15	11	15	0.8	3

（7）压力表。试验台上设有 4 块双针压力表和 1 块标准压力表。

（8）转子流量计。

① 用途：用于快速测量漏泄。

② 组成：由刻度管、浮球、支架、测定器手柄等组成。

（四）微控客车单车试验器

目前微机控制的单车试验器种类较多，现介绍 WD-2K 微控客车单车试验器。

1. 用　途

微控客车单车试验器用于 104、F8 空气、电空制动机的单车试验；试验时可自动控制也可手动操作；可对所有试验项目进行自动连续试验也可对某个项目单独试验；能对试验过程进行实时监控；可对试验结果进行打印、存储、查询和删除等操作。

2. 组　成

微控客车单车试验器主要是由气路控制部分、手动按钮控制部分、微机自动控制部分、电源及其他部分组成。

3. 各部组成与用途

（1）气路控制部分。其主要由调压阀、过滤器、电磁阀、双外压力表、制动主管压力传感器、制动缸压力传感器、空气管路及管路接头等组成。气路控制原理如图 4-1-12 所示。

KCDF——快充电磁阀，通路上有直径为 6.4 mm 缩孔；MCDF——慢充电磁阀，通路上有直径为 1.0 mm 缩孔；CDDF——感度电磁阀，通路上有直径为 1.2 mm 缩孔；DKDF——电空电磁阀，通路上有直径为 1.5 mm 缩孔；ADDF——安定电磁阀，通路上有直径为 2.4 mm 缩孔；JJDF——紧急电磁阀，通路上有直径为 4.8 mm 缩孔；LCGQ——制动主管压力传感器。

注：当所有电磁阀都失电时，所有的空气通路都被切断，单车试验器处于保压状态。

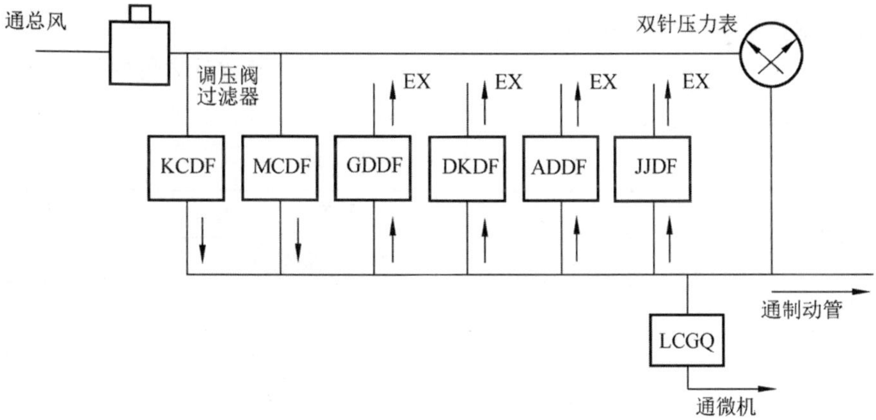

图 4-1-12　气路原理图

① 电磁阀。在微机控制下动作，使相应空气通路导通或关闭，其作用相当于原单车试验器操纵手把。

② 制动主管、制动缸压力传感器。将制动主管、制动缸压力以电信号的形式提供给系统微机，以便于完成试验过程的自动控制。

（2）手动按钮控制部分。将面板上的手动/自动切换按钮倒向手动侧，此时面板下方的“快充”“慢充”“感度”“电空”“安定”“紧急”6 个电磁阀按钮及“制动”“缓解”“保压”“紧急”

4 个继电器按钮有效，按下某一按钮，则该按钮上的灯将点亮，相应的电磁阀或继电器得电。

（3）微机自动控制部分。将面板上的手动/自动切换按钮倒向自动侧，此时 6 个电磁阀和 4 个继电器将由微机来控制，而 10 个手动按钮将失效。微机的键盘由 20 个键组成，包括“0”~“9” 10 个数字键和“确认”“修改”“中止”“打印”“删除”“上翻”“下翻”“忽略”“返回”“退出” 10 个功能键。微机的显示屏在键盘的上方，用于显示输出检测内容和提示信息。

（4）电源及其他部分。电源部分由两部分组成。

①交流 220 V 经 AC/DC 模块转换成直流可调 85 ~ 110 V 供电磁阀使用。

②交流 220 V 经开关电源变换后，输出电压为 + 5 V、 − 5 V、 + 12 V、 − 12 V 直流电压，供工控机及其外围电路使用。

二、单车试验方法

（一）试验要求

（1）一辆车装有两套及以上制动机时，每套制动机均应进行单车试验。

（2）客、货车单车试验器的试验压力（以下简称定压）分别为 600 kPa、500 kPa。

（3）客车单车试验时，副风缸和缓解风缸（104 电空）充至表 4-1-8 中规定的压力值。

表 4-1-8　风缸压力值　　单位：kPa

制动机	副风缸压力	缓解风缸（104 电空）压力
104	不小于 580	不小于 580
F8	不小于 560	—

（4）单车试验应在空车状态下进行。

（5）对装有空重车自动调整装置的货车应进行空重车自动调整装置性能试验。

（6）单车试验时，检查常用制动时制动缸活塞行程，应符合表 4-1-9 的规定。

表 4-1-9　制动缸活塞行程　　单位：mm

制动机	制动缸规格	装用闸瓦间隙调整器	未装闸瓦间隙调整器
		空车	空车
GK	356×254	115 ~ 135	85 ~ 115
103	356×254	115 ~ 135	85 ~ 115
	254×254	145 ~ 165	—
120/120-1	356×254	115 ~ 135	85 ~ 115
	305×254	145 ~ 165	—
	254×254	145 ~ 165	—
	203×254	115 ~ 135	—
104	356×254	185 ~ 195	185 ~ 195
	406×254		

* 闸瓦间隙调整器以下简称闸调器。

（7）对于装用锥型折角塞门的车辆应在安装折角塞门前分别对制动主管和软管进行过球试验：对装用球芯折角或截断塞门的车辆应在制动管组装完成后，单车试验前进行过球试验。

（8）客车用新制过球试验用球直径为ϕ20 mm，使用限度最小为 19.5 mm。货车用新制过球试验用球直径为ϕ25.4 mm，使用限度最小为ϕ25.0 mm。

（二）试验准备

（1）在风源与单车试验器连接前，首先排除风源内积水、灰尘，保证风源洁净。

（2）用压缩空气将制动机各风缸内的积水及污垢吹净。

（3）在制动缸或其管路上安装压力变送器。客车单车试验时，还应在副风缸或其管路上安装压力变送器。

（4）将 F8 分配阀转换盖板置于一次缓解位（盖板上箭头向上）。

（5）加装电空制动装置的客车电气接线应无异常或短路。车辆一端电空制动机用电空连接线各芯对地绝缘值不应小于 2MΩ。

（6）试验前准备过球试验用球和网状接收器。

（7）客车单车试验器直流稳压电源电压调至 DC 80 ~ 82 V。

（8）货车脱轨自动制动装置的球芯截断塞门应处于开放位。

（9）轴重 21 t、23 t、25 t、27 t 的货车空重车自动调整装置的试验垫板厚度应符合表 4-1-10 要求。

表 4-1-10　货车空重车自动调整装置试验垫板厚度　　单位：mm

试验垫板厚度	KZW 系列		TWG-1 系列		CZ-1 型
	测重行程 21	测重行程 27	TWG-1A	TWG-1C	
空车位	3	6	3	6	9
半重车位	13	19	12	18	21
重车位	25	35	30	40	42

（三）空气制动机试验

（1）过球试验。

① 打开被试车辆两端折角塞门，将单车试验器与被试车辆一端的制动软管连接器相连。车辆另一端制动软管连接器加装网状接收器，然后关闭该端折角塞门。将单车试验器置快充位，待制动管压力充至定压后，关闭制动支管截断塞门。

② 将单车试验器置紧急位，排尽主管压缩空气，打开接收器端折角塞门，打开与单车试验器相连一端的软管连接器，将试验用球放入连接器，再将连接器与单车试验器相连。

③ 将单车试验器置快充位，试验用球应完整无缺损进入网状接收器。若试验用球缺损或未能进入网状接收器，则应确定其原因并予以纠正，并重新试验。

④ 试验完毕后置保压位或紧急位，取下网状接收器和试验用球。

（2）客车紧急制动阀试验。

将单车试验器置快充位，待副风缸充至表 4-1-8 规定的压力并稳定后，将紧急制动阀手把移至全开位，制动机应发生紧急制动作用。合格后将紧急制动阀手把推至关闭位，并加带有厂、段代号的铅封。

（3）制动管漏泄试验。

① 打开被试车辆制动管两端折角塞门，不与单车试验器相连的另一端制动软管连接器加装防尘堵，关闭制动支管截断塞门：装有列尾装置的车辆，打开快速接头体前部截断塞门并在其出口端加堵。

② 将单车试验器置快充位，待制动管压力充至定压并稳定后，单车试验器置保压位，保压 1 min，客车制动管漏泄量不大于 10 kPa，货车制动管漏泄量不大于 5 kPa。

（4）全车漏泄试验。

打开制动支管截断塞门，将单车试验器置快充位，待客车制动机副风缸充至表 4-1-8 规定的压力、货车制动机副风缸充至定压并稳定后置保压位，检查制动支管及各风缸管系接头不得漏泄，保压 1 min，客车漏泄量不大于 10 kPa，货车漏泄量不大于 5 kPa。

（5）制动和缓解感度试验。

① 制动感度试验。

将单车试验器置快充位，待客车制动机副风缸充至表 4-1-8 规定的压力、货车制动机副风缸充至定压并稳定后置感度试验位，制动管减压 40 kPa 时立即置保压位，应达到下列要求：

a. 制动机应在制动管减压 40 kPa 之前发生制动作用。从发生局减作用开始，制动管局部减压量为：GK 型阀不大于 50 kPa，其他阀不大于 40 kPa。

b. 制动管压力稳定后保压 1 min，不应自然缓解。

② 缓解感度试验。

将 104、F8、103、GK 型制动机单车试验器置慢充位，制动机应在 45 s 内缓解完毕。

120/120-1 型制动机按如下要求进行试验：

a. 制动管长度小于 16 m 时，将单车试验器置慢充位，制动缸压力应在 45 s 内缓解至 30 kPa 以下。

b. 制动管长度为 16 ~ 24 m 时，在制动感度试验后，将单车试验器置感度试验位，使制动管继续减压 30 kPa，然后置保压位，待压力稳定后，将单车试验器置慢充位，制动缸压力应在 45 s 内缓解至 30 kPa 以下。

c. 制动管长度超过 24 m 的车辆缓解感度试验方法由设计确定。

③ 制动缓解指示。

制动缓解指示器制动、缓解指示正确，显示清晰。

制动缓解指示器在制动或缓解感度试验时，应确认完全显示红色制动或绿色缓解。

（6）制动安定试验。

① 104、F8、103、GK 型制动机：将单车试验器置快充位，待 104、F8 型制动机副风缸充至表 4-1-8 规定的压力，103、GK 型制动机副风缸充至定压并稳定后置安定试验位。制动管减压 170 kPa（104、F8 型制动机）、140 kPa（103、GK 型制动机）前制动机不应发生紧急制动作用。将单车试验器置保压位，制动缸压力稳定后，保压 1 min，制动管、制动缸及制动缸管漏泄量不大于：客车 10 kPa、货车 5 kPa。

② 120/120-1 型制动机：将单车试验器置快充位，待副风缸充至定压并稳定后置保压位，开启 120 阀安定试验位，制动管减压 200 kPa 前，制动机不应发生紧急制动作用。关闭 120 阀安定试验位，保压 1 min，制动管、制动缸及制动缸管漏泄量不大于 5 kPa。

③ 保压时检查制动缸活塞行程，应符合表 4-1-9 的规定（装有单元缸的车辆除外）。

（7）缓解阀试验。

制动安定试验完毕后，拉缓解阀，制动缸应缓解。缓解阀复位。

（8）紧急制动试验。

将单车试验器置快充位，待客车制动机副风缸充至表 4-1-8 规定的压力、货车制动机副风缸充至定压并稳定后置紧急制动位（120/120-1 型制动机为置保压位后开启 120 阀紧急制动位），在达到表 4-1-11 规定的制动管减压量之前制动机应发生紧急制动作用。发生紧急制动作用时制动管减压量和制动缸的压力（稳定值）应符合表 4-1-11 的规定。

表 4-1-11　紧急制动作用时制动管减压量和制动缸压力　　单位：kPa

制动机	制动管减压量	制动缸压力
120/120-1	不大于 100	符合空重车调整装置性能试验要求
103	不大于 100	空车位：170～190
GK	不大于 140	空车位：160～190
104	不大于 100	410～430：有空重阀情况下，空车制动缸压力应符合设计值范围
F8	不大于 120	410～430 或 470～490：亦可根据需要在 380～480 范围内设定公称值，公差为±10。有空重阀情况下，空车制动缸压力应符合设计值范围

发生紧急制动作用后 10～15 s，方可将单车试验器置快充位：安装手动空重车调整装置的车辆，安全阀开始排风时的制动缸压力不大于 190 kPa，安全阀停止排风时的制动缸压力不低于 160 kPa。停止排风后，方可将单车试验器置快充位。

（9）装 F8 型制动机车辆的阶段缓解试验。

将 F8 分配阀转换盖板置于阶段缓解位（盖板上箭头向下）。

将单车试验器置快充位，待副风缸充至表 4-1-8 规定的压力并稳定后置安定试验位，制动管减压 170 kPa，置保压位。然后，将单车试验器置快充位，当制动缸压力开始下降时快速置保压位，记为阶段缓解一次。重复上述动作，直到制动缸压力缓解完毕，阶段缓解次数应不小于 5 次。

试验完毕后，单车试验器置紧急制动位，待制动管压缩空气排空后，将 F8 分配阀转换盖板置于一次缓解位（盖板上箭头向上）。

（10）120/120-1 型制动机加速缓解阀试验。

将单车试验器置快充位，待副风缸充至定压并稳定后，将单车试验器置感度试验位减压 100 kPa，然后置保压位保压，待压力稳定后，单车试验器置慢充位，制动缸开始缓解时，制动管压力应有明显跃升。

（11）120/120-1 型制动机半自动缓解阀试验。

① 主阀缓解试验。

将单车试验器置快充位，待副风缸充至定压并稳定后，将单车试验器置感度试验位减压 50 kPa。然后置保压位，拉缓解阀手柄至全开位 3～5 s 后松开，制动缸压力应能下降到零。之后，单车试验器置安定试验位，再减压 50 kPa，制动机应发生制动作用。

② 制动缸缓解试验。

将单车试验器置快充位，待副风缸充至定压并稳定后，单车试验器置保压位，开启 120

阀紧急制动位，施行紧急制动，制动管压缩空气排尽后，拉缓解阀手柄至全开位 3 ~ 5 s 后松开，制动缸压力应能下降到零。

（12）闸调器性能试验。

① 上述各项试验合格后装有闸调器的车辆还应进行闸调器的性能试验。

② 间隙减小试验：单车试验器置快充位，待制动机缓解完毕后，将垫板放入任一闸瓦与车轮之间，待客车制动机副风缸充至表 4-1-8 规定的压力、货车制动机副风缸充至定压并稳定后，将单车试验器置安定试验位减压：客车 170 kPa、货车 140 kPa，制动缸活塞行程应变短。然后置快充位充风缓解。经制动、缓解（客车总计 4 次、货车总计 3 次）后，制动缸活塞行程与初始行程（即未安装垫板时的行程）之差不大于 10 mm。

③ 间隙增大试验：单车试验器置快充位，待制动机缓解后，撤去闸瓦与车轮之间的试验垫板，按上述方法操纵单车试验器。第一次制动后制动缸活塞行程应变长。经制动、缓解（客车总计 2 次、货车总计 3 次）后，制动缸活塞行程与初始行程（即未安装垫板时的行程）之差不大于：客车 5 mm、货车 10 mm。

(13）空重车自动调整装置性能试验.

① KZW 系列。

a. 制动机处于缓解状态时，KZW 系列空重车自动调整装置抑制盘下平面应坐落在支架导管的顶端，抑制盘触头与横跨梁触板的间隙应符合表 4-1-12 的规定，触头与抑制盘螺杆应用开口销锁定。

表 4-1-12　触头与横跨梁触板的间隙　　单位：mm

KZW 系列传感阀		TWG-1 系列传感阀		CZ-1 型
测重行程 21	测重行程 27	TWG-1A 型	TWG-1C 型	
3 ± 1	6 ± 1	3 ± 1	6 ± 1	9 ± 1

b. 空车位试验：取出抑制盘触头与触板之间的试验垫板。将单车试验器置快充位，待副风缸充至定压并稳定后，置安定试验位减压 160 kPa，置保压位保压，制动缸压力应符合表 4-1-13 的规定。压力稳定后，保压 1 min，制动缸压力下降不大于 5 kPa。此时空重车位显示牌不应翻起。置快充位缓解，制动缸压力应降至零。

表 4-1-13　KZW 系列空重车自动调整装置单车试验压力值　　单位：kPa

工况	制动缸压力						
	KZW-A			KZW-4GAB	KZW-4GCD	KZW-4G	KZW-4
	自重 小于 28 t	自重 28 ~ 33 t	自重 大于 33 t				
空车位	140 ± 20	180 ± 20	220 ± 20	160 ± 20	160 ± 20	160 ± 20	150 ± 20
半重车位	230 ± 40			240 ± 40	230 ± 40	240 ± 40	240 ± 40
重车位	不作要求						

c. 半重车位试验：将抑制盘上移，在触头与触板之间插入表 4-1-10 规定的半重车位试验垫板。单车试验器置快充位，待副风缸充至定压并稳定后，置安定试验位减压 160 kPa，置保压位保压，制动缸压力应符合表 4-1-13 的规定。压力稳定后，保压 1 min，制动缸压力下降不大于 5 kPa。置快充位缓解，制动缸压力应降至零。

d. 重车位试验：将抑制盘上移，在触头与触板间插入如表 4-1-10 规定的重车位试验垫板。单车试验器置快充位，待副风缸充至定压并稳定后，置安定试验位减压 160 kPa，置保压位保压，此时空重车位显示牌应翻起。压力稳定后，保压 1 min，制动缸压力下降不大于 5 kPa；置快充位缓解，制动缸压力应降至零，显示牌落下。

② TWG-1 系列、CZ-1 型。

a. 制动机处于常用全制动状态时，调整传感阀触头与横跨梁触板间隙，应符合表 4-1-12 的规定，并且触头在顶杆上的拧出长度应小于 20 mm。

b. 空车位试验：单车试验器置快充位，待副风缸充至定压并稳定后，置安定试验位减压 160 kPa，置保压位保压，稳定后的制动缸压力：TWG-1 应为（160 ± 20）kPa，CZ-1 应为（140 ± 20）kPa，空重车位显示器应完全伸出。保压 1 min，制动缸压力下降不大于 5 kPa。置快充位缓解，制动缸压力应降至零。

c. 半重车位试验：在触头与触板之间插入表 4-1-10 规定的半重车位试验垫板。单车试验器置快充位充气，待副风缸充至定压并稳定后，置安定试验位减压 160 kPa，置保压位保压，稳定后的制动缸压力：TWG-1 应为（250 ± 30）kPa，CZ-1 应为（230 ± 40）kPa。保压 1 min，制动缸压力下降不大于 5 kPa。置快充位缓解，制动缸压力应降至零。

d. 重车位试验：触头与触板之间插入表 4-1-10 规定的重车位试验垫板。单车试验器置快充位充气，待副风缸充至定压并稳定后，置安定试验位减压 160 kPa，置保压位保压，空重车位显示器不应伸出。保压 1 min，制动缸压力下降不大于 5 kPa。置快充位缓解，制动缸压力应降至零。

（四）电空制动机试验

（1）电磁阀功能试验。

① 试验要求。

F8 型和 104 型电空制动机单车试验前应先对电磁阀进行功能试验。连接单车试验器与被试车辆的电空连接线，取下与相邻车辆连接的电空连接线。单车试验器置快充位，待副风缸充至表 4-1-8 规定的压力并稳定后置保压位。

② 常用制动电磁阀试验。

开常用制动电磁阀，常用制动电磁阀排风口排风，制动管减压，制动机应实施制动作用。制动管减压 170 kPa 时关常用制动电磁阀，常用制动电磁阀应停止排风，制动管压力应停止下降。

③ 缓解电磁阀试验。

开缓解电磁阀，制动管压力应回升，制动缸应排风，制动机应实施缓解作用。关缓解电磁阀，制动管压力应停止上升。

④ 保压电磁阀试验（104 阀）。

开缓解电磁阀，制动缸排风时关缓解电磁阀的同时开保压电磁阀，制动缸应立即停止排风，3 ~ 5 s 后，关保压电磁阀，制动缸应能继续排风。

⑤ 紧急制动电磁阀试验（F8 阀）。

将单车试验器置快充位，待副风缸充至表 4-1-8 规定的压力并稳定后置保压位，开紧急制动电磁阀，制动管压力应快速下降。

（2）制动和缓解感度试验。

① 将单车试验器置快充风位，待副风缸和缓解风缸（104 电空）充至表 4-1-8 规定的压力并稳定后，置感度试验位，制动管减压 40 kPa 时立即置保压位，然后置慢充风位。

② 将单车试验器置感度试验位时，常用制动电磁阀应发生排风作用，制动机应在制动管减压 40 kPa 之前发生制动作用。单车试验器置慢充位时，缓解电磁阀应动作。

③ 制动缸缓解完毕的时间应小于 30 s。

（3）制动安定试验。

将单车试验器置快充位，待副风缸和缓解风缸（104 电空）充至表 4-1-8 规定的压力并稳定后，置安定试验位（F8 阀）或 104 电空位（104 阀），制动管减压 170 kPa，置保压位保压。

制动管减压 170 kPa 前制动机不应发生紧急制动作用。

常用制动电磁阀应发生排风作用。置保压位后，常用制动电磁阀停止排风。

（4）紧急制动试验。

① 将单车试验器置快充位，待副风缸和缓解风缸（104 电空）充至表 4-1-8 规定的压力并稳定后，置紧急制动位。

② 制动管减压 100 kPa（104 阀）或 120 kPa（F8 阀）以前，制动机应发生紧急制动作用。

③ 常用和紧急制动电磁阀应同时动作，常用制动电磁阀应发生排风作用。

④ 无空重车阀情况下，制动缸最高压力应为 410 ~ 430 kPa 或 470 ~ 490 kPa；有空重车阀情况下，空车制动缸压力应符合设计值范围。

⑤ 阶段缓解试验。

将单车试验器置快充位，待副风缸和缓解风缸（104 电空）充至表 4-1-8 规定的压力并稳定后，置安定试验位（F8 阀）或 104 电空位（104 阀），制动管减压 I70 kPa 时，置保压位。然后在快充位与保压位间往复移动，缓解电磁阀应发生间断作用，每次往复移动均应发生阶段缓解作用，且阶段缓解次数不应少于 5 次。

任务二　列车制动性能试验

任务描述

×××年××月 24 日 10 时 01 分，×××次客运列车在××局管内×××站出发机车进行试风时，车辆乘务员发现列车制动管不保压，10 时 14 分，检查发现机后 15 位车辆 YZ_{25G}××× 二位端制动支管活接处漏风，对该车进行制动关门处理。后陆续发现 13 辆车存在制动管系漏风现象，12 时 05 分紧固处理完毕，12 时 10 分制动机试验完毕，并向司机递交了《旅客列车制动关门限速证明书》。12 时 31 分，×××次列车×××站开车，晚点 3 小时 01 分。假如你是一位车辆乘务员实习生，通过本任务的学习，可帮助你提高应急故障处置能力和掌握列车性能试验。

任务目标

1. 知识目标

（1）熟知列车试验原理及列车试验器的结构；
（2）熟练操作列车试验器的性能试验。

2. 能力目标

（1）根据列车试验故障现象，具备分析故障和处理故障的能力；
（2）具备检车员应急故障处理能力。

3. 职业素养目标

（1）安全第一、预防为主、严规细操；
（2）协作意识、环保意识、节约意识。

知识储备

一、列车试验器的构造

（一）货车 GD 型列车试验器

列车试验器的总体结构如图 4-2-1 和图 4-2-2 所示，它由 H-6 型自动制动阀 9、给风阀 4、总风缸（图中未画出）、均衡风缸 6、双针压力表 10、远心集尘器 2 和配管等组成。

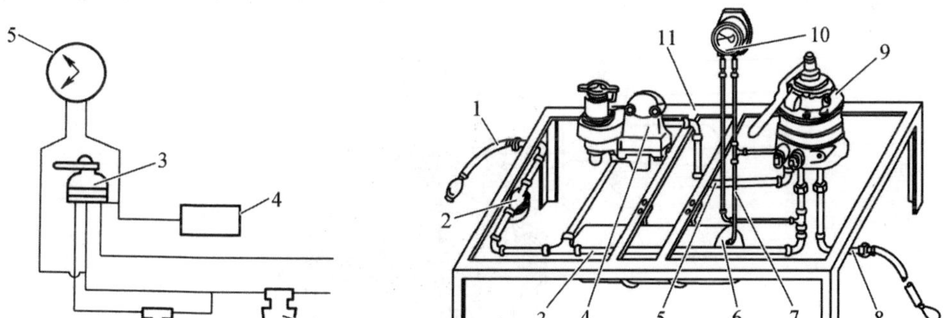

1—软管；2—远心集尘器；3—总风缸管；4—给风阀；5—给风阀管；6—均衡风缸；7—均衡风缸管；
8—制动管；9—H-6 型自动制动阀；10—压力表；11—构架。

图 4-2-1　列车试验器组成图之一

1. 均衡风缸

均衡风缸的用途是在操纵自动制动阀使制动管减压时，用以控制制动管的减压量，使之不受制动管长度的影响而能达到正确的减压量。其作用原理如图 4-2-3 所示。

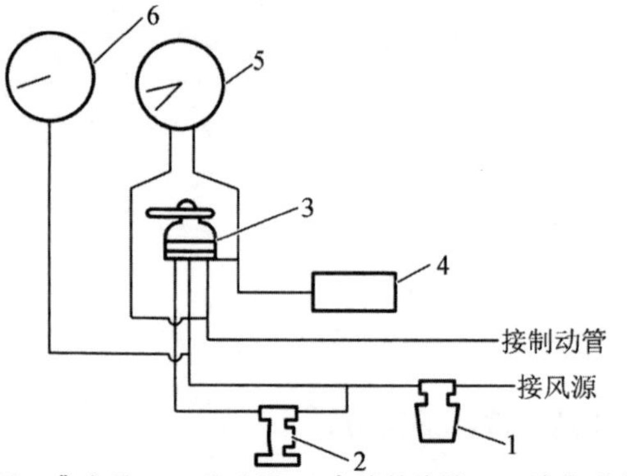

1—远心集尘器；2—给风阀；3 自动制动阀；4—均衡风缸；
5—双针压力表；6—单针压力表。

图 4-2-2　列车试验器组成图之二

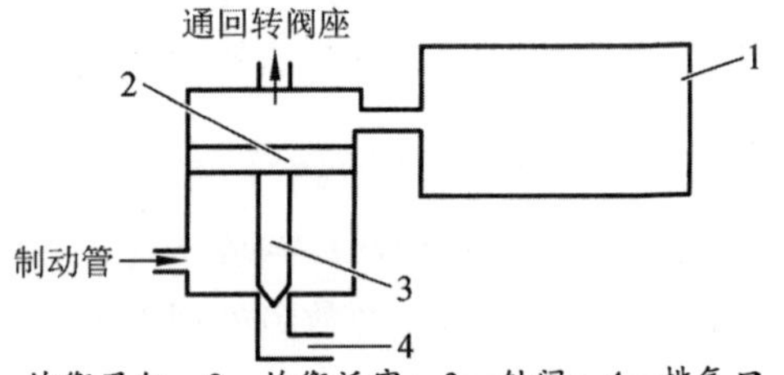

1—均衡风缸；2—均衡活塞；3—针阀；4—排气口。

图 4-2-3　均衡风缸作用示意图

在自动制动阀内部设有一个均衡活塞。均衡活塞下方装有针阀。均衡活塞上方通均衡风缸，下方通制动管。均衡风缸的容积比较小（15 L），平时它和制动管都保持同等的压力。当操纵自动制动阀施行常用制动减压时，首先是排出均衡风缸的压缩空气，使之达到减压量的要求。此时由于均衡风缸上下产生压差，均衡活塞就上升将针阀打开，于是制动管的压缩空气就由下方排气口排出而减压。当制动管压力降低到与均衡风缸压力相等时，均衡活塞便下移，针阀关闭，制动管就停止排气。这样，制动管就保持与均衡风缸有相等的减压量。由于均衡风缸的容积是不变的，所以不论制动管长度如何变化，都能按照要求正确地掌握其减压量。

2. H-6 型自动制动阀

用途：用于根据制动阀手把的位置变化来控制列车制动管压力的变化，从而使列车制动机产生不同的作用。

构造：由阀上体 12、阀座 13、阀中体 17、管座 14 等 4 部分组成，如图 4-2-4 所示。

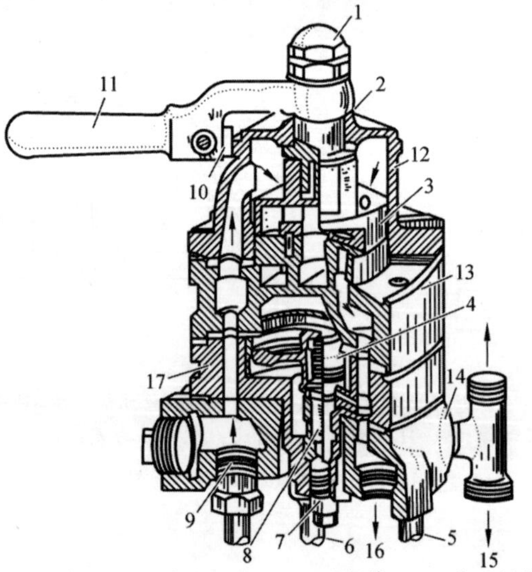

1—手把螺帽；2—回转阀键；3—回转阀；4—均衡活塞；5—缓解管；6—作用阀管；7—排风口；8—排风阀；9—总风缸管；10—卡齿；11—手把；12—阀上体；13—阀座；14—管座；15—均衡风缸管；16—制动管；17—阀中体。

图 4-2-4　自动制动阀构造图

各作用位置的用途：手把有 6 个作用位置，如图 4-2-5 所示。各作用位置的用途分别是：

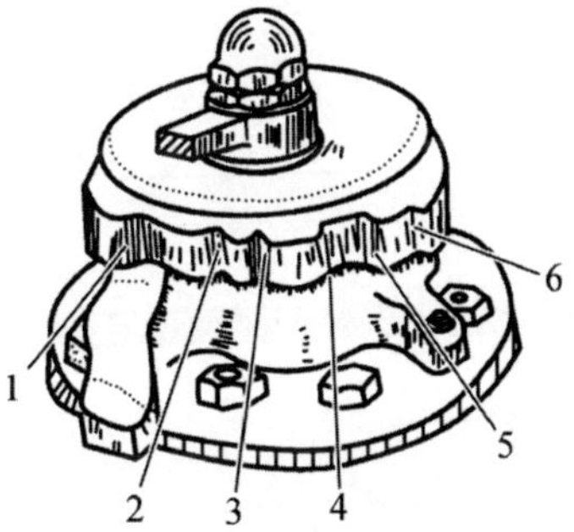

1—缓解位；2—运转位；3—保持位；4—保压位；5—常用制动位；6—紧急制动位。

图 4-2-5 自动制动阀手把位置

① 缓解位：将总风缸的压缩空气直接送入制动管，能在短时间内充分补给风量，主要用于初充气。但此位置不能放置过久，否则会引起列车制动管超过定压，又称过充气。

② 运转位：总风缸风压经过给风阀调整为规定压力后，再送入制动管，主要用于缓解感度试验和制动后的充气缓解。

③ 保持位：这位置是列车施行制动后，仍保持机车的制动而缓慢地缓解车辆的作用位置，列车试验器不用这位置。

④ 保压位：断开列车制动管的通路，使列车制动管压力保持不变，主要用于制动后的保压及列车漏泄试验。

⑤ 常用制动位：使列车制动管以常用制动减压速度减压，列车产生常用制动作用，主要用于制动机的制动感度和安定试验。

⑥ 紧急制动位：在紧急情况下，使列车制动管以紧急制动减压速度减压，列车产生紧急制动作用。

（二）微控列车制动机与客列尾联动试验检测系统

进行列车制动机与客列尾联动试验时，能够实时、准确、完整记录列车制动机及客列尾联动试验过程的全部数据，满足列车制动机全部试验和简略试验的技术要求，全程实时采集、记录列车制动机及客列尾联动试验作业过程中列车首、尾风压变化情况，并根据试验综合数据自动判断试风作业及客列尾联动试验过程是否合格。

1. 网络拓扑图

微机控制列车制动机与客列尾联动试验检测系统如图 4-2-6 所示，由计算机综合数据处理平台、前端试风装置：包括试风柜（内置两套执行器）、手持操作器、无线转发基站、有线 CAN 工业总线通信网络、网络适配器。客列尾试验装置：包括通信主机、收发天线。列车车辆制动试验监测装置：包括中心通信基站、转发通信基站、无线风压监测仪。机能检查装置：包括可移动式容积风缸（280 L）、安全阀、球阀、管路、风管连接器等组成。

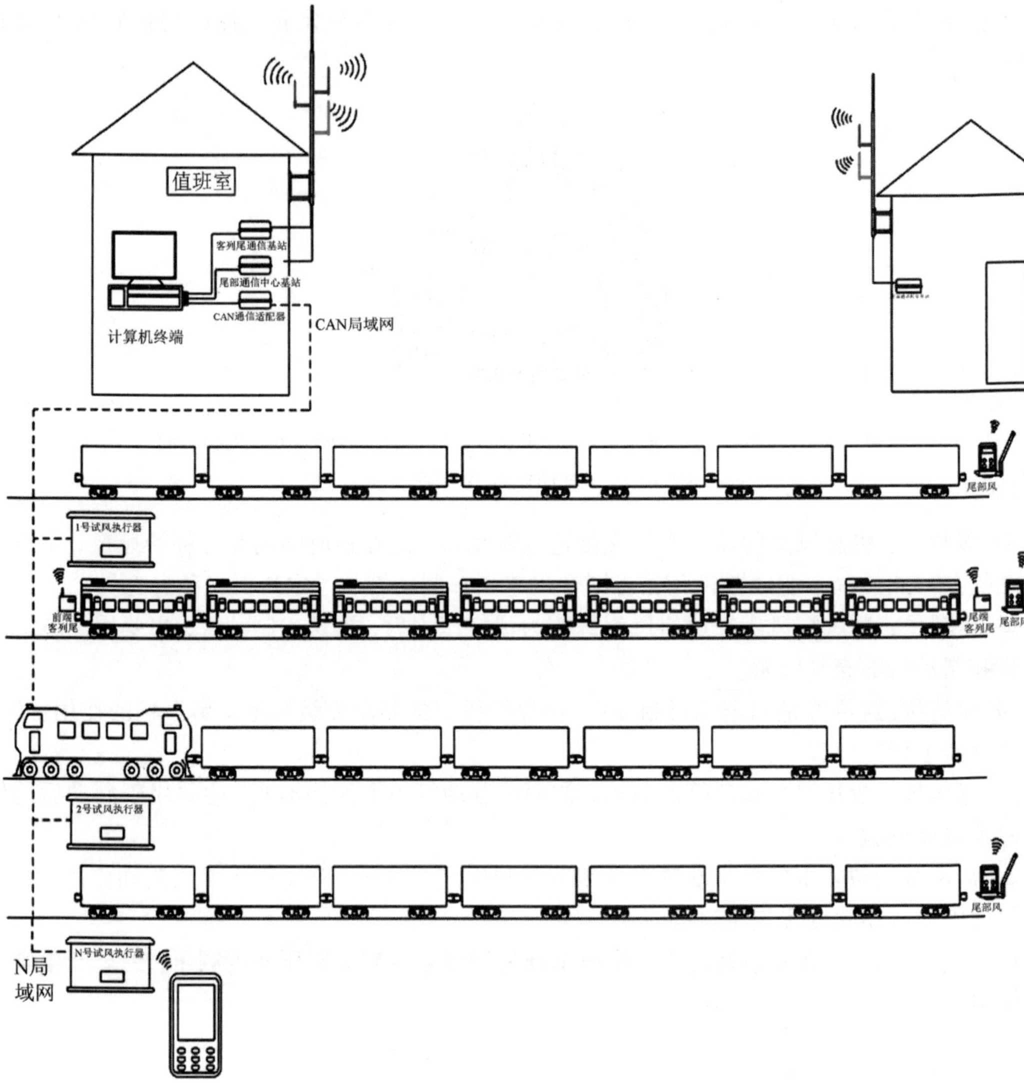

图 4-2-6　微控列车制动机与客列尾联动试验监测系统

2. 前端试风装置

试风柜位于列车的前端部，每台柜内设置有两套执行器装置，可分别对左右两侧股道停留的列车进行试风作业。最大执行器设置为 32 套。每套执行器装置独立设置，与工业总线 CAN 通信网络连接。它接收综合数据处理平台终端发来的试风指令和尾部压力数据信息或手持器发来的无线数据信息，依据尾部压力数据信息完成各项试风作业，并向综合数据处理平台终端回传风源压力、列车管压力和状态，向手持器回传风源压力、列车管压力和状态及列尾压力数据。根据环境温度、湿度，控制排风扇及电加热设备。执行器装置主要由中继阀、充风电磁阀、保压电磁阀、排风电磁阀、总风源压力传感器、列车管压力传感器、中均压力传感器、控制模块和 CAN 工业总线通信模块、无线通信模块、电源模块、排风扇、加热器、油水过滤器、连接管件和试风柜箱体等组成。试风执行器控制方框如图 4-2-7 所示。

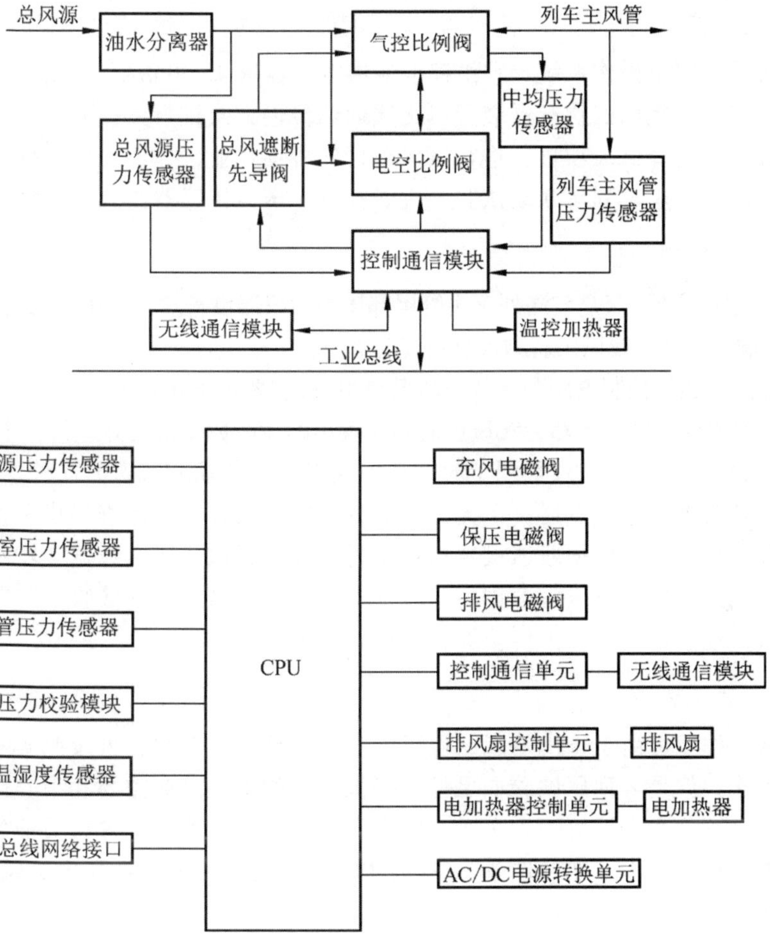

图 4-2-7　试风执行器控制方框图

3. 客列尾试验装置

客列尾试验装置由：通信主机、50 Ω 馈线、通信天线、RS232 串口线组成。通信主机通过 50 Ω 馈线、通信天线与列车首部、尾部安装的客列尾主机进行无线数据通信，通过 RS232 串口线与综合数据处理平台进行数据通信。操作人员可通过综合数据处理平台或手持操作器操作，进行客列尾联动试验。在液晶屏幕上录入试验列车客列尾首部、尾部、备用客列尾的 ID 号，点击“客列尾”或“备用客列”按钮，系统自动进行试验。

（1）客列尾通信主机发出命令信息，分别于首部、尾部客列尾主机建立通信连接。

（2）客列尾通信主机查询首部、尾部客列尾主机当前压力值。

（3）列车管达到定压后，减压 100 kPa 后保压，减压过程中接收首部、尾部客列尾主机发出的低风压提示数据信息。

（4）1 s 内客列尾通信主机分别发出首部、尾部客列尾主机辅助排风指令，30 s 后接收紧急制动数据信息。

（5）客列尾通信主机发出命令信息，分别于首部、尾部客列尾主机销号，解除连接。

（6）试验数据自动进行存储。

4. 试风手持机

手持机采用安卓操作系统，它由锂电池供电，容量 4 000 mA。可随身携带，全中文显示操作项目，与试风柜内的执行器装置以无线通信传输方式进行数据通信。设置录入所需要的各类相关数据，选择试风项目，进行试风项目的各项作业，作业完毕数据自动保存。试风手持机具备试风作业、客列尾联动试验、机能检查、压力传感器校验、数据查询等功能。

5. 列车车辆制动试验监测装置

尾部无线风压监测仪是监测列车主管尾部压力的仪器设备。它采用无线通信方式与转发基站进行数据传输，尾部无线风压监测仪收到查询指令后，采用时分多址的方式上传压力数据信息。

转发基站由通信控制电路和无线数传模块组成,主要负责转发中心通信基站发出的指令到尾部无线风压监测仪，接收尾部无线风压监测仪发出的无线数据信息并上传至中心通信基站。

以中心通信基站为核心,采用定时循环模式以无线传输方式实时向外发送查询指令信息，转发基站收到查询指令信息后，以无线传输方式向现场转发发送查询指令，尾部无线风压监测仪收到查询指令后，依据股道设置信息实时上传尾部试风压力数据。转发基站收到尾部无线风压监测仪上传的试风压力数据后，转发上传。中心通信基站接收到转发基站上传的试风压力数据后，通过通信串口上传至综合数据处理平台。

6. 列车试风试验

正常试风作业可由手持机发起，也可由值班室计算机发起，可按照实际情况来操作，不建议混合操作，但是客列尾试验如果是手持机发起的试风作业需要和中心计算机配合。在通信正常的情况下，在手持机输入车次、班组、阀号（执行器号）等相关信息后，进入手持机试风作业界面后，点击“准备作业”，这时中心计算机软件界面会弹出试风作业窗口。

（1）客车试风。

电脑端操控试风：点击“控制”→“编辑试风”，弹出信息录入对话框，输入班组、执行器号、股道号、辆数、车次信息后，点击开始按钮，弹出试风界面。列尾状态默认为有列尾，无列尾状态做执行器性能测试试验使用。如图 4-2-8 信息输入界面和图 4-2-9 试风界面所示。

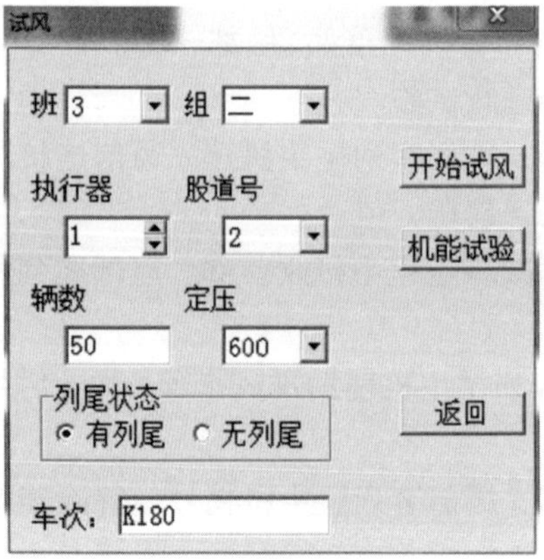

图 4-2-8　信息输入界面

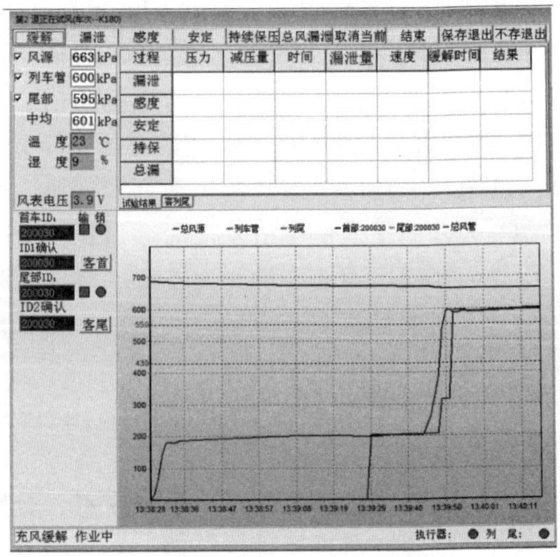

图 4-2-9　试风界面

试风界面弹出后，在需做客列尾试验的情况下，值班员需输入客列尾主机 ID 号。客列尾主机 ID 号的输入须注意输入顺序，先输入首车 ID/尾部 ID，再输入 ID1 确认/ID2 确认。ID 号的输入要按照先输入，再确认的顺序，否则会造成客列尾无法正常试验。

客列尾 ID 号输入完成后，点击充风缓解，执行器开始工作进行充风，试风界面左下角试风状态动态显示，“充风缓解作业中”，待“充风缓解作业中”变化为“充风缓解作业结束”后，点击“客首”或者“客尾”进行客列尾试验。客列尾试验和客列尾试验查询记录如图 4-2-10 和图 4-2-11 所示。

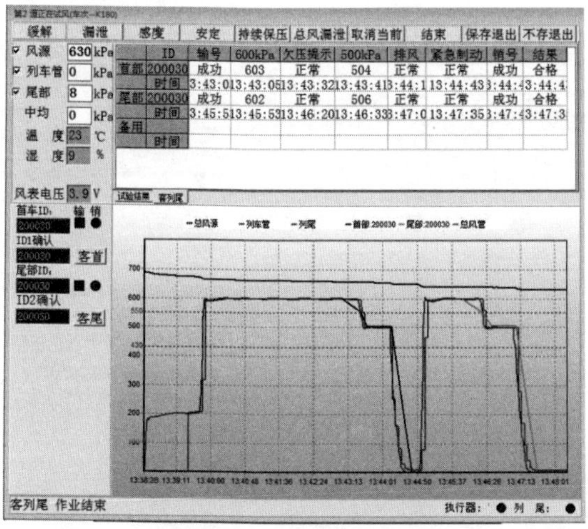

图 4-2-10　客列尾试验

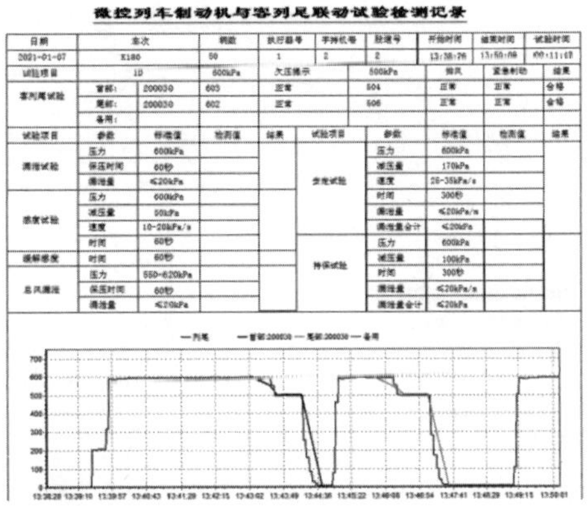

图 4-2-11　客列尾试验查询记录

客列尾试验完成后，点击充风缓解，待“充风缓解作业结束”，根据现场试风作业流程，进行下一步试验项目。试风作业界面如图 4-2-12 所示。

全部试验完成后，点击“结束”，试风数据自动保存，执行器自动排风，试风作业全部结束。客车试风全部试验查询记录如图 4-2-13 所示。

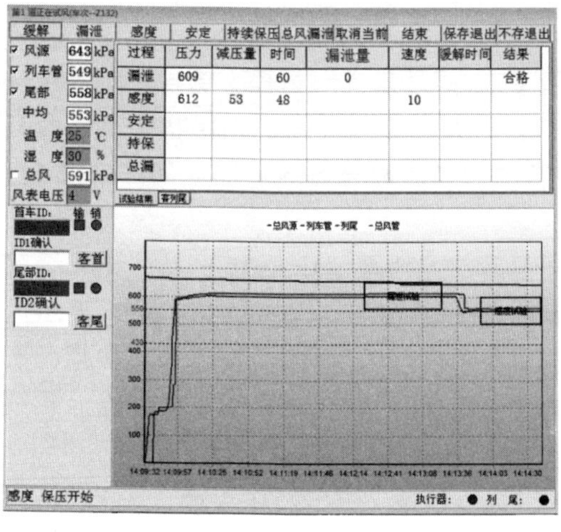

图 4-2-12　试风作业界面

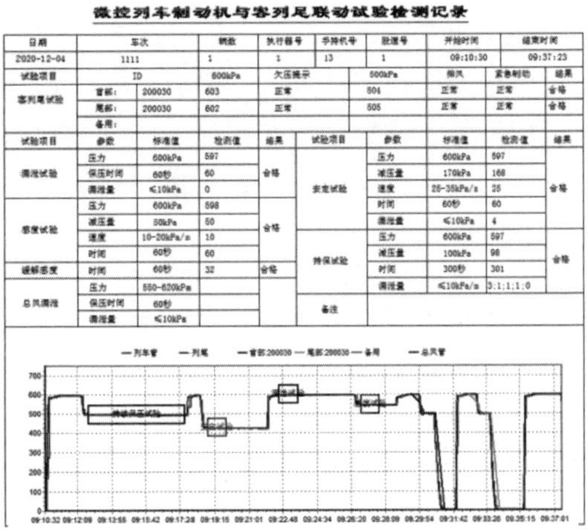

图 4-2-13　客车试风全部试验查询记录

手持机操控试风：在试风手持机上点开“地面试风”软件，弹出操作界面，选择“试风”，输入班组号、执行器阀号、定压、股道、车次、辆数、客列首、客列尾信息，点击开始弹出试风界面。在试风界面上点击“显示控制”→准备试风→充风缓解，待“充风缓解作业结束”，根据现场作业流程点击“客首”或“漏泄试验”或“总风漏泄”进行试风作业。全部试验作业完成，点击“结束作业”，试风数据自动保存到电脑端数据库内，同时执行器进行排风。地面试风工作界面如 4-2-14 所示。

图 4-2-14　地面试风工作界面

（2）货车试风。

电脑端操控试风点击“控制”→“编辑试风”，弹出信息录入对话框，输入班组、执行器号、股道号、辆数、车次信息后，点击开始试风按钮，弹出试风界面。列尾状态默认为有列尾，无列尾状态做执行器性能测试试验使用。信息输入界面和充风缓解作业如图 4-2-15 和 4-2-16 所示。

弹出试风界面后，点击缓解，试风界面左下角显示“充风缓解作业中”，待“充风缓解作业中”变化为“充风缓解作业结束”后，点击“感度保压”按钮，保压 180 s 结果显示后，点击充风缓解，待“充风缓解作业结束”后，点击“安定试验”。全部试验作业完成后，点击“结束”，试风数据保存到试风数据库，现场执行器开始排风。全部试验作业结束界面和试风记录查询界面如图 4-2-17 和 4-2-18 所示。

手持机操控试风：在试风手持机上点开“地面试风”软件，弹出操作界面，选择“试风”，输入班组号、执行器阀号、定压、股道、车次、辆数信息，点击开始弹出试风界面。全部试风过程与客车类似（略）。

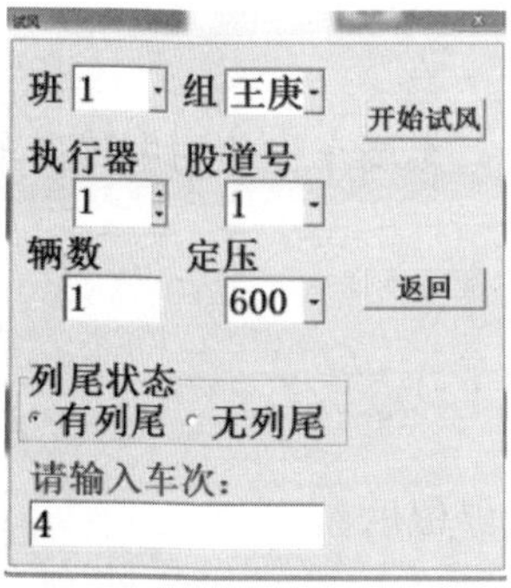

图 4-2-15 信息输入界面

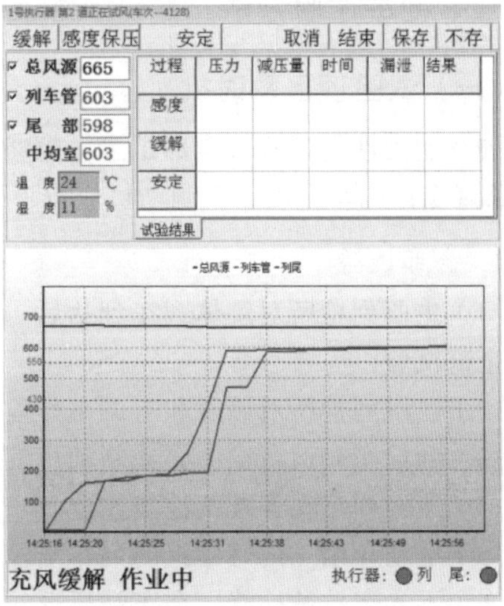

图 4-2-16 充风缓解作业

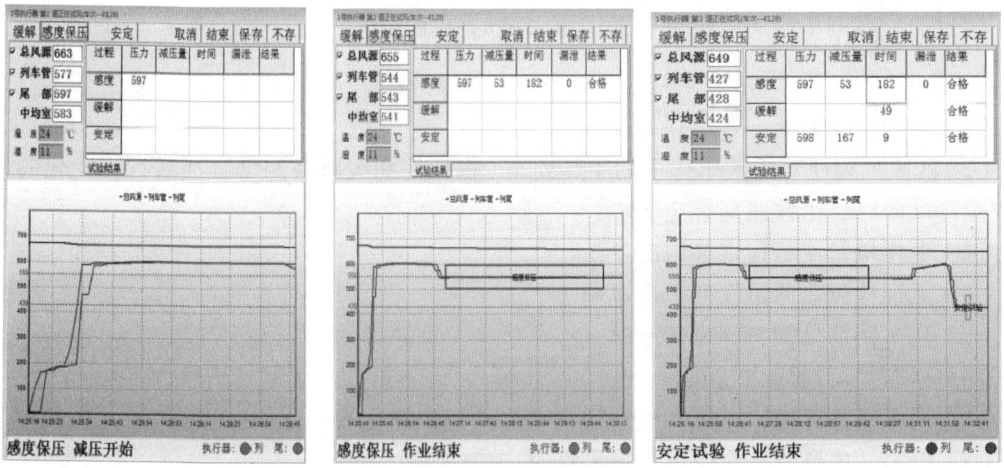

图 4-2-17 全部试验作业结束界面

微机控制列车制动机试验系统监测记录

日期	车次		辆数	执行器号	手持机号	股道号	开始时间	结束时间	
2021-01-07	4128		58	1	8	2	14:25:12	14:33:21	
试验项目	参数	标准值	检测值	结果	试验项目	参数	标准值	检测值	结果
感度保压	压力	600kPa	597	合格	缓解感度	时间	60秒	49	合格
	减压量	50kPa	53		安定试验	压力	600kPa	598	合格
	时间	180秒	182			减压量	170kpa	167	
	漏泄量	≤20kPa/第1min	0						

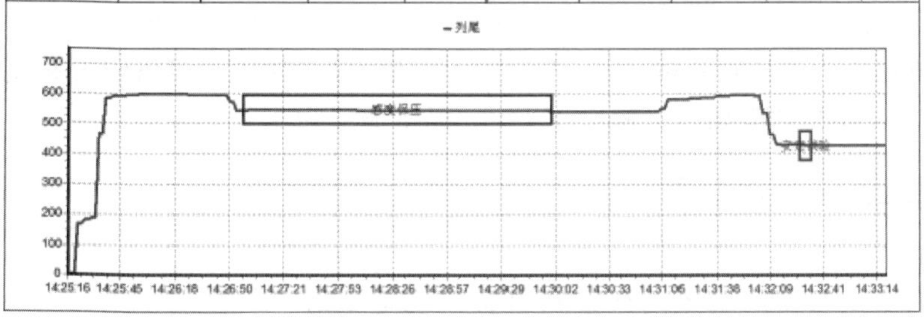

图 4-2-18 试风记录查询界面

二、列车试验方法

（一）试验项目及时机

列车制动性能试验有全部试验、简略试验和持续一定时间的全部试验 3 种。《技规》第 213 条规定：列车自动空气制动机应按下列规定进行试验。

1. 全部试验

（1）主要列检所对解体列车到达后，编组列车发车前；无调车作业的中转列车，可施行一次全部试验。

（2）区段列检所对始发和有调车作业的中转列车。

（3）列检所对运行途中自动制动机发生故障的到达列车。

（4）旅客列车在客技站检修作业。

（5）电动车组、内燃车组的列车出段前或在返回地点停留后。

（6）不入客技站检修，在车站折返的旅客列车。

站内设有试风装置时，应使用列车试验器试验，连挂机车后只做简略试验。对有空气弹簧等装置的旅客列车应同时检查辅助用风系统的漏泄。

2. 简略试验

（1）客列检作业后，客运列车始发前。

（2）区段列检所对无调车作业的中转列车（根据区间线路及制动缸活塞行程变化的情况，需要全部试验时，由铁路局规定）。

（3）更换机车或更换乘务组时。

（4）无列检作业的始发列车发车前。

（5）列车制动软管有分离情况时。

（6）列车停留超过 20 min 时。

（7）列车摘挂补机，或第一机车的自动制动机损坏交有第二机车操纵时。

（8）电力、内燃机车改变司机室操纵时。

（9）单机附挂车辆时。

3. 持续一定时间的全部试验

货物列车在接近长大下坡道区间的车站，应进行持续一定时间的全部试验，列检应填发制动效能证明书交给司机。具体试验和凉闸的地点、办法由铁路局规定。

旅客列车出库前应进行持续一定时间的全部试验，在接近长大下坡道区间的车站，是否进行持续一定时间的全部试验，由铁路局规定。

长大下坡道为：线路坡度超过 6‰，长度为 8 km 及其以上；线路坡度超过 12‰，长度为 5 km 及其以上；线路坡度超过 20‰，长度为 2 km 及其以上。

（二）试验方法及技术要求

试验准备：

（1）将列车试验器的给风阀调整到试验的规定压力：货物列车为 500 kPa；旅客列车为 600 kPa。

（2）将列车试验器与列车前部制动软管连接好，并在列车尾部制动软管上安装试验校对的压力表，打开列车所有的折角塞门。

（3）自动制动阀手把放Ⅰ位充气，待制动管压力接近定压时，再将手把移Ⅱ位继续充气，确认最后一辆车的制动管压力达到规定压力，列车试验器压力表与试验校对压力表的压力差不得超过 ± 20 kPa。

1. 全部试验

（1）漏泄试验（到达车不做）。

目的：检查列车制动主管，制动支管，副风缸，分配阀（或控制阀）及各结合部位的漏泄情况。

方法：自动制动阀手把放Ⅰ、Ⅱ位交替充气（Ⅰ位不可久放，接近充至制动管定压时必须将手把置Ⅱ位），确认列车尾部风压达到规定压力并稳定后，手把放Ⅳ位（或关闭列车前部第一辆车的前端折角塞门）保压，使列车管保压 1 min（旅客列车还须减压 50 kPa，保压 1 min）。

要求：制动主管压力下降不得超过 20 kPa。

（2）制动及缓解灵敏度试验。

目的：检查列车制动及缓解的灵敏度。

① 制动灵敏度试验。

方法：自动制动阀手把置Ⅱ位充气，确认列车尾部达到定压并稳定后，将自动制动阀手把移Ⅴ位减压 50 kPa（编组 60 辆以上的列车减压 70 kPa），再将手把移Ⅳ位保压 1 min。

要求：全列车的车辆须全部产生制动作用，保压 1 min 不得发生自然缓解。

② 缓解灵敏度试验。

方法：自动制动阀手把移至Ⅱ位（运转位）充气。

要求：全列车的制动机在 1 min 内缓解完毕。

（3）制动安定性试验。

目的：检查列车制动机的常用制动安定性。

方法：自动制动阀手把置Ⅱ位充气，确认列车制动主管压力达到定压并稳定后，将手把移至Ⅴ位减压 140 kPa（旅客列车减压 170 kPa），再将手把移Ⅳ位保压。

要求：全列车制动机不得发生紧急制动作用。同时，检查制动缸活塞行程须符合规定。

2. 简略试验

目的：检查列车制动主管是否畅通（有无关闭的折角塞门或制动软管未接通现象），并检查制动机系统是否发生操纵失灵现象。

方法：自动制动阀手把置Ⅱ位充气，确认列车制动主管充气达到定压后，将自动制动阀手把移至Ⅴ位减压 100 kPa。确认最后一辆车发生制动作用后，自动制动阀手把置Ⅱ位充气。

要求：① 制动主管减压 100 kPa，由尾部检车员（无检车员时，由车长）确认最后一辆车必须发生制动作用。② 自动制动阀手把置Ⅱ位充气缓解后，确认尾车必须缓解作用良好。

3. 持续一定时间的全部试验

（1）全部试验（同前述内容）。

（2）持续一定时间的制动保压试验。

目的：检查列车制动机的制动保压性能，以适应在长大下坡道长时间限制制动的运行需要。

方法：自动制动阀手把放Ⅰ、Ⅱ位交替充气，确认列车制动主管充气达到规定压力并稳定后，将手把移至Ⅴ位减压 100 ~ 140 kPa，再移至Ⅳ位保压 3 ~ 4 min（各铁路局根据线路的坡度情况规定制动保压时间的长短）。

要求：在规定的制动保压时间内，列车制动机不得发生自然缓解。试验合格后，列检填写制动效能证明书（车统-45）交当乘司机。

列车制动性能试验完毕后，切断风源。关闭试验器及车列前端的折角塞门，摘下制动软管连接器；关闭列车尾部的折角塞门，摘校对压力表，装上防尘堵。

（三）列车电空制动机试验方法及要求

1. 全部试验

试验准备：

① 色缘测试：用 500 V 级绝缘电阻计表测量列车端头电空连接线各芯对地绝缘，不低于 0.1 MΩ。

② 在列车尾部制动软管上安装试验用压力表，列车制动管（以下简称“制动管”压力达到 600 kPa（以下简称“定压”），列车尾部车辆压力表与试验用压力表的压力差不得超过 20 kPa。

③ 将列车电空试验器（以下简称“试验器”）风管与列车制动软管连接好，并接好电空连接线，检查各控制开关须良好并处于正确位置。

（1）空气制动试验（切断试验器电空制动电源）。

① 漏泄试验。

方法：制动管压力达到定压时，将试验器置于保压位或关闭第一辆车的折角塞门。

要求：保压 1 min 制动管压力下降不得超过 20 kPa。

② 制动和缓解感度试验。

方法：制动管压力达到定压时，将试验器置于常用制动位减压 50 kPa，保压 1 min 再置缓解位。

要求：减压 50 kPa 全列车必须发生制动作用；保压 1 min 不得发生自然缓解；试验器置缓解位充风缓解，全列车在 1 min 内缓解完毕。

③ 制动安定试验。

方法：制动管压力达到定压时，试验器置常用制动位减压 170 kPa 置保压位。

要求：全列车不得发生紧急制动作用；制动缓解指示器在制动机进行制动缓解试验时，显示正确；在制动保压状态下，列车制动主管压力每分钟漏泄不得超过 20 kPa。

（2）电空制动试验。

接通试验器电空制动电源。在进行下述制动、保压、缓解试验时，车辆人员除确认压力表及车列制动、缓解良好外，还应确认电空连接线贯通。

① 制动和缓解感度试验。

方法：制动管压力达到定压时，试验器置常用制动位减压 50 kPa（常用制动 1 号线得电），然后置缓解位缓解（缓解 2 号线得电，同时 1 号线断电）。

要求：制动时，常用制动电磁阀必须产生排风作用；缓解时，缓解电磁必须动作，全列车在 45 s 内缓解完毕。

② 制动安定试验。

方法：制动管压力达到定压时，试验器置常用制动位减压 170 kPa（常用制动 1 号线得电）再置保压位。

要求：全列车不得发生紧急制动作用；保压 1 min 制动缸压力下降不得超过 20 kPa。

③ 阶段缓解试验。

方法：常用制动减压 170 kPa 后，试验器手把在保压位、缓解位往复移动（保压 3 号线、缓解 2 号线间断得电）。

要求：制动机应发生阶段缓解作用，且缓解次数不得少于 3 次。

④ 紧急制动试验。

方法：制动管压力达到定压时，试验器置紧急位减压（常用制动 1 号线、紧急制动 4 号线得电）。

要求：全列车在减压 100 kPa 以前应发生紧急制动作用。

⑤ 列车总风管漏泄试验。

方法：将被试车列一端的总风软管与列车试验器相连，另一端安装总风软管堵。各截门置双管供风位。

要求：列车总风管压力 600 kPa 时，全列车（静态）1 min 漏泄不大于 20 kPa。

2. 简略试验

除开通电空制动外，试验方法和要求按本节“列车制动机试验方法及技术要求”进行。

单元习题

1. 单车试验器由哪些零部件组成？
2. 车辆制动机在什么情况下要进行单车制动性能试验？
3. 单车试验有哪些项目？
4. 试述单车试验的试验方法和操作步骤。
5. 列车试验器由哪些零部件组成？
6. H-6 型自动制动阀手把有哪些位置？各有何功用？
7. 列车试验器的均衡风缸有何用途？
8. 简述 3 种列车试验的试验步骤和技术要求。

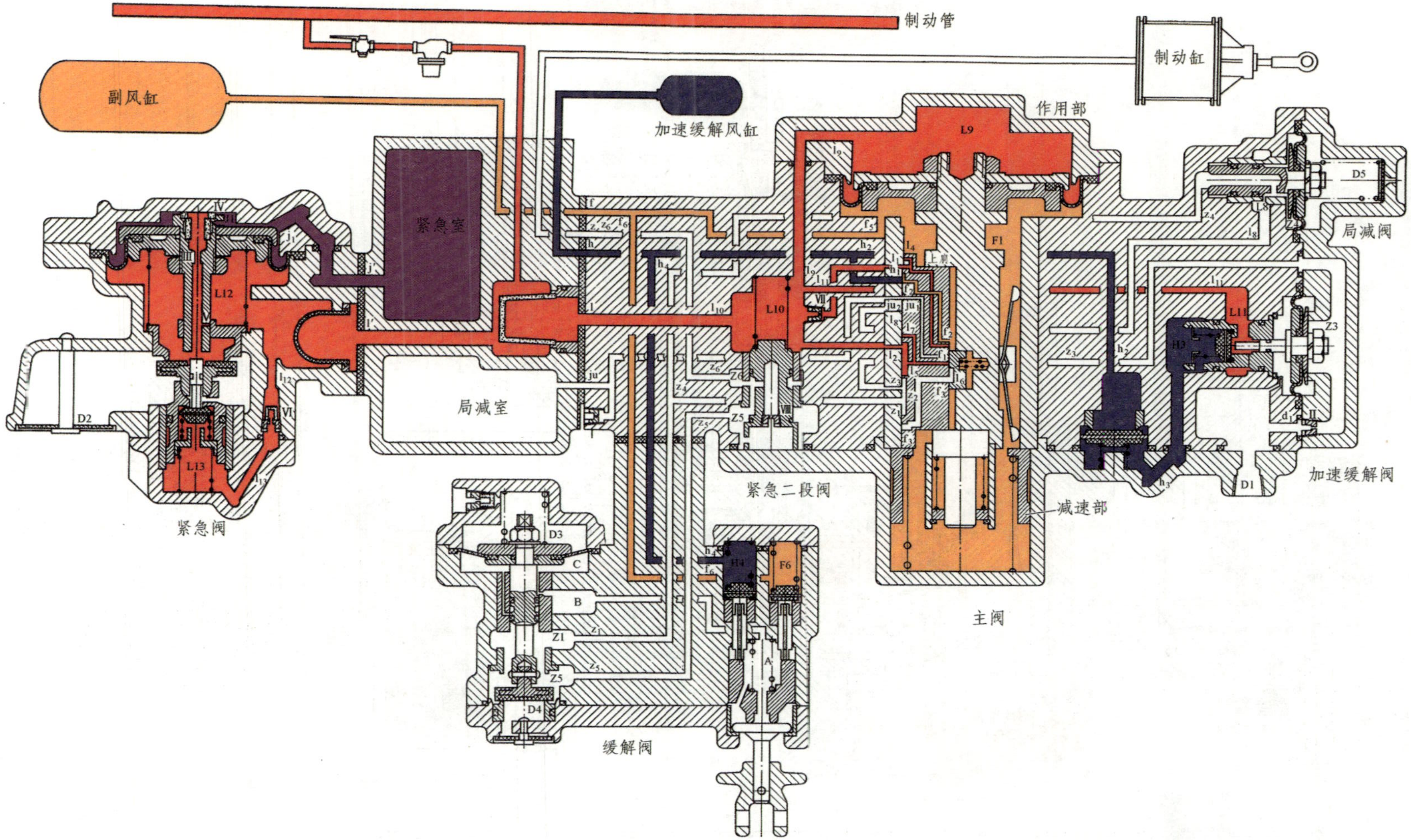

图 2-6-23　120 型控制阀充气缓解位

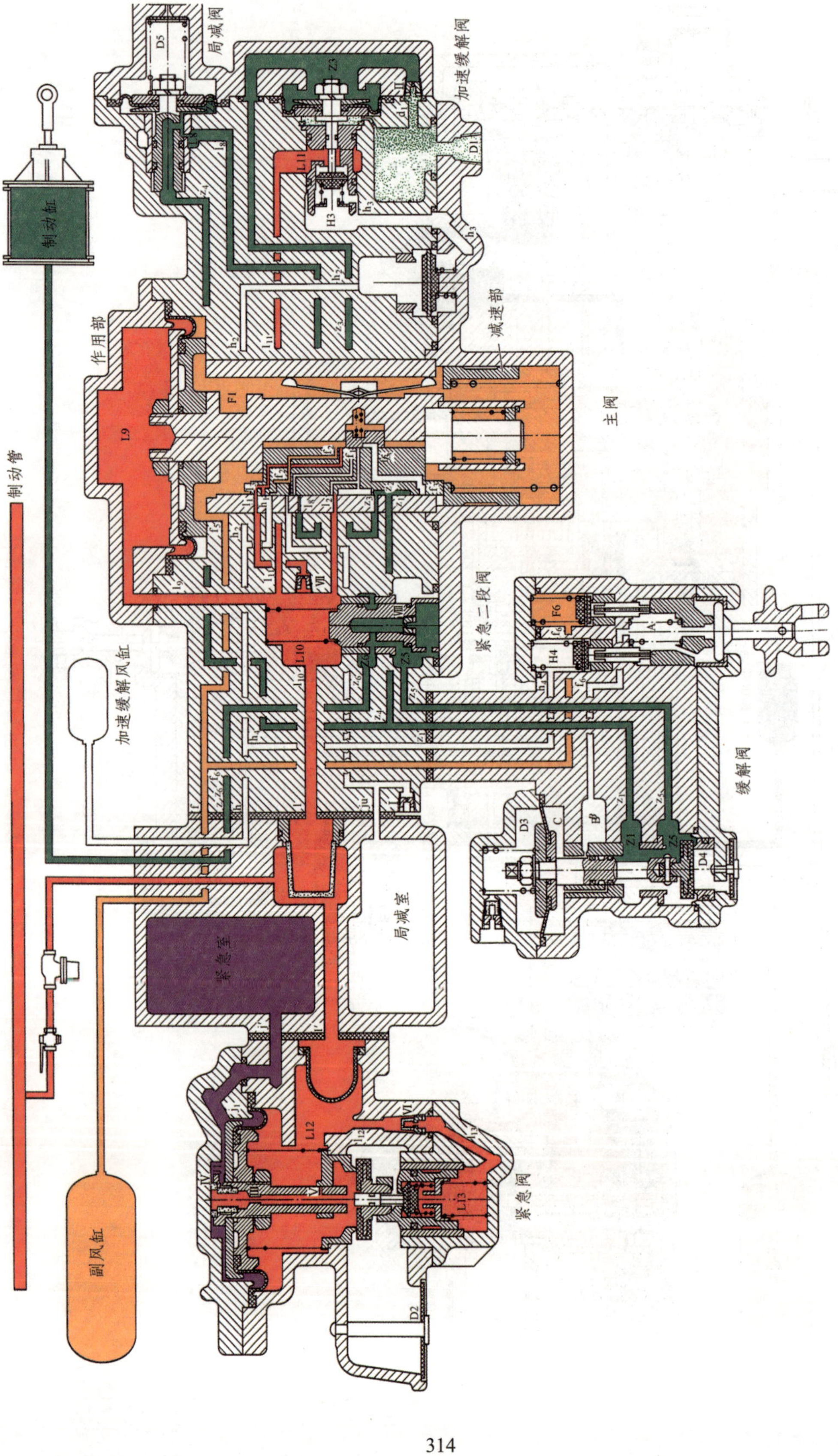

图 2-6-25　120 型控制阀减速充气缓解位

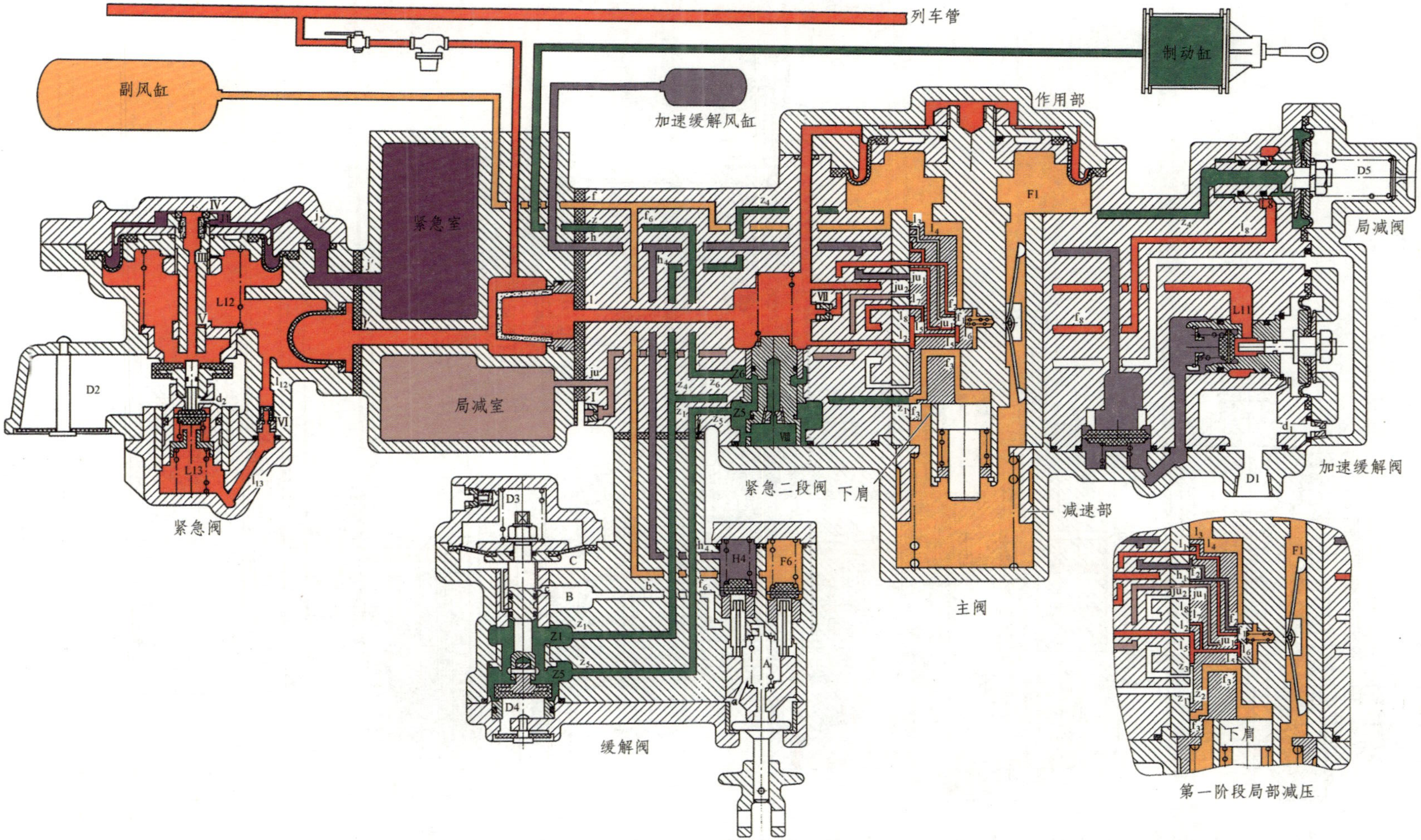

图 2-6-27　120 型控制阀常用制动位

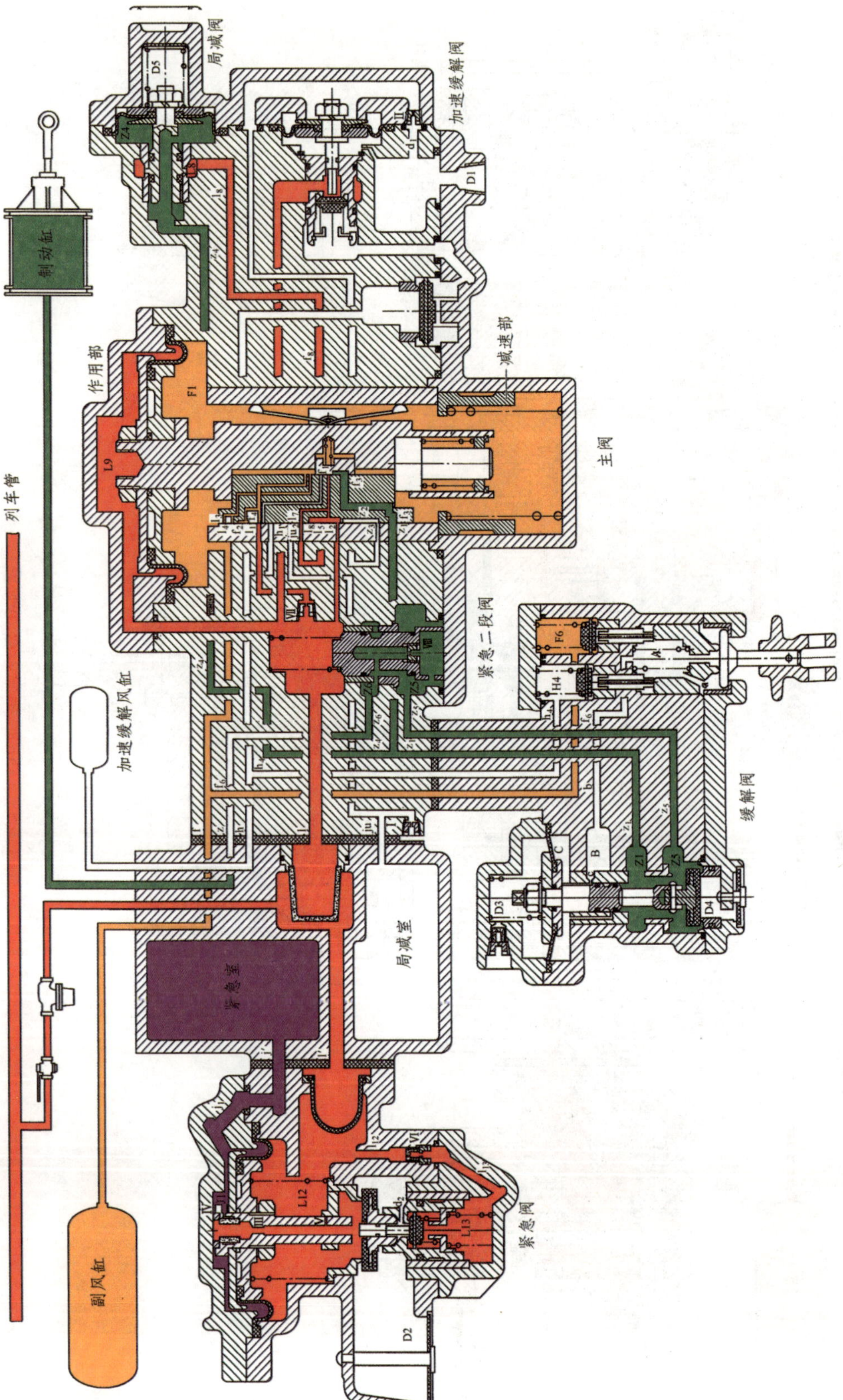

图 2-6-30　120 型控制阀制动保压位

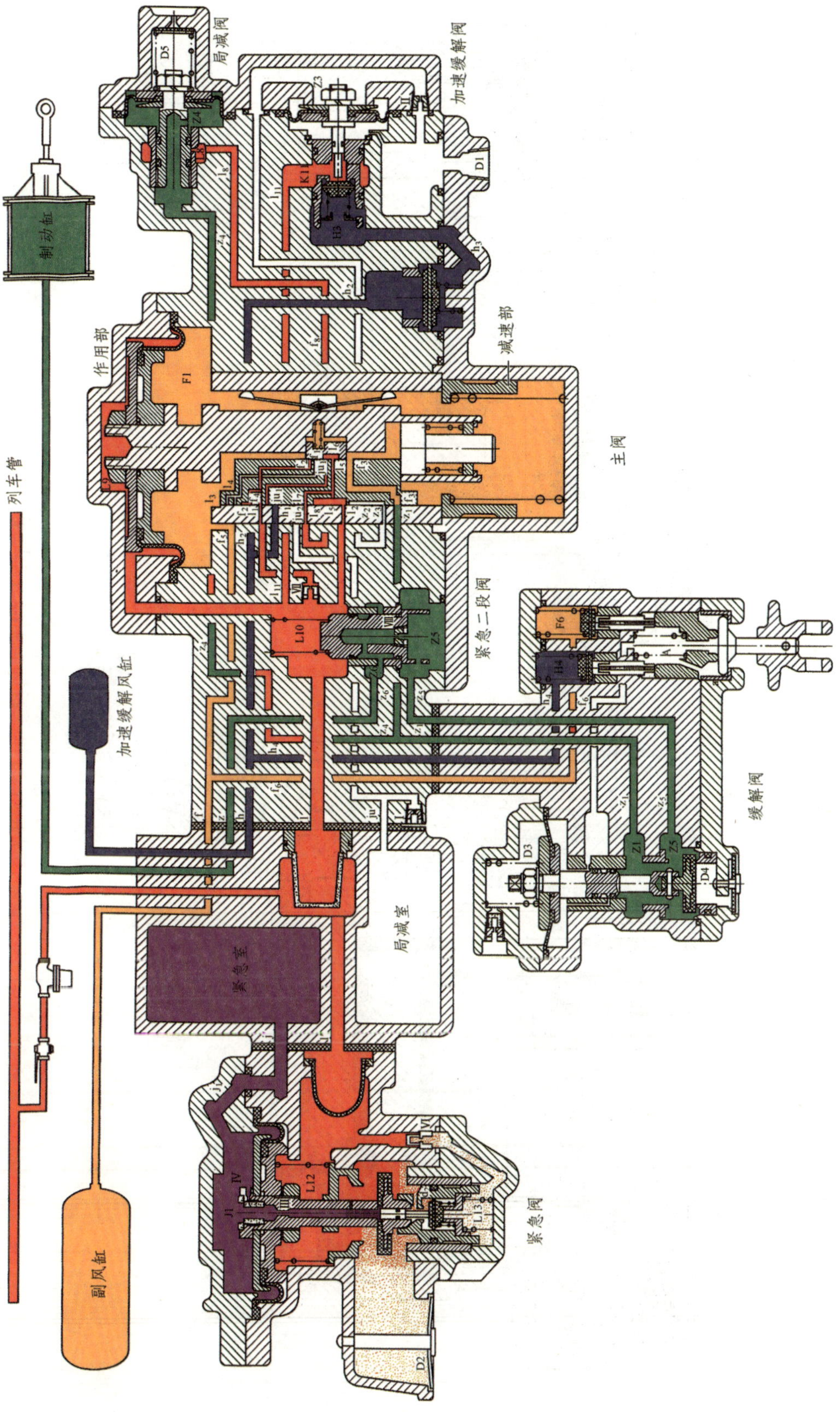

图 2-6-32　120 型控制阀紧急制动位

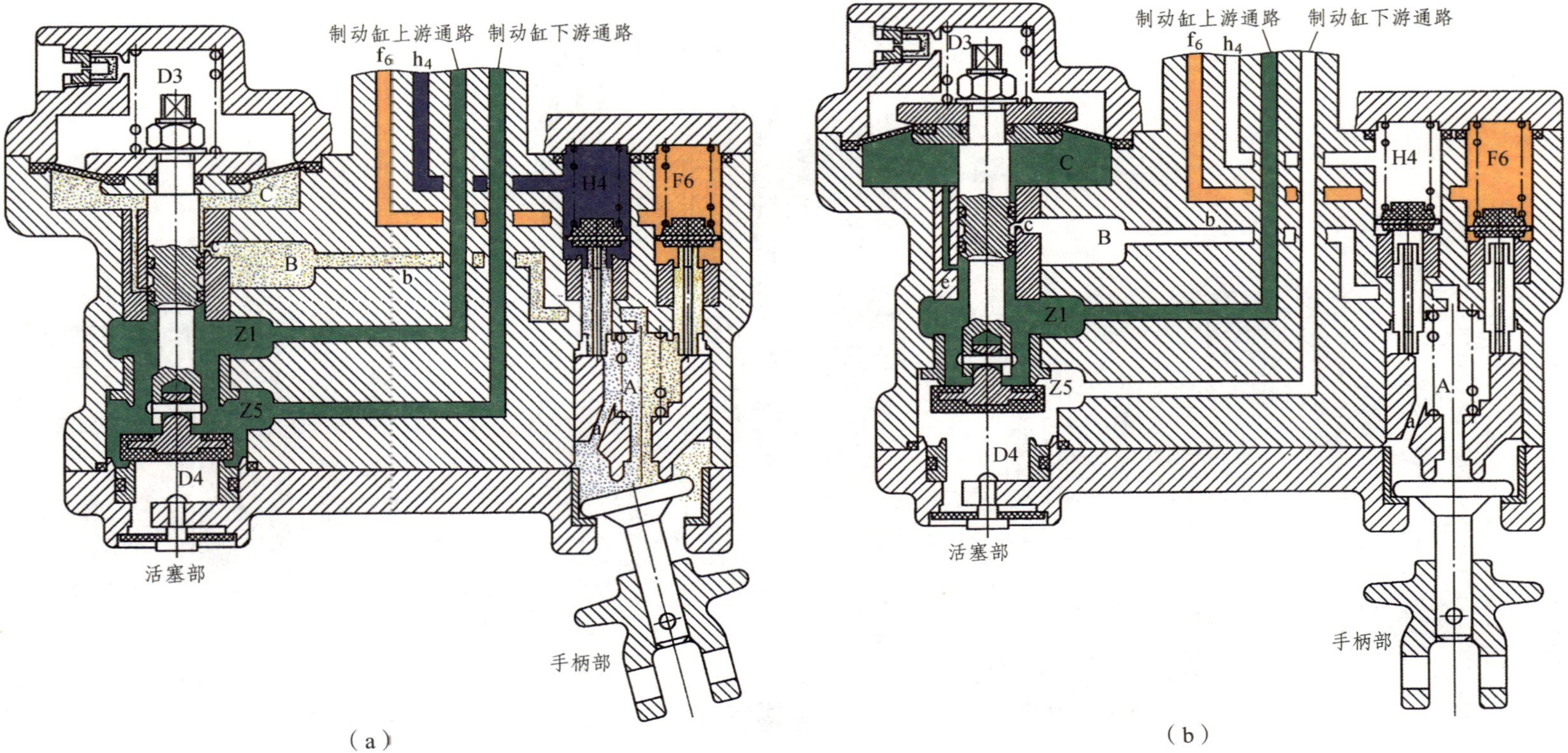

图 2-6-34　120 型控制阀缓解阀原理图

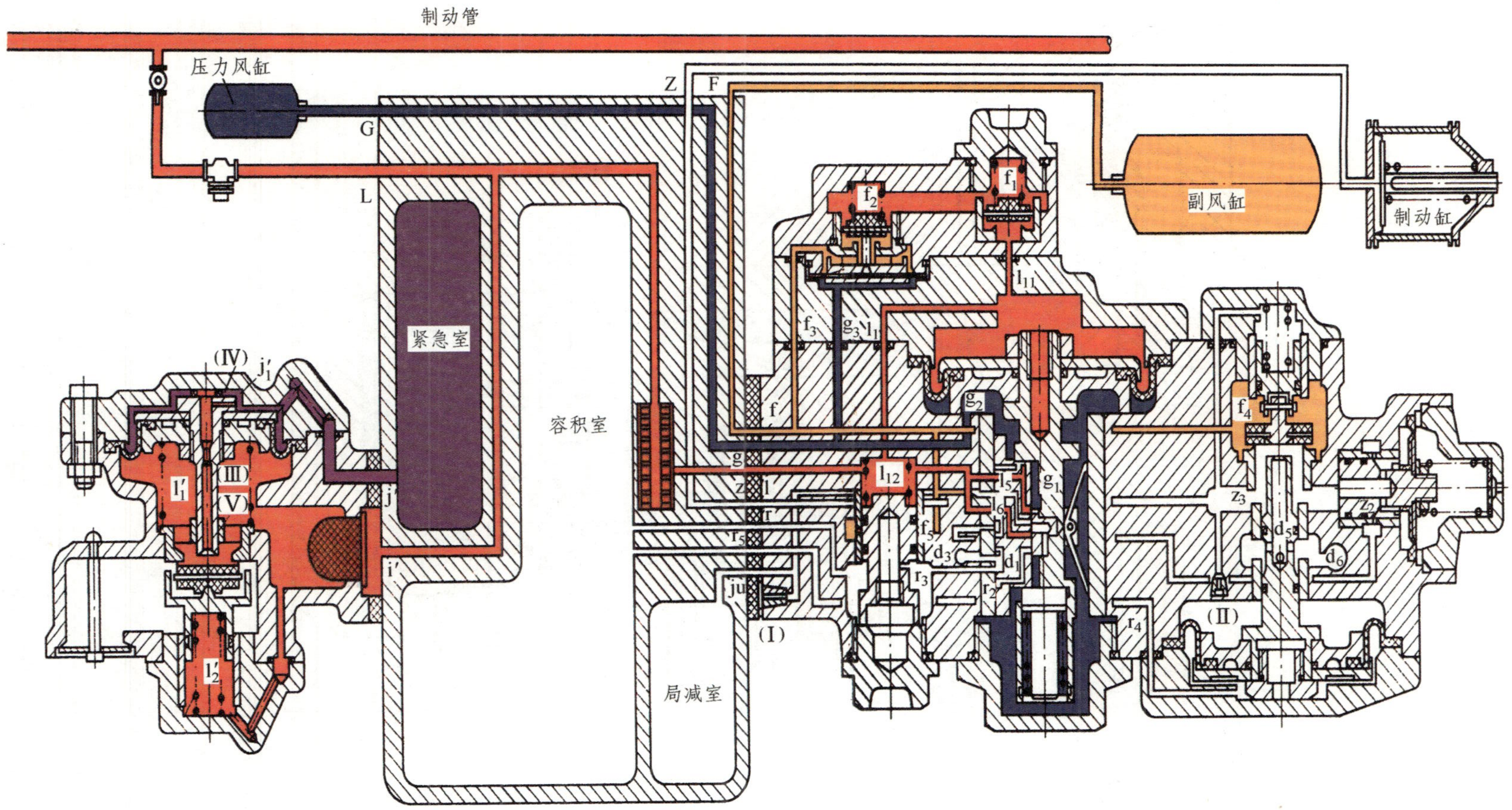

图 3-3-13　104 型分配阀充气缓解位

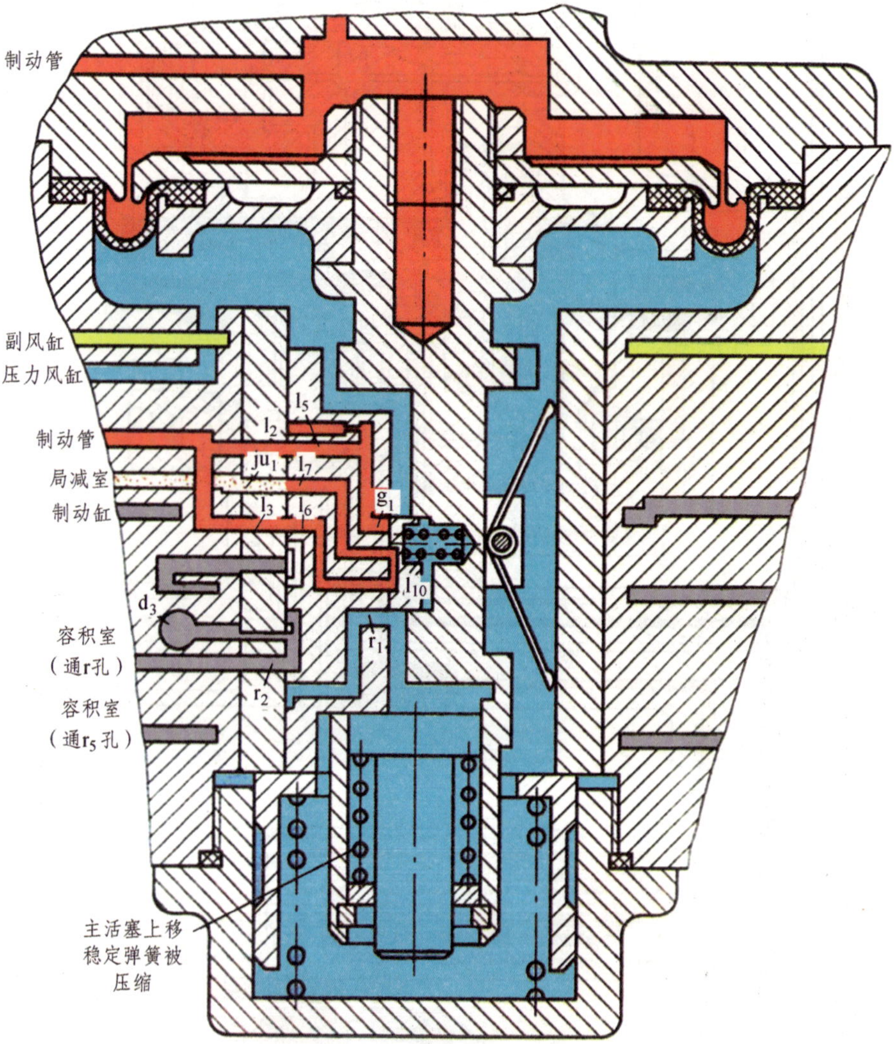

图 3-3-15　104 型分配阀第一阶段局减位

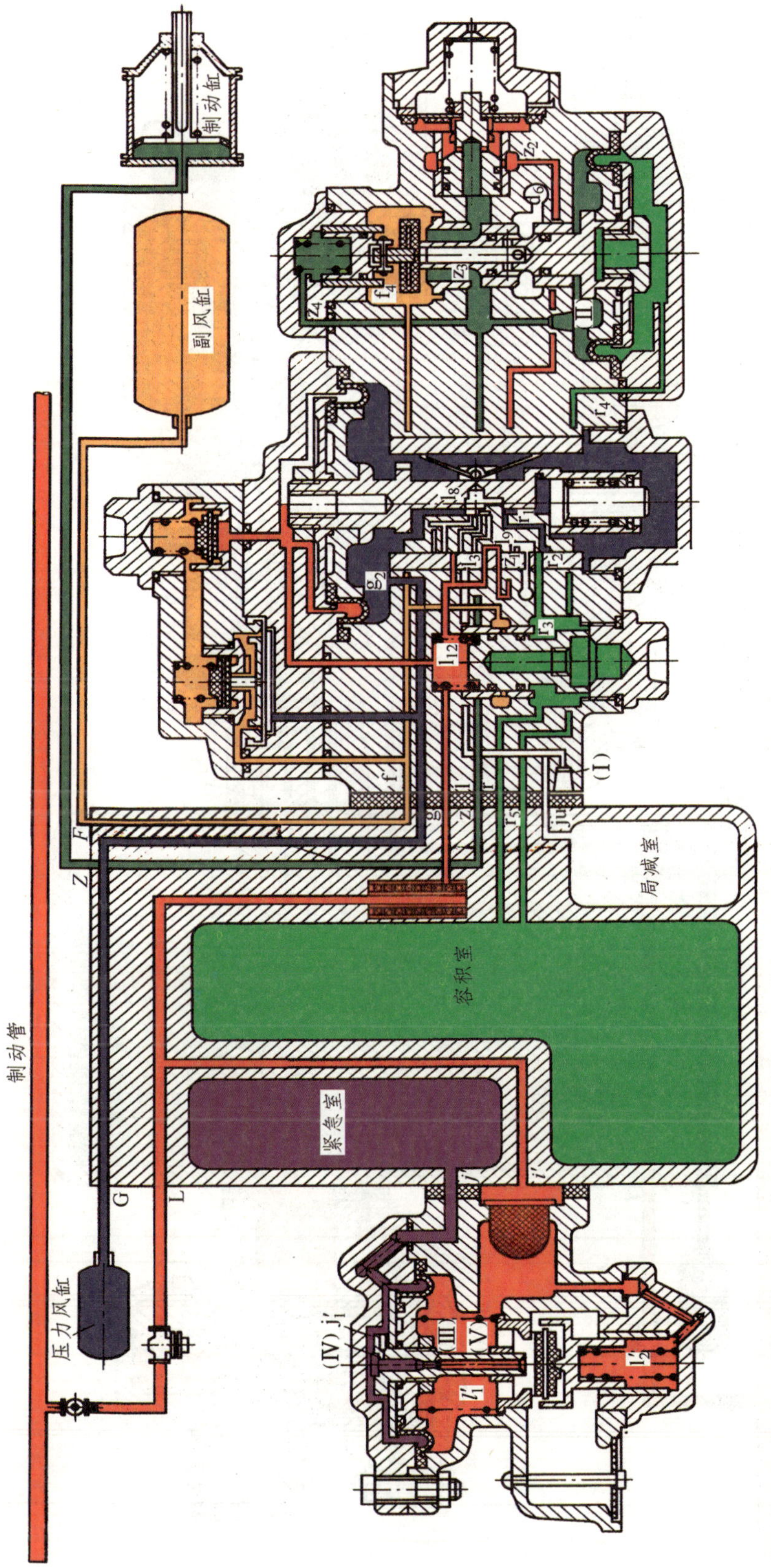

图 3-3-17　104 型分配阀制动及第二阶段局减位

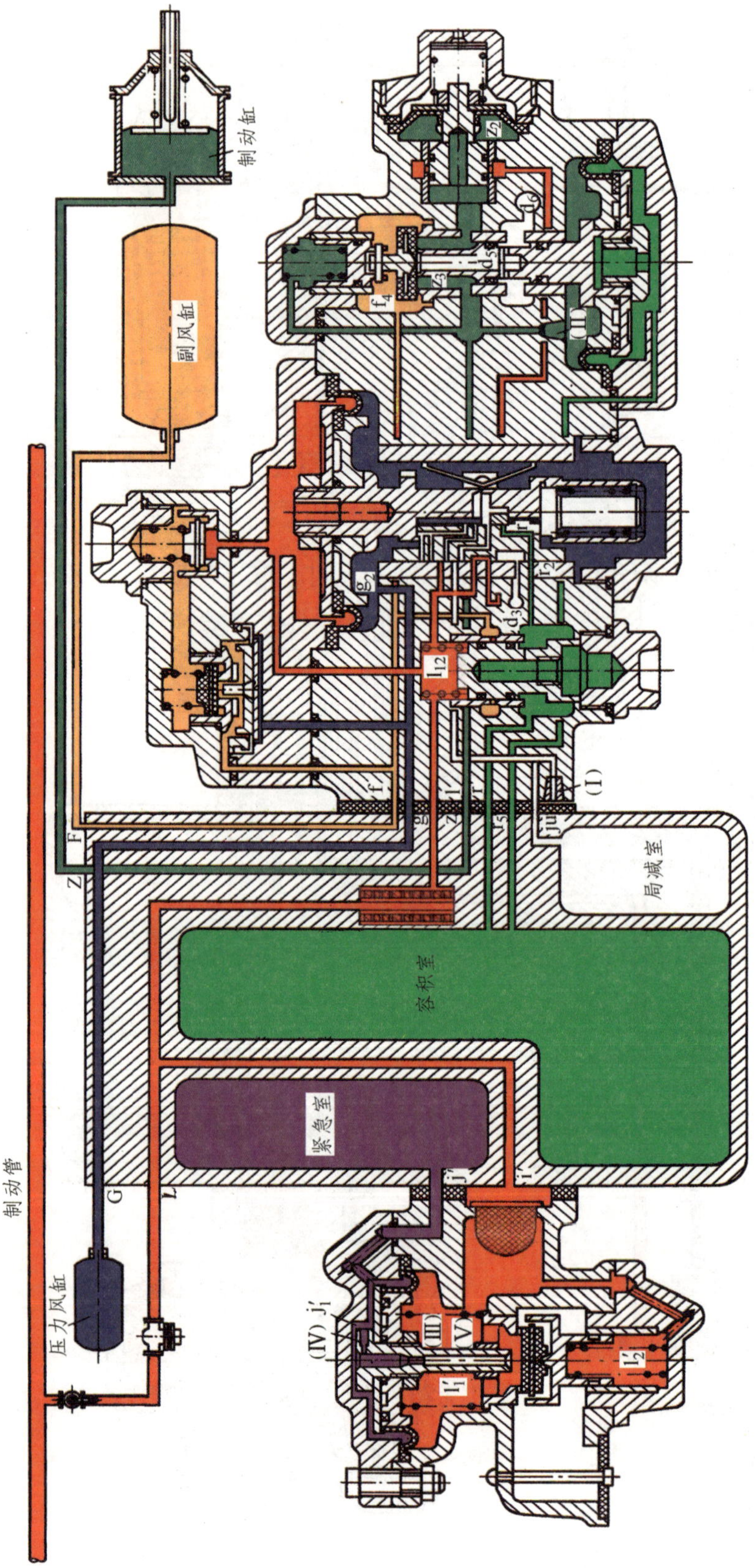

图 3-3-19　104 型分配阀常用制动保压位

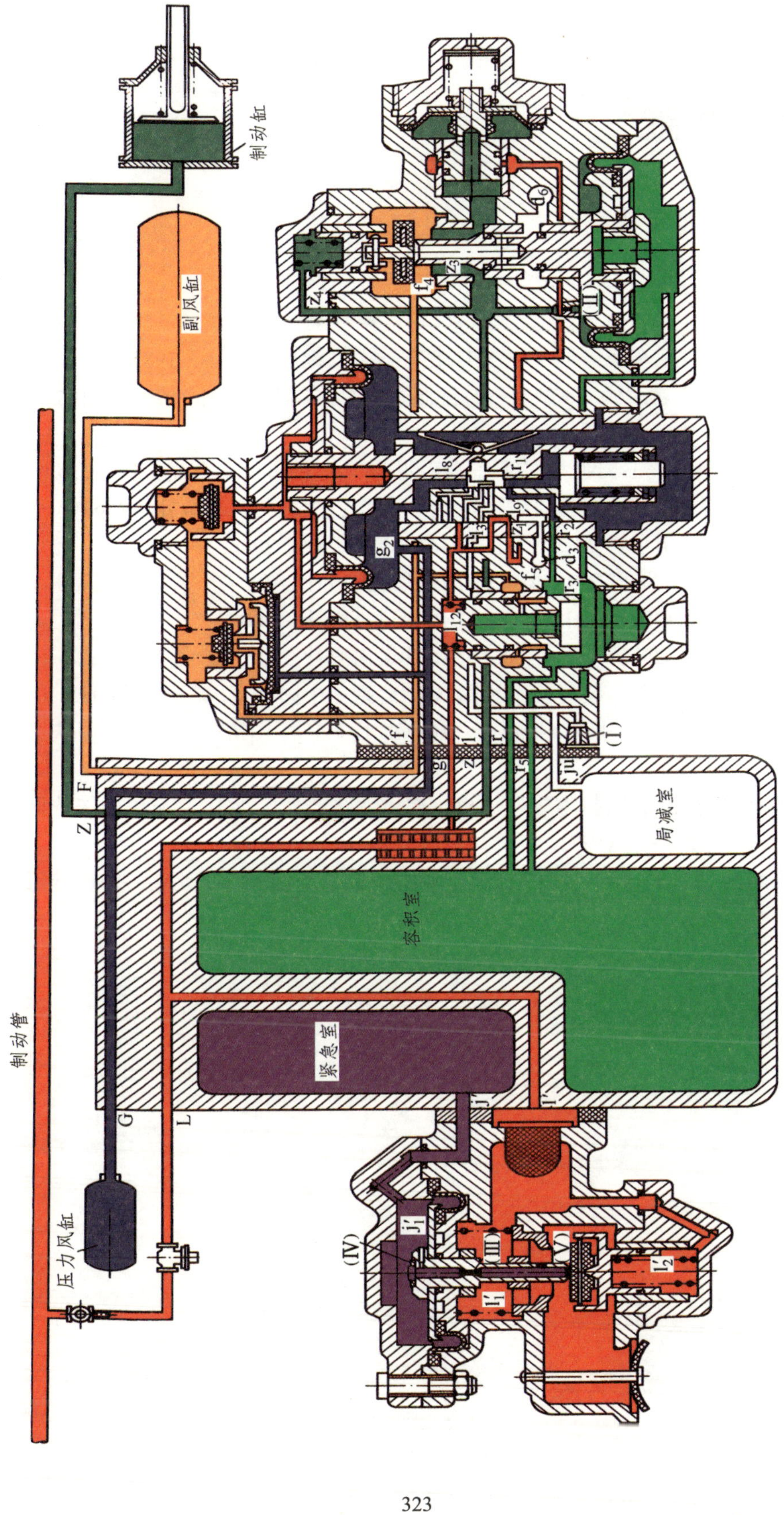

图 3-3-21　104 型分配阀紧急制动位

参考文献

[1] 国家标准局. 铁道车辆名词术语[M]. 北京：中国标准出版社，1985.
[2] 刘凡，王俊勇，袁锦林. F8 型空气分配阀及其电空制动机[M]. 北京：中国铁道出版社，2003.
[3] 张中央，孙中央，王长明．论列车常用制动[J]．铁道机车车辆，2004，6.
[4] 陈大名，张泽伟．铁路货车新技术[M]．北京：中国铁道出版社，2004.
[5] 张中央. 列车牵引计算[M]. 北京：中国铁道出版社，2006.
[6] 张旺狮. 车辆制动装置[M]. 北京：中国铁道出版社，2007.
[7] 张旺狮. 客车制动装置[M]. 北京：中国铁道出版社，2008.
[8] 张旺狮. 货车制动装置[M]. 北京：中国铁道出版社 2008.
[9] 铁道部. 铁路货车制动装置检修规则[M]. 北京：中国铁道出版社，2008.
[10] 铁路职工岗位培训教材编审委员会. 制动钳工（车辆）[M]. 北京：中国铁道出版社，2010.
[11] 中国铁路总公司. 铁路技术管理规程（普速铁路部分）[M]. 北京：中国铁道出版社，2014.
[12] 国家铁路局. TB/T 1492—2017 铁道车辆制动机单车试验[S]. 北京：中国铁道出版社，2017.